KB083148

24절기와 속절

- 교사와 문화관광해설사,
민속학, 관광학을 공부하는 학생의 필독서 -

度坪 朴東一(元雨) 著

명문당

서문(序文)

우리 조상께서 기념하고 行事하여 오던 민족문화인 [24절기와 속절]이 급속도로 소멸하고 지금은 겨우 방송국 일기예보 시간에 오늘이 입춘날입니다. 단옷날입니다. 오늘이 동짓날입니다 하고 날을 말할 뿐 그 의미를 설명하고 교육하는 곳은 어디에서도 보지 못하였다 이러한 현실을 경험하면서 문화유산해설사로서 너무나 애석하게 생각하여 이를 아는 것부터 기록하고 조사하여 문집이나 기록으로 전하는 歲時記는 기록으로, 口傳으로 전하는 것은 채록(採錄)하여 이 글을 쓰기 시작하였다.

교사나 문화유산해설사, 민속학, 관광학을 공부하는 학생이나 국민 누구나 민족문화인 <24절기와 속절> 정도는 이야기할 수 있어야 한다. 필자가 "24절기와 속절"이란 글을 쓰기 시작한 것은 경기도 문화유산 해설사(후에 문화관광해설사로 개칭)로서 2002년부터 연천에 있는 신라 경순왕릉(신라 56대 마지막 왕릉)에서 근무하기 시작하면서부터였다. 철 따라 돌아오는 '24절기와 속절'에 대한 이야기를 "역사해설"에 곁들여야 하는데 너무나 지식이 부족하였고, 조금 아는 것도 더 깊이 설명할 수 있는 지식은 미약하였다. 그래서 열심히 자료를 모으고 전문기관에 질의하고 관계학자 분들의 지도를 받아가면서 공부를 해 왔다. 그 결과물이 이 책이다.

우리나라는 농경을 생업으로 발전하여 오던 중에 일제강점기와 한국전쟁을 겪으면서 급격한 서구화로 풍속과 생활문화는 변하였고, 현대 공업화와 산업사회의 변천으로 지금은 정보화 사회에 살고 있다. 그동안 고유한 우리의 민속은 소멸되고, 혹은 기록으로, 또는 구전으로 유지되어 왔으나 이미 실생활과 동떨어진 옛날이야기가 되고 말았으며, 몇몇 특수한 풍속은 '민속문화재'라는 이름으로 겨우 유지되고 있는 실정이니 아쉬운 마음이 한없을 뿐이다. 본고를 책으로 내고자 생각한 것은 필자의 나이가 **산수(率壽, 八旬)**가 되니 그동안 모아온 자료들을 혼자만이 알고 버리기에는 너무나 아쉽고, 또 관광학이나 민속학을 공부하는 학생이나 교사, 현직에 근무하는 해설사 분들의 업무에 조금이나마 도움이 되었으면 하는 마음에서였다. 또 부족한 기록물을 책으로 발행하도록 독려하여주신 경기도 문화 관광해설사회 여러분, 또 이 글을 책으로 발행하여 주신 명문당 김동구 사장님, 배인준 전무님, 수고하신 편집부 직원 여러분께 감사의 마음을 드리면서 잘못된 부분은 선배제현의 질정(質正)을 바랍니다. 부족하나마 참된 마음을 담아 서문에 가름하고자 합니다. (丁酉年孟春 天摩山下寓居에서)

　　　　(成均館 典仁, 典禮士, (前)京畿道 文化觀光解說士, 度坪 朴東一(元雨) 謹書)

범 례

본서는 아래의 순서를 기준으로 작성되었다.

1. 節氣의 뜻과 由來, 節入時間
2. 氣候 - 宣明曆, 授時曆(高麗史 基準)
3. 月別異稱
4, 풍속과 음식
5, 전설속담, 행사와 놀이
6. 옛날기록(한국, 중국, 일본 등 古書의 記錄參照)
7. 시문과 신문, 잡지, (옛날 기록을 주로 하여 수록하였다.)
8. 농가월령가, [운포(耘逋), 정학유(丁學游 ; 1786 ~ 1855) 作]
9. 부록은 본서를 공부하는데 참고될 자료를 모아서 후면에 별도로 첨부하였다.
10. 24절기(節氣)는 『增補文獻備考』 象緯考二 儀象편(아래 도표를 기준으로 하였다.)

四季節	동양역	24기		태양의 황경	현행역일	통일
봄	맹춘	입춘	정월절기	315°	2월 4일 경	44일
		우수	정월중기	340°	2월 19일 경	59일
	중춘	경칩	2월절기	345°	3월 6일 경	74일
		춘분	2월중기	0°	3월 21일 경	89일
	계춘	청명	3월절기	15°	4월 5일 경	104일
		곡우	3월중기	30°	4월 20일 경	119일
여름	맹하	입하	4월절기	45°	5월 6일 경	135일
		소만	4월중기	60°	5월 21일 경	150일
	중하	망종	5월절기	75°	6월 6일 경	166일
		하지	5월중기	90°	6월 21일 경	181일
	계하	소서	6월절기	105°	7월 7일 경	197일
		대서	6월중기	120°	7월 23일 경	213일
가을	맹추	입추	7월절기	135°	8월 8일 경	229일
		처서	7월중기	150°	8월 23일 경	244일
	중추	백로	8월절기	165°	9월 8일 경	260일
		추분	8월중기	180°	9월 23일 경	275일
	계추	한로	9월절기	195°	10월 8일 경	290일
		상강	9월중기	210°	10월 23일 경	305일

겨울	맹동	입동	10월절기	225°	11월 7일 경	320일
		소설	10월중기	240°	11월 22일 경	335일
	중동	대설	11월절기	255°	12월 7일 경	350일
		동지	11월중기	270°	12월 22일 경	0일
	계동	소한	12월절기	285°	1월 6일 경	15일
		대한	12월중기	300°	1월 21일 경	30일

◎ 1년=24氣는 12節氣와 12仲氣로 구분된다.

◎ 1年=4季(春,夏,秋,冬), 1季=3月, 1月=2節, 1節=3候, 1候=5日

◎ 1年=1年=24節氣(12節氣+12中氣), 1季=6節(1, 2, 3月)

◎ 1年=72候, 1季=18候, 1月=6候, 1節=3候, 1候=5日

목차(분류)

◎목차의 절기와 속절의 일자별 순차는
2016년(丙申) 명문당 발행 <대한민력>을 기준하였습니다.

입춘(立春)【二十四節氣와 俗節】

　　입춘은 새해 첫째 절기로 이날부터 "봄이 시작 된다"는 뜻이다. 立春은 새해에 드는 첫 절기(節氣)이므로 궁중과 일반 백성들이 여러 예의(儀禮)를 베풀었다. 그중에서도 '입춘하례', '입춘축', '입춘점복', '선조제' 등 여러 속신이 있었다. 옛날에는 "이날부터 봄이 시작 된다" 하여 이날을 기리고 다가오는 일 년 동안 大吉多慶하기를 기원하는 갖가지 의례를 베푸는 풍속이 있었으나 근래에는 '立春祝'만 써서 붙이는 가정이 있을 뿐 그 節日로서의 기능을 상실한지 오래되었다. 또 일 년에 입춘이 정월과 섣달 두 번 드는 해가 있는데, 이럴 경우 재봉춘(再逢春), 쌍춘년(雙春年)이라 한다. 또 일 년에 입춘이 한 번도 들지 않는 해가 있는데 이럴 경우 무춘년(無春年)이라고 한다.

○ 立春은 24節氣 중에 첫 번째 節氣로 正月의 節氣이다.
○ 立春은 大寒과 雨水 사이에 들어 있으며 봄이 왔음을 알리는 첫 節氣이다.
○ 立春은 太陽의 黃經이 315°를 통과할 때이며,
○ 立春은 冬至로부터 44일째 되는 날이다.
○ 立春은 1월의 절기로는 立春과 雨水이며,
○ 1월의 대표적인 명절로는 설(元正)과 대보름(上元)이다.
○ 太歲는 乙未年이고 月建은 十二月己丑이며 日辰은 二六日 丙辰이다.
　　卦는 坎 64이다.
○ 절입시각은 後 6時 46分(正酉時)이다. [2016년 2월 4일(양력) 기준]
○ 일출(日出)은 오전 7시 34분〔주(晝)=10시간 25분〕
○ 일입(日入)은 오후 5시 58분〔야(夜)=13시간 35분〕이다.
　　동지로부터 낮 시간이 "41분" 더 길다.(동지 해넘이=5시 17분/입춘 해넘이=5시 58분)

【기후(氣候)】 立春, 宣明曆『高麗史』卷50, 志4, 曆 宣明曆 上
초후(初候)에 동풍이 불며 얼었던 얼음이 풀린다(東風解凍).
차후(次候)에 동면하던 벌레들이 깨어나기 시작한다(蟄蟲始振).
말후(末候)에 물고기들이 얼음이 있는 데까지 위로 올라온다(魚上氷).

※ 기후(氣候)란 무엇인가?

　○ 氣는 冬至를 기준점으로 1년을 24등분한 구분점이며,

　○ 候는 氣를 다시 3등분한 구분점이다. 1년에 후는 72개 있다.

【正月節－氣候(授時曆)】『高麗史』卷 第51, 志 第5 曆2, 授時曆經 上,

【원문】 立春正月節 雨水正月中 東風鮮凍 蟄虫始振 魚陟負冰 獺祭魚 鴻雁北草木萌動

【해설】 입춘은 정월의 절기이며 우수는 정월의 중기이다. 동풍이 불어서 얼음이 풀리고 동면하던 벌레가 움직이기 시작 한다. 물고기가 얼음 밑으로 떠올라 온다. 수달이 물고기로 제사를 지낸다. 기러기가 북쪽으로 가고 초목들이 싹이 뜨기 시작 한다.

1. 이칭(異稱)

　○ 원월(元月), 단월(端月), 태월(泰月), 추월(陬月), 초춘(初春), 맹춘(孟春), 조세(肇歲), 청양(靑陽), 맹양(孟陽), 정양(正陽), 맹추(孟陬), 월정(月正), 인월(寅月) 1월의 節氣는 立春, 雨水이고,

　○ 1월의 대표적 名節로는 설(元正), 대보름(上元)이다.

2. 풍속 : 쌍춘년, 무춘년

　○ 일 년에 입춘이 두 번 드는 해를 쌍춘년(雙春年) 또는 재봉춘(再逢春)이라 하는데, 윤달이 드는 해에 해당된다. 이런 해를 운수가 대길(大吉)하다 하여 결혼도 많이 하고 출산도 많이 하여 이 해에 태어난 아이는 운수(運數)가 대통(大通)하여 출세를 한다고 믿는 속설이 있다.

　○ 반대로 입춘이 들지 않은 '無春年'도 있다. 이런 해는 망춘년(亡春年)이니, '과부해'니 하여 나쁘게 평하는 무속적 속설이 있으나 사실과 다르다.

3. 풍속 : 입춘축

　○ 입춘에는 각 가정에서 기복적인 행사로서 '입춘축'을 대문이나 문설주에 붙인다.

　○ 입춘축을 달리 春祝, 입춘서(立春書), 입춘방(立春榜), 춘방(春榜)이라고도 한다.

　○ 글씨를 쓸 줄 아는 사람은 자기가 써서 붙이고 혹은 남에게 부탁하여 써서 부치기도 한다.

○ 상중(喪中)에 있는 사람은 써서 붙이지 않는다.
○ 입춘축을 써서 붙이는 유래는 『동국세시기(東國歲時記)』에 의하면 『형초세시기 (荊楚歲時記)』에 입춘날에는 의춘(宜春) 두 자를 써서 문에다 붙인다 하였으니, 춘련(春聯)은 여기서 비롯되었다고 하였다.
○ 종이는 글자 수나 크기에 따라 다르지만 대개 가로 15cm, 세로 70cm 정도의 두 장으로 한다.
○ 입춘 축문을 쓰는 방법은 對句, 대련(對聯), 단첩(單帖), 단구(單句)로 이루어져 있다.
○ 붙이는 시각은 [입춘시]에 맞추어 붙이면 좋다고 한다.

4. 행사 : 산신제

○ 山神을 主神으로 하는 共同體의 풍요와 안녕을 기원하는 祭禮이며 명칭은 산신제(山神祭), 산제(山祭), 산제사(山祭祀) 등으로 불리며 그 기원은 오래 되었다. 고대사회에서는 산천제(山川祭), 시조제(始祖祭), 농신제(農神祭)를 국가 행사로서의 大祀이며 천신신앙(天神信仰)의 다른 表現이기도 하다.
○ 산신숭배 사상은 『三國遺事』 기이편 고조 선조에 "단군은 아사달로 돌아와 <산신>이 되었는데 수 1908세였다."(壇君乃移於藏唐京 後還隱於阿斯達爲山神 壽一千九百八歲)이란 기록으로 확인할 수 있듯이 우리 민족에게 오래된 신앙이 었음을 알 수 있다.
○ 태백산 산신제, 치악산 산신제 등은 오늘날까지 官(국가)주도로 오랜 역사를 가지면서 전국에서 행해지고 있다.
○ 산신제의 대상 神인 山神을 '호랑이'로 이해하는 것이 일반적이지만, 호랑이는 산신의 매개자일 뿐이다.

5. 음식 : 오신채

○ 다섯 가지 매운 맛이 나는 채소로 만든 새봄의 생채 요리를 먹는데, 이를 입춘채(立春菜), 진산채(進山菜), 오훈채(五葷菜), 오신채(五辛菜), 오신반(五辛盤)이라고도 한다.
○ 『東國歲時記』 立春條에 경기도 내 산이 많은 6개의 고을, 즉 기협육읍(畿狹六邑) [양근(陽根), 지평(砥平), 포천(抱川), 가평(加平), 삭녕(朔寧), 연천(漣川)]에서 움파(蔥芽), 멧갓(山芥), 신감초(辛甘草-승검초) 등 햇나물을 눈 아래에서 캐

내 진상하고 궁궐에서 겨자와 함께 무쳐 '오신반'이라 하여 수라상에도 올렸다고 기록되어 있다.

6. 속담과 구비전승

○ 입춘 거꾸로 붙였나.
○ 입춘 추위는 꾸어다 해도 한다.
○ 입춘에 장독(오줌독) 깨진다.
○ 가게 기둥에 입춘이라.

7. 立春 祝文 例

1) 對句

立春大吉　建陽多慶　　堯之日月　舜之乾坤
國泰民安　家給人足　　雨順風調　時和年豊
箕疇五福　華封三祝　　門神戶靈　呵噤不祥

2) 對聯

壽如山　富如海　去千災　來百福
父母千年壽　子孫萬代榮
開門萬福來　掃地黃金出
天下泰平春　四方無一事
天增歲月人增壽　春滿乾坤福滿家
門迎春夏秋冬福　戶納東西南北財
六鰲拜獻南山壽　九龍載輸四海珍

3) 單帖

春到文前　增富貴　春光先到　吉人家　上有好調　相和鳴
一春和氣　滿門楣　一振高名　滿宰都

　사대부가에서는 글귀를 새로 지어 붙이기도 하고 또 고인의 좋은 글귀를 쓰기도 한다. 또 붙이는 장소에 따라 글 내용이 다르기도 한다.

8. 옛날 기록

【高句麗】 年初놀이,『北史』94, 列傳82, 高句麗
【원문】 每年初戱聚戱浿水上 王乘腰轝 列羽儀觀之 事畢 王以衣入水 分爲左右二部 以水石相賤擲 誼呼馳逐 再三而止
【해설】 해마다 연초에 패수에 모여 놀이를 하는데 왕은 요여(腰轝)를 타고 우의(羽儀)를 나열해 놓고 구경한다. 놀이가 끝날 무렵에 왕이 옷을 물에 던져 넣으면 좌우 두 패로 나누어 물과 돌을 서로 그 옷에다 뿌리거나 던지고 소리치며 쫓고 쫓기기를 두세 번 하다가 그친다.

【新羅】 元旦相賀,『隋書』卷81, 列傳46, 新羅
【원문】 每正月旦相賀 王設宴會 班賚羣官 其日拜日月神
【해설】 매년 정월 원단에 서로 하례 하는데 왕이 연회를 베풀고 여러 관원에 두루 하사 한다. 그날에 日月神에게 절을 한다.

【百濟】 天地祭祀,『三國史記』卷24, 百濟本紀2, 古爾王10年
【원문】 春正月 設大壇 祀天地山川
【해설】 봄 정월에 대단을 설치하고 天地山川에 제사 지냈다.

【高麗】
○ 立春賀禮,『高麗史』卷67, 志21, 禮 賀禮 立春賀禮儀,
【원문】 立春賀儀 與人日賀儀同 但立春 受春幡子
【해설】 입춘하례는 인일에 하례하는 의식과 같으나 단지 입춘에는 춘번자를 받는다.

○ 얼음저장,『高麗史』卷63, 志17, 禮 吉禮小祀 司寒,
【원문】 司寒 孟冬 及 立春 藏氷 春分開氷 享之,
【해설】 사한은 맹동 및 입춘에 얼음을 저장하고 춘분에 얼음 창고를 열 때 제사 지낸다.

【朝鮮】 春帖子,『東文選』卷19, 春帖子(姜碩德)
青歸園菜嫩　푸른빛이 동산에 돌아와 새싹이 곱고,
白放野梅新　흰 빛이 들에 퍼져 매화꽃이 새롭네.
圭竇逢佳節　홀 모양으로 된 작은 문에서 가절(입춘)을 맞으니,

瑤徽賀小春　거문고로 소춘을 축하하네.

禮記月令　正月令『禮記』月令 第六

【序言】일 년 12달 동안의 氣候와 그달 그달 行해지는 政令에 대한 설명이므로 "月令"이라 일컫는다. 달은 "하정(夏正)"을 썼으며, "령(令-政令)"은 [秦]나라 일을 雜記 했다.

【원문】孟春之月　日在營室　昏叅中　旦尾中

【해설】(正月)의 달에는 辰이 영실성(營室星)에 있다. 저녁에는 삼성(叅星)이 南方의 중앙에 있고, 아침에는 미성(尾星)이 남방의 중앙에 있다.

【원문】東風解凍　蟄蟲始振　魚上永　獺祭魚　鴻雁來

【해설】동풍이 불어서 얼음이 풀리고, 칩거했던 벌레가 비로소 움직인다. 물고기가 얼음 위로 떠오르고, 수달(獺)이 물고기로 제사를 지내고, 기러기가 남쪽에서 온다.

【원문】是月也　天氣下降　地氣上騰　天地和同　草木萌動　王命布農事

【해설】이달에 天氣는 밑으로 내려오고, 地氣는 위로 올라가서 천지가 화동하여 초목이 싹튼다. 왕이 명하여 농사를 선도한다.

9. 詩文(시문)

1)　^{입춘}立春, ^{김시습}金時習,『^{매월당시집}梅月堂詩集』卷3, ^{절서}節序

節序自移換　사철 순서가 제 스스로 옮기어 바뀌어가니,
窮山今立春　궁벽한 산에도 이제 막 입춘이 되었네.
老年嫌甲子　늙어가니 그때마다 나이 드는 게 싫어서,
遙夜守庚申　수경신(守庚申) 마냥 긴긴밤을 지새웠네.
雪色薰窓白　눈빛이 창에 비쳐 희고 깨끗한데,
風光拚柳新　풍광은 버들을 쳐서 새롭게 하네.
誰知幽寂境　누가 알겠는가? 그윽하고 적막한 이 지경 속에도,
赤有不羈人　굴레 받지 않은 사람도 있다고 하는 것을.

2)　^{입춘후}立春後, ^{송익필}宋翼弼,『^{구봉선생집}龜峯先生集』卷1, ^시詩

靜榻初驚日影差　고요히 의자에 앉아 비로소 해그림자가 달라진 것에 놀라고,

觀書還喜晝功多　달력 보고 낮이 많이 길어진 것을 기뻐하였네.
庭梅春意無偏化　뜰의 매화는 봄을 기다리는 뜻이 없어 꽃피는 것이 없으니,
不別南柯與北柯　남쪽 가지와 북쪽 가지를 구별할 수 없네.

3) 立春吟, 宋時烈, 『宋子大全』 卷2 詩, 五言絶句

老夫不廢書　이 늙은이 책 읽는 일 그만두지 않고,
諸少勤於學　여러 젊은이들 배우기를 부지런히 하네,
雖則瘴煙侵　비록 지금은 장독(瘴毒)이 침범하지만,
吾心猶可樂　내 마음은 오히려 즐거울 수 있다네.

4) 立春祭先穡文, 許穆, 『眉叟記言』 卷37, 陟州記事

攝提司辰 盛德在木　섭제가 별을 주관하니, 풍성한 덕이 木(봄)에 있습니다.
虔用粢盛 祈爾百穀　정성껏 제수를 마련하였으니, 백곡이 잘되기를 기원합니다.
壇在府東五里 初農山祀事旣畢 播五穀 擊鼓徇于道路 以發春氣 右陟州風俗古事
단은 삼척관아 동쪽 5리 떨어진 곳에 있다. 농사와 산일을 시작하려면 먼저
제사를 지낸 후에, 오곡을 파종하고 북을 치며 도로를 순회하여 봄기운을 일으
킨다. 이 내용은 척주의 풍속으로 오래전부터 내려오는 고사이다.

5) 정월(正月)月餘農歌, (農家十二月俗詩)[嘯堂 金逈洙譯著]

時維孟春爲陬月　때는 바로 맹춘이니 추월이라 일러오며,
立春雨水是二節　입춘과 우수가 이달의 두 절기라.
六候東風始解凍　육후의 현상으로 동풍 불고 얼음 풀려,
蟲振魚陟獺祭設　벌레 날고 고기 뛰고 수달은 제상 차려,
鴻雁北翔草木萌　기러기는 북으로 날고 초목들은 움튼다.
東作將興談農材　농사철 되었으니 그 얘기 한창이네.(후략)

10. 신문, 잡지

1) 오늘이 입춘, 『매일신보』 1917년 1월 13일

　　立春날 立春時에 여러 가지 소원과 덕담을 써서 문과 문미 기둥 등에 붓침은
고래의 유풍이며 년중행사의 한가지가 되었더니 근년에는 차차 "立春午後五時五

十八分"이왕같이 세우지 안이하는 모양이라. 또 우리와 같이 입춘을 써붓이는 사람은 지나인(중국사람)이나 지나인은 정월 초하로에 붉은 조회에다 써붓이난 풍속이니 엇떠한 것이 올을난지(매일신보, 1. 13)

【해설】 입춘날 대문에 기복문을 붙이는 풍습을 소개하고 입춘 시각을 알리는 글이다.

2) 입춘대길(立春大吉)『조선일보』1925년 2월 4일

명 사일은 음력 일월 십이일이다 겨울은 가고 봄은 온다는 立春날이다. 이날 오후 네시 사십칠분이 이 시각인데 종래의 습관에는 "立春大吉"을 득서하야 대문에 써붓치는 날이다. 꽃피고 새우는 봄철이 이로부터 갓가워 오는 것이다.

【해설】 입춘대길을 써서 대문에 붙이는 풍속을 소개한 기사이다.

3) 雪寒도昨日夢 = 明日立春大吉『동아일보』1930년 2월 4일

한거름 두거름 갓가운 봄 [權域에도 넘치는 春色]

명사일(음력 초육일)이 立春이다.

이번 겨울은 변변한 추위도 없이 벌써 다 지나가고 새로운 봄이 온 것이다. 중국 북부의 고기압이 발달되지 못하야 지난 일월 육일 영하 십칠도 사분을 극한으로 하고 평년 보담은 례에 없시 따뜻하든 겨울이 지나가고 말았다.

명일 집집마다 부틀 '立春大吉 - 建陽多慶'이란 입춘축복과 같이 조선천지에도 봄을 마지하게 되었다.

【해설】 입춘을 알리는 기사이다. 이번 겨울은 대체로 따뜻했다.

11. 농가월령가 서장(農家月令歌 丁學游 作)

<서장(序章)>

天地가	개벽하니	日月星辰	빛을보내
해와달은	정해진	도수(度數)있고	
뭇별들은	맞물려도는	순서있어	
일년은	삼백육십일	정칙대로	돌고돌아
동지하지	춘분추분	해가도는	순서이며
초승그믐	보름일랑	달이차고	기운이치
땅위에	동서남북	위치따라	틀린것을

북극성을　기준하여　원근으로　정해진 것
24절기　열두달이　차례로　나뉘었고
매달에　두절기가　보름씩　갈리어서
춘하추동　오고가며　저절로　한해되네
堯舜의　착한임금　曆法을　처음열고
하늘이　도는이치　환하게　밝히시어
만백성에게　베풀어　맡겨주니
夏后氏　5백년에　正月(寅月)로　새해첫달 삼고
周나라　8백년은　子月이　新正이니
지금우리　쓰는역법　하후법과　한법이라
춘하추동　차고더운　그기후가　차례로 달라짐은
네계절의　그절후와　맞물려　같으므로
孔夫子가　쓰신법도　하후때　법이라네.-(종)-

<정월장(正月章)>

정월은　맹춘이니　입춘우수　절기라네
산골짝　개울가엔　눈얼음　남은채로
펼쳐진　들판에선　구름안개　아지랑이
어와좋아　우리임금님　애민중농　하오시니
간곡하신　권농윤음　방방곡곡　널리폈네
슬프도다　농부들아　아무리　무지한들
네몸이해　생각말고　임금님　은덕어길쏘냐
밭과논이　반반이니　힘대로　지어보세
일년의　풍년흉년　측량하긴　어렵지만
사람힘이　극진하면　하늘재난　면하는법
제각각　서로권장　게을리　굴지마오
일년의　모든계획　첫봄에　있다하니
모든일을　미리미리　계획하고　준비하되
농기구도　다스리고　농우도　살펴먹여
재거름은　재와두고　한편으론　실어내며
봄보리엔　오줌치기　세전에　힘써하소
늙은이는　근력없어　힘든일은　못하여도

낮이면
때맞춰
과일나무
설날아침
며느리는
삼춘가절
대보름에
늙은농부
설날아침
새의복
노소남녀
와삭버석
사내아이
윷놀이며
사당에
엄파와
보기에도
대보름날
묵은산채
귀밝히는
먼저불러
흘러내린

이엉엮고
지붕이면
버곳깎고
해뜨기전
잊지말고
백화필때
달을보고
경험이라
세배함은
떨쳐입고
아동까지
울긋불긋
연띄우기
내기하기
절을할땐
미나리를
신신하고
약밥제도
삶아내니
약술이요
더위팔기
풍속이요

밤에는
큰근심
가지사이
시험삼아
누룩술
화전놀이
장마가뭄
대강은
도타운
친척이웃
삼삼오오
빛깔좋고
계집아이
소년들의
떡국에
무엄에
오신채가
신라적
고기맛과
부름삭는
달맞이
아희들의

새끼꼬아
덜었다네
돌끼우고
하여보소
밑깔아라
취해보세
안다하니
짐작하리
풍속이라
서로찾아
다닐적에
번화하다
널뛰기
놀이라네
술과과일
곁들이면
부럽잖다
풍속이라
바꾸겠나
생율이네
햇불켜기
놀이라네.

설(元日)【二十四節氣와 俗節】

· 丙申年(병신년) 2016년 2월 9일

○ 설이란 음력 정월 초하룻날을 이르는 순수한 우리말이다.

○ 설은 24절기가 아니고 속절이다.

○ 일출(日出)은 오전 7시 31분[주(晝)=10시간 30분]이고,

○ 일입(日入)은 오후 6시 02분[야(夜)=13시간 30분]이다.

○ 달(月)의 合朔時間은 正午 12時 17分이다.

1. 이칭

○ 원일(元日), 원정(元正), 원신(元新), 원조(元朝), 정조(正朝), 세수(歲首), 세초(歲初), 연두(年頭), 연수(年首), 연시(年始)라고도 하는데, 이는 대개 한해의 첫날임을 뜻하는 말이다.

○ 또 신일(愼日), 달도(怛忉)라고도 한다. 근대 국가에 와서는 신정(新正)이라 일컬어지는 '양력설'의 상대개념으로 구정(舊正) 또는 그냥 '설'이라 부르기도 한다.

＊ 怛忉(달도)는 『三國遺事』 "射琴匣" 條[방주]에서 양주동 박사에 의하면, 우리말 '설', '슬'과 새해 첫날을 뜻하는 '설'이 음이 상통하는 데서 온 훈차라고 해석하였다.

2. 속담 - 구비전승

○ 꿩 대신 닭(비슷한 것을 대신 쓴다는 속담)

○ 설을 거꾸로 쇤다.

○ 남의 떡에 설 쇤다.

○ 보리누름까지 세배한다.

○ 설에도 부모를 모르다니,

○ 처갓집 세배는 앵두꽃을 꺾어 가지고 간다.

○ 정이월 높새바람에 바위 끝에 눈물 난다.

○ 설날에 옴 오르듯,

○ 정초에 거름 질 놈,

○ 초정월 바람결에 검은 암소 뿔이 휜다.

3. 설의 유래와 연원

○ 설이란 순수한 우리말이다. 表音文字로서 순수한 우리말 표현을 말한 것이고, 表意文字로서 표현은 원일(元日), 원정(元正), 원신(元新), 원조(元朝), 정조(正朝), 세수(歲首), 세초(歲初), 연두(年頭), 연수(年首), 연시(年始) 등이라고 할 수 있다.

○ 설의 연원에 대한 설명을 일목요연(一目瞭然)하게 기록한 곳은 찾지 못하였다. 그러나 설날 행하였던 일에 대한 기록은 많이 있어서 소개하면 아래와 같다.

○ 하루는 태양에 의하여 움직이고, 한 달은 달에 의하여 정해지며, 일 년은 태양의 계절적인 순환과 달의 영휴(盈虧)에 근거한 12개월이란 절충에 의해 정해진다. 여기서 달을 중심으로 한 생활을 생각할 때 등불이 생기기 이전의 달빛의 밝음과 어둠이 농경생활에 얼마나 중요했던가는 충분히 이해된다.

○ 1월을 정월이라 하는 이유도 첫 달을 올바르게 지내야 일 년을 무사하게 지낼 수 있다는 생각에서였다. 역법이 들어오면서부터 이에 준하여 농사를 시작했는데, 이것이 곧 太陰曆이며 농경생활에 알맞은 24節氣가 생겨났다.(歲時風俗에서)

○ 우리나라의 설에 대한 구체적인 기록은 7세기에 나온 중국의 역사서에 처음 나타난다.

○『수당(隋書)』와『구당서(舊唐書)』에 신라 관련 기록에는 "매년 정월 원단에 서로 경하하며 왕이 연회를 베풀고 여러 손님과 관원들이 모인다. 이날 日月神을 배례한다."는 기록이 있어 국가 형태의 설날 풍습을 엿볼 수 있다.

○ 신라시대 설, 원조(元朝)『歲時記』秋齋集(趙秀三, 1762~1849)

○【원문】新羅 元朝 王御前殿 設檀香會 僧徒百隊 法衣念經 庭設百戱 檀燎
　【해설】신라시대 설날에는 왕이 궁궐 안에 나아가 단행회(檀香會)를 베풀었다. 많은 스님들이 法衣를 입고 불경을 외우고 뜰에서 백희(百戱)와 단료(檀燎)를 베풀었다.

○【원문】人皆新衣 相見拜揖甚恭 以得財生男等語 相賀
　【해설】사람들이 모두 설빔을 입는다. 서로 만나면 공손하게 인사를 하며 재물을 얻거나 아들을 낳으라는 등의 말을 하면서 서로 "축하"한다.

○ 원조(元朝) 1월 1일은 설로, 元正, 元日이라고 한다.
　"정월 초하루는 三元之日"로서 일 년의 첫날, 달의 첫 달, 날의 첫날이라 하여 三元이라 하였다. 이 때문에 정월 초하루를 元朝라 한다.

○ 賀正禮와 正旦禮
　우리나라의 국가적인 설 행사는『三國史記』에 新羅 28대 眞德女王 5年(西紀

652年, 唐太宗 李世民 21年)에 정월 초하루에 왕이 朝元殿에 가서 백관의 신정 하례를 받으니 하정 의례가 이때에 시작되었다는 기록이 처음인데, 중국의 『隋書(수서)』와 『舊唐書(구당서)』는 7세기경의 책인데 우리나라의 『三國史記』는 高麗 17代 仁宗 23年(乙丑, 서기 1145년)에 金富軾이 편찬한 책이라 약 400여 년의 뒤지는 차이가 난다.

○ 설의 의미와 유래[崔根德, 「설의 의미와 유래」(중앙일보, 2011, 2, 1일자 보도)
  설은 '삼가다'는 의미의 '섦다'에서 그 명칭이 유래한 날이기도 하다. "기쁘고 설레지만 경거망동은 하지 말자."는 의미를 담고 있다. 삼가는 몸가짐은 예를 다하는 것에서 시작한다.(후략)

4. 다른 나라의 경우

○ <일본> 1872년에 [태양력] 채용했으며,
○ <대만> 손문의 중화민국 임시정부수립 때인 1912년에 태양력을 채택하였으며,
○ <中國(중화인민공화국)> 1941년 동양 삼국 가운데 가장 늦게 태양력을 받아들였다.
○ <우리나라> 1896년 1월 1일부터 태양력을 사용하고 있지만 '전통사회에서는 [음력]으로 일컬어지는 [태양태음력]을 사용한다.
○ 설날은 [태양태음력]에 의한 정월 초하루이다. 중국과 일본도 같다.

5. 설에 하는 일(『東國歲時記』 元日條)

1) 정조차례 : 서울 풍속에 설날 아침 일찍 제물을 사당에 진설하고 제사를 지낸다. 이것을 정조차례(正朝茶禮)라 한다.

2) 설빔 : 남녀 어린이들이 모두 새 옷으로 갈아입는다. 이것을 설빔(歲粧)이라 한다.

3) 세배 : 차례가 끝나면 집안 어른들과 나이 많은 분들을 찾아 새해 첫 인사를 드린다. 이것을 세배(歲拜)라 한다.

4) 세찬과 세주 : 세배 때 음식을 대접하는 것을 세찬(歲饌)이라 하고, 이때 내는 술을 세주(歲酒)라 한다.

5) 가래떡과 떡국 : 맵쌀가루를 쪄서 떡판에 놓고 나무 자루가 달린 떡메로 무수히 찧은 다음 손으로 둥굴리어 기다랗게 늘여 만든 것을 가래떡(白餠)이라 한다. 이것을 얄팍하게 돈같이 썰어 장국에다 넣고 쇠고기나 꿩고기를 넣고 끓인 다음 후춧가루를 친 것을 떡국(餠湯)이라 한다. 떡국은 차례상에도 올리고 손님 접대도 한다. 옛날에 습면(濕麵)이라 하는 것이 바로 이것이다.

6) 시루떡 : 맵쌀가루와 삶은 팥을 각각 층으로 겹겹으로 깔고 쌀가루를 더 두툼하게 깔아서 여러 겹으로 하여 찐 것을 시루떡(甑餠)이라 한다. 이것으로 새해를 맞아 '여러 신에게 빌 때' 또는 '삭망전(朔望奠)'과 '제사(祭祀)'에도 올린다(東國歲時記).

7) 윷놀이(柶戲, 擲柶) : 척사(擲柶) 또는 사희(柶戲)라고도 한다. 붉은 싸리나무 두 토막을 반으로 쪼개어 네 쪽으로 만드는데 길이가 세치 가량이다. 혹 작게는 콩알만큼 만들기도 한다. 이것을 윷[柶(사)]라 하고 윷을 던져서 노는 것을 윷놀이[柶戲]라 한다. 또 『지봉유설(芝峯類說)』에는 탄희(攤戲)라 하였다.(京都雜誌)
삼국시대 이전부터 전해오는 한국 고유의 민속놀이로 대개 정월 초하루부터 보름날까지 즐긴다. 부여족(夫餘族) 시대에 5가지 가축을 5부락에 나누어주어 그 가축들을 경쟁적으로 번식시킬 목적에서 비롯된 놀이라고 하며, 그에 연유하여 [도(徒) 한 밭은 돼지], [개(開) 두 밭은 개], [걸(杰) 세 밭은 양], [윷(流) 네 밭은 소], [모(牟) 다섯 밭은 양], 말에 비유한 놀이이다.
놀이방법은 일대일 놀이, 편윷놀이, 여러 사람이 돌아가며 노는 방법 등이 있으며 최종 우승자를 선발하여 시상(施賞)하기도 한다.

8) 복조리(福笊籬) : 설날 이른 아침에 장만하여 벽에 걸어 놓음으로서 한해의 복을 빌었던 조리. 조리는 쌀을 이는 도구로서 대나무를 가늘게 쪼갠 죽사(竹絲)로 엮어 만든 것인데 "정초에 새로 장만하는 조리를 특별히 복조리라 하였다." 복조리는 있던 것을 쓰지 않고 복조리 장수에게 산 것을 걸었는데 일찍 이른 시간에 살수록 길하다 여겼다. 따라서 섣달그믐 자정이 지나면 복조리 장수들이 '복조리 사려'를 외치며 인가 골목을 돌아다니고 주부들은 다투어 복조리를 사는 진풍경을 이룬다.

복을 사는 것이라 여겨 복조리 값을 깎지도 물리지도 않았다. 일 년 동안 사용할 수량만큼 조리를 사서 '실, 성냥, 엿' 등을 담아 문 위나 벽 등에 걸어 두는데, 이는 장수(長壽)와 재복(財福)을 바라는 의미를 담은 것이다.

지금은 돌을 걸러낸 쌀을 판매하여 '조리'가 실생활에 필요하지 않게 된 근래에도 정초에 담 너머로 '복조리'를 던져 놓고 다음날 돈을 받아가는 옛 풍습을 볼 수 있으나 '설날 복조리를 직접 팔러 다니는 풍습은 점차 사라져 가고 장식품으로 여겨 구입하는 경우가 많아졌다(風俗辭典).

9) 복주머니(福囊) : 복을 불러들이기 위해 차고 다니는 여러 가지 길상무늬가 수놓인 주머니를 복주머니라고 한다. 갖가지 색깔의 비단이나 무명천으로 둥그스럼한 모양의 두루주머니 또는 양모서리가 각이 진 귀주머니를 만들어 수(壽), 복(福), 부(富), 귀(貴), 희(囍) 등의 글자나 '十長生', '不老草', '박쥐', '菊花'무늬 등을 수놓은 주머니를 남녀노소 구분 없이 즐겨 찾는데 이렇게 하면 사악한 것을 물리칠 수 있고 복이 온다고 믿었다(風俗辭典).

6. 옛날 기록

【신라】

○ 賀正禮, 正旦禮, 『三國史記』卷5, 新羅本紀5, 眞德王5年

【원문】春正月朔 王御朝元殿 受百官正賀 賀正之禮 始於此.

【해설】봄 정월 초하루에 왕이 조원전에 가서 백관의 신정하례를 받으니 賀正의 禮가 이때에 시작되었다.

○ 『三國遺事』卷1, 紀異卷1, 眞德王

【원문】是王代 始行正旦禮

【해설】진덕왕 시대에 처음으로 정단례를 행하였다.

○ 『新唐書』卷220, 列傳145, 新羅

【원문】元日相慶 是日拜日月神

【해설】원일에 서로 경하한다. 이날에 일월신에게 절을 한다.

○ 『舊五代史』卷138, 外國列傳2, 新羅

【원문】其國俗重九〈元〉日相慶賀 每以是月拜日月之神

【해설】그 나라의 풍속에 원일을 중하게 여겨서 서로 경하(慶賀)한다. 해마다 이날에 일월신(日月神)에게 절을 한다.

【백제】天地祭祀『三國史記』卷24, 百濟本紀2, 古爾王 5年
　【원문】春正月 祭天地用鼓吹
　【해설】봄 정월에 천지에 제사 지내는데 북과 피리를 사용하였다.

【조선】尙齒歲典(壽職 ; 老人職)『歲時風俗辭典』正日條 儀禮
ㅇ노인을 공경하는 뜻에서 歲首(正初)에 노인에게 [老人職]을 제수하고 물품을 하사하는 것이다. 노인직은 수직(壽職)이라고도 하는데, 세종 때에 잠시 행해졌고 본격적으로 시행된 것은 성종 7년(1476년)『경국대전』에 수록하여 제도화되면서부터이다. 그 내용은 80세 된 노인에게는 양천(良賤)을 막론하고 새해 초순에 老人職을 재수하며 이미 품계를 지닌 자에게는 1資級 올려주도록 한 것이다. 이는 90세, 100세에도 같이 한다. 正祖 때는 70세에 한 기록도 있고 매년 시행하지는 않았으며, 그 폐단도 많았다고 한다. 老人職은 實職이 아니라 산관직(散官職)이므로 職事도 없고 녹봉(祿俸)도 없는 官職이다.
ㅇ『新補受教輯錄』에 따르면 특히 여자들에게는 90세가 되기 전에는 나이가 들어도 資級을 올리는 특전이 없어서 음식물을 하사하는 경우가 많았다고 한다.

7. 詩文(시문)

1) 元日, 徐居正,『四佳詩集』卷3, 詩類

百歲三分一	백 년의 삼분의 일,
光陰不我延	세월은 나를 인도하지 않네.
疏狂如昨日	거친 언행은 어제와 같은데,
容貌減前年	얼굴 모양은 지난해보다 못하네.
日月王春遍	해와 달은 춘 정월에 두루 미추고,
陰晴野史傳	하늘의 흐림과 맑음은 野史에 전하네.
營營浮世夢	분주하게 들떠 있는 세상은 꿈속 같아서
時序劇悠然	시정이 심히 걱정되네.

2) 元日有感, 柳成龍『西厓先生別集』卷1, 詩

舊年逐夜盡	묵은해는 밤을 쫓아 다하고
新年隨日出	새해는 해를 따라 다가오네.
如何一笑中	어찌하여 한번 웃는 사이에
更失三百六	다시 삼백육십 일을 잃었을까?
流光感苦心	흐르는 세월에 괴로움을 느꼈고,
遠思驚芳節	먼 생각은 꽃다운 시절에 놀라네.
岸柳嫩輕枝	언덕에 가벼운 버들가지 흐늘거리고(嫩-연약할 눈)
簷絲颺初旭	처마에 거미줄은 첫 햇살에 날리네.(簷-처마 첨, 颺-날릴 양)
雪霜豈不深	눈과 서리가 어찌 두텁지 않을까 만은
萬物已春色	만물은 이미 봄빛에 젖어있네.
抱病正杜門	병이 들어 바로 문을 닫고,
端居媚幽獨	단정히 앉아 그윽한 고독을 뽐내네.
有懷誰見告	감회가 있으나 누구에게 말할 것인가?
得意還自悅	마음이 흐뭇하니 혼자서도 즐겁네.
寒梅不可負	한매(寒梅)는 저버릴 수 없는데,
有信江南約	강남에선 기약하는 새 소식이 들려오네.

8. 신문, 잡지

1) 舊曆歲況【皇城新聞】(1907년 2월 15일자 보도 내용)

【원문】舊曆歲況 --- 再昨日은 陰曆歲首인 古로 各部와 各學校及廛舖에 國旗를 高揚하야 新年祝況을 表하얏고 親勅奏判任官은 中和殿에 齊進朝賀 하얏다더라.

【해설】음력 설날에 각 부와 학교는 국기를 게양하고 신년을 축하하였다고 한다.

2) 淸民祝年【皇城新聞】(1907년 2월 9일 보도 내용)

漢城府에서 警務廳에 照會하되 自舊曆十二月 三十日로 至正月 五日과 正月十三日로 至十六日까지 淸國居留民等이 年例를 依하여 花砲를 燃放하야 慶祝의 典을 擧할 意로 貴府에 通知한다는 淸國總領事의 申出함을 因河야 玆에 朝會하

니 各署에 電勅하야 勿爲禁止하라 하얏더라.

　【해설】청나라 사람들은 설날에 폭죽놀이를 하는데 한성부에서는 이를 금지시켰다는 내용이다.

3) 상해에서 새해를 맞는 동포들은【동아일보】(1925년 2월 6일)

　鄕愁의 애닯흔 정을 서로히 위로하기 위하야 섣달 금음날 밤에는 全羅道에 본적을 둔 湖南學生親睦會의 忘年會와 靑年同盟會의 윳노리가 잇섯스며 설날에는 華東學生聯合會 주최의 활동사진 映寫會와 硏藝俱樂部 春江俱樂部의 련합신년회가 잇섯스며 그 외에도 재류동포들의 여러 가지 설노리가 잇섯다더라.[상해특신]

　【해설】중국 상해 동포들의 설맞이 풍습을 소개한 글이다.

4) 오늘은 陰曆설, 二重過歲의 苦痛, 『동아일보』1929년 2월 10일

　○설 하나는 지낫는데 또 설이 닥치어 이래저래 빗쟁이의 성화만 밧는다.
　·북부가두엔 신춘색
　1929년은 벌서 정월도 다 지나가고 2월이 잡혀 아흐렛날까지 이미 지나가지만 陰曆 戊辰年은 어제로서 마지막 영겁의 저 공간으로 흘러가 버리고 근巳年 초하루 날을 오늘부터 헤이게 된다.
　‘이중과세를 말자 양력설을 지키게 하자’하는 소리가 이미 낡어 빠젓슬 만치 되어 버리엇다. 「근하신년」의 년하장도 양력설에 띄엇다마는 아즉도 떡국은 오늘 아침에야 먹고 세배도 오늘아침에야 허리를 굽힌다
　새로운 사람들이 「근하신년」을 몇천 몇만 장을 띄우되 빗쟁이는 나머지 회계조를 성화같이 재촉함도 음력 그믐날에 더욱 심하다.
　남대문과 배오개장에 설빔 반찬거리가 산같이 싸히고 종로 큰거리에[끈목장사]의 허리띄, 대님, 당기감이 오색이 찬란하게 바람에 나붓기며 포목점 진렬대에는 주단릉라가 휘황하게 행인의 안목을 유인하고 잇다 모도가 설기분이다.<돈업어 죽겟군! 빗쟁이 때문에 살수가잇나 북어 한 쾌도 못사겟군>이가튼 비명이 방방곡곡에서 일어난다. 바람이 차게분다. 거지가 은행압헤서 울고 잇다. “이것이 이중과세를 하는 조선인 시가의 정경이다.”

　【해설】양력설에는 연하장을 교환하였는데 아직도 떡국 세배를 하며, 남대문, 배오개, 장에는 설빔과 설찬 거리가 싸여 있다는 기사이다. 그리고 종로의 상점에는 각종상품이 진열되어 있어서 설 기분은 나나 한편으로는 빚 독촉과 빈곤감을 느끼는 사람도 있는 등 이중과세의 불합리성을 지적하고 있다.

5) 음력설과 물가【동아일보】(1928년 1월 21일)

음력설도 압흐로 이삼일 박게 남지 아니 하얏습니다. 맛잇는 음식 맨드는 냄새가 각 가정에서 나며 도마 두드리는 소리가 각 가정의 담장으로부터 울려 나오니 음력설을 준비하는 것이 분명합니다. 금년의 어물, 야채, 과종 등의 시세는 어떠한가? 그 대개를 소개하면 다음과 갓습니다.

○ 과종(果種)(작년보다 헐타)
[건시(乾柿)] 한 점 上 일원팔십전 中 일원이십전 下 일원
[실백(實柏)] 한 되 이원십전 [꿀] 한 주발 이원
[설탕(설당)] 한 근 백-이십오전, 흑-십팔전
[귤] 한 궤 구십전
[대추(棗)] 한 되 上 칠십전 中 오십전
[깨강정] 백 개 삼십오전 [색강정] 이십오전
[약과(藥果)] 백 개 上 팔십전 中 칠십전
[통화률] 한 되 上 이원 中 일원오십전 下 일원
[배(梨)] 한 개 上 팔전 中 오전 下 사전
[사과] 한 개 上 팔전 中 오전 下 사전

○ 어채종(작년보다 헐타)
[북어(北魚)] 한 쾌 上 일원 中 구십전 下 팔십전
[김(海衣)] 한 톳 오십전 [버섯] 한 꼬치 이십전
[계란(鷄卵)] 한 접 사원 [생치자웅(生雉)] 이원
[파] 한 단 육전
[도라지] 한 단 上 사십전 中 삼십전 下 이십오전
[우육(牛肉)] 한 근 上 오십전 中 사십오전

【二十日 東大門市場 李昌祐店에서】
【해설】음력설의 물가를 보고한 기사이다.

■ 윷놀이(擲柶戱)【俗節】

○ 柶戱(사희), 擲柶(척사)

붉은 싸리나무 두 토막을 반으로 쪼개어 네 쪽으로 만드는데 길이가 세 치 가량이다. 혹 작게는 콩알만큼 만들기도 한다. 이것을 "윷[柶(사)]"라 하고, 윷을 던져서 노는 것을 "윷놀이[柶戱]"라 한다. 또 『芝峯類說』에는 탄희(攤戱)라 하였다.

1) 윷놀이의 유래와 뜻

○ 윷놀이를 척사(擲柶) 또는 사희(柶戱)라고도 한다.

삼국시대 이전부터 전해오는 한국 고유의 민속놀이로 대개 정월 초하루부터 보름 날까지 즐긴다. 부여족(夫餘族) 시대에 5가지 가축을 5부락에 나누어주어 그 가축 들을 경쟁적으로 번식시킬 목적에서 비롯된 놀이라고 하며, 그에 연유하여 [도는-돼지], [개는-개], [걸은-양], [윷은-소], [모는-말]에 비유한다.

우리나라의 옛사람들은 설을 앞뒤로 하여 겨울 내내 윷놀이를 즐긴다. 그야말로 남녀노소를 가리지 않고 쉽게 할 수 있어 "국민적 민속놀이"라 해도 과언이 아닐 것이다.

○ 그러면 윷놀이는 어디서 유래됐고 윷판은 어떤 의미를 담고 있을까?

윷놀이는 한자로 척사(擲柶) 또는 사희(柶戱)라 한다. 또 윷을 한자로는 나무 네 조각이란 뜻을 따서 사(柶)로 적었다. 하지만 윷놀이는 어디까지나 우리 고유의 놀이다. 중국에도 저포(樗蒲), 격양희(擊壤戱)가 있고, 만주와 몽골에도 비슷한 놀이가 있으나 그 방식도 다르고 널리 유행하지도 않았다 한다.

○ 그러면 언제부터 윷놀이가 시작되었을까?

조선후기의 실학자 이익은 "고려의 유속으로 본다"고 했으나 최남선은 그 기원을 신라시대 이전으로 추정했다. 신채호는 그 기원을 고대 '부여'에 두면서 자세한 설명을 덧붙였다.

부여의 지배체제는 제가(諸加)인 마가(馬加), 우가(牛加), 저가(猪加), 구가(狗加)로 구성되어 있다고 했다. 곧 각기 말, 소, 돼지, 개를 상징으로 하는 집단이 각기 한 구역을 다스렸다는 것이다. 이들 제가는 각기 사방을 경계 지은 사출도(四出道)를 맡았다. 사출도는 전시체제에서 군사조직의 출진도(出陣圖) 모형이라고 한다.

윷의 도는 돼지의 저(猪)가, 개는 구(狗)가, 윷은 우(牛)가, 모는 마(馬)가를 표시하고 있으나 "걸"은 의문으로 남겨둔다고 했다.

걸은 임금 자리인 기내(畿內)의 벼슬아치(양을 상징)로 볼 수도 있을 것이다. 그러므로 당시 부여가 수렵시대를 지나고 농사와 목축을 하는 시대의 특징을 보여준다고 풀이했다. 그럴듯한 해석으로 부여에서 기원한 윷놀이가 차츰 고구려, 백제, 신라로 전해져 유행됐다고 볼 수 있을 것이다.

2) 놀이 방법

【원문】擲柶者 削柶四片擲之 一翻曰刀,二曰介,三曰傑,四曰柶,俱伏曰牟, 畵紙爲國 縱橫二九宮 如田字 俗謂項王東城陳圖也 分曹迭擲 計宮搬馬 務速進 故驟得牟者勝

【해설】윷놀이는 싸리나무를 깎아서 네 조각으로 만들어 던지는 것이다. 한 개가 뒤집히면 도이고, 두 개가 뒤집히면 개이고, 세 개는 걸, 네 개는 윷이며, 다 엎어지면 모라고 한다. 종이에 윷판을 그리는데 가로세로 모두 29개의 궁이 있는 모습이 마치 밭전 자(田)와 같다. 세속에서는 項羽의 「東城陳圖」라고도 한다. 편을 나누어 번갈아 던진 다음 궁을 헤아려 말을

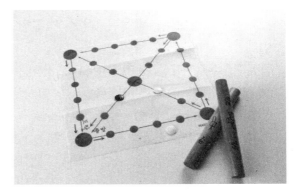

윷놀이(윷판)
출처 : 국립 국어원

옮겨 빨리 나가는 것에 힘쓴다. 그러므로 모를 많이 얻는 자가 이기게 된다.(『한양세시기』)

편을 갈라서 윷가락을 던지고 말을 사용하여 29궁(二十九宮)의 말밭을 먼저 빠져 나오는 것으로 승부를 겨루는 놀이이다.

윷을 던져서 얻는 끗수는 도, 개, 걸, 윷, 모로 구분하는데 이를 각각 豚, 犬, 羊, 牛, 馬를 형용한 것으로 나아갈 수 있는 밭수를 뜻한다. 29궁의 말밭은 한쪽이 5밭씩으로 정사각형의 20밭과 중앙을 정점(반혀)으로 하는 X자형의 9밭으로 구성되어 있다.(『漢陽歲時記』 十五日條 註)

윷은 박달나무나 붉은 통싸리나무로 만드는데 장작윷(가락윷)과 밤윷의 2가지가 있고, 관서(關西)·관북(關北) 지방에서는 콩윷(팥윷)이라 하여 검정콩이나 팥알 2개를 쪼개어 4개로 만들어 노는 것도 있다.

◎ **擲柶大會**

척사(擲柶) 또는 사희(柶戲)라고도 한다.

삼국시대 이전부터 전해오는 한국 고유의 민속놀이로 대개 정월 초하루부터 보름날까지 즐긴다. 부여족(夫餘族) 시대에 5가지 가축을 5부락에 나누어주어 그 가축들을 경쟁적으로 번식시킬 목적에서 비롯된 놀이라고 하며, 그에 연유하여 [도(徒)한 밭는 돼지], [개(開) 두 밭은 개], [걸(杰) 세 밭은 양], [윷(流) 네 밭은 소], [모(牟) 다섯 밭은 양] 말(馬)에 비유한 놀이이다.

놀이 방법은 일대일놀이, 편윷놀이, 여러 사람이 돌아가며 노는 방법 등이 있으며 최종 우승자를 선발하여 시상(施賞)하기도 한다.

장작윷은 지름 3cm쯤 되는 나무를 길이 15cm 정도로 잘라 이것을 둘로 쪼개서 4개로 만든 것이며, 밤윷은 작은 밤알만 하게(길이 1.8cm, 두께 1cm 가량) 만든 것이다.

밤윷은 주로 경상도 지방에서 사용하는데 통상 간장종지 같은 것에 넣어 손바닥으로 덮어 쥐고 흔든 다음 속에 든 밤윷만 땅바닥에 뿌려 던진다.

콩윷은 대개 토시 한 짝을 세워 놓고 오른손에 콩알(팥알)을 쥐고 흔들어 토시 속으로 던져 넣는데, 토시가 없을 때는 종이로 토시 모양을 만들어 세우기도 한다.

장작윷은 부녀자들의 경우 주로 안방에서 요나 담요 등을 깔고 놀며, 남자들은 사랑방이나 마당 또는 큰길가에서 가마니나 멍석을 깔고 높이 1m 정도로 던지면서 즐긴다. 던진 윷쪽의 하나(지방에 따라 2개)가 멍석 밖으로 나가면 그 회는 무효로 한다.

윷놀이의 말판은 한쪽이 5밭씩으로 정사각형 또는 원형의 20밭과, 중앙을 정점으로 하는 X자형(원형판은 十자형)의 5밭씩 도합 29밭이며, 윷을 던져 땅에 떨어진 모양에서 하나가 젖혀지면 도로 한 밭씩, 2개가 젖혀지면 개로 두 밭씩, 3개가 젖혀지면 걸로 세 밭씩, 4개가 모두 젖혀지면 윷으로 네 밭씩, 모두 엎어지면 모로 다섯 밭씩을 갈 수 있다.

앞에 가던 상대편 말을 잡거나, 윷, 모가 나오면 한 번 더할 수 있으며, 이렇게 하여 4개의 말이 상대편보다 먼저 말판을 돌아오는 편이 승리한다. 또 한꺼번에 2개 이상의 말을 함께 쓸 수도 있는데, 이것을 업는다고 하여 보다 능률적이기는 하지만 상대편 말에 잡힐 경우에는 더욱 불리하게 된다. 윷놀이는 인원수의 제약을 받지 않으나 보통 4명이 서로 편을 갈라서 하는 것이 상례인데, 이때는 각 편 사람들이 서로 섞바뀌어 윷을 던진다.

3) 말밭 쓰기의 원리

그런데 이런 윷판에 어느 때부터인지 확인할 수 없으나 밭마다 하늘의 별자리인 28수(宿)를 표했다. 중심인 방을 추(樞)라 했다. 추는 가운데 또는 밑동과 지도리라는 뜻이며, 북두칠성의 첫 별자리 이름이기도 하다.

북두칠성은 임금의 자리이며, 추성은 임금별로 친다. 북두칠성은 자리를 옮기지 않아 고정불변이다. 그리하여 뭇 별이 임금별을 싸고돈다. 이런 상징성을 살려 임금은 북쪽에 자리를 잡고 앉아 남쪽에서 바라보는 신하를 마주한다. 경복궁도 임금 자리를 북쪽에 배치했다. 임금이 어느 곳을 가던 이런 자리 배치는 변함이 없었다.

조선 중기에 살았던 문인 김문표(金文豹)는 사도설(柶圖說)에서 명쾌하게 해석을 달았다. 그의 말에 따르면 윷판의 전체 주변이 둥근 것은 하늘, 중심에는 십자를 그려 모남을 그린 것은 땅을 나타낸다고 했다. 곧 천원지방(天元地方)의 천문사상을 표현했다고 한다.

그의 해석은 다음과 같이 이어진다. 가운데 있는 별은 추성이요, 옆으로 벌려있는 별은 28수이다.

○ 해의 진행은 북쪽에서 출발하여 동쪽으로 가서 가운데를 거쳐 다시 북쪽으로 나오는데 동지의 해가 짧음을 나타낸다.
○ 북쪽에서 출발하여 동쪽으로 들어가 서쪽으로 갔다가 다시 북쪽으로 나옴은 해가 고름을 나타낸다.
○ 북쪽에서 출발하여 동쪽과 남쪽을 거쳐 북쪽으로 나옴은 추분의 방이 고름을 나타낸다.
○ 북쪽에서 출발하여 동쪽을 거쳐 남쪽과 서쪽을 지나고 다시 북쪽으로 나옴은 하지의 해가 길음을 나타낸다.
○ 그는 말밭의 진행이 해와 절기의 관계를 의미한다고 본 것이다. 곧 하늘의 별과 해, 이에 따라 땅의 계절 변화를 적용했음을 말하고 있다. 이 원리에 따라 28수의 별자리를 배치했다. 그러므로 28수는 옛 기록에 적혀 있는 순서대로만 배치하지 않았다. 이 설명에서는 윷판의 입구를 북쪽의 방향에서 설정해 풀이했으나 여느 사람들은 남쪽(아래쪽)을 출발점으로 삼아 놀이를 벌이는 경우가 많다.

아무튼 28수를 그린 윷판을 가지고 놀이를 벌이면 자연스레 별자리 이름을 익히게 되는 교육적 효과를 노린 것이다.

4) 윷놀이 하는 소리

   ○ 道具演技謠의 하나로 윷을 놀면서 부르는 소리이다. 윷놀이 소리는 민중의 것과 유생의 것이 있다. 민중들의 노래는 북한의 남포시 강서의 것이며, 유생들의 노래는 경북 안동의 것이다.
   ○ 아래는 『조선민족음악전집』의 민중의 소리이다.
   　중이나 메나 톡
   　중은 중이냐 메는 메냐
   　눈온 산의 꽃이로다
   　도야지 도야지
   　오래박죽 도야지

【해설】'중'은 윷-'메'는 모의 사투리이다. 그러므로 "중이나 메나"는 "윷이냐 모냐"라는 뜻이다. '도야지'는 "도"를 가리키는 말이다.

   ○ 아래는 [유생들의 노래]이다.(朴長煥, 安東地方 윷놀이 硏究)에서,
   　日月星辰 分明하니
   　天道가 的實하고
   　山川草木 分明하니
   　地道가 的實하고
   　仁義禮智 分明하니
   　人道가 的實하다
   　爲我하고 兼愛하신
   　楊墨道를 道라하라
   　仁義하고 叡智하신
   　孔孟道를 道라하랴.

【해설】도, 개, 걸, 윷, 모의 윷패 이름은, 본래 우리말로 된 동물 이름에서 비롯된 것인데, 이것을 한자를 빌려 노래의 내용과 어울리도록 표현해 놓았다. (朴長煥, 安東地方 윷놀이 硏究-安東大學校 碩士學位論文)에서,

5) 승경도(陞卿圖), 종정도(從政圖) 놀이

한편 별자리를 배치한 윷판과는 다른 윷판도 있었다. 곧 종정도(從政圖) 또는 승경도(陞卿圖)이다. 이 도판은 큼직한 종이에 종9품부터 영의정까지 내직이든 외직이든 모든 관직의 이름을 써놓았다. 곧 참봉 만호 같은 하위직에서 판서 대

제학 병사 수사 등 고위직을 망라하여 문관, 무관을 구별치 않고 적은 것이다.

처음 출발할 때 도나 개가 나오면 좋지 않은 벼슬을 받게 되며, 윷이나 모가 나오면 좋은 자리를 받는다. 그러나 벼슬살이를 계속하는 동안 좋은 말밭을 걷게 되면 고속 승진이 보장되어 현관의 자리를 누리게 된다. 하지만 나쁜 말밭을 걷게 되면 유배를 가기도 하고 파직을 당하기도 하면서 낙백의 길을 걷게 된다. 또 낮은 등급으로 강등되기도 한다. 마지막으로 사약을 받은 것으로 마무리되기도 한다.

이는 본디 중국 쌍륙놀이를 조선 초기 하륜이 우리의 관직에 맞게 변형시켰다고 한다. 관료사회의 규정과 특성을 치밀한 구도로 짜서 만들었다. 물론 벼슬을 중시하는 관료사회의 산물이기는 하나 윷판의 천문사상을 인문정신으로 바꾼 한 모델이 될 것이다.

청소년들은 종정도를 이용해 윷놀이를 벌이면서 모든 관직을 외우게 되고 관직생활에서 조심해야 한다는 수양의 정신을 되새기게 된다. 필자도 어릴 적에 종정도를 이용해 윷놀이를 한 탓으로 모든 관직을 자연스럽게 쉽게 외울 수 있었다.

6) 日帝 수난 거쳐 민족놀이로 계승

윷놀이가 한때 수난을 받은 적이 있다. 일제강점기 "조선의 명절"과 민족놀이를 억제하는 과정에서 윷놀이도 압제를 받았다. 하지만 해방 뒤 다시 살아나 농촌 마을과 도시를 가리지 않고 곳곳에서 마을 대항으로 척사대회를 벌였다. 또 두 사람을 단위로 놀이를 벌일 수도 있고 여러 사람이 패를 갈라 놀이를 할 수도 있어서 그 겨루기 범위가 넓었다. 그래서 조선 후기부터 크게 유행했던 것이다. 따라서 윷놀이는 민중의 놀이라 말할 수 있을 것이다.

7) 윷점

주역 64패와 연계 윷패로 길흉을 점치는 윷점이 성행했다. 윷놀이는 단순한 승부를 겨루는 유희로만 진행된 것이 아니다. 농경사회에서 농사나 신수를 점치는 예언적 의미로 변용되기도 했다. 그 방법은 여러 가지였다. 먼저 농사와 관련지어 치는 점의 방법을 알아보자.

한 동네라도 윗마을 농민은 화전농이요, 아랫마을 농민은 수전농(水田農)일 경우가 많다. 화전농과 수전농으로 패를 갈라 윷놀이를 벌인다. 이를 각기 산농(山農)-수향(水鄉)이라 부른다.

산농이 이길 경우, 그해에 홍수가 져서 수향의 수확이 적을 것으로 본다. 그리하여 산농의 농사짓기가 유리할 것으로 여겼다. 산농들은 이겼다고 하여 술과 음식을 내서 즐긴다. 돌팔매질하는 따위로 벌이는 동전(洞戰, 石戰)과는 달리 친목을 도모하는 모습이 되었다.

○ 이와 달리 윷가락을 던져서 주역의 괘를 뽑아 신상에 관련된 일을 점치는 방법이 있었다. 이 점은 셋의 수를 기본으로 한다. 윷을 던져 도는 1, 개는 2, 걸은 3, 윷과 모는 4로 정했다. 세 번 모두 도가 나오면 그 숫자는 111이 되며 도, 개, 걸이 나오면 123이 되며, 걸이 세 번 나오면 333이 된다. 또 모가 세 번 나오면 444가 된다.

○ 주역은 점서로 활용되었는데 8괘를 제곱해서 64괘를 만든다. 이 64괘가 주역의 기본을 이루며 그 괘마다 내용이 적혀 있다. 그리하여 윷점에서도 64괘에 따라 64가지 사항을 설정하고 간단한 점사를 적어 놓았다.

○ 그 점사를 보자. 111괘의 경우, 아이가 자애로운 어머니를 만난다(兒見慈母)이다. 좋은 운수를 뜻한다.

○ 123괘는 깜깜한 밤에 촛불을 얻는다(昏夜得燭)이다. 곤경에 처했다가 좋은 일을 만난다는 뜻이다.

○ 333괘는 나비가 꽃을 얻는다(胡蝶得花)이다. 제철을 만난다는 뜻이다.

○ 444괘의 경우, 형마다 아우를 얻는다(兄兄得弟)이다. 좋은 동조자를 얻는다는 뜻이다.

위의 예시는 모두 좋은 운수를 말하는 내용이다. 하지만 나쁜 조짐을 중간에 섞어 놓았다. 112괘의 경우, 쥐가 곳간에 들어간다(鼠入倉中)로 재산이 축날 운수이다. (반대로 먹거리가 풍부하다고 해석할 수도 있다.) 213괘는 활이 깃털 화살을 잃는다(弓失羽箭)이다. 쓸모없는 일이 벌어진다. 또 442괘는 고기가 낚싯바늘을 삼켜버린다(魚呑釣鉤)이다. 아주 곤궁한 일을 만나게 되는 것 등이다.

윷점은 토정비결과 비슷한 점사를 깔아놓았다. 하지만 보는 방법은 더 간단하다. 토정비결에 따라 1년 신상을 점칠 적에 나쁜 운수가 나오면 조심해야지라고 생각하고, 좋은 운수가 나오면 한번 기분 좋게 웃는다. 윷점도 이와 다를 바가 없었다. 인간의 길흉을 1년 단위로 예언해 사람들의 삶에 재미를 준 것으로 이해하면 될 것이다.

8) 윷놀이의 道具, 윷판과 五行關係

윷놀이 도구 중에서 윷판(말판이라고도 함)이 중요한 道具인데 윷판이 없이 외어서 노는 윷을 '건궁윷말쓰기'라 하고, 윷판을 놓고 노는 윷을 '판윷' 또는 '윷판놀이'라 한다.

윷판이 언제 만들어져서 보편화 되었는지는 정확하게 알 수 없지만, 高麗末 이색(李穡)의 『목은집(牧隱集)』에 현행의 윷판이 나타나는 것으로 보아 고려 말 이전에 완성되었음을 알 수 있다.

　○ 申采浩는 『朝鮮上古史』에서 윷놀이의 윷판은 上代五家의 出陣圖에서 나온 것이라 했고, 李丙燾는 『國史大觀』에서 윷놀이의 윷판이 夫餘의 官職制를 模倣한 四出道에서 나온 것이라 하였다. 이 두 學者의 說은 오늘날 윷판이 官職制를 模倣한 것이라는 見解이지만 윷판이 왜 "29방"인가에 대한 설명이 없다. 이들은 史學者로서 윷판을 政治制度史的 맥락(脈絡)에서 찾은 것으로 보인다.

　○ 金文豹는 『中京誌』柶圖說에서 윷판 中央의 "방혀"는 [北極星]이고, 윷판 바깥의 둥근 모양은 [하늘]을, 안의 모난 것은 [땅]을 본뜬 것이니 하늘이 땅의 바깥까지 감싸고 있는 것을 나타낸다고 했다. 윷판을 이루는 점들은 별자리를 뜻하는 것으로 새벽의 북극성을 중심으로 뭇별이 둘러싸고 있음을 形相하고 있는 것으로 보는 한편 윷판의 네 점과 중점을 [五行]에 견주어 설명하고 있다. 윷말이 윷판을 돌아 나오는 樣相을 春分, 秋分, 夏至, 冬至에 비유하여 설명하고 있다.

　즉 윷말이 가장 짧게 윷판을 돌아 나오는 양상을

　○ "해가 돋기를 水에서 시작하여 木을 들러 土로 가서 水로 나가는 '짧은 길'은 冬至이고"

　○ "水에서 木을 들러 바로 金으로 가서 水로 나가는 '중간길'은 한낮에 이루어지는 春分이고"

　○ "水에서 木을 돌고 火를 들러 土를 지나서 水로 나가는 '중간길'은 한밤에 이루어지는 秋分이고"

　○ "水에서 木으로 火로 金으로 '한 바퀴 돌아서'水로 나가는 '긴 길'은 夏至라 하였다."

◎五行說에서

木은 育成의 德을 맡는다 하여 方位는 東쪽이고, 계절은 봄이다.
火는 變化의 德으로 方位는 南쪽이고, 계절은 여름이다.
土는 出生의 德으로 方位는 中央이고, 사계절의 主가 된다.

金는 형금(形禁)의 德으로 方位는 西쪽이고, 계절은 가을이다.

水는 임양(任養)의 德으로 方位는 北쪽이고, 계절은 겨울이다.

이를 윷판과 관련시키면 ‘水’는 ‘참’, ‘金’은 ‘앞여’, ‘火’는 ‘뒤여’, ‘木’은 ‘넷째’, ‘土’는 ‘반혀’에 해당된다.

◎현행 윷판은 ‘참’을 기준으로 시계 반대 방향으로 돌아가지만 조선시대에는 시계방향으로 돌아가지 않았나 생각된다.

◎윷판은 하나의 小宇宙로서 自然이다. 자연스러운 宇宙의 理致와 原理를 윷판에 담아 人爲的인 自然을 創出한 것이다. 우리 선조들은 生産現場인 土地를 윷판에 담고 季節의 흐름을 윷말에 담아 윷놀이를 통해 순환시키므로써 豊農을 祈願했던 것이다. 그러므로 윷판은 自然이자 生産現場이며 삶의 舞臺인 것이다.

◎參考文獻

『東國歲時記』(崔大林譯解編), 『中京志』(朝鮮光文會編), 『韓國歲時風俗辭典』(國立民俗博物館編), 『安東地方의 윷놀이 研究』(朴長煐, 博士學位論文), 『安東文化研究』第5輯, 『京都雜誌』 등

◎신문, 잡지

1. 擲柶大會(시내 식도원에서), 『조선일보』 1928년 1월 25일

○三光商會 賞品寄贈

조선재래 정초의 놀이로 윷노리는 그 경기 방법의 장쾌한 것이라든지 그 취미의 진진한 것으로 보아 외국에서 수입한 다른 유희보다도 훨신 나흔 경기이며 윷노는 동안에는 심신에 긴장미를 띄우게 하고 육체로는 운동이 될뿐아니라도 재래 수천년 동안 내려오든 朝鮮固有의 鄕土美를 띄운 것이므로 년래로 구역 정초가 되면 각 신문사 광고부 外交員으로 조직된 ‘社交協會’에서는 조선의 首都인 京城에서 <擲柶大會>를 열어 이경기를 장려하는 □□

음력 초엿새날 밤에 시내 食道園에서 또 척사대회를 열게 되었는데 金銀細工界의 重鎮인 三光商會에서 일, 이, 삼등의 상품인 은컵, 은잔 등을 특히 精製하야 기증하였으며 기타상품 기증도 답지하는바 당일회비는 ‘삼원오십전’이라 하니 누구든지 윷 잘노는 사람 한번 참가하야 뽐내임이 조켓다더라.(조선일보, 1928. 1. 25)

【해설】각 新聞社, 廣告部, 外交員, 社交協會에서는 京城에서 擲柶大會를 開催한다.

2. 김해 '널 대회' 『동아일보』 1928년 2월 4일

○ "가정 부녀의 운동을 장려하랴고"

「慶南 金海 靑年同盟女子部」에서는 금년 음력 정초를 잘 이용하고자 하야 하는 일이 만튼 중 신구 가정의 부녀자운동을 장려하기 위하여 '널 大會'를 개최한다는데 금번은 만흔 상품을 주겟다 하며 시일과 장소는 다음과 갓다더라 (김해)

時日 - 舊正月 十四日 午後一時,

場所 - 合成學校 運動場(동아일보, 1928. 2. 4)

【해설】 경남 김해 청년동맹 여자부에서 널뛰기 대회를 개최한다는 것이다.

3. 富平農民의 "떡국회" 開催 『조선일보』 1928년 1월 26일

○ 오는 陰曆 六日에

흉풍을 근심하면서 피땀을 흘려가며 惡戰苦鬪하는 丁卯年의 그 해도 가고 무한히 회망의 봄 戊辰 세해가 돌아오자 富平農民組合에서는 돌아온 이해를 마저 더욱 굿게 손목을 잇끌어 친목을 도모코저 알래와 같이 모히여서 떡국이나 같이 논누고, 룻도 놀고, 농부의 소리나 하여 하로를 즐기리라는데 본조합원은 물론이요 기타 농민제씨도 만히오시기를 바란다더라.(소사 조선일보)

【해설】 부평농민조합에서 '떡국회'를 개최하는데, 이날에 '떡국', '윷놀이', '노래 즐기기'를 한다는 것이다.

정월 대보름(上元) 【二十四節氣 俗節】

○ 한국 세시풍속에서 비중이 크고 뜻이 깊은 날이기 때문에 "대보름" 또는 "한보름"이라고 하여 특별히 일컫는다.

○ 정월은 일 년을 시작하는 달로서 대보름을 농사의 시작일이라 하여 큰 명절로 여겼으며 『율력서(律曆書)』에는 "정월을 天地人 삼자가 合一하고 사람을 받들어 일을 이루며 모든 부족이 하늘의 뜻에 따라 화합하는 달이다"라고 설명하였다.

○ 『국어사전』에는 「보름」을 '열닷새 동안' '보름날의 준말' '망일(望日)'이라 하였고, 『고어사전』에는 '보롬', '망(望)', '음력 15일', '망일(望日)', 『풍속사전』에는 '정월 대보름'은 1월 15일을 특별히 이르는 말이다.

○ 『史記』 천관서(天官書)에 "四始란 계절이 (시작되는) 날이다(四始者候之日)."라 하였고 正義에 "정월의 아침은 한해의 시작이고, 시간의 시작이며, 하루의 시작이자 한 달의 시작이다. 그러므로 四始라 한다.(謂正月旦 歲之始 時之始 日之始 月之始 故四始)"라 하였다.

달 뜨는 시간 (속절이므로 절입 시간이 없다) [2016년 2월 2일]
　　월출(月出) = (보름날) 15일 오후 5시 55분 달이 떠서
　　월입(月入) = 16일 오전 6시 40분에 달이 진다.
　　　　　　　　　　(달이 떠있는 시간 13시간 45분)
　　망(望) = <16일 오전 3시 20분>에 가장 둥글고 큰달을 볼수 있다.

대보름의 유래

"보름"의 유래는 「三國遺事」에 原文을 아래에 싣는다.

【원문】射琴匣 『三國遺事』 卷1, 紀異條

第二十一 毗處王〔一作炤智(知)王 卽位十年戊辰 幸於天泉亭時 有烏與鼠來鳴鼠作人語云 此烏去處尋之〔或云 神德王欲行香興輪寺 路見衆鼠含尾 怪之而還占之 明日先鳴烏尋之云云 此說非也〕王命騎士追之 南至避村〔今壤避寺村,在南山東麓〕兩猪相鬪 留連見之 忽失烏所在 徘徊路旁 時有老翁 自池中出奉書 外面題云 開見二人死 不開一人死 使來獻之 王曰 與其二人死 莫若不開 但一人死耳 日官奏云 二人者庶民也 一人者王也 王然之開見 書中云 射琴匣 王入宮 見琴匣射之 乃內殿焚修僧與宮主 潛通而所(爲)奸也 二人伏誅 自爾國俗每正月上亥上子上午等日 忌愼百事 不敢動作 以十六日爲烏忌之日 以糯飯祭之 至今行之 俚言怛忉 言悲愁而禁忌百事也 命其池曰書

- 38 -

出池

【해설】 거문고 갑을 쏘다 (『삼국유사』 권1, 기이조)

제21대 비처왕이 즉위한지 10년 무진년에 천천정에 행차하였다. 그때 까마귀와 쥐가 와서 울었는데 쥐가 사람의 말로 말하였다. "이 까마귀가 가는 곳을 찾아가라" 왕은 기병을 명령하여 뒤따르게 하였다. 남쪽의 피촌에 이르렀을 때 돼지 두 마리가 서로 싸우고 있었다. 멈춰 서서 이 모습을 구경하다가 갑자기 까마귀가 사라져 버리고 길에서 배회하고 있는데, 그때 한 노인이 연못에서 나와 글을 바쳤다. 그 겉봉에 이렇게 쓰여 있었다.

"뜯어보면 두 사람이 죽고, 뜯어보지 않으면 한 사람이 죽을 것이다."

사신이 와서 글을 바치니 왕이 말하였다. "두 사람이 죽는 것보다는 한 사람이 죽는 것이 낫다."

일관이 아뢰었다. "두 사람이란 일반 백성이요, 한 사람이란 왕을 말하는 것입니다."

왕이 그 말을 옳게 여겨 뜯어보니 이렇게 씌어 있었다. "거문고 갑〔琴匣〕을 쏴라." 왕은 궁궐로 돌아와 거문고 갑을 쏘았다. 그 속에는 내전에서 분향수도〔焚修〕하는 승려와 비빈이 은밀히 간통을 저지르고 있었다. 그래서 두 사람을 주살하였다.

이때부터 나라 풍속에 매년 정월 상해〔上亥〕 상자〔上子〕 상오〔上午〕일에는 모든 일에 조심하여 함부로 행동하지 않게 되었다. 그리고 16일을 오기일(烏忌日)로 하여 찰밥으로 제사 지냈는데, 이것은 지금까지도 민간에 행해지고 있다. 이것을 속어로는 달도(怛忉)라고 하는데, 슬퍼하고 근심하면서 모든 일을 금한다는 말이다.

(또한 노인이 나와 글을 바친) 그 연못의 이름을 <서출지(書出池)> 라고 하였다.

1. 이칭, 풍속음식과 전설 속담, 행사와 놀이

1) 이칭

"상원(上元), 오기일(烏忌日), 달도(怛忉), 원소절(元宵節)" 등이며, 14일을 "작은보름(小望)" 15일을 "큰 보름"이라고도 한다.

◎ 上元 = 상원은 道家에서 말하는 "三元"의 하나이다.(1월15일上元, 7월 15일 中元, 10월 15일 下元) 이날은 天上의 仙官이 인간의 善惡을 살피는데, 이때를 "元"이라 한다.

◎ 烏忌日(오기일) = 까마귀 제사 지내는 날이란 뜻이다.

◎ 怛忉(달도) = 슬퍼하고 근심하며 금하고 꺼린다는 뜻이며, 16일은 시골풍습

에 활동을 하지 않고 나무로 만든 물건을 집안으로 들이지 않는 풍속이 있다.(김종직의 「달도가」「여지승람」에서)

◎ 원소절(元宵節) = 화문화권에서 대보름날을 "등불의 날" 또는 "원소절"이라 부릅니다.

2) 俗談(口碑傳承)

○ 개 보름 쇠듯
○ 설은 나가서 쇠어도 보름은 집에서 쇠어야 한다.
○ 설은 질어야 좋고, 보름은 밝아야 좋다.(『세시풍속사전』에서)

3) 음식(飮食)

○ 〔부럼〕(『東國歲時記』上元條)

【원문】淸晨 嚼生 栗胡桃銀杏皮栢子蔓 菁根之屬 祝曰 一年十二朔 無事太平 不生 癤癧 或云 固齒之方

【해설】보름날 아침에 호두, 밤, 은행, 잣, 무 등을 깨물면서 "1년 12달 동안 만사가 뜻대로 되며 종기나 부스럼이 나지 않게 해주시오."하고 기원한다. 이것을 '부럼'이라 한다. 혹은 부럼은 치아를 단단히 하는 방법이라고도 한다.

○ 〔오곡밥(五穀飯)〕(『東國歲時記』上元條)

【원문】作 五穀雜飯 食之 亦以相遺 嶺南俗亦然 終日食之 蓋襲社飯相饋之古風也

【해설】보름날 찹쌀, 수수, 팥, 조, 보리쌀 등 다섯 가지 곡식을 섞어 밥을 짓고 이웃과 나누어 먹는다. 영남 풍속에도 이런 것이 있다. 이것은 제삿밥을 이웃과 나누어 먹는 옛 풍습에 따른 것이다.

○ 〔약밥(藥飯)〕(『東國歲時記』上元條)

【원문】炊糯米 拌棗栗油蜜醬幷蒸 調海松子 名曰藥飯,爲上元佳饌 用以供祀 蓋新羅舊俗也,按東京雜記 新羅炤知王十年正月十五日 幸天泉亭 有飛鳥警告于王 國俗以上元日 爲烏忌之日 作糯飯 祭烏報賽 今俗因爲時食

【해설】정월 보름에 찹쌀을 쪄서 대추, 밤, 기름, 꿀, 간장, 잣 등을 넣어 함께 버무린 것을 "약밥(藥飯)"이라 한다. 이것은 아주 맛있는 음식으로서 제사상에 올린다. 약밥은 신라 때부터 전해 내려오는 오래된 풍속이다.

경주부사를 지낸 민주면(閔周冕)이 편찬한 『동경잡기(東京雜記)』에 보면, 신라 소지왕(炤知王) 10년 정월 보름날 왕이 천천정(天泉亭)에 행차 했을 때 날아온 까마귀가 왕에게 내전의 승(僧)과 궁주(宮主)가 잠통(潛通)하는 것을 알려주었다는 고사에 의한 것이다. 그래서 우리나라 풍속에 보름날을 까마귀 제사하는 날로 정해 약밥을 만들어 까마귀를 제사함으로써 그 은해에 보답하는 것이라 했다. 그런데 이것으로 인해 생긴 "약밥(藥飯)"이 오늘날의 <시절음식>으로 되었다.

○〔귀밝이술(耳明酒)〕(『東國歲時記』上元條)

【원문】飮淸酒 一盞不溫 令人耳聰 謂之牖聾酒 按葉延珪[海錄碎事] 社日 飮治聾酒 今俗於 上元行之

【해설】유롱주(牖聾酒)라고도 한다. 보름날 이른 아침에 청주 한 잔을 데우지 않고 마시면 귀가 밝아진다고 하여 먹는 술을 "귀밝이술"이라 한다. 섭정규가 지은 『해록쇄사』에 보면, "춘사일"에 "귀밝이술"을 마신다고 했다. 그런데 요즈음에는 '보름날 아침'에 한다.

○〔묵은 나물(陣菜食)〕(『東國歲時記』上元條)

【원문】蓄匏瓜蘡藁諸 乾物及 大豆黃卷 蔓菁蘿葍 謂之陣菜

【해설】박나물이나 버섯 등을 말린 것과 大豆黃卷(콩나물)과 순무와 무를 채쳐서 묵혀두었다가 보름날 이것들을 무쳐서 먹는 것을 "진채"라 한다.

○〔복쌈(福裹)〕

【원문】凡瓜顱茄皮蔓菁葉 皆不棄曬乾 亦爲烹食 謂之不病署 飮啥之謂之福囊

【해설】또 오이껍질, 가지 껍질을 보름날에는 피마자잎 말린 것과 취나물이나 배춧잎 혹은 김에 밥을 싸서 먹는데, 이것을 "복쌈"이라 한다.

○〔복쌈(縛苫)〕『東國歲時記』上元條에 김과 참취나물 등속에다 밥을 싸서 먹는데 많이 먹을수록 좋다고 한다. 이것을 "복쌈(縛苫)"이라 한다. 이것 역시 풍년이 들기를 바라는 뜻이다.(원문 用海衣馬蹄菜之屬 包飯而喫 以多爲貴 名曰 縛苫 亦祈穀之意也)

○〔복엿먹기(福-)〕정초나 대보름날 아침에 엿을 먹는 풍속으로 이때 먹는 엿은 몸에 좋다고 하여 "복엿"이라 하며 주로 흰색의 가락엿을 먹는다. 복엿을 먹으면 얼굴에 버짐이 피지 않으며, 여름철의 보리밥이 꿀맛처럼 달다고 한다.

○'경기도 남양주시 오남읍 팔현리'에서는 보름날 아침에 엿을 먹으면 일 년간

입맛이 좋아져서 무엇이던 맛있게 먹는다고 하며 복이 온다고 한다. '의왕시 고천동 안골마을'은 대보름 아침에 흰 떡과 복엿을 먹으면 엿가락처럼 살림이 늘어나서 부자가 된다 하며,

○ '고양군 일산구 가좌동', '충남 논산군 상월면 주곡리 숯골마을', '연기군 서면 용암면 용암마을' 등에서 비슷한 풍습이 전하고 있다.

○ '의주 풍속'에 젊은 남녀가 이른 아침에 엿을 씹는데, 이것을 "이굳이 엿"이라 하는데 부럼과 같은 풍속이다.

○ 〔묵나물먹기〕『형초세시기』에 보면, 寅日에 일곱 가지 나물로 국을 끓여 먹는 다고 했다. 그런데 지금에 와서는 이 행사가 정월대보름날로 옮겨졌다. 이것은 『시경』의 "패풍장(邶風章)"에 있는 그대로 여름에 나오는 나물을 말려서 묵혀 두었다가 겨울에 나물이 없을 때에 여름 나물을 맛보기 위해서이다.

4) 행사

○ 〔달맞이〕오후 달 뜨기 전에 횃불을 들고 높은 곳에 올라가 달을 맞으며 소원 성취와 행운을 빌고 풍년을 점친다.

○ 〔윷놀이〕전통적인 우리 민속놀이로서 사희(柶戲), 또는 척사(擲柶)라고도 한 다. 네 쪽의 윷까치로 편을 갈라서 "말판"에 네 필의 말을 먼저 내는 편이 이 긴다.

○ 〔보름세기〕온 집안에 등불을 켜놓고 지새운다. 보름날 밤에 잠을 자면 눈썹 이 희어진다고 한다. 어린이가 잠을 자면 흰 밀가루를 바르기도 하고 놀리기 도 했다.

○ 〔귀신날〕"정월 열 엿샛날"을 귀신날이라 한다. 귀신닭(당)날, 달귀 귀신날, 귀 신 당기날, 귀신 단옷날, 申日이라고도 한다. 낮에는 사람들이 금기를 지키면 서 조신하게 보내지만 저녁 무렵이면 귀신의 접근을 막는 불에 의한 놀이를 통한 주술적 방법이 주로 행해진다. 저녁 해가 진 다음 대문간에서 고추씨, 목 화씨, 삼씨, 머리카락 등을 태워 귀신이 싫어하는 냄새를 피운다. 또 대나무를 태워서 소리가 나게 하고 뽕나무 숯가루로 폭죽을 달걀꾸러미 같이 만들어 태 워서 귀신의 접근을 막는다고 하는데, 이는 귀신을 불로 달군다는 뜻으로 보 인다.(『歲時風俗辭典』에서)

○ 〔볏가리(禾芉)〕보름 전날 14일에 볏짚을 깃대 모양으로 묶어세우고 벼, 기장,

피, 조, 목화송이를 장대 끝에 매달아서 세운다. 이것을 볏가리대라 하는데, 풍년을 기원하는 뜻이다.

○〔달집태우기〕나무를 많이 쌓아 달집을 만들고 달이 떠오를 때 태우면서 풍년을 빈다.

○〔지신(地神)밟기〕농악을 울리며 집집마다 찾아가서 액운을 쫓아버리는 행사이다.

○〔제웅치기〕나이가 나후직성(羅睺直星)에 든 사람은 제웅(짚으로 사람형상을 만든 것)을 만드는데, 이를 사투리로 처용(處容)이라 한다. 액년을 당한 사람의 성명, 출생간지(出生干支)를 적어서 동전과 함께 머릿속에 집어넣고 14일날 밤 초저녁에 길에다 버려 액을 막는다. "직성이 풀린다"라는 속담은 나후직성에서 유래된 속담이다.

○〔다리밟기(踏橋)〕정월보름날 밤에 많은 사람들이 열운가[閱雲街(鐘路)] 종각으로 모여들어 보신각의 종소리를 들은 뒤에 각처의 다리로 가서 다리 위를 거니는데 이 행렬이 밤이 새도록 끊이지 않는다. 주로 대광통교(大廣通橋), 소광통교(小廣通橋), 수표교(水標橋)에서 가장 성행했는데 이것을 다리밟기(踏橋)라 한다.(歲時記)

○〔액막이 연〕그 해의 액운을 멀리 날려 보낸다는 뜻으로, 14일날 띄어 보내는 연을 말한다. 연에는 이름, 생년월일, 발원문(例=送厄迎福, 去千災, 來百福, 身厄消滅 等) 등의 글을 써서 날린다.

5) 놀이

○〔연날리기〕대보름날에는 겨울 내내 날리던 연을 날려 보낸다. 이후는 연날리기를 하지 않는다.

○〔다리밟기(踏橋戲)〕

【원문】『芝峯類說云 上元踏橋之戲 始自前朝 在平時甚盛止 法官至於禁捕 今俗婦女 無復踏橋者矣

【해설】『지봉유설』에는 보름날 밤의 다리밟기는 고려 때부터 시작되었는데 태평시대에는 매우 성행하여 남녀들이 밤새도록 줄을 이었으므로 법관들이 엄금하여 위법자는 체포하도록 했다고 한다. 그러므로 오늘날에는 부녀자들의 다리밟기가 없어졌다.(東國歲時記 上元條)

○〔쥐불놀이〕대보름 밤에 쥐불을 놓아 논밭두렁에 잡초와 벌레를 죽인다.

○〔널뛰기〕대보름 밤까지 널뛰기를 하고 나면 이후로는 하지 않는다.

○〔횃불싸움〕인근 양쪽 마을이 다리를 사이에 두고 서로 횃불을 들고 싸우는 놀이이다.

○〔사자놀이〕머리에 사자 가면을 쓰고 농악을 울리며 마을마다 집집마다 다니며 노는 놀이이다.

○〔기타놀이〕줄다리기, 석전, 고싸움, 갈전놀이, 놋다리밟기, 달불이(月滋) 등 지방 풍속에 따라 여러 놀이가 있다.

6) 가축과 짐승

○〔소밥주기〕대보름에는 소에게도 농사에 수고를 많이 하라는 뜻에서 밥과 나물을 준다.

○〔개보름쇠기〕

【원문】是日不飼犬 飼之則 多구而疲故也 俗虛餓者此之上元犬
【원문】보름날에는 개에게 밥을 주면 마른다 하여 해가 진 후에 밥을 준다. 그래서 "개보름 쇠듯 한다"는 속담이 생겼다.

○〔까마귀밥주기〕찰밥을 지어 까마귀에게 제를 지낸다. 또는 약밥을 까마귀에게 던져준다.

2. 옛날 기록

1) (上元)官吏給暇, 『高麗史』 卷84, 志38, 刑法 公式 官吏給暇

【원문】上元(正月十五日, 前後幷三日)
【해설】'상원은 1월 15일로 관리에게 이날을 전후로 3일 간의 휴가를 준다.

2) 煙燈 『高麗史節要』 卷10, 仁宗 24年 12月

【원문】十二月詔 來年煙燈 用正月望 盖二月 乃仁宗忌月 故改行之 以爲恒式
【해설】12월에 조서를 내리기를 "내년(인종 25년) 연등은 정월보름으로 하라" 하니, 이는 2월이 인종의 기월(忌月)이기 때문에 고쳐서 행한 것인데, 이것을 형식으로 삼았다.

3. 詩文(시문)

1) 山中上元, 金時習, 『梅月堂詩集』卷14, 溟洲日錄,

【원문】山中上元 산중에서 상원을 보내다.
冉冉年光轉	세월이 빨리빨리 지나가서
新春已上元	새봄에 벌써 상원이 되었네.
家貧無蜜餌	집이 빈한하여 약밥(蜜餌)이 없고,
貯乏吃蔬根	모아둔 것도 없어 풀뿌리나 먹네.
百事終難做	온갖 일을 끝내 이루기도 어렵고,
千差未易論	모든 차이를 말하기도 쉽지 않네.
苦爲形所役	괴롭게도 형체에 부림을 당하여
拖席向南暄	자리를 끌고 남쪽 따뜻한 곳으로 향하네.

2) 上元, 李縡, 『陶菴集』卷3, 詩

【원문】上元 - 정월 대보름날
出洞邀明月	골짜기를 나가 달을 맞이해
登登誦國風	마루에 올라 국풍을 외운다.
來年上元夕	내년 정월 보름날 저녁이 되면
又復幾人同	다시 몇 사람이나 함께 있게 될꼬?

4. 신문, 잡지

【원문】무궁화 주최의 새해놀이 『동아일보』 1927년 2월 14일
돌아오는 十六日(수요일) 하오 7시 반에 시내 견지동에 있는 <시천교당(侍天教堂)>에서 '무궁화사 주최'와 '장미사(薔薇社) 후원'으로 새해놀이를 한다는봐 그 날에는 "童話劇三兄弟(동화극삼형제)"도 잇다하며 장내를 정리키 위하여 입장료를 '십전'을 받는다고 합니다.(동아일보, 1927. 2. 14)
【해설】무궁화사 주최, 장미사후원의 새해놀이로 동화극 삼형제가 출연하며 입장료는 십전이라는 것이다.

【원문】望月놀이에 消防隊出動, 『동아일보』 1929년 2월 26일
음력 십오일 밤에 용산 금정(錦町) 뒤산에서 횃불을 켜들고 달맞이를 하며 <망월

오-망월이오>하는 소리에 불이나서 불야-불야- 하는줄 알고[용산소방대]에서는 산불이 난줄 알고 출동하얏다가 웃고 말앗다더라.(동아일보)

【해설】 달맞이 놀이에 관한 기사이다.

【원문】 작년보다 훨신 싸진 부름값,『동아일보』1931년 3월 1일

  <잣값은 반의 반갑밧게 아니되어>

上元 명일에 부름을 까먹으면 이를 아니 알른다.

이러한 옛말을 아이들만은 반듯이 명심하고 이때 즐기엇습니다. 최근 몇 년 동안을 부름값 중에 잣이 외국으로 많이 수출됨에 따라 전체로 부름값이 비싸지고 호콩과 마메콩가튼 것이 부름값에 끼여들게까지 되엇습니다. 그런데 불경기한 금년에는 자연히 일종의 사치품인 잣이 훨신들 수출되기 때문에 작년에 잣소두 한 말에 四원씩하든 것이 一원밧게 아니되는 것입니다. 이러케 부름중에도 잣이 제일흔해서 호콩과 마메콩은 뒤줄로 드러설 때가 왔습니다.

(제일 조흔 것)

[잣] -	소두 한 말(신승닷되)	一원
[호두] -	소두 한 말(신승닷되)	一원七十전
[호두] -	백 개	五十전
[밤] -	소두 한 말	一원八十전
[호콩] -	소두 한 말	五十전
[마메콩] -	소두 한 말	七十전

【해설】 부름가격이 많이 싸졌다. 잣의 수출로 가격이 상승하여 최근에는 호콩과 마메콩도 부름으로 이용되었으나 금년에는 잣의 수출이 줄어서 가격이 저렴해졌다.(동아일보, 1931. 3. 1)

우수(雨水)【二十四節氣와 俗節】

○ 雨水는 1월의 中氣이며 새해 들어 두 번째 節氣이다.
○ 雨水는 立春과 경칩(驚蟄) 사이에 들어있다.
○ 雨水는 太陽의 黃經이 330°를 통과할 때이고
○ 雨水는 冬至로부터 59일 되는 날이다.
○ 雨水는 눈이 비가 되어 내리고 얼음이 녹아서 물이 된다는 뜻이다.
太歲는 丙申이고, 月建은 庚寅이며, 日辰은 辛未이다. 卦는 坎 95이다.

≪절입시각≫ 양력 2월 19일 14시 34분(2016년)

　　일출(日出) = 오전 7시 18분[주(晝) = 10시간 57분]
　　일입(日入) = 오후 6시 15분[야(夜) = 13시간 3분]
　　(동지로부터 낮 시간이 "58분" 더 길어졌습니다.)
　　(동지 해넘이 = 5시 17분 - - - 우수 해넘이 = 6시 15분)

≪기후, 宣明曆≫ 『高麗史』 卷50, 志4, 曆 宣明曆 上

　　初候에 수달이 물고기로 제를 지낸다(獺祭魚).
　　次候에 기러기 들어온다(鴻雁來).
　　末候에 초목들에 새싹이 튼다(草木萌動).

≪기후, 授時曆≫ 『高麗史』 卷51, 志5, 曆 授時曆經 上

○ 氣候-正月

【원문】 立春正月節 雨水正月中,東風鮮凍 蟄虫始振 魚陟負冰 獺祭魚 候雁北 草木萌動

【해설】 입춘은 정월의 節氣이며, 우수는 정월의 中氣이다. 동풍이 불어 얼음이 풀리고 동면하던 벌레가 움직이기 시작한다. 물고기가 얼음 밑으로 떠올라 온다. 수달이 물고기로 제 지낸다. 기러기 북쪽으로 가고 초목들이 싹이 트기 시작한다.

≪용어해설≫ 『고려사』 '북한' 번역본에서,

○ 절기(節氣)-절기는 중기와 함께 24氣를 이루는 바 그 月의 처음 오는 氣를 [節氣]라 하고, 다음 15일 후에 오는 기를 [中氣]라 한다.
○ 중기(中氣)-절기와 함께 24기를 이루는 바 동지로부터 시작하여 하나씩 건너있는 冬至-大寒-雨水 등 12기를 중기라 하며, 나머지 12기를 절기라 한다.

곧 節氣란 상순에 드는 節氣와 하순에 드는 中氣로 나누는데, 흔히 이들을 합쳐 節氣라 한다. '立春'이 節氣인 반면에 '雨水'는 中氣가 된다.

○ 기(氣)-24절기의 총칭. 동지를 기준점으로 1년을 24등한 구분점을 의미한다.

○ 삭(朔)-"달이 그믐에서 초생으로 넘어가는 순간"을 말하며, "태양과 달의 황경이 일치되는 순간"이다.

○ 망(望)-"朔에서부터 望까지의 달의 이동 각도"를 '望'이라 한다.

("中字"에 대하여 『高麗史』에는 中, 「其他文獻」에는 仲으로 되였으나 여기서는 『高麗史』를 따랐다.)

≪우수의 뜻과 유래≫

우수라는 말은 "눈이 녹아서 비가 된다"는 뜻이다. 이제 추운 겨울이 지나고 따뜻한 봄을 맞게 되었다는 것이다. 우수는 속절이나 명절이 아니고 24절기의 하나로서 가름될 뿐이다. 태양태음력(음력)에서 정월은 계절상 봄에 해당된다. 속담에도 "우수 뒤에 얼음같이"라는 말이 있는데, 이는 얼음이 힘없이 허물어져 녹는다는 것으로 우수에 얼음이 녹아 물이 된다는 뜻이다. 이때가 되면 꽃샘추위가 맹위를 떨치는데, 우수와 경칩이 지나면 아무리 춥던 날씨도 대동강물이 풀리듯 누그러져 봄기운이 돌고 만물이 소생하며 초목이 싹트기 시작한다.

1. 이칭, 풍속음식과 전설 속담, 행사와 놀이

≪속담, 구비전승 이야기≫

1) "우수, 경칩에 대동강 풀린다"

우수는 2월 19일이고, 경칩은 3월 5일이다. 이때가 지나면 아무리 춥던 날씨도 누그러진다는 뜻이다. 우리나라 북쪽인 평양 대동강에는 봄이 늦게 온다지만 입춘이 지나서 보름이면 우수이고 한 달이 지나면 경칩인데 대동강에도 얼음이 녹고 날이 풀린다는 말이다.

<유래>로는 우리 가사(歌辭) [수심가(愁心歌)](西道民謠)에

"우수, 경칩에 대동강이 풀리더니 정든 님 말씀에 요 내 마음 풀리누나. 차마 진정 님 생각에 그리워 나못살겠구나"하는 대목이 있는데, 여기서 유래하지 않았나 생각한다.

2) "우수 지난 뒤의 얼음같이"

우수가 지나면 아무리 춥던 날씨도 누그러진다 하여 얼음이 슬슬 녹아 없어짐을 이르는 속담이다.

◎ 우수는 명절이나 속절이 아니어서 그런지 문헌에도 기록이 별로 없다.

2. 옛날 기록

1) 雨師 祭祀 『고려사』 권6세가, 6. 정종 5년 정월 신축일

○ 五年 春正月 辛丑 祭雨師

【해설】 5년 봄 정월 신축일에 雨師에 제사 지냈다.

2) 風師 祭祀 『高麗史』 卷63, 志17, 吉禮 小祀 風師雨祀雷神靈星

○ 風師壇 高三尺 廣二十三步 四出陛 燎壇 在內遺之外 二十步丙地 廣五尺 戶方二尺 開上南出 在國城東北令昌門外 立春後丑日 祀之 祝板 稱高麗國王臣 王某 敢明告 牲牢豕-

【해설】 풍사단 높이는 3척. 넓이는 23步로 4군데의 출입 계단이 있다. 요단(燎壇)은 내유(內遺)의 밖 20보 병지(丙地)에 있으며, 넓이는 5척이고 출입구는 사방이 2척으로 위로 열고 남쪽으로 나가며 국성(國城) 동북쪽 영창문(令昌門) 밖에 있다. 입춘(立春) 후 축일(丑日)에 이를 제사하는데 축판에는 "고려국왕 臣 왕모는 감히 밝게 고합니다."고 칭하고, 희생은 돼되지 일두를 쓴다.

3) 祭風師 『高麗史』 卷6, 世家 6, 靖宗 11年 正月 丁丑日

○ 十一年 春正月 丁丑 祭風祀於東北郊.

【해설】 11년 봄 정축일에 동북 교외에서 풍사(風師)에 제사지냈다.

3. 시문(詩文)

○ 雨水, 蔡之洪 『鳳巖集』 卷2, 詩

<雨水> 우수

雷雨動盈地   천둥과 비가 천지에 요란하니

冰消泰運亨　　얼음 녹고 태창한 기운 형통하네.
乾坤經六水　　하늘과 땅의 기운 육수를 지나니
所以化切成　　조하의 공이 이루어지는 까닭이네.

○ 雨水, 春日卽事, 鄭斗卿『東溟先生集』卷7, 七言古詩
<small>우 수　춘 일 즉 사　정 두 경　　동 명 선 생 집　권　　칠 언 고 시</small>

<(雨水)春日卽事> 봄날 즉석에서 시를 짓다.

二月雨水桃始華　　이월 우수에 복사꽃이 피기 시작하니
長安春色正堪誇　　장안의 봄빛은 바로 자랑할 만하네.
雨來却喜能濡物　　비가 오니 도리어 만물을 적실 수 있어 기쁘고,
桃嫩飜愁更落花　　복사꽃에 시름이 어리니 다시 꽃이 떨어지네.
景物關心須縱酒　　경물에 대한 관심에 모름지기 술이 따르고,
乾坤高枕卽爲家　　천지에 편안함은 집에서 비롯되네.
三萬六千還一日　　백 년[三萬六千日]의 1일이니,
玉壺長對送生涯　　玉壺酒를 오래 대하여 한 생애를 보내려 하네. -(종)-

경칩(驚蟄) 【二十四節氣와 俗節】

○ 경칩(驚蟄)은 2월의 절기(節氣)이며 새해 들어 세 번째 절기이다.
○ 경칩(驚蟄)은 雨水와 春分 사이에 들어 있다.
○ 경칩(驚蟄)은 太陽의 黃經이 345°를 통과할 때이고,
○ 경칩(驚蟄)은 冬至로부터 74일째 되는 날이다.
○ 계칩(啓蟄)이라고도 부르며 "春分"전까지이다.
○ 이월의 절기는 경칩(驚蟄)과 춘분(春分)이며,
○ 대표적인 명절로는 2월 <초하루 中和節>과 <보름의 燃燈會>이다.
태세(太歲)는 丙申이고, 月建은 辛卯이며, 日辰은 丙戌이다. 卦는 坎 上六이다.

≪절입시각≫ 양력 3월 5일 12시 43분이다. (正午時) [2016년]

　　　일출(日出) = 오전 6시 58분[주(晝) = 11시간 32분]
　　　일입(日入) = 오후 6시 30분[야(夜) = 12시간 28분]
　　　(낮의 길이가 동지로부터 그동안 ≪45분≫이 길어졌다.)
　　　(동지 일출 7시 43분 - 경칩 일출 6시 58분=45분)

≪기후≫ 驚蟄 (宣明曆)『高麗史』卷50, 志4, 曆 宣明曆 上

　　　初候에 복숭아꽃이 피기 시작한다. 도시화(桃始華)
　　　次候에 꾀꼬리가 운다. 창경조(鶬鶊鳴)
　　　末候에 매가 비둘기로 변한다. 응화위구(鷹化爲鳩)

≪二月節 氣候 授時曆≫『高麗史』卷 第51, 志 第5 曆2, 授時曆經 上

【원문】驚蟄二月節 春分二月中 桃始花 倉庚鳴 鷹化爲鳩 玄鳥至 雷乃發聲 始電
【해설】경칩은 이월의 절기이며, 춘분은 이월의 중기이다. 복숭아꽃이 피기 시작하고, 꾀꼬리가 운다. 매가 비둘기로 변하고 제비가 온다. 우렛소리가 나고 번개가 치기 시작한다.

≪禮記月令 이월≫『禮記』月令 第六

【원문】仲春之月 日在奎
　　　仲春(이월)의 달에는 辰이 奎星에 있다.

○始雨水 挑始華 倉庚鳴 鷹化爲鳩 天子居靑陽太廟

　비로소 비가 내리고, 복숭아꽃이 핀다. 종달새가 울고, 매가 변해서 비둘기가 된다. 천자는 명당의 동당에 거처한다.

○是月也 安萌芽 養幼少 存諸孤

　이월에는 식물의 싹을 보호하고 어린 동물을 기르며 고아들을 보살펴 기른다. (이는 경칩이 만물이 생동하는 시기로 이를 보호한다는 뜻이다.)

≪경칩의 뜻과 유래≫

◎경칩의 뜻은 "만물이 겨울잠에서 깨어나는 시기"라는 뜻이다. '날씨가 따뜻해서 초목의 싹이 돋고 동면하던 동물이 땅속에서 깨어 꿈틀거리기 시작한다는 뜻에서 붙은 이름이다.'(歲時風謠-2월 초엿샛날 註)

또 "개구리가 겨울잠에서 깨어나는 때"라고도 한다. 겨울철의 대륙성 고기압이 약화되고 이동성 고기압과 기압골이 주기적으로 통과하게 되어 한난(寒暖)이 반복된다. 그리하여 기온은 날마다 상승하며 마침내 봄이 오게 되는 것이다.

옛날 사람들은 이 무렵에 첫 번째 천둥이 치고 그 소리를 들은 벌레들이 땅에서 나온다고 생각했다.

◎경칩의 유래는 『漢書』에는 <열 계(啓)자와 겨울잠을 자는 벌레 칩(蟄)자>를 써서 「啓蟄(계칩)」이라고 기록하였는데, 후에 한(漢) 무제(武帝)의 이름인 계(啓)를 피휘(避諱)하여 <놀랠 경(驚)자>를 써서 「驚蟄(경칩)」이라 하였다.

1. 이칭, 풍속음식과 전설 속담, 행사와 놀이

1) ≪2월의 이칭(異稱)≫

○仲春, 酣春, 仲陽, 陽中, 如月, 令月, 麗月, 大壯月, 夾鐘, 華朝, 惠風, 桃月, 卯月.

○2월의 節氣는 경칩(驚蟄)과 춘분(春分)이고,

○2월의 대표적 名節로는 중화절(中和節)과 보름 연등회(燃燈會)이다.

2) ≪속담, 구비전승≫

① "우수, 경칩에 대동강물 풀린다"

　이때가 지나면 아무리 춥던 날씨도 누그러진다는 뜻이다. 우리나라 북쪽인

평양 대동강에는 봄이 늦게 온다지만 입춘이 지나서 보름이면 우수이고, 한
달이 지나면 경칩인데 대동강에도 얼음이 녹고 날이 풀린다는 말이다.
　◦ 유래로는 우리 가사(歌辭) [수심가(愁心歌)](西道民謠)에 "우수, 경칩에 대동
강이 풀리더니 정든 님 말씀에 요내 마음 풀리누나. 차마 진정 임의 생각에 그
리워 나못살겠구나" 하는 대목이 있는데, 여기서 유래하지 않았나 생각한다.

② "우수 지난 뒤의 얼음 같이"

우수가 지나면 아무리 춥던 날씨도 누그러진다 하여 얼음이 슬슬 녹아 없어
짐을 이르는 속담이다.

◎[경칩]은 명절이나 속절이 아니어서 그런지 문헌에도 기록이 별로 없다.

3) ≪무방수날 (손 없는 날)≫ 『韓國歲時風俗辭典』 二月編

"음력 2월 9일-10일을 가리키며" "어떤 일을 하여도 해가 없는 날"이며 <손
없는 날> 또는 <무방수날>이라고도 일컬어진다. 민간에서는 음력 2월 초하루부
터 초여드레 날 까지를 이틀씩 동서남북으로 [害, 귀신]이 돌아다니다가 초아흐
레야 비로소 귀신이 하늘로 올라가므로 [무방수날]에는 무슨 일을 하여도 탈이
없어 꺼리지 않아도 된다고 믿어왔다. 그래서 이날에 변소도 옮기거나 새로 짓
고, 집을 고치고, 평소 "손"이 있는 곳을 가려 함부로 박지 못했던 [못]을 치고,
가재도구를 정비한다. 이사나 사초 또는 이장 같은 평소 조심하던 일을 마음 놓
고 할 수 있다.

또 [무방수날]에 담근 장은 맛이 좋다고 하여 이날 [장] 을 즐겨 담갔다.

4) ≪이월 할매 먹는 날≫

"이월 초하루를 달리 부르는 말"로 <영동할머니 제삿날> 이라 하고 영동할머
니 내려오는 날이라 하여 음식을 대접하고 먹는 날이라 한다.

영동할머니가 해마다 이날이 되면 딸이나 며느리를 데리고 내려오는데, 딸을
데리고 올 때는 아무 일이 없으나, 며느리를 데리고 올 때는 바람을 일으킨다고
한다. 그래서 영동할머니 제사를 떡, 고기, 채소, 밥 같은 음식을 장만하고 영동
할머니를 맞이하여 안방에서 제사를 지낸다 한다. 특히 해안지방에서는 이날을
설날보다 더 귀한 날로 여기며 영동할머니에게 빌면 농사가 잘되고 집안의 가축
도 잘 된다고 믿는다(歲時風俗辭典).

2. 옛날 기록

1) 【신라】 복회(福會) 『三國遺事』 卷5, 感通 第7, 金現感虎

  【원문】 新羅俗 每當仲春 初八至十五日 都人士女 競遶興輪寺之殿塔 爲福會

  【해설】 신라 풍속에 해마다 2월이 되면 초8일부터 15일까지 서울의 남녀가 다투어 흥륜사의 전각과 탑을 도는 것으로써 "福會"를 삼았다.

 ○【신라】 始祖廟·國祖廟. 祭祀 『三國史記』 卷1, 新羅本紀1, 儒理尼師今 2年

   【원문】 二年春二月 親祀始祖廟 大赦

   【해설】 2년 봄 2월에 친히 시조묘에 제사 지내고 죄인을 크게 사면하였다.

 ○【신라】 宗廟祭祀 『三國史記』 卷10, 新羅本紀10, 哀莊王 2年

   【원문】 (二年春二月)別立太宗大王文武大王二廟曾祖元聖大王皇祖惠忠大王皇考昭聖大王爲五廟

   【해설】 봄 2월에 별도로 태종대왕과 문무대왕의 두 묘를 세우고 시조대왕과 왕의 고조인 명덕대왕, 증조인 원성대왕, 부 소성대왕을 "五廟"로 삼았다.

2) 【고구려】 始祖廟 祭祀 『三國史記』 卷17, 高句麗本紀5, 東川王 二年

  【원문】 二年春二月 王如卒本 祀始祖廟 大赦

  【해설】 2년 봄 2월에 왕이 졸본에 가서 "始祖廟"에 제사 지내고 죄수를 크게 사면하였다.

3) 【백제】 天地祭祀 『三國史記』 卷23, 百濟本紀1, 始祖溫祚王 20年

  【원문】 二十年春二月 王設大壇 親祠天地

  【해설】 20년 봄 2월에 왕이 대단을 설치하고 친히 "天·地"에 제사 지냈다.

4) 【고려】 中和節. 一日 『高麗史』 卷84, 志38, 刑法 公式官吏給暇

  【원문】 每月初一日(官吏給暇)

  【해설】 매월 초하루에는 관리에게 휴가를 준다.

  (옛날에는 [중화절]이라 하여 임금이 "中和尺"이라는 자를 '신하'들에게 내려주었으며, 농사를 장려하였다. 민간에서는 이날을 명절로 쳐서 다양한 풍속이 행해졌다(歲時民俗辭典). [중화척은 반죽(斑竹)이나 붉은 칠을 한 나무로 만든다. 이것은 중국 당나라에서 中和節에 하던 일을 朝鮮 正祖 丙辰年(1756년)부터

본떠서 시행하는 것이다(東國歲時記).]

【고려】 "찰밥" 『牧隱先生文集』 卷14, 二月一日 二郎家饋粘飯

【원문】 二月一日 二郎家饋粘飯 粘米如脂石蜜和 更敎松栗棗交加 千門萬戶擎相送 曙色蒼凉欲起鴉

【해설】 기름이 자르르한 찹쌀밥에 석밀(石淸)을 섞고 다시 여기에 잣과 밤과 대추를 곁들였네. 수많은 집들이 서로 받들어 보내는데, 새벽빛은 푸르고 까마귀는 날개짓을 하네.

【고려】 송실채취 『牧隱先生文集』 卷8, 二月初一日

【원문·해설】 二月 初一日
    鄕閭稱樂事 마을에서는 즐거운 일이라 일컫고
    兒女數良時 아녀자는 좋은 때라고 더러 말하네.
    的的剝松實 둥글둥글한 송실을 채취하면서
    纍纍穿栢枝 줄줄이 잣가지를 뚫고 다니네.

【高麗】 二月驚蟄 『高麗史』 卷51, 志5, 曆 授時曆 上

【원문】 二月驚蟄 二月節春分 二月中桃始花 倉庚鳴 鷹化爲鳩 玄鳥至 雷乃發聲 始電

【해설】 경칩은 이월의 절기이며, 춘분은 이월의 中氣이다. 복숭아꽃이 피기 시작하고 꾀꼬리가 운다. 매가 비둘기로 변하고 제비가 온다. 우렛소리가 나고 번개가 치기 시작 한다.

5) 【조선시대】

① 『東醫寶鑑』 「論一元十二會三十運」에는 "冬眠하던 동물은 음력 정월에 활동하기 시작 하는데 節氣로는 驚蟄에 해당하며 음력 구월 [戌月]에는 동면을 시작하는데 節氣로는 立冬에 해당한다고 기록하고 있다.

② 『朝鮮시대』 왕실에서는 王이 農事의 本을 보이는 적전(籍田)을 경칩이 지난 亥日에 先農祭와 함께 행하도록 정하였으며, 경칩 이후에는 갓 나온 벌레 또는 갓 자라는 풀을 상하지 않도록 하기 위하여 불을 놓지 말라는 금령을 내리기도 했다.

③ 『成宗實錄』에 雨水에는 삼밭을 갈고, 驚蟄에는 농기구를 정비하며, 春分에는 올벼를 심는다고 하였듯이 雨水와 驚蟄은 새싹이 돋는 것을 기념하고 본격적인 농사를 준비하는 중요한 節氣이다.

④ 『孔子家語』 弟子行에 "공자는 발로 그림자를 밟지 않았고 땅속에서 나온 벌레를 죽이지 않았고 자라나는 초목을 꺾지 않았으며(其足不履影 啓蟄不殺 方長不折)"라 하였는데, 그 集解에 "啓蟄은 겨울잠을 자던 벌레가 처음 나온 것이다(啓蟄 蟄蟲初出也)라고 한 기록이 있다.

⑤ 『五洲衍文長箋散稿』에 2월에 비로소 천둥소리를 내고 번개가 치는데 땅속에서 겨울잠을 자던 벌레들이 이 소리에 놀라 밖으로 나온다고 하였다.

⑥ 『둑제(纛祭)』 조선시대 군대를 출동시킬 때 군령권(軍令權)을 상징하는 "둑[纛-군기(軍旗)]"에 지내는 제사. 경칩(驚蟄)인 음력 2월과 상강일(霜降日)인 음력 9월에 兵曹判書가 주관하여 지낸다. 『國朝五禮儀』에 小祀로 규정되었으며 무관이 주관하는 유일한 祭祀이다.

3. 詩文

1) ≪이월(二月) 月餘農歌≫ (農家十二月俗詩)[嘯堂 金逈洙譯著]

時維仲春爲令月	때는바로	중춘이라	영월이라 불러오니
驚蟄春分是二節	경칩춘분	두절기가	이달에 들어있다.
六候挑하鶬鶊鳴	육후의	현상으로	복사꽃피고 왜가리울며
鷹化爲鳩薦來頡	매는바뀌	비둘기요	제비와서 오르내려
雷乃發聲電有光	천둥이	치는소리	번개불 번쩍인다.
田漏催農梨輓尋	밭기운은	농사재촉	결이짜기 바쁘네. -후략-

2) 【親耕】≪親耕日偶題≫ 洪命元, 『海峯集』 卷1, 七言絶句

○ 親耕日偶題　　친경일에 우연히 짓다.
農郊聖駕及春闌　임금이 친경하는 들에는 봄기운이 절정에 이르렀고,
積雨何曾后土乾　비가 언제 내렸는지 땅을 적셔놓았네.
千里亦知殊氣候　멀리에서도 기후의 중요함을 아는지
祗應堯日照靑壇　멀리서 해가 청단(靑壇·선농단)을 밝게 비추네.

4. 신문, 잡지

○ 이삿짐센터 즐거운 비명

봄철 이사철을 맞아 민속신앙에서 말하는 "손 없는 날(무방수날)"를 맞아 이삿짐

센터 직원들이 즐거운 비명을 지르고 있다. 민속신앙에서 말하는 "손"이란 '날수에 따라 동서남북 4방위로 다니면서 사람의 활동을 방해하고 사람에게 해코지한다는 "귀신"을 말하며', 이 귀신이 음력 9일과 10일, 19일과 20일, 29일과 30일이면 하늘로 올라가기 때문에 이날을 "손 없는 날"이라 부른다. '즉 귀신이 없는 성한 날이다.'

　예부터 '손 없는 날'에 이사를 해야 집안이 번창할 수 있다고 믿어 왔으며 지금까지도 이를 믿는 사람이 많다. 이에 따라 '손 없는 날' 이사하려는 사람들로 인해 이미 한 달 전에 예약이 끝났으며 뒤늦게 이사하려는 사람들의 문의가 잇따르고 있다 한다.(권기석 기자-歲時風俗)

5. 농가월령가(二月章)

이월은	仲春이니	驚蟄春分	절기라네
초엿새	좀생별은	풍년흉년	안다하고
스무날의	맑고흐림	대강은	짐작하리
반갑다	봄바람에	예전처럼	문을여니
말랐던	풀뿌리는	속잎에	싹이돋고
개구리	우는논에	논물이	흐르누나
산비둘기	소리나고	버들빛	새롭구나
보습쟁기	차려놓고	봄갈이	하오리다
기름진밭	가리어서	봄보리	많이심고
목화밭은	돋구어서	제때를	기다리세
담배모와	잇심기는	이를수록	좋으니라
園林가꿔	다스림은	소득을	꾀하는일
더러는	과실이요	더러는	뽕나무라
뿌리를	상치말고	비오는날	심으시라
솔가지를	찍어다가	울타리	새로하고
담장도	修築하고	개천도	처올리소
안팎에	싸인검불	깨끗이	쓸어내어
불놓아	재받으면	거름을	보태려니
六畜은	못다해도	소말닭개	기르시라
씨암닭	두세마리	알안겨	깨어보소
산채로	일렀으니	들나물	캐어먹세

고들빼기　씀바귀며　소루쟁이　물쑥이며
달래김치　냉이국은　비위를　깨치는 것
本草綱目　상고하여　약재를　캐오시라
蒼白朮　當歸 川芎　柴胡 防風　山藥 澤瀉
낱낱이　기록하여　때맞춰　캐어두소
촌가에　기구없이　값진약을　쓰실쏜가. -(종)-

논갈이(김홍도 풍속도 화첩)
출처 : 국립중앙박물관

춘사일(春社日)【二十四節氣와 俗節】

(春社日)
금년 丙申年(2016年) <春社日>은 3월 17일이며, 陰曆은 2月 初9日(戊戌)이다.

◎ [연천문화원]에서 2011년 3월 29일(화요일) 미산면 우정리 임진교 하단 임진강변에서 <江神祭>를 시행한 바 있다.

◎ <社日>이란 2월과 8월의 처음 돌아오는 戊戌日로써 『經國大典』禮典 祭禮條에 典據하여 <『國朝五禮儀』卷1 吉禮 州縣의 名山大川 祭祀에 관한 儀式> (祭州縣 名山大川儀) 의 節次에 의하여 "近侍官"을 派遣하여 [名山祭] 와 [大川祭] 를 올렸었다.

◎【원문】『經國大典』卷3 禮典 祭禮條 凡祭祀日期本曹先期三朔啓聞移文京外各衙門 (名山大川春秋仲月 己上 小祀).
漣川에는 紺嶽山과 大灘, 臨津江에서 올렸다.

◎ 社日(古典天文曆法精解 雜節)
봄과 가을에 각각 사일이 있는데, [春社]는 立春 後 제5 戊日이고, 양력으로는 3월 16일 - 26일 사이에 들고, [秋社]는 立秋 後 제5 戊日이고, 양력으로는 9월 18일 - 27일 사이에 든다. 이날에 백성 모두가 土神과 穀神(社稷)에게 祭祀를 지낸다.

◎ 社日은 春, 秋 仲月(土地 川神의 제사 지내는 날)
◎ 社日은 春, 秋 仲月 <近戊日> (그 달의 첫 戊戌日).
                                        (『高麗史節要』卷20. 忠烈王 元年, 5月)
◎ 名山大川 春, 秋 仲月 - 『經國大典』禮典 祭禮條(『大典會通』도 같다.)
◎ 만약 秋分이 秋社日 앞에 있으면 쌀이 귀하고, 뒤에 있으면 豊年이 든다고 생각한다.(歲時風俗辭典 가을編 秋分條)

《祭禮節次》

1. 神位 位牌『國朝五禮儀 序禮』卷1, 吉禮 祝版條

【원문】名山大川稱某山之神某川之神某江之神
【해설】명산대천에는 '모산의 신', '모천의 신', '모강의 신'이라 칭한다.

【원문】[敢昭告于] 名山 大川 城隍 七祀 則稱 致告于

　　　　(州縣城隍 敢昭告于)云云. (『國朝五禮儀序禮』卷1, 吉禮 祝版條)

【해설】[감소고우] 명산, 대천, 성황, 칠사에는 "치고우(致告于)"라 한다.

　　　　(주현의 성황에는 "감소고우"라고 한다.)

【원문】習儀 凡大祀百官先期七日受誓械四日肄儀中祀只於前一日肄儀

　　　　[『經國大典』禮典 祭禮條(『大典會通』도 같다.)]

【해설】대체로 큰 규모의 제사 때에는 모든 조정 관리들이 7일 전부터 재계를 하고, 4일 앞서 의식절차를 연습하며 중간 규모의 제사 때에는 그저 하루 앞서 연습한다.

2. 名山大川祭 [祝文]

1) 名山祭 祝文 『國朝五禮儀 序禮』 卷1, 吉禮 祝版條

　　　-- 遣官行祭 則又有謹遣臣具官某之詞

방박줄률(磅礴崒崒)　　웅대하고 높고 높아

진우일방(鎭于一方)　　한 지방의 진산이라.

시용인사(是用禋祀)　　이에 제사를 지내노니

혜아무강(惠我無疆)　　무궁한 은혜를 주십시오.

　　　　　　　　(祝文飜譯은 韓國古典 飜譯院 譯)

2) 大川祭 祝文 『國朝五禮儀 序禮』 卷1, 吉禮 祝版條

성본윤하(性本潤下)　　성품 본래 아래 만물을 적셔

공리사부(功利斯溥)　　공업과 덕택 넓으신지라.

길견이사(吉蠲以祀)　　날 잡고 정결히 제사 하노니

유질사우(有秩斯祐)　　언제나 복을 내려 주소서.

　　　　　　　　(祝文飜譯은 韓國古典 飜譯院 譯)

3. 山川祭의 考察

1) 山川의 正意 : 조선시대 국가에서 주요 산천과 바다에 행하였던 제사.

악(嶽)은 높고 위엄이 있는 산을, 해(海)는 바다를, 독(瀆)은 큰 하천을 가리키는 것으로 모두 지상의 주요 자연물과 그 '神'을 나타내는 말이다.(大祀에 속하는 祭禮는 禮曹에서 行함.)

名山은 嶽으로 분류되지 않은 有名山(例-木覓山, 감악산 等), 大川은 瀆으로 분류 되지 않은 有名江(例-臨津江, 漢灘江 等)(小祀에 속하는 祭禮는 州縣에서 行함.)

2) 山川에 대한 信仰(『韓國歲時風俗辭典』春編 二月儀禮 嶽海瀆)

우리나라에서 산천에 대한 신앙은 일찍부터 발달한 민족 고유의 신앙이다.

① 『三國史記』: 新羅에서는 大祀, 中祀, 小祀 國家祭祀 等級에 이를 山川에 도 適用한 사례
② 高麗時代 : 산천에 그 功德에 따라 '爵位'-'爵號'를 授與하는 封爵制度 方式.
③ 朝鮮時代 : 전국의[主要山川] 37곳을 祀典에 포함시켜서 嶽, 海, 瀆 13곳, 名山大川 24곳으로 구분하여 嶽, 海, 瀆은 中祀로 祭祀 하고, 名山大川은 小祀로 祭祀하였다. (山川 중에서 중요한 것을 嶽, 海, 瀆이란 범주로 묶어서 中祀로 삼았는데, 이것은 小祀인 名山大川보다 上級의 祭祀에 해당하였다.)(『韓國歲時風俗辭典』春編 二月儀禮)

3) 山川에 대한 祭禮

① [嶽, 海, 瀆] - 春, 秋 仲月 上旬 <中祀>
○定期祭 : 正月의 元狀祭, 2, 8月의 節祭. 중앙에서 향축을 내려서 지방관으로 행제함.
○필요시에만 지내는 망제(望祭), 기우제(祈雨祭) 등이 있다.

② [名山 大川] 春, 秋 仲月 <小祀> 遣近侍官(近侍를 派遣함)

◎ 社日은 春, 秋 仲月 (土地 川神의 제사 지내는 날)

◉ 行禮日時 - 春秋社日 - 春, 秋 仲月 <近戊日> 丑時 1刻에 行禮함.
(그 달의 첫 戊戌日)『國朝五禮儀』卷1, 吉禮 州縣名山大川祭祀에 관한 儀式

③ 行禮 節次

○齋戒 - 神座開設. 設位- 陳設 進饌.
○奠幣禮 - 三上香. 獻弊.
○初獻禮 - 讀祝
○亞獻禮 - 終獻禮.
○飮福受胙 - 徹籩豆 - 望瘞禮 - 개천이면 물에 넣는다.

○禮畢 - (參加者 4拜)
『國朝五禮儀』卷1, 吉禮 州縣名山大川祭祀에 관한 儀式

4. 名山大川의 鬼神說

1) 귀신설 : 南孝溫 『秋江集』

【원문】"有昭昭之多而日月星辰繫焉 春夏秋冬化焉者 所謂天神也."

"有撮土之多 而五岳山瀆在焉 飛潛動植育焉者 所謂地神也."

"得天地中和之德 昭然與日月同其虧盈 與四時同其吉凶者 所謂人神也."

"鎭置不動而生草木 藏萬物 與財貨於人間者 曰山神也."

【해설】○밝은 빛이 가득하여 해와 달, 그리고 별들이 매달려 있고 춘하추동의 변화가 그 속에서 일어나는 것을 [天神]이라고 한다.

○흙이 가득하여 높은 산과 넓은 강이 얹혀 있으며, 나는 것과 물속에 있는 것이 그리고 동식물이 그곳에서 생육하는 것을 [地神]이라고 한다.

○밝게 일월과 함께 일그러지고 가득 차며 네 계절의 때와 함께 길흉을 같이 하는 것을 [人神] 이라고 한다.

○한곳에 앉아 움직이지 않으면서 초목을 낳고 만물을 간직하고 인간에게 재화를 가져다주는 것을 [山神]이라고 한다.(『朝鮮時代 災難과 國家儀禮』이욱 박사 논문 중에서)

2) 鬼神說(귀신설) : 南孝溫 『秋江集』

【원문】歸者鬼也 伸者神也 然則天地之間 至而伸者皆神也 散而歸者皆鬼也.

【원문】天地之生久矣 其用氣也多矣 用氣多則戾氣奸其間 亦理也.

【해설】천지가 생긴 지가 오래됨에 따라 그 기운이 맑아지게 되고 기운의 사용이 많아짐으로 인해 특기(戾氣)가 그 사이에 끼어들게 되어 발생한 것이라고 하였다.

3) 귀신설 : 金時習 『金鰲新話』「南炎浮州志」

【원문】屈而伸者 造化之伸也 屈而不伸者 乃鬱結之妖也 合造化

故與陰陽終始而無迹 滯鬱結 故混人物宽歝而有形.

【해설】鬼는 굽혀지는 뜻이요, 神은 펼쳐지는 것을 뜻하니, 굽혀졌다 펼쳐지는 것은 造化의 神이요, 굽혀졌다 펼쳐지는 것은 울결된 요매들이다.

(조화의 신은) 조화와 어울린 까닭으로 처음부터 끝까지 음양과 함께 자취를

남기지 않는다. (요매는) 정체되어 울결한 상태로 있기 때문에 사람이나 사물에 들어가고 원망하여 형체를 남긴다.

4) 鬼神說(귀신설) : 『文宗實錄』 卷9, 文宗元年 9月 庚子日.

【해설】 무릇 "山岳이란" 한줌의 흙이 많이 모여서 이루어진 것이지만 山岳을 이루면 곧 神이 그곳에 있게 된다. "河海란" 한잔의 물이 많이 모여서 이루어진 것이지만 河海를 이루면 또한 그 속에 신이 존재한다. 그래서 귀신은 모든 물체의 본체가 되어 뗄 수가 없다. 물체가 있으면 반드시 신이 있다. 그러므로 "물체가 크면 신도 크고", '물체가 존귀하면 신도 존귀하다.' '物體가 善하면 神도 善하고', '물체가 악하면 신도 악한 법이다.'

5) 「問鬼神巫覡卜 筮談命地理風水」 蔡壽 『懶齋集』 卷 1

【원문】 "以鬼神一事言之 神者陽之靈也 鬼者陰之靈也 則凡物之紛紛總總盈於兩間者 孰非造化之爲也 是故春夏秋冬 寒暑晝夜皆其所爲也 風雨霜露雷霆霹靂 皆其所爲也 呼吸屈伸盈虛消息 亦莫非是理之所使也 此則鬼神之全體 二氣之良能 而山川之神 亦豈外於是哉.

【해설】 鬼神의 한 가지 일로 말하면 神은 陽의 靈이요, 鬼는 陰의 靈인즉 무릇 사물이 성하여 양쪽 사이에 가득 차 있으니 어느 것이 조화의 행함이 아니겠는가. 그러므로 춘하추동(春夏秋冬) 과 한서주야(寒暑晝夜) 모두 그것이 행하는 것이며, 풍우상로(風雨霜露)와 뇌정벽력(雷霆霹靂) 모두 그것이 행하는 것이며, 호흡굴신(呼吸屈伸)과 영허소식(盈虛消息)에 이 이치가 행하지 않는 것이 없다. 그런즉 귀신의 전체는 두 기운의 양능(良能) 이니 山川의 神 또한 어찌 이것 밖에 있겠는가.

(『조선시대 재난과 국가의례』 이욱 박사 논문 중에서)

5. 詩文 (시문)

1) 江神祭【社日】 尹順之. 『澤溟齋詩集』 卷1(尹順之, 1591－1666. 六卷三册)

ㅇ社日 過 臨津 － "사일에 임진강을 지나다"
何處春醪熟　어디서 봄 막걸리가 익는가?
今吾問水濱　지금 나는 물가를 물어가네.

柳邊來繫馬	버들 가에다 말을 매고
花下去尋人	꽃그늘로 가서 사람을 찾네.
短岸留蔬圃	낮은 언덕에는 채소밭이 있고,
空磯有釣綸	물가의 낚시터는 비어있네.
家家門盡閉	오늘은 집집마다 모두 문을 닫고,
山外賽江神	산 밖에서 江神에게 제사 드리네.

◎ 社日은 春秋仲月(土地川神의 제사 지내는 날)
◎ 社日은 春秋仲月<近戊日(그 달의 첫 戊日)>

2) 社日【氣候】李敏求『東州先生詩集』卷3 鐵城錄 3

○ 社日(사일)

忽過新春半	어느새 새봄의 절반이 지나가나
流人淚浦衣	방랑객은 부들포 옷만 눈물 적시네.
年年逢社日	해마다 <사일>을 맞이하지만
不與燕同歸	제비와 같이 돌아가지 못하네.

6. 옛날 기록

1) [新羅] 山川祭『三國史記』卷1, 新羅本紀1, 婆娑尼師今 30年

【원문】秋七月 蝗害穀 王遍祭山川 以祈禳之 蝗滅有年
【해설】가을 7월에, 누리가 곡식을 해함으로 왕이 두루 산천에 제사 지내어 그것을 물리치도록 비니 누리가 없어지고 풍년이 들었다.

2) 사일(社日)『高麗史節要』卷20, 忠烈王 元年 5月

【원문】知太史局事伍允浮言 國家 嘗以春秋仲月遠戊日 爲社 按宋舊曆 及元朝令曆 皆以近戊日 爲社 自令 請用近戊日 從之
【해설】知太史局事 오윤부(伍允浮)가 아뢰기를, 국가에서 전부터 봄, 가을의 가운데 달의 원무일(遠戊日-달의 마지막 무일)을 社日(土地 川神의 제사 지내는 날)로 하였는데, 송나라의 옛 역서와 원나라 조정의 지금 역서를 보면 모두 近戊日(달의 첫 무일)을 社日로 하였습니다. 지금부터는 "近戊日"을 사용하기를 청합니다 하니, 그 청을 따랐다.

3) 춘사 『高麗史』 卷84, 志38, 刑法 公式 官吏給暇

  【원문】官吏給暇 春社 一日

  【해설】춘사(春社)에는 관리에게 1일의 휴가를 준다.

4) 朝鮮朝王朝實錄 山川祭

○ 태종실록 권32 태종 16년 10월 15일(계유)

  내시별감(內侍別監)을 보내어 감악(紺嶽)과 양주(楊州) 대탄(大灘)의 신(神)에게
  제사하였다.

○ 세종실록 권65 세종 16년 9월 28일(임인)

  내시별감(內侍別監)을 보내어 감악(紺岳)·대탄(大灘)의 신(神)에게 치제(致祭)하
  였다.

5) 高麗史 山川祭 紀錄

○ 山川祭祀 『高麗史』 卷63, 志7, 禮 吉禮 雜祀

  【원문】忠烈王元年六月戊辰遣使于 忠淸慶尙全羅東界等道 遍祭山川

  【해설】충렬왕 원년 6월 무진에 충청, 경상, 전라 등의 도에 사신을 보내어 두
  루 산천에 제사 지냈다.

○ 名山 大川 祭祀 『高麗史』 卷63, 志17, 禮 吉禮 雜祀

  【원문】四月戊申 合祭己卯年幸三角山所過名山大川于開城及楊州

  【해설】숙종 6년 4월 무신일에 개성과 양주에서 기묘년 삼각산 행차 때에 지
  나갔던 명산대천을 합제 하였다.

○ 사일(社日) 『高麗史節要』 卷20, 忠烈王 元年 5월

  【원문】知太史局事伍允浮言 國家 嘗以春秋仲月遠戊日 爲社 按宋舊曆 及元朝
  令曆 皆以近戊日 爲社 自令 請用近戊日 從之

  【해설】知太史局事 오윤부(伍允浮)가 아뢰기를, 국가에서 전부터 봄, 가을의
  가운데 달의 원무일(遠戊日-달의 마지막 무일)을 社日(토지 천신의 제사 지내
  는 날)로 하였는데, 송나라의 옛 역서와 원나라 조정의 지금 역서를 보면 모두
  近戊日(달의 첫 무일)을 社日로 하였습니다. 지금부터는 근무일을 사용하기를
  청합니다 하니, 그 청을 따랐다.

○ 紺岳神 山神祭 『高麗史』 卷63, 志17, 禮 吉禮 雜祀

【원문】顯宗 二年 二月 以丹兵 至長湍 風雲暴作 紺岳神祠 若有旌旗士馬 丹兵
懼 不敢前 令所司 修報祀

【해설】현종 2년 2월에 거란병이 長湍에 이르니 눈보라가 사납게 일어났다.
감악산에 旌旗와 士馬가 있는 것 같아 거란병이 두려워하여 감히 전진하지 못
하였으므로 所司로 하여금 보답하는 祭祀를 지내게 하였다.

○ 紺嶽 『高麗史』 卷56, 志10, 地理 王京開城府 積城縣

【원문】紺嶽 自新羅 爲小祀 山上 有祠宇 春秋 降香祝行祭 顯宗二年 以丹兵
至長湍 嶽 神祠 若有旌旗士馬 丹兵 懼而不敢前 命修報祀 諺傳 羅人 祀唐將
薛仁貴 爲山神云

【해설】紺嶽 신라 때부터 小祀로 산위에 사우가 있어 봄과 가을에 향과 축문
을 내려 제사를 지냈다. [현종] 2년에 거란군이 長湍嶽에 이르니 神祠에 旌旗
와 士馬가 있는 것 같아 거란군이 두려워하며 감히 전진하지 못하였으므로 명
하여 보답하는 제사를 지내게 하였다. 민간에 전하는 말로, 신라 사람이 唐나
라 장수 [薛仁貴]를 제사하여 山神으로 삼았다고 한다.

○ 紺嶽山 祈雨祭文 趙絅(1586-1669) 『龍洲先生遺稿』 卷13, 祭文

<감악산 기우제문>

作鎭于坼 維神最尊	천지사방을 누르는 일은 오직 신밖에 없다네.
不嚬以咲 福我元元	찡그리지 않고 웃는 것이 복 받는 근원이네.
旱今太甚 視天矇矇	이제 가뭄이 너무 심하여 하늘을 쳐다보니 막막하네.
謁款崒峨 庶幾感通	높은 산을 보며 정성들여 고하니 감응하여 들어주심이 있기를 바랍니다.

○ 龍湫祈雨祝文 李埈(1560~1635) 『蒼石先生續集』 卷6, 祝文告祀

<용추 기우제 축문>

頃以旱嘆 有禱于神 卽日之內 賜答如響 是神有大造於斯民也 今玆又闕雨이 捨
神其安訴乎 噓出膚寸之雲 以霑焦盡之禾 是神之責也 民之福也 使之幸也 庶終
其惠 以慰一境喁喁之望 謹告.

【해설】지난번에 가뭄으로 신에게 빌었더니 당일 내로 메아리와 같이 답을 내
려 주심에 이는 신께서 이 백성에게 大造가 있었던 것입니다. 지금 또 비가
내리지 않으니 신을 버리고 그 누구에게 하소연 하겠습니까? 膚寸의 구름이라

도 내뿜어주셔서 타들어가는 벼를 적셔 주십시오. 이는 신의 책무이고 백성의 복이며 관리의 다행함입니다. 부디 은혜를 내려주시어 이 지역의 우러르는 소망을 위로해 주십시오. '삼가 고합니다.'

○ 祭國內山川祈雨文. 申光漢『企齋集』文集 卷3

【원문】山岳鎭峙 川瀆流注 業羕濛鴻 各有攸主 興雲致雨 乃其常職 故載祀典… 蘇我嘉穀 惠我烝民 神亦永依 祀事無隋

【해설】치솟은 산악, 구비 흐르는 하천, 각각 맡은 바가 있으니 비구름을 일으키는 것은 일상된 직책이라. 그러므로 사전에 올렸도다…우리 곡식을 소생시키며 우리 백성에게 은혜를 베풀면 신 또한 영원히 의지하여 제사가 사라지지 않으리라.

○ 北郊諸山神祈雨祭文 卞季良『春亭集』卷11

【원문】鳴呼 天覆乎上 以生物也 地載乎下 以成物也 雲雨乎其 中而濡澤 於萬物者 山之神其職也

【해설】아아!! 하늘은 위에서 덮어 만물을 낳으시고, 땅은 아래에서 만물을 싣고 기르시네. 그 가운데 구름을 일으키고 비를 내려 만물을 윤택하게 하는 것은 산신의 직분이라.

7. 신문, 잡지, 기타

1) 한여울 그리고 한탄강(大灘).『이야기 漣川』漣川郡 發行

위 내용은 朝鮮王朝實錄에 기록된 大灘의 신에게 祭祀를 지냈다는 記事이다. 조선왕조 초기 太宗과 世宗은 왜 大灘에 近侍를 보내 제사를 지내게 했을까. 大灘은 그만큼 神聖한 江이였던 것이다. 지금 우리가 한탄강이라고 부르는 강의 이름은 大灘 즉 "한 여울"이라는 이름에서 유래한다. 본래 大灘은 전곡읍 전곡리와 청산면 놀미 사이에 있는 큰 여울로 인하여 붙여진 이름이다. 예부터 지명이나 인명, 관직명 등에 "크다"는 뜻으로 써온 말인 '한'과 '여울'이 합하여 우리 지역에서는 "한여울"로 불렸던 것이 세월이 흐르면서 이 '한'이 한자 지명으로 보편화 되어 옛 지리지에서처럼 "大灘"으로 옮겨 쓰이게 된 것이다. 그러나 이 '한여울'이 어느 때부터인가 앞 음절 '한'이 실제 뜻과는 전혀 무관한 한자의 '漢'으로 바뀌어 쓰이면서 "漢灘"이 되었고, 다시 일제강점기에 와서 지명이 통일되면서 뒤에 '江'이 덧붙어 오늘날 漢灘江이라는 표준지명으로 변한 것이

다.(이야기 연천에서-乙未仲夏度坪記)

2) 臨津江 江神祭

- 施行 典據

『經國大典』典禮 祭禮條(小祀로 規定)

『國朝五禮儀』吉禮 州縣의 名山大川祭祀에 관한 儀式

『增補文獻備考』卷61, 禮考 8, 嶽海瀆 山川祭 條

- 目的
  1) 臨津江 洪水豫防 豊年祈願
  2) 물놀이 安全事故防止 發願祈願
  3) 韓國戰亂戰死者 寃魂慰勞 天道
  4) 臨津江 洪水溺死者 寃魂慰勞 天道
  5) 口蹄疫犧牲 家畜魂靈 慰勞 天道
  6) 畜産農家 口蹄疫家畜犧牲處理 慰勞
  7) 口蹄疫 犧牲家畜處理 參加公務員 勞苦慰勞

- 神位의 名稱

  臨津江 江神之神位

- 笏記와 祝文 (별도로 첨부함)
- 設位圖(선비 文化學會 陳設圖 參照)
- 祭需(增補文獻備考의 名山大川條 參照)

  籩豆 : 8籩 8豆

  簠簋 : 各 2개

  豕俎 : 1개

  爵 : 3개

  白幣 : 1개

  象尊 : 2개

  祝 : 國王이라 한다.

  散齋 2日 致齋 1日(州縣의 獻官은 守令이 한다. 大川이면 沈祝한다.)

- 祭器 : 幣篚 1개, 燭 2개, 爵 3개, 位牌櫝 1개, 香爐 1개, 香盒 1개, 拜席 5개, 籩豆 各 8개, 簠簋 각 1개, 俎 1개(잔 받침 3개)
- 술(酒) : 盎齊, 禮齊, 淸酒
- 복장(服裝) : 官服, 官帽, 儒巾, 道袍
- 절(拜) : 四拜냐? 再拜?
- 燒紙文案

[燒紙 發願文]
1) 구제역에 회생된 牛公 之 神位 豚公 之 神位 극락 왕생하소서.
2) 國泰民安 南北統一 雨順風調 時下年豊 洪水溺死 冤魂昇天.

춘분(春分)【二十四節氣와 俗節】

○춘분(春分)은 2월의 중기(中氣)이며, 새해 들어 네 번째 절기(節氣)이다.
○춘분(春分)은 경칩(驚蟄)과 청명(淸明) 사이에 들어 있다.
○춘분(春分)은 태양(太陽)의 황경(黃經)이 0°를 통과할 때이고,
○춘분(春分)은 동지(冬至)로부터 89일째 되는 날이다.
○춘분(春分)은 음양이 서로 반인만큼 낮과 밤의 길이가 같고,
○춘분(春分)은 추위와 더위도 서로 반반으로 같다.
○태세(太歲)는 丙申이고, 月建은 辛卯이며, 日辰은 辛丑이다.
○卦는 震 初九이다.

절입시각 : 양력 3월 20일. 오후 13시 30분 (初未時) [2016년]
　　　　　일출(日出) = 오전 6시 36분[주(晝) = 12시간 8분]
　　　　　일입(日入) = 오후 6시 44분[야(夜) = 11시간 52분]
　　　　　(금년 춘분은 낮이 밤보다 8분 더 길다.)

≪기후 宣明曆≫『高麗史』卷50, 志4, 曆 宣明曆 上
　　　　　初候는 제비가 온다(玄鳥至)
　　　　　次候는 우렛소리가 나기 시작한다(雷乃發聲).
　　　　　末候는 번개가 치기 시작한다(始電).

≪기후 授時曆≫『高麗史』卷51, 志5, 曆 授時曆 上
○二月驚蟄 二月節春分 二月中 桃始花 倉庚鳴 鷹化爲鳩 玄鳥至 雷乃發聲 始電
【해설】경칩은 2월의 절기이며, 춘분은 2월의 중기이다. 복숭아꽃이 피기 시작하고 꾀꼬리가 운다. 매가 비둘기로 변하고 제비가 온다. 우렛소리가 나고 번개가 치기 시작한다.

≪춘분의 뜻≫
○이날 태양이 남쪽에서 북쪽으로 향하여 赤道를 통과하는 점. 즉 황도(黃道)와 적도(赤道)가 교차하는 점인 "春分點"에 이르렀을 때이다.
○태양의 중심이 적도(赤道) 위를 똑바로 비추어 ≪陽이 正東에≫, ≪陰이 正西에≫ 있으므로 「春分」이라 한다.
○이날은 음양이 서로 반반인 만큼 낮과 밤의 길이가 같고, 추위와 더위가 같다.

○ 이 춘분 절기를 전후하여 농가에서는 봄보리를 갈고 춘경(春耕)을 하며, 담도 고치고 들나물을 캐어 먹는다.

1. 풍속, 속담, 음식, 이칭과 놀이

1) 俗談과 風俗

○ 꽃샘추위(花妬娟)『洌陽歲時記』二月條

【원문】 二三月之交 風雨 凄冷如冬令 俗稱花妬娟 諺曰 二月風打破大甕 花妬娟未老死凍

【해설】 2월에서 3월로 바뀌는 때에 비바람이 겨울같이 몹시 차다. 이것을 "꽃샘(花妬娟)"이라 한다. 또 <속담>에 "2월 바람에 큰독이 깨진다"고도 하고, "꽃샘추위에 설늙은이 얼어 죽는다."고도 한다.

2) 속신(俗信)과 점복(占卜)(『韓國歲時風俗辭典』春分)

○ 『增補山林經濟』권15 『增補四時纂要』에 의하면, 춘분에 비가 오면 병자가 드물다고 하고, 이날은 어두워 해가 보이지 않는 것이 좋으며, 해가 뜰 때 정동(正東)쪽에 푸른 구름 기운이 있으면 보리에 적당하여 보리 풍년이 들고, 만약 청명하고 구름이 없으면 만물이 제대로 자라지 못하고 열병이 많다고 한다.

○ 이날 운기(雲氣)를 보아 '청(靑)이면 蟲害', '적(赤)이면 가뭄', '흑(黑)이면 水害', '황(黃)이면 豊年'이 된다고 점친다. 또 이날 '동풍이 불면 보리 값이 내리고 보리 풍년이 들며', '서풍이 불면 보리가 귀하고' '남풍이 불면 오월 전에는 물이 많고', '오월 뒤에는 가물고', '북풍이 불면 쌀이 귀하다'고 하였다.

○ 丙申年 <春社日>은 3月 17日(陰2月 初9日 戊戌日)이다.(立春後 다섯 번째 戊日)

2. 옛날 기록

1) 官吏給暇 『高麗史』卷84, 志38, 刑法 公式

【원문】 春分(一日)官吏給暇
【해설】 춘분에는 관리에게 1일의 휴가를 준다.

2) 薦氷 『高麗史』卷61, 志15, 禮 吉禮 大祀

【원문】二月望 薦氷 若春分之日 在望後 則以別日薦之

【해설】2월 보름에 얼음을 천신한다. 만약 춘분날이 15일 후에 있으면, 다른 날에 천신한다.

3) 삭일(朔日)『洌陽歲時記』二月條.

【원문】先朝丙辰仲春朔日 頒公卿近臣尺修 中和節故事

【해설】정조 병진년(1796년) 중춘 초하루에 공경과 근신들에게 자(尺)를 나누어 주었다. 이것은 중국의 중화절의 옛 풍습을 모방한 것이다.

4) 天祥祭『高麗史』卷63, 志17, 禮 吉禮 雜祀

【원문】二十七年 二月 甲午 行天祥祭 以禳災變

【해설】문종 27년 2월 갑오일에 천상제를 행함으로써 재변을 물리쳤다.

3. 춘분에 하는 일

1) 大夫士庶人祭禮(四時祭 小祀)『高麗史』卷63, 志17, 禮 吉禮小祀

【원문】恭讓王二年二月 判 大夫以上祭三世 六品以上祭二世 七品以下至於庶人 止祭父母 並立家廟 朔望必奠 出入必告 四仲之月 必享食 新必薦 忌日必祭 當忌日 不許騎馬出門 接對賓客 其俗節上墳 許從舊俗 時享日期 一二品 每仲月 上旬 三四五六品 仲旬 七品以下 至於庶人 季旬

【해설】공양왕 2년 2월에 판(判)하기를, 대부 이상은 3代를 제사 지내고, 6품 이상은 2代를 제사 지내고, 7품 이하 서인에 이르기까지는 부모를 제사 지내는데 그치게 하였다. 모두 가묘를 세워 초하루 보름에 반드시 '奠'을 하고, 출입에는 반드시 '告'하며, 四仲月에는 반드시 음식을 권하고 새로운 것은 반드시 드리며, 忌日에는 반드시 '제사' 지내고 기일을 당하면 말을 타고 문을 나가거나 빈객을 접대함을 허락지 않았다. 그 俗節에 분묘에 올라가는 것은 舊俗에 따라 허락하였다. 時享하는 期日은 1, 2품은 每仲月의 '上旬'으로 하고, 3, 4, 5, 6품은 '中旬'으로 하고, 7품 이하 서인에 이르기까지는 '下旬'으로 하게 하였다.

2) 四時大享『牧隱先生文集』卷29, 時享(四時祭 時享)

四時大享致精純　　사시 큰 제사 지낼 때 정성을 다하여

萬古三韓禮自新	오래전 우리나라 예법이 저절로 새롭네.
盟國仲家分月令	큰 나라에서 월령을 나누어 주어서
父前子後敍人倫	부모를 앞으로 자식을 뒤로 하는 인륜의 차례를 정했네.
犧牲不備難違俗	희생을 준비하지 않아도 풍속을 어기기 어려우며,
儀式相傳摠失眞	의식이 서로 전해졌으나 모두 진실은 아니네.
誰識今年今日意	누가 올해 오늘의 뜻을 알리오.
白頭陰마謝明神	백발의 늙은이 몰래 올라가 신명에게 사례하네.

3) 社稷大祭 『高麗史』卷59, 志13, 禮 吉禮 大祀 社稷

社稷大祭 祭日仲春仲秋上戊及臘

제일(祭日)은 중춘과 중추의 상무일(上戊日) 및 납일(臘日)이다.

토지신과 곡식신을 모시고 국가의 안녕과 농사의 풍성함을 기원하며 드리는 제사이다. 2000년 중요무형문화재 제111호로 지정되었다.

○ 제사를 드리는 대상은 사(社)와 직(稷)을 正位로 하고 여기에 후토(后土)와 후직(后稷)을 배향신(配享神)으로 삼아 같이 모신다. 社稷은 社와 稷의 합성어이다.(度坪記)

4) 釋奠大祭

釋奠日 仲春仲秋上丁『高麗史』卷62, 志16, 禮 吉禮 中祀 文宣王廟

석전일(釋奠日)은 중춘과 중추의 상정일(上丁日)이다.

大成至聖文宣王 百代之師 春秋釋奠 朔望祭享

諸儒聚會 宜加精潔『高麗史』卷33, 世家 33, 忠宣王 復位年 11月

대성지성문선왕(大成至聖文宣王 ; 공자)은 백대(百代)의 스승이니, 봄, 가을 석전(釋奠)과 삭망(朔望)의 제향(祭享)에 모든 선비들이 모여서 마땅히 정결(精潔)함을 더해야 한다.

○ 成均館 配享位는 1946부터 孔子와 四聖, 孔門十哲, 宋朝六賢, 韓國 十八賢 등 合39位만을 大成殿에 配享함에 오늘까지 이르고 있다.(『儒敎와 釋奠』 權五興)

[유학(儒學)]=공자(孔子)가 만든 학문(學文)의 체제(體制)를 유학(儒學)이라 하고
[유교(儒敎)]=유학(儒學)의 정신적(精神的) 가치(價値)를 실천하는 것을 말할 때는 유교(儒敎)라 함.
[유가(儒家)]=유학(儒學)을 따르는 무리를 유가(儒家)라 함.

5) 先農祭

○ 농업신인 신농(神農)과 후직(后稷)에게 년풍(年豊)을 기원하며 드리는 국가의례,

6) 嶽海瀆祭

○ 조선시대에 국가에서 큰 산, 바다, 큰 강, 하천의 신에게 드리는 제사
○ 조선시대 한양의 중요 산천 중에서 '진산인 三角山은 악(嶽)에 해당되고', '漢江은 독(瀆)에 속하였다.' 그리고 '목멱산(木覓山)은 명산대천(名山大川) 범주(範疇)에 속하였다.' 한양지역에 가뭄이 계속되는 경우 이들 삼각산, 목멱산, 한강을 중심으로 祈雨祭를 지냈다.
○ 특히 한강의 경우 한강진, 용산강, 저자도, 양진에도 기우제를 지냈다. 이런 기우제에는 유교식 제사뿐만 아니라 침호두(沈虎頭), 화룡제(畵龍祭)의 형태도 포함되어 있었다. 침호두(沈虎頭)란, 호랑이 머리를 강에 빠트려 물속에 있는 용을 충동질하는 것이고, 화용제(畵龍祭)는 용의 그림을 그려두고 용을 자극하는 것으로, 모두 龍神을 움직여 비를 얻으려는 의례(儀禮)이다.

7) 歷代始祖祭
○ 국가 차원에서 역대 왕조의 시조(始祖)에게 드리는 제사의례
  (世宗實錄 卷44 世宗 11年 5月 7日 壬子條)

8) 鎭坐祭

○ 호로고루성(고구려성)이 있는 경기도 연천군 고량포리에서 府君堂에 모신 地鎭神에게 올리던 제사. 한국동란 전까지 시행되었으며, 비용은 당시에 소(牛) 20~30마리 값이 들었다고 한다.

9) 開氷祭
○ 계동에 얼음을 저장하고 춘분에 얼음을 꺼낼 때에 제사를 지낸다.(五禮儀)

10) 馬祖祭
○ 말의 질병을 예방할 목적으로 말의 조상인 천사성(天駟星)에 지내는 국가의례
  (國家儀禮)

4. 祝文

1) 里社祝文【春祀】許穆 『記言』 卷37, 陟州記事

○ 里社祝文 里社에 대한 축문

元日之戌	원일 다음 戌日은
殷月之序	殷月(仲月)의 차례에 받아
修禮大神	대신을 예로서 모시니
后土田租	后土는 밭의 구실을 다하게 하소서.
粢盛旣潔	정결하게 기장을 담아 올리니
錫用百福	백 가지 복을 베풀며
人無疾疫	사람들은 역질에 걸리지 않고
五穀穰熟	오곡은 풍년이 들게 해주십시오.
神明是庇	이것은 모두 신명에 은혜를 입는 것이니
報以陰事	이에 제사를 지내서 보답하겠습니다.

2) 里社壇祭 祝文 『睡軒』

維 歲次 干支幾月干支朔幾日干支 某官姓名 敢昭告于

土地之神 先王建國 有里有社 我里之社 壇樹西領 歲薦一祭 降福穰穰 鍾我髦士 令德令儀 惠我豊年 多黍多稌 驅疾除害 家戶吉泰 禋祀報本 以折來許 我將我享 神其右之 尙 饗(祝辭大全 俗祭祝辭式에서)

3) 里鄕社祭 祝文 『祝辭大全』 俗祭祝辭式』

維 歲次干支幾月干支朔幾日干支 某官姓名 敢昭告于

土地之神 某道某郡某里某等 謹致祭於 五土之神 五穀之神曰惟 神叅贊造化發育萬物凡我庶民悉賴生植時維仲春東作方興(如秋祀則云時維仲秋歲事有成)謹具牲醴恭伸祈告(如秋祀則恭伸報祭)伏願雨暘時若五穀豊登官賦足供民食充裕神其鑑之 尙饗

(古齋集於赫神明佑我民生逐灾除氛錫福降祥隣比和合戶口增盈旣保入處又護出行神依人格人賴神寧有禱必應匪物惟誠)

5. 詩文(시문)

1) 春分, 蔡之洪 『鳳巖集』 卷2, 詩

日中昏見鳥	해가 길지도 짧지도 않은 때 저녁 무렵 새를 보니
鳴鳩小桃榮	지저귀는 뱁새는 복사꽃 속에 있네.
岱岳東巡日	대악으로 동쪽을 향해 순행하는 날에
量衡律度平	도량형의 법도가 공평해졌으면.

2) 春分, 李廷馣 『四留齋集』 卷2, 七言絶句

天時忽忽到春分	계절이 문득 춘분에 이르니
東北都無吉語聞	동북방에서는 도무지 희소식이 없네.
山雨溪風휘漫興	산속의 비와 계곡의 바람에 흥이 넘치나
不如終日醉醺醺	종일토록 거나하게 술 취함만 못하네.

3) 甲戌春分大雪極寒, 姜再恒 『立齋遺稿』 卷6, 詩 七言律詩

甲戌春分大雪極寒	갑술년(1754) 춘분에 눈이 많이 내리고 매우 추웠다.
風高雪積日西斜	바람은 거세고 눈은 쌓였는데 해는 서산에 기우니,
萬壑層冰鎖暮霞	모든 골짜기의 두꺼운 얼음이 저녁놀을 녹인다.
誰握金錐釘半地	누가 금도끼를 가져다가 반쯤 찍어낼까?
難將靑麥種陽坡	푸른 보리를 양지바른 언덕에 심기 어렵네.
谷蘭不解孤根宿	골짜기의 난초가 외롭게 뿌리를 내리고 사는 뜻을 알 수가 없는데,
汀柳偏嬌春物華	물가의 버드나무는 화려한 봄 경치 속에 홀로 아양을 떠네.
分日沍寒須莫怨	춘분일의 매서운 추위 모름지기 원망하지 말지니,
東君己綻小梅花	봄의 신은 매화 꽃망울을 벌써 터뜨렸다네.

6. 신문, 잡지

○ 사일(社日)[地神 제삿날] 『天地日報』
○ 사일(社日)과 사반(社飯)
    조선(성종 16) 1485년에 서거정(徐居正, 1420~88) 등이 신라 초부터 고려 말까지의 역사를 편찬한 사서 『동국통람(東國通覽)』에 고려 충렬왕 때 오윤부(伍允孚)가 왕에게 건의해 춘, 추분에서 가장 가까운 무일(戊日)을 사일(社日)로 정했다고 한다. 그 이전에는 춘, 추분에서 멀리 있는 '戊日'이 社日이었다.

조선 후기의 학자 유암(流巖) 홍만선(洪萬選, 1643~1715)이 지은 농서 『산림경제(山林經濟)』 신은지(新隱志)에 '춘사일(春社日)에는 오곡의 귀신에게 제사하여 풍년들기를 빈다.'라고 돼 있다.

조선시대 명신이며 농학자인 강희맹(姜希孟, 1424~1483)이 쓴 『사시찬요(四時纂要)』에는 '춘사일(春社日) 춘분을 전후하여 가장 가까운 무일에 비가 오면 연사는 풍년들지만 과일이 적게 나고, 추사일(秋社日) 추분을 전후하여 가장 가까운 무일에 비가 오면 다음 해에 풍년이 든다.'라고 적고 있다.

○ 입춘 후와 입추 후 제5 무일을 춘사일, 추사일이라고 한다.

춘사일은 3월 17~26일에, 추사일은 9월 18일~27일에 있는데, 춘사는 부지런히 일하자는 뜻에서, 추사는 풍성한 수확을 한 것에 대한 감사의 뜻에서 지신(地神)과 수신(水神), 농신(農神)에게 제사(祭祀)를 지냈다.

○ <제비>는 춘사에 날아와 봄을 알리고 추사에 떠나며 가을을 알린다고 한다.

○ 이날이 되면 여자들은 바느질을 멈추고, 남자들은 농사일을 멈추고, 동네 정자나무 밑에 제수를 차려 놓고 지신과 농신에게 제사를 지냈다.

○ 이때 만들어 먹는 시절음식이 있으니, 그게 바로 사반(社飯, 덮밥)이다.

○ 사반에 대해 조선 24대 헌종(憲宗) 때 이규경(李圭景, 1788~1856)이 쓴 『오주연문장전산고(五洲衍文長箋散稿)』에서 "입춘과 입추 후 닷새째 되는 날인 토지의 신께 제사를 지내는 사일에 고기와 채소를 밥에 덮어서 먹는데, 이것을 사반이라고 했다."고 기록돼 있다.

○ 조선 중기의 유학자 이이(李珥, 1536~1584)가 쓴 『성학집요(聖學輯要)』에 동래여씨(東萊呂氏)는 명절 음식으로 입춘에는 춘병을, 정월대보름엔 원자(圓子)와 염시탕을 올린다. 2월 社日, 곧 "입춘과 입추 후 다섯 번째의 술일"에는 "사반·덮밥"을, 한식에는 조당과 냉죽(冷粥)과 증채를, 단오에는 단종, 칠석에는 과식(果食)을(果食이란 과일이다), 중양절에는 유국고를 올린다 라고 설명하고 있다.

○ 인조시대(仁祖時代)의 문신 계곡 장유(張維, 1587~1638)는 '김대비만장(金大妃挽章)'에 "인간 세상에 돌아와 社飯을 드시고, 지하에서 다시 구슬옷을 입으시리."라고 썼다.

○ 성종 14년(1483) 6월 12일 계유 정희왕후의 애책문과 묘지문(墓誌文)에도 社飯이 나온다. 이 내용의 일부분을 보면 "아아. 슬프다! 용곤(龍袞)이 비통하게도 최의(縗衣)로 변(變)하였으니, 말명(末命)을 따르며 울부짖도다. 조관(朝官)들은

슬퍼하여 벽용(擗踊)하고 社飯을 생각하며 놀라 부르짖네."라고 했다. 이 사반이 얼마나 맛있었으면 장유(張維)가 대비(大妃)의 만장(挽章)에 썼으며, 정희왕후의 애책문에 썼을까 싶다.

○『오주연문장전산고(五洲衍文長箋散稿)』의 기록처럼 채소와 고기를 밥에 덮어서 먹는다는 표현으로 보아 사반은 오늘날의 고기덮밥과 흡사하다 할 것이다. 여러 문헌에 등장한 사반에 대해 社日에 여러 고기를 섞어 조리해서 밥에 넣어 먹는 것인데, 귀인(貴人)과 척신이 나누어 먹었다고 한다.

○그런데 이 사일과 사반의 풍습은 중국에서 유래된 것 같다. 청나라 때 유명한 사학자이자 문학자인 필원(畢沅, 1730~1797)이 쓴 『속자치통감(續資治通鑑)』에 "11세기 북송 철종 때 수렴청정을 하던 태황태후가 병이 들어 신하들이 병문안을 왔는데 그날이 마침 社日이어서 社飯을 하사했다."는 기록이 있다.

13세기 남송의 수도인 지금의 항저우 풍경을 묘사한 송(宋) 나라 때 문학가(文学家) 주밀(周密)의 저서 『무림구사(武林舊事)』라는 책에도 사일에 고기덮밥을 나누어 먹는다는 내용이 있다. 중국은 사반을 개판(盖飯 : 덮밥)이라 하고, "일본은 돈부리(どんぶり)"라 한다. 그러나 우리는 사반을 순수한 우리말 "덮밥"으로 부르고 있다.(『천지일보』 별미산책에서)

청명(淸明)【二十四節기와 俗節】

○ 청명(淸明)은 3월의 절기이며, 24절기 중 다섯 번째 절기이다.

○ 청명(淸明)은 春分과 穀雨 사이에 들어있으며,

○ 청명(淸明)은 태양의 황경이 15° 통과할 때이며,

○ 청명(淸明)은 동지로부터 104일째 되는 날이다.

○ 청명(淸明)은 한식 하루 전이거나 같은 날 들 수도 있다.

○ 3월의 절기는 청명(淸明)과 곡우(穀雨)이며,

○ 대표적인 명절로는 한식(寒食)과 삼짇날(重三 上巳)이다.

○ 太歲(태세)는 丙申이고, 月建은 壬辰이며, 日辰은 丙辰이다.

○ 卦는 震 六二이다.

≪절입시각≫ 양력 4월 4일 오후 17시 27분이다. [2016년]

　　　일출(日出) = 오전 6시 13분[주(晝) = 12시간 45분]

　　　일입(日入) = 오후 6시 58분[야(夜) = 11시간 15분]

≪기후≫ 淸明 **(宣明曆)**『高麗史』卷50 志4 曆 宣明曆 上

[氣候] 初候 = 오동나무 꽃이 피기 시작한다(桐始華).

　　　次候 = 두더지(田鼠)가 종달새(鴽)로 변한다(田鼠化爲鴽).

　　　末候에 무지개가 나타나기 시작한다(虹始見).

≪三月節 氣候(授時曆)≫『高麗史』卷 第51, 志 第5, 曆2, 授時曆經 上

【원문】 淸明三月節 穀雨三月中. 桐始華. 田鼠化爲鴽 虹始現.萍始生. 鳴鳩拂其羽. 戴勝降于桑.

【해설】 청명은 삼월의 절기이며, 곡우는 삼월의 중기이다. 오동나무 꽃이 피기 시작하고 두더지가 종달새로 변한다. 무지개가 나타나기 시작하고, 머구리밥풀(萍)이 나기 시작한다. 우는 비둘기 날개를 치기 시작하고, 대승(戴勝)이 뽕나무에 내려와 앉는다.

≪禮記月令 삼월≫『禮記』月令 第六

【원문】 季春之月 日在胃 桐始華 田鼠化爲鴽 虹始見 萍始生 天子居靑陽右个 是 月也 生氣方盛 陽氣發泄 句者畢出 萌者盡達

【번역】 季春(三月)의 달에는 辰이 胃星 있다. 오동나무에 비로소 꽃이 피고, 들쥐

가 변하여 종달새가 되며, 무지개가 비로소 나타난다. 그리고 마름(浮萍)이 비로소 생긴다. 천자는 명당의 동쪽 남실에 거처한다. 이달(三月)에는 생기가 사방에 성대하고, 양기 또한 발동하여 넘치므로 초목의 싹이 모두 번성한다.

≪청명의 뜻 유래≫
  ○ 청명(淸明)은 하늘이 차츰 맑아지고 날씨가 좋은 날이 시작된다는 뜻을 지닌 말이다.
  ○ 淸明 『東國歲時記』
【원문】取楡柳之火 頒賜各司 卽周官出火 唐宋賜火之遺制也 農家始春耕.
【해설】느릅나무와 버드나무에서 불을 일으켜 각 관청에 나누어준다. 이것은 곧 ≪周禮≫에 의거하여 唐과 宋나라에서 각 관청에 불을 나누어 주던, 예부터 전해 오는 제도를 본떠서 하는 것이다. 농가에서는 이날부터 봄갈이(春耕)가 시작된다.

5. 농가월령가 三月章

삼월이라	모춘이니	청명곡우	절기라네
봄햇살은	다양하며	만물이라	화창하니
백화는	난만하고	새소리는	각색이네
집앞에	쌍제비는	옛집을	찾아오고
꽃사이에	벌나비는	분분하게	날고기네
미물도	때를만나	좋아하니	사랑스러
한식날	성묘하니	백양나무	새잎나네
고상은덕	감읍함은	주과로나	펴오소서
농부의	힘드는일	가래질이	첫째로다
점심밥	넉넉하니	때맞추어	배불리소
일꾼들의	처자권속	따라와서	함께먹세
농촌의	후한풍속	한말곡식	아낄소냐
물꼬를	깊이파고	도랑밟아	물을막고
한편에	모판하고	그나머지	삶이하니
날마다	두세번씩	부지런히	살펴보소
약한싹	세워낼때	어린아희	보호하듯
백곡중에	논농사가	소홀하면	안되리라
浦田에	黍栗심고	山田에는	豆太심자

들깨모는 일찍심고 삼농사도 하여보세
좋은씨를 가리어서 그루를 바꿔심소
보리밭 매어놓고 못논을 되어두세
들농사 하는틈에 텃밭농사 아니할까
울밑엔 호박이요 처마밑엔 박을심고
담근처엔 동아심어 架子하여 올려보소
무,배추 아욱,상추 고추,가지 파,마늘을
색색이 분별하여 빈땅없이 심어놓고
갯버들 베어다가 개바자 둘러막아
닭과개를 방비하면 저절로 무성하리
오이밭은 따로갈아 거름을 많이하소
농가의 여름반찬 이밖에 또있던가
뽕눈을 살펴보니 누에날때 되겠구나
여보소 부녀들아 양잠을 전심하소
蠶室을 청소하고 제반기구 준비하니
다래끼 칼도마며 채광주리 달발이라
각별히 조심하여 내음새 없게하소
한식전후 삼사일엔 과일나무 접붙이기
살구오얏 鬱陵桃며 문배참배 능금사과
엇접피접 도마접에 행차접이 잘사느니
청다래 靑陵梅도 古査에 접을부쳐
농사일 필한뒤에 분에옮겨 들여놓고
춥고도 눈오는밤 풍설이 몰아칠때
봄기운을 방에앉아 그모습 홀로보니
실용은 아니라도 산중의 취미라네
인가에서 요긴한일 장담는 행사로다
소금을 미리받아 법식대로 담그소서
고추장 두부장도 맛맛으로 갖추우소
앞산에 비개이니 살찐香菜 캐어다가
삽주두릅 고사리며 고비도랏 어아리를
더러는 엮어달고 더러는 무쳐먹세
낙화를 쓸고앉아 병술로 즐길때에
산촌아내 차린안주 이요리 뿐이구나.

한식(寒食)【二十四節氣와 俗節】

○ 寒食은 俗節이며 24節氣가 아니다.(속절이므로 절입시간이 없다.)
○ 한식은 淸明과 같은 날이거나 다음날 든다.
○ 한식은 동지 후 105일째 되는 날이다.
○ 한식은 음력을 기준으로 한 명절이 아니기 때문에 2월에 들 수도 있고, 3월에 들 수도 있다.
○ 한식은 설, 단오, 추석과 함께 "4대 명절"의 하나이다.
○ 3월의 節氣는 淸明 穀雨이고,
○ 3월의 대표적 名節로는 한식(寒食)과 삼짇날(重三 上巳)이다.

1. 이칭, 풍속음식과 전설 속담, 행사와 놀이

1) 3월의 이칭(異稱)

○ 季春 晩春 暮春 殿春 花月 嘉月 蠶月 姑洗 淸明 穀雨 中和 辰月
○ 일정 기간 불의 사용을 금하며, 찬 음식을 먹는다는 고대 중국의 풍습에서 유래되었다.
○ 2월에 한식이 드는 해는 시절이 좋고 따뜻하며, 3월에 한식이 들면 개사초(改莎草)를 하지 않는다고도 한다.

2) 한식의 별칭(이칭)

○ 고초일(苦草日) : 한식에 씨를 뿌리면 씨가 말라죽거나 새가 씨를 파먹는다는 속설
○ 공마일(空魔日) : 마(魔)가 끼지 않는 날, 곧 귀신이 발동하지 못하는 날이라는 의미, 또는 淸明, 寒食에는 모든 神이 玉皇上帝께 朝會를 하러 하늘로 올라가므로 神이 없는 날이라 하여 이장(移葬), 석물(石物), 사초(莎草) 등 행사를 하여도 無害, 無妨하다 하여 이날을 택하여 山役을 하기도 한다.
○ 금연일(禁煙日) : 연기 피우는 일을 금한다는 뜻으로, 이날에는 불 피우는 것을 금한다.(중국 춘추시대 계자추의 전설에 근거)
○ 냉절(冷節) : 한식날에는 불을 사용하지 않으므로 찬 음식을 먹는다는 데서 유래한 말이다.

3) 한식에 하는 일

○ 寒食 節祀

한식에 묘소에 가서 지내는 제사. 한식에 지내는 제사라 하여 한식제사(寒食祭祀), 한식차례(寒食茶禮), 또는 한식성묘(寒食省墓)라고도 한다.

설, 한식, 단오, 추석 같은 명절에 지내는 제사라 하여 節祀-節祠라 하는데, 넓은 의미에서 명절에 지내는 묘제(墓祭)와 茶禮를 총칭(總稱)하기도 한다.

『東國歲時記』에 도시 풍속에 묘소에 올라가 제사 지내는 것을 節祀라 하고 설, 한식, 단오, 추석 사명절에 행한다. 이날에는 술, 과일, 포, 식혜, 떡, 국수, 탕, 적 같은 음식으로 제사 지내며 집안에 따라 약간 다르지만 한식과 추석에 가장 성행한다.

한식에 묘제를 지내는 풍속은 당나라 때부터 시작되었다 한다. 고려시대부터 한식을 대표적 명절로 여겼으며, 조선시대에도 국가에서 한식에 종묘와 능원에 제향을 지냈고, 민간에서도 이를 좇아 술, 과일, 포 같은 음식으로 묘소에서 제사를 지냈다.

『봉선잡의(奉先雜儀)』에서 이언적(李彦迪)은 설, 한식, 단오, 추석에 묘소에 가서 배소(拜掃)를 하여도 인정상 해가 될 것이 없다고 하였다.

『격몽요결(擊蒙要訣)』에 李珥는 마땅히 한식과 추석에는 家禮墓祭에 의거하여 제수를 갖추어 祝文을 읽고 山祭를 지내야 한다고 하여 寒食墓祭를 큰제사로 여겼다.

『상례비요』에 김장생은 墓祭條 祝文에 우로기유(雨露旣濡 : 계절이 바뀌어 비와 이슬에 이미 젖었고)라고 하여 한식 무렵이면 기후가 이미 변한 것을 느끼기 때문에 이에 추모의 정을 펼치고자 한다고 하여 한식절사의 뜻을 적고 있다.

○ 한식차례(寒食茶禮)

朝鮮時代 『주자가례(朱子家禮)』를 비롯한 禮書에는 차례에 대한 典禮가 보이지 않는다. 다만 사당에서 행하는 참례(參禮)와 천신례(薦新禮)처럼 간단하게 차를 올리는 禮 라는 뜻에서 차례라고 부른 것으로 생각된다. 현재는 명절에 지내는 제사를 일반적으로 차례하고 부른다.

우리 종중에서는 부조위(不祧位)이신 문산 평도공 할아버님 양외분 묘소에서 절사를 올리는 날이다. 절사(節祀)는 무축(無祝) 단헌(單獻)으로 모신다.

○ 文昭殿 祭祀

文昭殿은 四時에 祭祀를 지내는데, 寒食과 秋夕 같은 名節에도 祭祀를 지냈다.

宗廟에는 臘日에 祭祀를 지내는데, 文昭殿에서는 臘日에는 祭祀를 지내지 않았다.

『國朝五禮儀』에 四時와 俗節의 文昭殿 享祀에 관한 儀式, 四時 및 俗節의 文昭殿 享祀 대리에 관한 의식, 문소전의 忌晨에 관한 儀式, 文昭殿의 朔望의 享祀에 관한 儀式이 있다. 文昭殿은 世宗 14年(1432) 景福宮 안에 새로 文昭殿을 세우고 士大夫의 家廟처럼 始祖인 太祖와 直系 4代祖의 神主를 모시는 祠堂으로 하여 5室을 넘지 못하게 하였으며, 俗祭로 분류하였다.(『歲時風俗辭典』寒食 條 參考)

○ 改莎草 : 한식에 하는 산소 손질로서 무덤이 헐거나 잔디가 부족할 때 보충한다.
○ 改莎草告祭 : 무덤의 주인이 놀라지 않도록 미리 알리고 놀라지 마시라는 제사를 올린다.
○ 山神祭 : 오늘 산소에 일을 하는 사실을 산신께 알리고 앞으로 산소를 잘 보살펴 줄 것을 고하는 제사.
○ 慰安墓祭 : 오늘 산역을 잘 마쳤으니, 여기에 의지하여 안정하시고 편히 계시기를 기원하는 제사.
○ 한식성묘(寒食省墓) : 한식은 봄이라는 계절의 시작이기 때문에 이날 개사초와 봉분의 보수를 하기에 알맞아 오늘날까지도 성묘를 하고 제사를 지낸다.
○ 무자후제사(無子后祭祀) : 후손 없이 죽은 이를 위해 마을 사람들이 지내주는 제사(무후사, 은처사 제사).

4) 속담과 풍속

○ 한식에 죽으나 청명에 죽으나 ; 한식과 청명은 하루 사이이므로 별 차이가 없음을 일컫는 속담.
○ 날씨점 : 한식의 날씨를 보고 그해 농작물이나 어획물의 풍흉을 점치는 기후점.
○ 돈돌날이 : 한식날 함경도 북청지방의 부녀자들이 들과 강가에서 달래를 캐고 오후가 되면 모여서 춤추고 노는 놀이.

5) 한식의 유래에 대한 介子推의 說話

춘추시대의 인물인 개자추는 망명해 있던 晉나라의 공자 重耳를 위해 19년간 헌신했고, 중이는 마침내 晉文公(재위 B.C. 636-628)으로 즉위했지만 개자추에게는 功臣錄에도 빠지고 아무런 벼슬을 내리지 않았다. 분개한 개자추는 면산(綿

山)으로 들어가 은둔했고 뒤늦게 이를 깨달은 진문공이 개자추를 등용하려 했지만 그는 세상에 나오기를 거부했다. 진문공은 개자추를 나오게 하기 위해 산에 불을 질렸으나 개자추는 끝내 뜻을 굽히지 않고 타죽고 말았다. 그래서 개자추를 기리기 위해 불을 사용하지 않고 찬 음식만을 먹는 한식이 시작되었다는 것이다.

6) 한식에 불을 금하는 것은 개자추를 추모하기 위한 것이 아니다.

『지봉유설(芝峰類說)』時令部 歲時條에 小說에 말하기를, 龍星은 木의 위치이고 봄은 東方에 속한다. 그런데 心星은 蒼龍, 즉 東方七宿의 하나로서 大火星이라고도 한다. 그러므로 봄철에 불이 盛하는 것을 두려워하여 불을 금한다. 그런 까닭에 寒食날에는 龍忌라는 禁忌가 있어서 불을 금하는 것이고, 개자추가 불타죽은 것을 애도하기 위하여 하는 일은 아니라고 하였으니, 이 말이 옳은 것 같기도 하다.

2. 옛날 기록

1) 한식 절사(寒食節祀)『東國歲時記』寒食條

【원문】都俗 上墓潦奠 用正朝寒食端午秋夕四名節 以酒果脯醯餠麵曬炙之羞 祭之曰節祀

【해설】우리나라 도시 풍속에 조상의 산소에 가서 묘사를 지내는 행사는 설날·한식·단오·추석의 네 명절에 한다. 조상의 묘전에 술·과일·포·식혜·떡·국수·탕·적 등의 제물을 차려놓고 제사를 지낸다. 이것을 "절사(節祀)"라고 한다.

【원문】今之與正朝端午秋夕爲四節祀卽東俗也 朝家則幷冬至 爲五節享 農家以是日 下田圃種子

【해설】오늘날 우리나라에서는 설날·단오·추석·한식을 합해 네 개의 절사로 되었다. 그후 우리나라 조정에서는 여기에다 "冬至"를 더해서 "다섯 節祀"가 되었다. 농가에서는 이날부터 채마밭에 씨를 뿌리기 시작한다.

2) ≪節祀와 墓祭의 구분(『喪祭禮抄』)≫

○ 節祀는 無祝 單獻에 獻以時食하며 설날·단오·추석·한식에 行祭한다.
○ 墓祭는 三月上旬擇日하여 齋戒一日에 三獻 告祝하며 모든 節次가 如家祭之儀하고 遂祭土地한다.(『喪祭禮抄』)

3) 寒食節祀의 由來 『東國歲時記』 寒食條

【원문】按唐鄭正則祠享儀云 古者 無墓祭之文 孔子許望墓 以時祭祀 墓祭 蓋出於此 又按唐開元 勅許寒食上墓 五代後周 寒食野祭 而焚紙錢 寒食墓祭 自唐而始也

【해설】중국 당나라 때의 학자인 鄭正則은 사향의 『祠享儀』에서 말하기를, "옛날에는 산소에서 지내는 제사에 관한 기록이 없었는데 공자가 묘를 바라보며 때에 따라서는 제사를 지내는 것도 무방하다고 했으므로 대체로 墓祭라는 것이 여기에서부터 생긴 것이다."라고 했다. 또 唐나라 玄宗 開元 년간에 칙명으로 한식날 산소에 제사 지내는 것을 허락하였다. 그러나 그전 五代 때 後周에서는 한식에 길가나 들에서 잡신에게 지내던 야제(野祭)에서는 단지 종이돈을 불살랐을 뿐이다. 그러므로 한식날 묘제를 지내는 것은 당나라 때부터 시작된 것이다.

4) 俗節 『高麗史』 卷84, 志38, 刑法 名例

○ 寒食(俗節)

元正·上元·寒食·上巳·端午·重九·冬至·八關·秋夕

5) 寒食祭祀 『高麗史』 卷10, 世家 10, 宣宗 2年, 3月 丙申日

【원문】三月 丙申 王欲詣文考返魂堂 行寒食兼上巳祭 有司以無哭位難之 王曰 禮當從宜遂滅法從而往

【해설】3월 병신일에 자기 아버지인 문종의 반혼당(返魂堂)에 가서 寒食祭祀와 아울러 上巳祭를 거행하려고 하니, 해당 관청에서 왕이 서서 울 자리가 없다는 이유로 이 행사를 난처하게 여겼다. 왕이 말하기를 "예는 마땅히 적당함을 따라야 한다."고 하면서 드디어 간편한 차림으로 반혼당에 갔다.

3. 詩文(시문)

1) 도중한식(途中寒食) (五言唐音)(宋之問)

馬上逢寒食　말위에서 한식을 맞으니
途中屬暮春　나그네 가는 길에 봄이 저물어가네.
可憐江浦望　아쉬워라 포구에서 바라보니
不見洛橋人　낙교의 고향사람 보이지 않네.

2) 소군원(昭君怨) 『五言唐音』(王昭君 詩)

漢道 方全盛이요	한나라 서울은 번성하여 있고,
朝廷 足武臣인데	조정에는 무장들이 풍족하게 있는데
何須 薄命妾으로	어찌하여 박명한 첩으로 하여금
辛苦 事和親고	슬프고 괴로운 오랑캐와 화친하는 일을 하려고 하는고.
掩淚 辭丹鳳이요	눈물을 가리고서 단봉을 하직하고,
含悲 向白龍이라	슬픔을 머금고서 백용구로 나아가니,
禪于 浪驚喜하나	선우는 놀랍고도 한없이 좋아하지만,
無復 舊時容을	다시는 옛 시절의 모습으로 돌아오지 않을 것일세.
胡地에 無花草하니	오랑캐 땅에 화초가 없으니
春來에 不似春이라	봄이 와도 봄 같지 아니하네.
自然 衣帶緩하니	저절로 옷이 헐렁해지는데,
非是 爲腰身을	이는 몸매를 관리함이 아니랍니다.

3) 《중국의 시성 이태백(李太白)의 詩》

(왕소군을 한탄하며 아래와 같은 시를 남겼다.)

昭君拂玉鞍(소군불옥안) 소군이 구슬안장 추어올려

上馬涕紅頰(상마체홍협) 말에 오르니 붉은 뺨에는 눈물이 흐르네.

今日漢宮人(금일한궁인) 오늘은 한나라 궁궐의 사람인데,

明朝胡地妾(명조호지첩) 내일 아침에는 오랑캐 땅의 첩이로구나.

4) 禮記月令 三月 『禮記』 月令 第六

【원문】季春之月 日在胃 桐始華 田鼠化爲鴽 虹始見 萍始生 天子居靑陽右个 是月也 生氣方盛 陽氣發泄 句者畢出 萌者盡達

季春(三月)의 달에는 辰이 胃星 있다. 오동나무에 비로소 꽃이 피고, 들쥐가 변하여 종달새가 되며, 무지개가 비로소 나타난다. 그리고 마름(浮萍)이 비로소 생긴다. 천자는 명당의 동쪽 남실에 거처한다. 이달(三月)에는 생기가 사방에 성대하고, 양기 또한 발동하여 넘치므로 초목의 싹이 모두 번성한다.

5) 삼월(三月) 月餘農歌, (『農家十二月俗詩』) [嘯堂金逈洙譯著]

時維季春爲嘉月　때는 바로 계춘이라 가월이라 불러오니,
淸明穀雨是二節　청명 곡우 두 절기가 이달에 들어 있다.
六候桐華萍又生　육후의 현상으로 오동 부평초 피어나고,
虹光始見鳩羽拂　무지개 처음 서고 비둘기 깃을 턴다.
田鼠化鴛鴽降桑　족제비 가고 메추리 오고 뽕나무엔 비둘기
品物和樂人勞碌　만물이 화창하고 사람들은 바빠진다. -후략-

6) 西江寒食 (『秋江先生文集』(南孝溫) 卷3 詩)

天陰籬外夕寒生　날이 어두워지니 울타리 밖에서 저녁 한기가 몰려오고
寒食東風野水明　한식날 동풍이 부니 들판과 강이 뚜렷하네.
無限滿船商客語　경계 없이 가득한 배에선 장사꾼들 얘기 소리 들리니
柳花時節故鄕情　버들꽃 피는 시절 고향 생각이 새롭네.

7) 寒食雨晴 始出金溪在豊山道中 馬上口占[『西厓先生別集』(柳成龍) 卷1 詩]

(한식에 비가 개어 비로소 金溪로 나갔다가 豊山으로 가는 도중에 말위에서 읊다.)

雨後寒風動客衣　비 뒤의 찬바람이 나그네의 옷자락 날리는데,
水村山郭散朝暉　물가 마을 산동네는 모두 아침햇살 퍼지네.
江中亂鴨眞乘勢　강 속의 어지러운 오리는 참으로 기세 높은데,
天際頑雲未解圍　하늘 끝 두터운 구름 아직도 엉기었네.
世事百廻今日是　세상일은 백 번 돌아도 항상 오늘이고,
山河一望昔人非　산하는 보는 그대로나 사람은 옛사람 아니네.
閒愁欲說知誰是　한가한 시름 말한다 해도 그 누가 알겠는가,
信馬春郊獨自歸　봄 들녘 말 가는 데로 맡기고 나 홀로 돌아가네.

8) 寒食(『三峰集』卷2 七言絶句 寒食)

寒食淸明客路中　나그네가 길가에서 한식과 청명을 보내니,
一番煙雨一番風　한 번은 빗속에서 한 번은 바람 속에서 맞았네.

故園芳草應初綠　　옛 동산의 싱그러운 봄풀은 응당 한창 푸를텐데,
萬里人廻遼海東　　만리 밖의 사람은 요동에서 방황하네.

9) 杜甫의 清明詩

清明時節雨紛紛　　청명시절에 비가 분분하니
路上行人欲斷魂　　길 가는 행인의 애를 끊게 하는구나.
借問酒家何處在　　술집이 어디냐고 물으니
牧童遙指杏花村　　목동은 행화촌을 가르쳐 주더라.

10) 寒食[申欽(1566-1628)의 時調]

寒食 비 온 밤에 봄빗치 다퍼졌다
無情한 花柳도 때를아라 피엿거든
엇더타 우리님은 가고아니 오난고.

11) 寒食享禮 『梅泉野錄』

　지금부터 宗廟 社稷과 殿宮에서 지내는 寒食享禮를 清明日로 바꿀 것을 定式으로 삼으라는 조서를 내렸다. 한식절은 介子推에서 비롯되었으니 임금이 의당 행해야 할 禮는 아니라는 이유에서이다.(詔自今廟社 殿宮寒食享禮 改用清明日 爲定式 以寒食節始于介子推 非人君當行之禮也)

4. 신문, 잡지

　한식(寒食)의 유래 [중앙일보] (2011. 4. 6)에
『古今通義』에 우리 선조들은 한식(寒食)을 설날·단오·추석과 함께 사절일(四節日)로 중시했다. 신라인 최치원의 『계원필경(桂苑筆耕)』에는 전사한 장사(將士)들을 한식 때 위로하는 제문(祭文)이 남아 있어 유래가 오래되었음을 알 수 있다.
　'청명에 죽으나 한식에 죽으나 마찬가지'라는 속담은 동지(冬至) 후 105일째가 한식(寒食)이고, 106일째가 청명(清明)이기에 나왔는데… 어떤 해는 청명이 하루 먼저 오기도 하니 별 차이가 없다는 뜻이다.
　한식은 불을 금하는 금화일(禁火日)로서 찬밥을 먹는데 여러 고사가 있다.
　『사기(史記)』 진세가(晉世家)에는 진문공(晉文公)과 19년간 망명생활의 고초를 겪

은 개자추가 문공 즉위 후 소외되자 면산(綿山)으로 들어갔다고 전한다. 뒤늦게 문공이 나오게 하려고 산에 불을 질렀지만 거부하고 타죽었기 때문에 이날에는 화식(火食)을 하지 않는다고 한다.

진(晉)의 육화(陸翽)가 편찬한 『업중기(鄴中記)에는 "병주(幷州) 풍속에 불에 타죽은 개자추를 애도해 3일 동안 불 때기를 금한다."고 적고 있고, 국가에서 계절에 맞춰 새 불씨를 내려주기 전까지 불을 금하는 개화(改化) 때문이란 설도 있다.

『주례(周禮)』에 '사철마다 나라의 불[國火]을 바꿔서 계절 질병[時疾]을 구제한다.' 는 데서 나온 말이다. 불씨를 오래 쓰면 양기(陽氣)가 강해져 전염병[厲疾]이 돌기 때문에 주(周)나라 때는 계절마다 나라에서 바꾸어 주었다. 새 불씨를 받기 전까지 불을 금지했다는 것이다. 이때 나무를 문질러 불을 일으키는 것을 찬수(鑽燧)라고 하는데, 그 철의 방위 색에 맞는 나무로 불을 일으켰다. 예컨대 겨울의 방위색은 검은색이다.

○『태종실록』 6년 3월 24일자는 '푸른 느릅(楡)·버드나무(柳)는 봄에 사용하고, 붉은 살구(杏)·대추나무(棗)는 여름에 사용하고, 한여름에는 황색의 뽕(桑)·산뽕(柘)나무를 사용하고, 가을에는 흰 조롱(柞)·줄참(楢)나무를 사용하고, 겨울에는 검은 회화(槐)·박달(檀)나무를 사용했다.'고 전하고 있다.

○『형초세시기(荊楚歲時記)』는 한식에는 바람이 급하기 때문에 3일 동안 불을 금하여 화재 방지의 목적도 있다고 전하는데, 세종도 재위 13년(1431) 이날 불이 났다는 보고를 듣고 앞으로는 아침에 저녁밥까지 짓고, 오후에는 불을 쓰지 말라고 명했다. 한식 성묘 때가 1년 중 가장 산불이 많다고 한다. 올해 한식 전후 성묘는 선조들처럼 불을 사용하지 말아야 하겠다.

1. 왕소군(王昭君) 이야기

○왕소군(王昭君, 기원전 1세기)은 흉노의 호한야선우(呼韓邪禪于), 복주누약제선우(復株累若鞮禪于)의 연지(선우의 처)로, 본래 한나라 원제의 궁녀였다. 이름은 장(嬙, 출전은 한서)이다. 성을 왕, 자를 소군이라고 하여 보통 왕소군이라고 불리며 후일 사마소(司馬昭)의 휘(諱)를 피하여 명비(明妃), 왕명군(王明君) 등으로도 일컬어졌다. 형주 남군(현재의 호북성 사시) 출신으로 양귀비, 서시, 초선과 함께 고대 중국 사대 미인의 한 사람에 손꼽힌다.

○전한의 원제 시대, 흉노의 호한야선우가 한나라의 여성을 "연지"로 달라고 해, 왕소군이 선택되어 그의 장남을 낳았다.(당시의 상황으로 보아 변방의 세력을 달

래기 위해 보냈다는 설도 있다) 이후 호한야선우가 사망하자, 당시 흉노의 관습대로 아들 복주누약제선우의 처가 되어 둘째 딸을 낳았다.

○ 한족은 부친의 처첩을 아들이 물려받는 것을 꺼려하여, 이것이 왕소군의 비극으로 민간에 전승되었다. 황량한 초원지대가 대부분이었던 흉노의 땅에서 다시는 돌아갈 수 없는 고향땅을 그리며 느꼈을 왕소군의 감정을 "당의 시인 동방규"는 "소군원"이라는 시에서 노래한다. 그 시구 중에 "봄은 왔으나 봄 같지 않구나(春來不似春)."라는 구절은 흉노 땅의 봄을 맞이했음에도 고향 땅의 봄 같지 않아 더욱 사무치게 고향이 그립다는 그녀의 애절한 심정이 잘 나타나 있다. 지금도 이 시구인 춘래불사춘(春來不似春)은 그리움의 인용구로 널리 쓰이고 있다.

○ 이후 72세가 되던 해에 병으로 죽어 흉노의 땅에 묻혔는데, 겨울이 되어 흉노의 땅에 모든 풀이 시들어도 왕소군의 무덤 풀만은 사시사철 푸르렀다 하여 사람들은 그 무덤을 일컬어 청총(靑塚), 혹은 소군묘(昭君墓)라고 불렀다.

2. 연지(閼于의 妻)로 선발된 경위

『서경잡기』에 따르면, 원제는 흉노에게 보내는 여성으로 후궁 중 가장 추한 여성으로 선택하기 위해 초상화에 그려진 가장 보기 흉한 여성을 선택한 것이다. 초상화를 그리던 장인에게 뇌물을 주지 않았던 왕소군은 가장 보기 흉하게 그려져 있었기 때문에 왕소군이 선택된 것이다. 황제에게 이별을 알리기 위해 마련된 자리에서 원제는 왕소군의 아름다움에 정신을 빼앗겼지만 어쩔 수 없이 보내고 말았고, 격노한 원제는 화상의 목을 쳤다고 한다. 그 후 호한야선우가 죽고, 흉노의 관습대로 복주누약제선우의 처가 되었다. 이러한 이야기는 후한 시대의 『서경잡기(西京雜記)』에 실렸던 것이 진나라 때 『왕명군사(王明君辭)』, 원의 마치원의 잡극 『한궁추(漢宮秋)』 등으로 작품화 되었다.

3. 王昭君을 소개한 記錄

○ 당나라 백거이, 왕소군이수(王昭君二首)

○ 왕안석의 명비곡(明妃曲)

○ 두보의 영회고적(詠懷古蹟 : 明妃村)

○ 조우(曹禺)의 극본 왕소군(王昭君) 등

삼짇날(三辰日)【二十四節氣와 俗節】

○ 삼월삼짇날이란 이때부터 꽃이 피고 새 풀이 자라기 시작한다는 뜻이다.

○ 삼짇날은 俗節인데, 이를 답청절(踏靑節), 전춘일(餞春日)이라고도 한다.

○ 음력 3월 3일을 가리키는 말로, 고려시대에는 9대 속절의 하나였다.

○ 陽數인 3이 겹쳤다고 하여 吉日로 여겼다.

○『한식절사』를 이날 올리기도 한다.

○ 삼월삼짇날이라고도 하며, 한자어로는 上巳日, 元巳일, 重三일, 또는 上除일, 踏靑節, 계음일(禊飮日)이라고도 한다.

○ 이날은 9월 9일에 강남 갔던 제비가 옛집을 찾아와서 집을 짓고 새끼를 치기 시작하고, 산과 들에는 온갖 백화가 만발하기 시작한다.

○ 또 이날 들판에 나가 꽃놀이를 하는데, 이를 "화류놀이" 또는 "화전놀이"라 하며, 새 풀을 밟으며 봄을 즐긴다고 하여 "踏靑節"이라고도 한다.

○ 전춘일(餞春日)은 봄을 보내는 마지막 날이라는 뜻이며, 음력 3월 그믐날에 봄이 가는 것을 서운하게 여겨 술과 음식을 차려 놓고 즐겁게 노는 날이다.

○ 삼짇날에는 전국 각지에서 한량들이 모여 편을 짜서 활 쏘기 대회(弓術會)도 한다.

○ 이때를 전후하여 각 마을에서는 경로회를 베풀어 노인을 모시고 음식을 대접한다.

1. 풍속, 이칭, 속담, 행사, 놀이, 음식

1) 음식

○ 화전(花煎) : 진달래꽃을 따다가 찹쌀가루에 반죽을 하여 참기름을 발라 가면서 둥글게 지져 먹으니, 이를 '화전'이라 한다.(採杜鵑花 拌糯米粉 作圓糕 以香油 煮之 名曰花煎 ;『東國歲時記』三日條)

○ 화면(花麵) : 녹두가루를 반죽하여 익혀서 가늘게 썰어 오미자(五味子) 물에 넣고 또 꿀을 타고 잣을 넣어 먹으니, 이를 '화면'이라고 한다.

○ 수면(水麵) : 진달래꽃을 따다가 녹두가루와 반죽하여 만들기도 하며, 붉은색으로 물을 들이기도 하며 꿀물로 만들기도 하는데, 이를 '수면'이라 한다.

○ 쑥떡 : 부드러운 쑥잎을 따서 찹쌀가루에 쪄서 먹으니, 이를 '쑥떡'이라 한다. 『송사(宋史)』에 고려에는 上巳日에 쑥떡을 제일 맛있는 음식으로 친다고 하며, 동월(董越)의 『朝鮮賦』에 3월 3일에는 쑥잎을 따서 찹쌀가루를 섞어 쪄서 떡을

만드는데, 이것을 '쑥떡'이라 하며 '중국에는 없는 것'이라 하였다.

○ 이외에도 '고리떡', '꼼장떡' 등이 있다.

○ 봄철에 마시는 술에는 소면주(小麵酒), 두견주(杜鵑酒), 송순주(松荀酒), 과하주(過夏酒), 감홍로(甘紅露), 벽향주(碧香酒), 이강주(梨薑酒), 죽력고(竹瀝膏), 계당주(桂當酒), 노산춘(魯山春), 서향로(瑞香露), 사마주(四馬酒) 등이 있다.

2) 3月 삼짇날 묘제(親未盡墓祭)

『洌陽歲時記』3日 條에

【원문】 國俗重忌祭 不重時祭 未免夷陋 至本朝中葉 儒賢輩出 士大夫多好禮者 始以時祭爲重 而大抵貧儉 鮮能行四時祭 止行於春秋二時 而春用重三 秋用重九者 爲多

【해설】 우리나라 풍속에 기제사는 중하게 여겨도 시제는 그다지 중하게 여기지 않는다. 이것은 오랑캐의 습속에서 벗어나지 못한 악습이다. 그러나 조선 중기에 이르러 어진 선비가 많이 나오고, 또 사대부 중에 예절을 숭상하는 자가 많아져 비로소 시제를 중요시하게 되었다. 하지만 백성들은 대체로 가난하여 네 계절에 빠짐없이 시제를 지내는 이는 드물고 대개가 봄의 삼짇날과 가을의 중양절에만 지내는 사람이 많다.(『家禮儀節』墓祭條에도 같은 내용의 '笏記'가 있다.)

3) 속담(俗談)

○ 삼짇날 흰 나비를 보면 그해에 상복을 입게 된다.

○ 삼짇날 장을 담그면 장맛이 좋고, 약물을 마시면 연중 무병한다.

4) 三月의 異稱(삼월을 달리 부르는 말)

季春, 晚春, 暮春, 嘉月, 桃月, 芳辰, 韶華, 艷陽, 潛月, 載陽, 殿春, 辰月, 春花, 花月 등이며, 지금도 시문을 짓거나 책을 낼 때 서문, 발문, 후기 등에 많이 사용하고 있다.

2. 문헌기록과 시문

1) 三三日, 姜栢年, 『雪峰遺稿』卷8 詩

復見踏靑節   다시 답청절이 된 것을 보고

獨登寒碧樓　혼자 한벽루(寒碧樓)에 올랐네.
庭梅纔半柝　뜰에 매화 이제 겨우 반쯤 피었고
岸芷欲新抽　언덕의 백지(白芷)는 새싹이 돋아나려 하네.
對酒豈能飲　술을 대한들 어찌 능히 마실 수 있으며
吟詩誰更酬　시를 읊조린들 누구와 다시 수창하리.
愁邊有江水　근심 주변에 흐르는 강물이 있어
歸思共悠悠　돌아오며 생각했네. 모든 것은 흘러가는 것이라고.

2) 秋齋集(歲時記) 趙秀三(1762-1849)

三月三日 國家試士 人家 以五色線團結 作蓬라形 掛戶 以迎燕 作踏靑

나라에서 과거(節日製)를 시행하여 선비를 뽑는다. 민가에서는 오색실을 둥글게 엮어 봉라 모양으로 만들어 문 위에 걸어두고 제비를 맞이한다. 답청놀이를 한다.

3) 煮花會(화전놀이) (崔永年, 1856~1935) 『海東竹枝』 名節風俗』

三日 煎花餻于茶禮 且於園林之間 煎花餻以爲賞春之遊 名之曰 "화전노리"

嬋姸天氣感韶華　곱고 따스한 날씨에 봄빛을 느껴
金色垂楊萬縷斜　금빛 수양버들 수만 가지 드리웠네.
處處煮紅春味好　곳곳에서 꽃전을 지지니 봄맛 좋고
滿山開放杜鵑花　온 산 가득 두견화가 활짝 피었네.

4) 稱餻春日(3월 3일) 『歲時風謠』 柳晩恭(1793-1869)

登山臨水送歸春　산에 오르고 물가에 가서 가는 봄 전송하니
乘綠殘紅正惱人　푸른 잎 남긴 채 떨어지는 붉은 꽃이 애달파 하네.
留駐東君惟有計　동군을 머물러 두게 할 유일한 계책 있으니
頻年願得閏三旬　윤달 삼십일이 자주 들기를 바라는 것이네.

5) 田家四時(『東文選』 卷9, 田家四時)

草箔遊魚躍　풀밭 아래 고기들 뛰놀고
楊堤候鳥翔　버들 둑에 철새가 날아오네.
耕皐菖葉秀　봄갈이하는 밭둑엔 창포 잎이 우거지고

餉畝蕨芽香　점심 먹는 이랑에 고사리 순이 향기 나네.
喚雨鳩飛屋　비 오라고 비둘기는 지붕 위에서 날고
含泥鷰入樑　진흙 묻은 제비는 들보에 들어오네.
晚來茅舍下　저녁이 되어 초가집 방안에 베개를 높이 베니
高臥等義皇　먼 옛날 사람인 듯하네.

3. 옛날 기록

1) 賞春曲 [丁克仁, 國語國文學會, 『歌辭選』(國學叢書 第3卷)]

홍진(紅塵)에 뭇친 분네 이내 생애(生涯) 엇더한고
녯사람 풍류(風流)를 미출가 못미출가.

천지간(天地間) 男子몸이 날 만한 이 하건 마난
산림(山林)에 뭇쳐이셔 지락(至樂)을 마랄것가.

수간모옥(數間茅屋)을 벽계수(碧溪水) 앒픠두고
송죽울울리(松竹鬱鬱裏)에 풍월주인(風月主人) 되어셔라.

엊그제 겨울지나 새봄이 도라오니
도화행화(桃花杏花)난 석양리(夕陽裏)에 퓌여잇고

녹양(綠楊) 방초(芳草)난 세우중(細雨中)에 푸르도다.
칼로 몰아낸가 붓으로 그려낸가
조화(造花) 신공(神功)이 물물(物物)마다 헌사롭다.

수풀에 우난 새난 춘기(春氣)를 못내계워
소리마다 교태로다.
물아일체(物我一體)어니 흥(興)이에 다를소냐.

시비(柴扉)에 거러보고 정자(亭子)에 안자보니
소요(逍遙) 음영(吟詠)하야 山日이 적적(寂寂)한뒤
閑中 眞味를 알니업시 호재로다.

이바 니웃드라 산수구경(山水求景) 가쟈스라
답청(踏靑)으란 오날하고 욕기(浴沂)란 來日하세.

아참에 채산하고 나조히 작수하세.

갓괴여 닉은술을 葛巾으로 밧타노코
곳나모 가지것거 수노코 먹으리라.

화풍(和風)이 건닷부러 녹수(錄水)를 건너오니
청향(淸香)은 잔에지고 낙홍(落紅)은 옷새진다.

준중(樽中)이 뷔엿거단 날다려 알외여라
소동(小童) 아해다려 주가(酒家)에 술을 믈어
얼운은 막대집고 아해난 술을메고
미음(微吟) 완보(緩步)하야 시내가의 호자안자.

명사(明沙) 조흔물에 잔시어 부어들고
청류(淸流)를 굽어보니 떠오나니 도화(桃花)로다.
무릉(武陵)이 가깝도다 저 뫼이 귄 것이고.

송간(松間) 세로(細路)에 두견화(杜鵑花)를 부치들고
봉두(峯頭)에 급히 올라 구름소긔 안자보니
천촌(千村) 만락(萬落)이 곳곳이 버러 잇늬.

연하(煙霞) 일휘(日輝)는 금수(錦繡)를 재펏난 듯
엇그제 검은 들이 봄빛도 유여(有餘)할샤.

공명도 날꾀우고 부귀도 날꾀우니
청풍명월(淸風明月) 外에 엇던벗이 잇사올고
필료(筆瓢) 누항(陋巷)에 훗튼 헤음 아니하네.
아모타 백녀행락(百年行樂)이 이만한들 엇지하리.(丁克仁,『不憂軒集』)

2) 上巳祭(大祀)『高麗史』卷61, 志15, 禮 吉禮 大祀 諸陵 辛昌

   【원문】元年三月壬午 重房 祭太祖眞殿 舊制 三月三日祭之歲以爲常
   【해설】원년 삼월 임오일에 중방(重房)에서 太祖眞殿에 제사 지냈다. 舊制에
   삼월 삼일에 제사를 지냈으므로 해마다 常例로 삼았다.

3)『荊楚歲時記』三月 三日

   【원문】三月三日 四民並出江渚池沼間 臨淸流爲流 觴曲水之飮

【해설】3월 3일, 사람들은 강이나 연못에 가서 맑은 물을 임하여 曲水에 잔을 띄워놓고 술을 마신다.

*『荊楚歲時記』: 荊楚 지방은 중국 양자강 유역 중류 지방에 위치하는데, 『형초세시기』는 梁나라 宗懍이 6세기에 지은 『荊楚記』에다가 隋나라의 杜公瞻이 7세기 초 增補 加注한 것으로 알려져 있다. 현존하는 중국세시기 중에서 가장 오래된 것이다.

4) 無等山 山神祭(『高麗史』 卷63, 志17, 禮 吉禮 雜祀)

【원문】元宗 14年 討三別抄于耽羅也 無等山神 有陰助之驗 命春秋致祭

【해설】원종 14년에, 삼별초를 탐라에서 토벌함에 무등산 산신이 음조한 징험이 있었다고 하여 명하여 봄, 가을로 치제하게 하였다.

4. 신문, 잡지

1) 三月三日(『東亞日報』 1921年 4月 10日)

"제비도 나러들고 약물도 먹기 시작"

요사이는 일기도 차차 따뜻하야 오고 수선스럽게 매일 불든 바람도 꼿의우슴을 도웁느라고 날로 더운 공기를 보내이여 개나리의 봉우리는 벌서 양디를 향하고 우슴을 띠는 가지가 만히 잇다. 봄의 절기가 차차 날이 가는데에 따라서 다 지내가고 오날은 봄중에도 제일 중간되는 구력 삼월삼일을 당하야 고목 속에서 긴 겨울을 깁흔 잠 속에서 보내이든 제비는 오날을 비롯하야 세상에 가비야운 몸을 날니어 넷 집을 차저올 것이오 약물을 먹기 시작하는 것도 오날이라 한다.

곡우(穀雨)【二十四節氣와 俗節】

○곡우는 3월의 仲氣이며, 청명은 3월의 節氣이다.
○곡우는 24절기의 여섯 번째 節氣이며,
○곡우는 청명과 입하 사이에 든다.
○곡우는 양력 4월 20일 무렵에 해당된다.
○곡우는 태양의 황경이 30°를 지날 때이고,
○곡우는 동지로부터 119일째이다.
○太歲는 丙申이고, 月建은 壬辰이며, 日辰은 壬申이다.
○卦는 震六三이다.

≪절입시각≫ 양력 4월 20일 0시 29분(初子時)이다. [2016년]
　일출(日出) = 오전 5시 51분[주(晝) = 13시간 21분]
　일입(日入) = 오후 7시 12분[야(夜) = 10시간 39분]

≪곡우의 뜻과 유래≫
　○곡우의 의미는 봄비가 내려 백곡을 기름지게 한다는 뜻이다. 그래서 곡우에 모
　든 곡물들이 잠을 깬다고 한다.
　○곡우 무렵이면 못자리를 마련하는 것부터 시작해서 본격적으로 농사철이 시작
　된다.

≪곡우·기후≫ 宣明曆『高麗史』卷50, 志4, 曆 宣明曆 上

【기후】곡우는 3월 중기이다. 괘는 진63이다(穀雨三月中 震六三).
　　　　初候에 부평초가 나기 시작한다(萍始生).
　　　　次候에 우는 비둘기 나래를 치기 시작한다(鳴鳩拂其羽).
　　　　末候에 대승새가 뽕나무에 내려와 앉는다(戴勝降于桑).
【원문】穀雨 三月中 震六三 萍始生 鳴鳩拂其羽 戴勝降于桑

1. 풍속, 이칭, 속담, 행사, 놀이

　1) 俗談과 俗說
　○곡우에 모든 곡물이 잠을 깬다.

○ 곡우에 가물면 땅이 석 자가 마른다.

○ 곡우에 가장 중요한 볍씨를 담근다.

○ 곡우에는 못자리를 해야 한다.

○ 곡우에 비가 오면 풍년이 든다.

○ 곡우가 넘어야 조기가 운다.

○ 부부가 잠자리를 하면 토신이 질투하여 쭉정이 농사를 짓게 만든다.

○ 이날 부정한 것을 보지 않고 대문에 들어가기 전에 불을 놓아 잡귀를 몰아낸 다음에 들어간다.

2) 地方 風俗

○ 곡우사리 : 지금도 임진강 징파 나루(현재 공사장 아래 지점)에서는 '가리(알쓸기)'하러 온 숭어(일명-누치)잡이를 곡우 전후 3일간 신나게 한다. 이를 '곡우사리'라고 한다.(곡우 전3 후3일이 지나면 사라진다.)

○ 곡우물 마시기 : 곡우 무렵에 나무에 상처를 내어 받은 수액을 마신다. 곡우물은 자작나무나 박달나무 수액으로 '겨자수'라고도 하는데, 위장병이나 신경통에 효험이 있다고 한다.

○ 경기도 김포에서는 곡우 때 나물을 장만하여 먹으면 좋다고 하는데, 곡우가 지나면 나물이 뻣뻣해지기 때문이다.

우물가(김홍도 풍속도 화첩)
출처 : 국립중앙박물관

○ 경북 구미 지방에서는 곡우날 목화씨를 뿌리며, 파종하는 종자의 명이 질기라고 찰밥을 해서 먹는다.

○ 경남 남해 지방에서는 이날 바람이 불고 비가 오면 그해 시절이 좋지 않다고 한다.

○ 인천 옹진 지방에서는 이날 비가 오면 샘구멍이 막힌다 하여 이 해에 가뭄이 든다고 한다.

○ 경기 포천 지방에서는 곡우에 비가 많이 오면 그해 농사에 좋고, 비가 적게 오면 가뭄이 들어 흉년이 든다고 한다.

○ 전북 순창 지방에서는 곡우에 비가 오면 농사에 좋지 않다고 여긴다.

3) 行事(삼월 중에 시행하는 행사)

○ 崇善殿祭禮 : 가락국 수로왕과 허씨 왕후에게 올리는 제사(15日 行祀)

○ 九里葛梅洞 都堂굿(구리 갈매동 도당굿) : 경기도 구리시 갈매동에서 전승되는 마을굿이다. 3월 초순에 행하는 굿으로 속칭 '갈매울'이라고도 하는 이 마을에 전승되는 굿을 말한다.(『韓國歲時風俗辭典』)

○ 國師神堂祭(국사신당제) : 충북 괴산에서 3월 초에 장압산 큰나무에서 '국사신부부'를 맞이하여 제사하던 풍속이다. 지금도 전승되고 있다.(『東國歲時記』)

2. 옛날 기록

○ 穀雨·氣候(『高麗史』 卷6, 世家6, 靖宗 11年 3月 丙子日)

【원문】丙子 以穀雨節降霜 錄囚

【해설】병자일이 곡우절인데, 서리가 내렸으므로 죄인을 심문하였다.

○ 쑥떡(『宋史』 卷31, 列傳 246 高麗)

【원문】以靑艾染餠爲盤羞之冠

【해설】푸른 쑥으로 물들인 떡을 음식상의 으뜸으로 삼는다.

○ 金邁淳(1776-1840), 『冽陽歲時記』(원문 생략)

강 물고기 중 맛이 있는 것에 공지(貢指)라는 물고기가 있다. 큰 것은 한자나 되는데, 비늘이 잘고 살이 두터워서 회를 쳐서 먹어도 좋고 국을 끓여서 먹어도 좋다. 이 물고기는 매년 3월 초에 한강을 동쪽으로 거슬러 올라와 미음(美陰)까지 가서 멈춘다. 이런 현상은 곡우 때와 삼짇날을 전후하여 가장 성하다가 이때가 지나면 없어진다. 강가에 사는 사람은 이것으로 철의 이르고 늦음을 점친다. 농암(農岩) 김창협의 시에 "물고기가 곡우를 맞이하느라 비늘을 번쩍이며 강을 오르는구나"하는 구절이 바로 이것을 말하는 것이다. 어떤 사람은 공지라는 말을 곡지(穀至)로 잘못 발음한 것이고, 곡지는 곡우가 왔다는 뜻이라 한다.

3. 시문(詩文)

○ 穀雨 [蔡之洪(1683−1741), 『鳳巖集』 卷二 詩]

句萠沾霡霂　　어린 싹은 가랑비에 촉촉이 젖고
金膏溢郊畿　　금빛물결 교외에 넘치는구나.
魚隊磨唇日　　물고기는 주둥이를 삐죽이는 날
鳴鳩拂羽飛　　구구대는 비둘기 깃을 털며 나누나.

○ 穀雨課製 [金萬基(1633−1687), 『瑞石集』 卷2 詩]

四野輕陰合　　사방의 들에는 엷은 안개 드리고
林鳩款款鳴　　숲의 비둘기는 꾸욱꾸욱 울어대네.
葬微纔入望　　가랑비 오는 것 보일락 말락
霡霂不聞聲　　부슬부슬 소리 없이 내리네.
燕子泥仍濕　　제비가 지은 집은 습기가 여전하고
桃花色轉明　　복사꽃 빛깔이 점점 짙어간다.
薄田湖外在　　거친 밭이 호수밖에 있는데
忽復憶春耕　　문득 다시 봄밭갈이를 생각한다.

○ 穀雨憶汾江 [申晸(1628−1717), 『汾厓遺稿』 卷1 詩 石碣錄]

穀雨憶汾江　　곡우에 분강을 생각하며
十年猶著侍臣冠　　10년 동안 아직도 근신의 관을 쓰고서
未賦歸來鬢己殘　　「귀거래사」 읊지 않고 귀밑머리 세어졌네.
想得汾厓春水足　　생각해보니 분강 가에 봄철 강물 넘실대고
一番魚隊上前灘　　한 무리 고기잡이꾼 앞 여울에 올라오겠지.

4. 신문, 잡지

1) 꽃다림(내고장 風俗習慣)『동아일보』1927년 1월 27일

　(3, 4월 산으로 놀러가서 "꽃다림"놀이를 소개한 글)

◇ 내가 어렷슬 때라 하야도 지금부터 十五六年前까지의 일입니다.
◇ 그 때에는 따듯한 봄 34月이 되면 和暢한 날字를 밧어서 모다 山으로 놀나들

감니다.

◇ 兒孩들은 글방을 中心으로 하야 兒孩들 끼리 靑年들은 靑年들 끼리 婦人은 婦人들 끼리 다 各各 「구름」이 되야 나감니다.

◇ 지금은 의례히 두사람만 모혀도 會費를 거두지만은 그 때에 돈은 何等必要가 업슴니다.

◇ 다 各其自己의 마음에 맛는 대로 떡도 하고 술도 하고 채소도 작만하야 여러 집 음식을 한데 모아 노면 제집마다 特色잇는 음식을 장만하고 種類도 여러 가지가 됨니다.

◇ 그래서 어느 때에는 광대가튼 것도 부르지만은 대개가 四律을 짓거나 노래를 부르며 유쾌한 날을 山우에서 보냄니다.

◇ 그러다가 夕陽이 되면 다各各 해여저서 山에 널녀잇는 진달내을 꺽거 가지고 서는 모다 「꼿방망이」를 맨들어 들너메고는 列을 지어 돌아옴니다.

◇ 이것이 一年에 한번밧게 업는 『꼿다림』이라는 것인데 近年에는 生活이 모다 위축이 된 關係인지 이 愉快하고 滋味잇는 모임이 업서젓슴니다.

2) 오늘이 穀雨(『조선일보』 1966년 4월 30일)

(智異山 선 祭典 한창)

오늘(20일)은 穀雨 -百穀이 윤택해지는 봄비가 내린다는 날이다.

농촌에선 벌써 木花의 파종이 바쁘지만 예부터 내려오는 <穀雨祭>는 智異山 속에서 한창이다.

해마다 이때가 되면 천년도끼 맛을 못본 지리산 속의 [거재나무·黃檀木] 의 봄 물을 마셔 장수와 건강을 비는 마을의 페스티벌이 온 산을 덮는다.

【智異山에서 本社 鄭範泰記者 發】

입하(立夏) 【二十四節氣와 俗節】

○ 입하는 4월의 節氣이며, 小滿은 4월의 仲氣이다.
○ 입하는 24절기 중 일곱 번째 절기이다.
○ 입하는 穀雨와 小滿 사이에 들었다.
○ 입하는 太陽의 黃經이 45°도에 이르렀을 때이며,
○ 입하는 동지로부터 135일째이다.
○ 대표적인 俗節(기념일)로는 초파일(燈夕)이다.
○ 太歲는 丙申이고, 月建은 癸巳이며, 日辰은 丁亥이다.
○ 괘(卦)는 진(震) 구삼(九三)이다.

≪節入時刻≫ 양력 5월 5일 오전 10시 42분 (正巳時)이다. [2016년]
　　일출(日出) = 오전 5시 32분[주(晝) = 13시간 54분]
　　일입(日入) = 오후 7시 26분[야(夜) = 10시간 6분]

≪입하의 뜻과 유래≫
　○ 입하는 여름이 시작되었음을 알리는 절기이다.
　○ 입하는 보리가 익을 무렵의 서늘한 날씨라는 뜻으로 '麥凉', '麥秋'라고도 하고,
　○ 초여름이란 뜻으로 孟夏, 初夏, 槐夏, 維夏라고도 부른다.

≪기후≫ 立夏(宣明曆)『高麗史』卷50, 志4, 曆 宣明曆 上
【氣候】初候에 청머구리가 울기 시작한다(螻蟈鳴).
　　　　次候에 지렁이가 나온다(蚯蚓出).
　　　　末候에 쥐참외가 나온다(王瓜生).

≪四月節 氣候(授時曆)≫『高麗史』卷 第51, 志 第5, 曆2 授時曆經 上
【원문】立夏四月節 小滿四月中 螻蟈鳴 蚯蚓出 王瓜生 苦菜秀 靡草死 麥秋至
【해설】입하는 사월의 절기이며, 소만은 사월의 중기이다. 청개구리가 울며 지렁이가 나온다. 쥐참외가 나오고 씀바귀가 길게 올라온다. 미초는 말라서 사라지고 보리가을 때가 된다.

≪禮記月令 四月令≫『禮記』月令 第六
【원문】孟夏之月 日在畢 螻蟈鳴 蚯蚓出 王瓜生 苦菜秀 天子居明堂左个 是月也 繼長增高 是月也 驅獸毋害五穀 毋大田獵 農乃登麥

【번역】맹하(四月)의 달에는 辰이 畢星에 있다. 개구리와 땅강아지가 울고 지렁이가 나오며, 쥐참외가 자라고 고채가 더욱 자란다. 천자는 명당의 남방 동쪽 곁방에 거처한다. 이달에 생물이 성장하여 높게 자란다. 이달에 전답을 망치며 곡식을 먹는 짐승을 몰아 사냥함으로써 오곡의 발육이 순조롭도록 한다. 그러나 크게 사냥하여 짐승의 발육을 방해해서는 안된다. 그리고 농부는 일찍 여문 햇보리를 수확하여 진헌한다.

≪高麗史·氣候≫『高麗史』卷51, 志5, 曆2 授時曆經 上
【원문】立夏四月節 小滿四月中 螻蟈鳴 蚯蚓出 王瓜生 苦菜秀 靡草死 麥秋至
【번역】입하는 4월의 절기이고, 소만은 4월의 중기이다. 청개구리가 울며 지렁이가 나온다. 쥐참외가 나오고 씀바귀가 길게 올라온다. 미초는 말라죽고 보리 거둘 때가 온다.

1. 이칭, 풍속, 음식, 전설, 속담, 행사와 놀이

1) 4월의 이칭, 별칭

○孟夏, 初夏, 槐夏, 維夏, 始夏, 新夏, 立夏, 麥秋, 麥凉, 余月, 乾月, 正陽, 仲呂, 小滿, 巳月라고도 하는데, 초여름이라는 뜻이다.
○4월의 節氣로는 立夏, 小滿이고,
○4월의 대표적 記念日로는 '초파일(燈夕)'이 있다.
* 麥凉=보리가 익을 무렵의 서늘한 날씨
* 麥秋=보리를 수확할 시기

2) 俗談(속담)

① 입하 바람에 씨나락 몰린다.
　옛날 재래종 벼로 이모작을 하던 시절에는 입하 무렵에 한창 못자리를 하므로 바람이 불면 씨나락이 몰리게 되는데, 이때에 못자리 물을 빼서 피해를 방지하라는 뜻이다.
② 입하 일진이 털 있는 짐승의 날이면 그해 목화가 풍년 든다.
　겨울에 눈이 많이 오는 해는 목화가 풍년이 든다는 뜻이다.
③ 입하물에 써레 싣고 나온다.
　입하 무렵에 모심기가 시작되므로 농가에서 써래를 싣고 논으로 나오게 된다는 말이다.

2. 옛날 기록

○ 新羅 『三國史記』 卷32, 雜誌 1, 祭祀

1) 시조묘 제사

【원문】夏四月 親祀始祖廟(『三國史記』 卷3, 新羅本紀 炤知麻立干 7年)
【해설】여름 4월에, 시조묘에 제사 지냈다.

2) 우사 제사

【원문】立夏後申日 卓渚祭雨師(『三國史記』 卷32, 雜誌1, 祭祀)
【해설】입하 후 신일에는 탁저에서 우사(雨師)에 제사 지낸다.

3) 중농 제사

【원문】立夏後亥日 新城北門祭中農(檢諸禮典 只祭先農 無中農後農)
【해설】입하 후 해일에는 신성 북문에서 중농(中農)에 제사 지낸다.
　　　　(예전에는 단지 선농만 제사 지내고 중농과 후농은 없다.)

○ 高句麗

1) 시조묘 제사(『三國史記』 卷19, 高句麗本紀7, 安藏王 3年)

【원문】夏四月 王幸卒本 祀始祖廟
【해설】여름 4월에 왕이 졸본에 행차하여 시조묘에 제사 지냈다.

2) 사냥(『三國史記』 卷14, 高句麗本紀2, 閔中王 4年)

【원문】夏四月 王田於閔中原 秋七月又田
【해설】여름 4월에, 왕이 민중원에서 사냥하였다. 7월에 또 사냥하였다.

○ 百濟

1) 국모제사(『三國史記』 卷23, 百濟本紀1, 始祖溫祚王 17年)

【원문】夏四月 立廟以祀國母
【해설】여름 4월에, 사당을 세우고 왕의 어머니에게 제사 지냈다.

2) 기우제(『三國史記』卷24, 百濟本紀2, 仇首王 14年)

【원문】夏四月 王祈東明廟 乃雨

【해설】여름 4월에, 왕이 동명묘에 비를 빌었더니 비가 왔다.

3) 사냥(『三國史記』卷26, 百濟本紀4, 東城王 23年)

【원문】夏四月 田於牛頭城 遇雨雹(박)乃止

【해설】여름 4월에, 우두성에서 사냥을 하였는데 비와 우박이 내려 그만두었다.

○ 高麗

1) 얼음진상(『高麗史節要』卷4, 靖宗 2年 4月)

【원문】夏四月 以立夏節 進氷

【해설】여름 4월에, 입하절이므로 얼음을 진상하였다.

【원문】(義城縣)有風穴 又有氷穴 立夏後氷始凝 極熱則堅 冬則溫氣如春(『高麗史』卷57, 志11, 地理 慶尙道 安東府)

【해설】(의성현에는) 풍혈이 있고 빙혈이 있다. 입하 뒤에 얼음이 처음 얼어 더위가 최고일 때 굳어진다.(겨울이 되면 따뜻한 기운이 봄과 같다)

3. 詩文(시문)

1) 사월(四月) 月餘農歌 (金逈洙, 農家十二月俗詩)

時維孟夏爲陰月	때는 바로 맹하이니 음월이라 불러오고
立夏小滿是二月	입하 소만 두 절기가 이달에 들어있다.
六候螻鳴而蚓出	육후의 현상으로 개구리 울며 지렁이 나온다.
王瓜方生苦菜茁	쥐참외풀 번성하고 씀바귀가 돋아난다.
蘼++始死麥秋至	궁궁이는 마르고 보리가을 닥쳐온다.
村村男女悤忙心	마을마다 남녀 모두 정신없이 바삐 뛰고
自是無暇在家時	이제부터 집에서는 있을 틈도 없어졌다. -후략-

4. 신문, 잡지

○ 오늘 입하(『경향신문』 1957년 5월 5일)

【원문】오늘(六日)은 입하(立夏)이다-

어느덧 봄향기 그윽한 신록이 짙은 녹음으로 변하고 보니 정녕 여름은 오고만 것이니라 만발한 라이락 꽃향기에 고취한 시민들은 오월의 햇살을 피해 이제 욱어진 녹음 그늘을 찾아 들곤 한다. 그러나 입하를 맞은 농촌에서는 [못자리] 가꾸기에 여념이 없으리라.

5. 농가월령가 四月章(丁學游, 1786-1855)

사월은	孟夏이니	立夏小滿	절기라네
비온끝에	볕이나니	일기도	淸和하다
떡갈잎	퍼질때에	뻐꾹새	자주울고
보리이삭	패어나니	꾀꼬리	소리한다
농사도	한창이요	누에치기	方長이다
남녀노소	골몰하여	집에있을	틈이없어
적막한	대사립문	녹음속에	닫혀있다
목화씨를	많이가소	옷감짜는	근본이라
수수동부	녹두참깨	부룩을	적게하고
갈 꺾어	거름할땐	풀베어	섞어하소
무논을	써을리고	이른모	내어보세
농량이	부족하니	還子타	보태리라
한잠자고	이는누에	하루도	열두밥을
밤낮을	쉬지말고	부지런히	먹인다네
뽕따는	아이들아	훗그루	보아하여
고목은	가지찍고	햇잎은	제쳐따게
찔레꽃	만발하니	적은가뭄	없을쏘냐
이때를	승시하여	내할일	생각하소
도랑처	물길내고	비새는곳	기와고쳐
陰雨장마	방비하면	훗근심	덜었거니
봄 나이	필무명을	이때에	마전하소
베 모시	형세대로	여름옷	지어두세

벌통에	새끼나니	새통에	받으리라
천만이	일심하여	여왕벌을	호위하니
꿀먹기도	하려니와	군신의리	깨닫는다
팔일에	현등함은	산촌에선	불긴하나
느리떡	콩찐이는	제법좋은	별미로다
앞내에	물이주니	천렵을	하여보세
해길고	잔풍하니	오늘놀이	잘되겠네
벽계수와	백사장을	굽이굽이	찾아가니
水丹花	늦은꽃은	봄빛이	남았구나
촉고그물	둘러치고	은린옥척	후려내어
반석위에	노구걸고	솟구쳐	끓여내니
팔진미	오후청을	이맛과	바꿀쏘냐.

고기잡이(김홍도 풍속도 화첩)
출처 : 국립중앙박물관

초파일(初八日)【二十四節氣와 俗節】

○ 초파일은 俗節이며 24節氣가 아니다.
○ 불교의 개조인 석가모니의 탄신일을 초파일-부처님 오신 날-佛誕日 등이라고 하
  며,
○ 초파일이라 칭하는 것은 음력 4월 8일이기 때문이다.
○ 중국은 음력 4월 8일을 석가모니 탄신일로 하고,
○ 일본은 양력 4월 8일로 석가모니 탄신일로 한다.
○ 佛教의 四大名節
  1) 佛誕日 : 四月八日   2) 出家日 : 二月八日
  3) 涅槃日 : 二月十五日   4) 成道日 : 十二月八日

1. 풍속, 속담, 전설, 음식, 이칭과 놀이

○ 이칭으로는 등석(燈夕), 부처님 오신 날, 불탄일(佛誕日), 욕불일(浴佛日) 등이
  며,
○ 의례(儀禮)행사로는 초파일불공(初八日佛供), 관불회(灌佛會), 영등회(燃燈會),
  탑(塔)돌이, 욕불회(浴佛會), 복제(洑祭) 등이 있으며,
○ 놀이로는 觀燈놀이, 萬石중놀이, 줄불놀이, 파일놀이, 燃燈놀이 등이 있다.
※ 물장구 놀이(水缶) : 아이들이 등간 아래에다 자리를 깔고 느티나무 잎으로 만
  든 떡과 소금을 뿌려 볶은 콩을 먹으면서, 동이에다 물을 담아 바가지를 엎어
  놓고 돌려가면서 두드린다. 이 놀이를 물장구(水缶)라 한다.(『洌陽歲時記』)
○ 초파일 절식으로는 느티떡, 미나리강회, 파강회, 홰나무떡, 검은콩(蒸黑豆) 등이
  있다.
○ 속담으로는(『韓國歲時風俗辭典』)
 - 사월 초파일 굴비대가리 자르듯.
 - 사월 파일 등대 감듯.
 - 사월 무지개에 곡가 오른다.
 - 사월 달 부지깽이는 땅에 꽂아도 순 난다.
○ 전설

1) '十年工夫 돌우 아미타불(阿彌陀佛)'의 전설
    4월 8일에 '忘釋중 놀이'라 하여 무서운 사람의 흉상을 만들어가지고 줄을 잡

아당기면 두 발이 올라가 '탁-'하고 제 얼굴을 때리는 놀음놀이가 있다. 이것은 그림자놀이의 하나인 無言人形劇으로 만석승무(曼碩僧舞), 萬石중놀이, 망석(忘釋)중놀이, 망석(亡釋)중놀이 등으로 부르기도 한다.

이야기는 三十年間 叅禪을 다해서 生佛이 되려던 만석선사(萬錫禪師)가 그만 色慾에 道를 깨트려 忘釋하였다는 것을 釋迦誕日이면 一般敎徒들에게 訓戒하는 것으로 그 由來는 다음과 같다.

名門巨族의 딸로 태어났으나 모든 男性에게 慰安을 주리라는 생각에서 기류(妓流)에 몸을 던진 黃眞伊는 當代 絶世佳人으로 또는 文筆이 뛰어난 女流詩人으로 名士高客과 놀기를 즐겨 하였다. 그러나 이에도 염증(厭症)을 느낀 그는 어디 도고(道高)한 체하는 그들을 한번 나의 美貌와 手腕으로 試驗해 보리라 하는 야릇한 생각이 났다. 그래서 찾아간 곳은 지족사((知足寺) 만석선사(萬錫禪師)였다. 그는 법열(法悅)의 삼매경(三昧境)에서 三十年 동안을 면벽참선(面壁叅禪)하야 生佛이 되고자 하는 道僧이다. 첫 번에는 颱風에 미동(微動)도 않는 岩石같은 그였으나 月宮仙女와 같은 眞伊의 美貌와 능란한 애교(愛嬌)에는 결국 녹고 말아 三十年積功한 修道도 다 물리치고 육정(肉情)에 탐닉(耽溺)하게 되었다. 그래서 그는 그 후 탄식(歎息)하며 曰 "十年工夫 '도로아미타불'이로구나" 하였다. 그 후 그를 崇拜하든 僧徒들은 그의 破戒를 조롱(嘲弄)하는 意味에서 錫萬을 忘釋중이라 命名했다. 그리고 後輩들에게는 물욕(物慾)과 색욕(色慾)을 警戒하는 뜻에서 제 발등으로 제 얼굴을 때려서 자멸(自滅)하는 忘釋중이를 놀리는 놀음놀이를 하게 된 것이다.(『韓國歲時風俗資料集成』에서)

2) 佛敎傳來에 관한 『三國史記』의 紀錄

- 고구려의 불교(『三國史記』 卷第十八 高句麗本紀 第六 小獸林王條)

高句麗 第十七代 소수림완(小獸林王) 二年六月에 (前)秦王 부견(符堅)이 使節과 부도[浮屠(僧)] 순도(順道)를 高句麗에 보내어 佛像과 經文을 전하니 王은 사신을 보내어 회사(回謝)하고 方物을 전하였다. 大學을 세우고 子弟를 敎育하였다.

- 백제의 불교(『三國史記』 卷第二十四 百濟本紀 第二 枕流王條)

침류왕(枕流王) 元年 七月에 사신을 晉에 보내어 조공(朝貢)하였다. 九月에 호승(胡僧) 마라난다(摩羅難陀)가 진(晉)에서 들어오매 王이 그를 맞이하여 宮內에 두고 예경(禮敬)하니 佛法이 이로부터 비롯하였다. 二年 二月에 漢山에 佛寺를 세우고 十人의 僧侶를 두었다. 十一月에 王이 돌아갔다.

- 신라의 불교(『三國史記』, 『三國遺事』에서)

신라에는 4세기 초부터 고구려를 통해 불교가 전해진 것으로 보이지만 고구려와 백제처럼 쉽게 수용되지 못하다가 5세기 전반에 이르러서야 비로소 공식적으로 수용될 수 있었다. 이에 대한 몇 가지 설화가 전해오고 있다.

- 미추왕 2년(253년) 아도가 신라에 불교를 전했다는 설이 있고,
- 눌지왕(訥祇王, 417~457)때 승려 묵호자가 고구려에서 一善郡(지금의 善山)으로 와서 모례(毛禮)의 집에 머물렀다는 설.(『三國史記』 法興王 15年條)
- 비처왕[479~499, 일명 소지왕(照知王)] 때 아도화상(阿道和尙)이 시자 삼명과 함께 모례네 집에 왔다는 설.
- 法興王 14년(527년)에 阿道(三國遺事)가 향을 사용하는 법을 가르쳐 주었다는 설.(『三國史記』에는 墨胡子로 되어 있음)
- 신라에서 공식적으로 불교가 수용된 것은 이차돈의 순교 후인 법흥왕(法興王) 15년(528년)에 佛法을 처음으로 행하였다.(『三國史記』 卷四 法興王條) 이때부터 신라 최초의 가람인 흥륜사(興輪寺)의 건립이 시작되었다.

- 가야의 불교

가야에도 불교가 전해졌지만 전래된 경로와 시기에 대하여 잘 알려진 것이 없다. 『三國遺事』, 『가락국기(駕洛國記)』에 수로왕의 8대손 질지왕(銍知王, 金銍王이라고도 한다)이 즉위하여 시조의 어머니 허황옥 왕후의 명복을 빌고자 元嘉 29年 壬辰年(452년) 처음 원군과 왕후가 합혼하던 곳에 절을 세우고 王后寺라 했으며, 사신을 보내 그 근처의 평전 10결을 측량하여 삼보를 공양하는 비용으로 삼게 하였다는 기록이 있다. 또 가야 건국 직후에 인도 출신인 수로왕의 부인 허황후와 함께 불교가 전래 되었으며, 현재 수로왕릉 앞에 놓여있는 파사석탑이 그때에 인도에서 가져온 것이라 한다.

2. 옛날 기록

1) 초파일(『高麗史節要』 卷26, 恭愍王 元年 4月)

【원문】王 以佛生日 燃燈禁中 飯僧一百 奏妓樂以觀
【해설】왕이 부처의 생일에 궁중에서 연등하고 중 백 명을 밥 먹이고 기악을 연주하며 구경하였다.

2) 초파일(『高麗史』 卷132, 列傳 45, 叛逆 辛旽)

【원문】十五年 旽 以四月八日 大燃燈于其第 京城爭效之 貧戶 至乞丐以辦

【해설】 (공민왕) 15년에 신돈이 4월 8일에 그의 집에서 크게 연등하였는데 경성에서 다투어 이를 본받으니 가난한 집에서도 구걸하여 등을 켰다.

3) 초파일(『高麗史』 卷136, 列傳 49, 禑王 12年 4月)

【원문】癸巳 禑 與毅妃 如花園 觀燈 綵棚雜戲 窮奢極侈 歌吹達曙

【해설】 계사일에 신우가 의비와 더불어 화원에 행차하여 관등하는데 채붕과 잡희를 매우 사치스럽게 하고 새벽까지 노래와 악기를 연주하였다.

4) 4월 초파일(『朝鮮大歲時記』 卷1)

【원문】諸梵宮 皆作浴佛會 是夜大張燈 自初一二三四五六七日 家家立燈竿 高有數十丈 頭注雉尾 懸錦旛 爭奇務勝 至夜如火海(云慶佛生 取光明照十方之意 始自高麗)

【해설】 여러 사찰에서는 모두 욕불회를 한다. 이날 밤에 크게 등을 밝히는데 초하루부터 7일까지 집집마다 등간을 세운다. 그 높이는 수십 장에 이르고 꼭대기에는 꿩 털을 달고 그 아래에 비단 깃발을 매달아서 기이하고 뛰어나기를 다투니 밤이 되면 마치 불바다와 같다.(부처의 탄생을 축하하고 광명이 시방세계를 비추는 큰 뜻을 취한 것으로 고려 때부터 시작되었다) (趙秀三, 『秋齋集』 歲時記)

3. 詩文(시문)

○ 四月八日觀燈(南孝溫, 『秋江先生集』 卷3 詩)

燈光八日照千家　초파일 등불 빛이 집집마다 비추니
萬劫來緣爲釋迦　만겁 뒤 내세 인연은 석가를 위한 것이네.
尼父五倫今世德　공자의 오륜은 금세의 공덕인데
到今千載爾知麽　천년 뒤 지금에 와서는 하찮게 여기네.

○ 四月八日感事(李滉, 『退溪先生文集』 卷2 詩)

【원문】 4월 8일 감회를 쓰다.(국속에는 이날에 석가가 태어났다 해서 절일로 칭하고 있다.)

(國俗以是日釋迦生 稱爲節日)

生賢生聖老天心　현인을 낳고 성인을 낳은 하나님의 본마음은
本爲斯人濟陸沈　본래 이 세상 사람을 위해 육침(陸沈 : 속세)을 구하는 것이
　　　　　　　　　었네.
待得半千猶苦罕　반 천년을 기다려도 오히려 드문 것인데
自從中古更難諶　중고 시대로부터 믿기도 어렵네.
幺胡始降偏方蠻　요호(幺胡)가 처음으로 외딴 곳에 내려와서
異敎終飜萬國淫　異敎가 끝내 온 나라에 간사하게 퍼졌네.
最是無稽基福日　가장 황당한 것은 복을 꾀하는 날이라고 하는데
誇傳作節到如今　자랑스럽게 절일로 전해져 지금까지 이르렀네.

(福 本作禍 : 복(福)은 본시 화(禍)로 지었던 것이다.

○ 四月八日(李廷馣, 『四留齋集』 卷2 七言絶句)

【원문】四月八日 4월 8일
一代豪華燭散風　봄철 호화로운 꽃도 바람에 촛불처럼 꺼지고
綠陰依舊小園中　작은 동산에 예전과 같이 녹음이 짙네.
今宵不作煙燈會　오늘밤에 연등회를 하지 않으니
腸斷湖邊白髮翁　백발의 늙은이 호수 가에서 애간장을 태우네.

○ 四月八日(朴世采, 『南溪集』 外集 卷1 詩)

【원문】四月八日(韻次 崔漢卿 後亮憶觀燈韻)
淸晨起坐會新晴　맑은 새벽 일어나 화창해진 새날에 모였는데
客去纖塵萬席凝　사람들은 티끌을 제거하려 자리에 가득하네.
向夕不須天竺法　어제 저녁엔 불교의 법이 없었는데도
靑空自有半輪燈　푸른 하늘에 저절로 반원의 등불이 걸려 있었지.

○ 觀燈日(金得臣, 『柏谷集』 卷1, 五言絶句)

【원문】觀燈日(관등일)
快閣憑天半　상쾌한 누각에서 반나절 기대어 있다가
無端病後登　괜히 늦게 온 것을 탓하네.
亂來爲客久　난리가 나서 나그네 된 지 오래 되었는데

時序又觀燈　　세월은 또 관등놀이 때가 되었네.

4. 신문, 잡지

1) 浴佛祈祝(『황성신문』 1902년 5월 23일)

　　陰曆 四月 初八日은 석가여래탄일(釋迦如來誕日)이라고 淨土宗 敎會에서 各寺 僧侶及 諸處士가 據하야 誕祝을 設行하고 皇室을 爲하야 大位祝을 성거(盛擧)하난되 連三日 기축(祈祝) 한다더라.(정토종 교회에서는 석가탄신 축하 법회를 3일간 거행한다.)

2) 觀佛節 祈念 盛況 (『조선일보』 1932년 5월 14일)

　　(今日 京城市 內外壯觀)

　　오늘은 음력으로 四月 八日로 釋迦如來가 誕生한지 '이천사백구십팔'회에 해당하는 날이다.

　　이날은 불가에서 다시 업는 절일로 제반순서를 가추어 맛는데 서울서도 례년과 같이 각 절에서는 □자를 지내고 신자의 집과 장로에서는 꽃등을 가추어 이날을 축복하고 잇고 그리고 시내 수처 거리에서도 화□을 올리며 성대히 식을 거행하는 중 『파고다』 공원에서도 불교단체에서 관불식(觀佛式)을 지내게 되어 다수의 군중이 거리에는 가득 하엿섯다.

연등행렬(선두행렬)
출처 : 문화재청(연등회보존위원회)

소만(小滿) 【二十四節氣와 俗節】

○ 立夏는 4월의 節氣이며 小滿은 4월의 仲氣이다.

○ 소만은 24절기 중 여덟 번째 절기이다.

○ 소만은 입하와 망종 사이에 들어 있다.

○ 소만은 태양의 황경이 60°도를 지날 때이다.

○ 소만은 동지로부터 150일째 되는 날이다.

○ 太歲는 丙申이고, 月建은 癸巳이고, 日辰은 壬寅이며,

○ 괘(卦)는 진(震) 육오(六五)이다.

≪절입시각≫ 5월 20일 오후 23시 36분(初子時)이다. [2016년]

　　　일출(日出) = 오전 5시 19분[주(晝) = 14시간 20분]

　　　일입(日入) = 오후 7시 39분[야(夜) = 9시간 40분]

≪소만의 뜻≫은 햇볕이 풍부하고 만물이 점차 생장하여 가득 찬다는 '滿'의 의미이다.

≪여름을 구분하면≫

　1) 초여름은 늦봄 다음 기간으로 장마가 오기 전 건기가 나타나며 농작물을 포함한 모든 초본식물과 과실수 산림이 울창한 시기이다.

　2) 한여름은 장마 끝 무렵과 장마 이후의 소나기구름 형성과 집중호우가 출현하는 시기이다. 많은 비와 높은 기온으로 작물이 성장하는데 최적기이다. 이 시기 후반부는 피서철이다.

　3) 늦여름은 무더위가 다소 누그러지며 태풍이 영향을 미치는 시기이다. 또한 가을장마가 나타나기도 하며 태풍과 연계하여 홍수를 유발하기도 한다. 이 시기는 본격적인 휴가철이다.

≪소만·기후≫ 宣明曆 『高麗史』 卷50, 志4, 曆 宣明曆 上

【원문】小滿 四月中 震六五 苦菜秀 靡草死 小暑至

【해설】소만은 4월 중기이다. 괘는 진 육오이다. 초후에 씀바귀가 길게 올라온다. 차후에 靡草(미초=냉이)가 말라 죽는다. 말후에 약간의 더위가 온다.

≪四月節-氣候(授時曆)≫ 『高麗史』 卷 第51, 志 第5, 曆2 授時曆經 上

【원문】立夏四月節 小滿四月中 螻蟈鳴 蚯蚓出 王瓜生 苦菜秀 靡草死 麥秋至

【해설】입하는 사월의 절기이며, 소만은 사월의 중기이다. 청개구리가 울며 지렁이가 나온다. 쥐참외가 나오고 씀바귀가 길게 올라온다. 미초는 말라서 사라지고 보리가을 때가 된다.

1. 풍속, 속담, 음식, 이칭과 놀이

○ 손톱에 물들이기

소녀들과 소년들은 봉숭아꽃을 따다가 백반과 함께 짓찧어서 손톱에 물을 들인다.(女娘及小童 皆以鳳仙花 調白礬染指甲)

○ 속담으로는

- 소만 바람에 설늙은이 얼어 죽는다.
- 컴퓨터는 일주일 안 해도 살지만 밥은 일주일 안 먹으면 죽는다.(농사를 천시하는데서 나온 말이다. 농부가 농사일 안 하는 아들을 야단치는 말이다.)
- 보릿고개 : 소만이 되면 보리가 익어가고 양식은 떨어져서 힘겹게 연명하던 시기라 '보릿고개'란 말이 생겨난 시기이기도 하다.

○ 시절음식(『東國歲時記』 4月 條)

- 대추떡[棗餻(조고)] : 예원자황『禮苑雌黃』에 보면 한식 때 밀가루로 증편을 만드는데 모양은 둥글고 대추를 붙인 것을 '대추떡'이라 한다. 오늘날 증편을 만들어 먹는 풍속은 여기에서 나온 것이다. 또 방울처럼 부풀어 오르게 하지 않고 조각으로 만들어 쪄서 먹기도 한다.
- 화전(花煎) : 노란 장미꽃을 따다 떡을 만들어 기름에 지져서 먹기도 하는데 마치 삼짇날의 화전과 같다.
- 어채(魚菜) : 싱싱한 생선을 잘게 썰어 오이나물, 파, 석이버섯, 그리고 익힌 전복과 달걀을 부쳐서 잘게 썬 국화잎과 함께 버무린 다음 기름과 초를 쳐서 먹는다. 이것을 '어채'라 한다.
- 고기만두(魚饅頭) : 생선을 두껍고 넓게 잘라 조각을 만들어 그것으로 쇠고기소(肉餡)를 싸서 찐 것을 '고기만두(魚饅頭)'라 한다. 이것을 초장에 찍어 먹는다.
- 술안주 : 삶은 미나리를 파에다 섞어 회를 만들고 후춧가루와 간장에 찍어 술안주로 한다. 이것들이 모두 첫여름의 시절음식이다.

2. 옛날 기록

지봉유설(芝峰類說)(李晬光, 時令部 節序條)에는 "이십사절기 중에 소만과 망종이란 이름의 뜻은 알 수 없다. 『설부(說郛)』에 말하기를, 소만은 보리(麥)의 기운이 이때에 이르러 바야흐로 조금 찼으나 아직 성숙하지 않은 것이고, 망종은 까끄라기가 있는 모든 종류의 것이라는 말이니 보리를 말한 것이다. 이때가 되면 보리는 당연히 성숙 한다고 하였다. 어떤 이는 말하기를, 이때가 되면 보리는 수확할 수 있으나 벼는 이때가 돼도 심을 수 없다는 뜻이라고 한다. 이 두 가지 설도 역시 명확하지 않다."

3. 詩文과 時調

1) 時調(農事時調)

東窓이 밝았느냐 노고지리 우지진다
소치는 아희난 조今아니 이러난야
재넘어 사래긴밭츨 언제갈야 하나니(南九萬)

西山에 해지고 플긋테 이슬난다
호뮈를 둘너메고 달듸여 가쟈사라
이中의 즐거운뜻을 닐러무슴 하리오(李徽逸, 存齋集)

청려장(靑藜杖) 힘을삼고 남무(南畝)로 나려간이
도화稻(花)는 훗날리고 小川魚 살졌는데
遠近에 즑이는 農歌는 곳곳이셔 들린다(金天澤)

農人은 告余春及한이 서주(西疇)에 일이만타
막막수전(漠漠水田)을 뉘라서 독메야줄이
아마도 궁경가색(躬耕稼穡)이 내分인가 하노라(金天澤)

2) 이등박문이 봄을 노래한 시

각 부에서 이등방문을 초청 창덕궁에서 봄 연회를 할 때 지은 시(1907년 정미 광무 11년 봄)

花明柳暗 春三月　꽃이 활짝 피고 버들가지 짙은 춘삼월에
昌德宮中 太極亭　창덕궁 안의 태극전이로다.
商婦何知 君國恨　상부가 어찌 군국의 한을 알리오
無心歌舞 不堪聽　무심한 가무는 듣기가 감당하기 어렵구나.

※ 상부(商婦) : 商女. 춤과 노래하는 기녀
　군국(君國) : 군주국. 임금과 나라. 군주가 통치하는 나라

3) 桃花酒(도화주) (李景奭, 『白軒先生集』卷13, 추습록 상)

四月柳汝晦携桃花酒來餉 4월에 유여해가 도화주를 가지고 왔다.

始識桃花美　처음으로 도화주 맛을 알았으니
休誇竹葉淸　죽엽주만 자랑하지 말게나.
枝空入佳醞　가지가 비도록 좋은 술에 들어가
春盡泛餘英　봄이 다하니 꽃잎만 뜨네.
乍見先憐色　잠시 어여쁜 빛깔을 먼저보고
初聞最愛名　처음으로 가장 아름다운 이름을 알았네.
愁腸差可綏　슬픈 생각은 차차 풀어질 수 있겠네.
況復對君傾　그대와 다시 술을 기울이고 있으니.

망종(芒種)【二十四節氣와 俗節】

○ 망종은 5월 節氣이며, 夏至는 5월의 中氣이다.
○ 망종은 24절기 중에 아홉 번째에 절기이며,
○ 망종은 동지로부터 166일째 되는 날이다.
○ 망종은 태양(太陽)의 황경(黃經)이 75도에 이르렀을 때이다
○ 芒種은 小滿과 夏至 사이에 들어 있으며 음력 오월의 절기이다.
○ 5월의 절기로는 망종(芒種)과 하지(夏至)이며,
○ 대표적인 명절로는 단오(端午, 重五)가 있다.
○ 太歲는 丙申이고, 月建은 甲午이며 日辰은 戊午이고, 節入時刻은 正未時이다.
○ 괘(卦)는 리(離) 육이(六二)이다.

≪망종의 뜻≫은 벼, 오곡 등 수염(까끄라기)이 있는 가을 추수 곡식의 종자를 뿌려야 하는 적당한 시기라는 뜻이다. 이 시기는 모내기와 보리 베기에 알맞은 때이다. 망종이 지나면 파종시절이 늦어진다.(『韓國歲時風俗資料集成』參考)

모내기, 출처 : 한국교육방송공사

≪절입시각≫ 양력 6월 5일 오후 2시 48분 (正未時)이다. [2016년]
　　　　일출(日出) = 오전 5시 11분[주(晝) = 14시간 39분]
　　　　일입(日入) = 오후 7시 50분[야(夜) = 9시간 21분]

≪기후(宣明曆)≫ 芒種(『高麗史』卷50, 志4, 曆 宣明曆 上)

[72候] 초후에 버마재비(螳螂)가 생겨난다(螳螂生). 차후에 왜가리(鵙)가 울기 시작 한다. 말후에 반설조(反舌鳥)가 울지 않는다(反舌無聲).

≪五月節 氣候(授時曆)≫ (『高麗史』卷51, 志5, 曆2 授時曆經 上)

【원문】芒種五月節 夏至五月中 螳螂生 鵙始鳴 反舌無聲 鹿角解 蜩始鳴 半夏生

【번역】망종은 오월의 절기이며, 하지는 오월의 중기이다. 버마재비(螳螂)가 생겨나고, 왜가리가 울기 시작한다. 반설새는 소리가 없고, 사슴이 뿔을 간다. 말매미가 울며, 반하가 나기 시작한다.

1. 이칭, 풍속, 음식과 전설, 속담, 행사, 놀이

1) 5월의 이칭(異稱)

○ 이칭은 姤月, 皐月, 梅月, 雨月, 仲夏, 梅夏, 暑月, 梅天, 薰風, 蒲月, 蜩月, 鳴月, 長至, 蕤賓, 午月이다.

○ 5月의 節氣로는 망종(芒種)과 하지(夏至)이며,

○ 5月의 대표적 名節로는 단오(端午, 重五)가 있다.

2) 망종 절기와 현충일

현충일은 나라를 지키다가 산화(散華)하신 호국영령(護國英靈)님께 제사드리는 날이다. 현충일은 1956년 4월 14일 제39차 국무회의 의결로 제정(6월 6일) 되었다. 망종과 현충일이 항상 겹치는 것은 아니며, 상, 하 2일의 차이가 나기도 하나 겹치는 해가 많다.

현충일의 유래는 그해에 가장 먼저 수확하는 곡식(밀, 보리)으로 호국신께 제사를 올리는 망종날의 옛 풍속에서 유래하였다 하기도 하고, 『고려사』에 근거하였다 하기도 한다. 또 한국동란이 일어난 6월을 잊지 않기 위하여 6월 6일로 정하였다는 설도 있다.

『高麗王朝史』(高麗崇義會編)에 八代 顯宗 5年 6月 경신일조(庚申日條)에 조서(詔書)를 내리기를 군인으로 국경을 지키러 갔다가 도중에서 죽은 자는 관(官)에서 염구(殮具)를 주어 그 유골(遺骨)을 본가에 역마(驛馬)로 보내게 하라.(庚申教日 防戍軍道死者 給殮具函 其骨驛送于)

3) 속담과 풍속

- 보리는 망종 전에 수확하라.
- 보리는 익어서 먹게 되고, 볏모는 자라서 심게 되니 망종이요.
- 망종에는 발등에 오줌 싼다.(일 년 중에 제일 바쁜 시기라는 뜻)
- 4월에 망종이 들면 풋보리를 먹고 5월에 들면 못 먹는다.
- 망종날 하늘에서 천둥이 치면 그 해는 모든 일이 불길하다.(전남지방 속담)
- 망종 넘은 보리, 스물 넘은 비바리.(제주지방 속담)
- 보리 그스름 : 망종날 보리 그스름을 하여 밤이슬을 맞혔다가 그 다음날 먹으면 허리 아픈데 약이 되고 그해에 병이 없이 지낼 수 있다 한다.

2. 옛날 기록

1) 月令 五月令(『禮記』月令 第六)

【원문】仲夏之月 日在東井 是月也 日長至 陰陽爭 死生分 小暑至 螳螂生 鵙始鳴 反舌無聲 鹿角解 蟬始鳴 半夏生 木菫榮

【번역】중하의 달은 진(辰)이 동정성에 있다. 이달은 하지에 해당되고 해의 길이도 최극점에 이르러 음양의 두 기가 서로 싸워 사생이 분별되는 때이다. 소서가 있으며 사마귀가 태어나고 때까치가 비로소 울고 백설조가 울지 않는다. 사슴의 뿔이 빠지고 매미가 비로소 울며 반하풀이 싹트고 무궁화 꽃이 핀다.

2) 『後漢書』卷85, 東夷列傳75, 馬韓

【원문】常以五月田竟 祭鬼神 晝夜酒會 群聚歌舞 舞輒數十人相隨蹋地爲節 十月農功畢 亦復如之

【해설】(마한) 해마다 5월에 농사일을 마치고 귀신에 제사 지내는데 밤낮으로 술자리를 베풀고 떼를 지어 노래하고 춤춘다. 춤출 때에는 수십 명이 줄을 서서 땅을 밟으며 장단을 맞춘다. 10월에 추수를 마치고서도 이와 같이 한다.

3) 『晉書』卷97, 列傳67, 馬韓

【원문】俗信鬼神 常以五月耕種畢 群聚歌舞以祭神 至十月農事畢 亦如之

【해설】풍속에 귀신을 믿어 해마다 오월에 씨뿌리기를 마치고 떼를 지어 노래하고 춤추는 것으로 귀신에게 제사 지낸다. 10월에 이르러 농사일을 마치고서도 이와 같이 한다.

4) 漏籌通義(물시계)

【원문】하지 후 6일이 하지 이후(夏至二候)이고, 하지 전6일이 망종삼후(芒種三候)인데 그 주야의 각분이 상등하고 상대하므로 제36전(箭)을 함께 쓴다. 나머지 절기도 다 이와 같다.

5) 朝鮮王朝實錄(文宗朝)

【원문】예조에서 아뢰기를 "이제 농사철을 당하여 비가 때를 어기니, 청컨대 오는 5월 초 1일에 기우제를 시행 하소서"하니 승정원에 전교하기를 "대저 망종(芒種) 이후 하지(夏至) 이전 10일 안에 비가 내리면 이것을 때맞은 비라 하는데, 요 몇 해에는 매양 4, 5월 사이에 비가 오지 않을 때마다 기도를 행하였다. 이제 비록 비가 내리지 않으나 어찌 이를 가뭄이라 할 수 있겠는가. 아직 천천히 하는 것이 어떠한가 하였다.[『문종실록』권7, 문종 원년 4월 갑오(26)]

3. 詩文(시문)

1) 오월(五月) 月餘農歌(金迴洙, 『農家俗詩』)

時維仲夏爲姤月	때는바로	중하이니	구월이라	이르는데
芒種夏至是二節	망종하지	두절기가	이달에	들어있다.
六候螳螂螵蛸出	육후의	현상으로	까마귀	새끼나며
鳴鵙與蜩噤反舌	때까치와	매미울고	티티새	울음그쳐
鹿角解來水玉生	청각해초	풀려오고	반하는	돋아난다.
正値麥仰黃雲時	때는바로	보리익는	누른빛	구름물결 -후략-

4. 농가월령가 五月章[정학유(丁學游)]

오월은	仲夏이니	芒種夏至	節氣라네
남풍은	때맞추어	보리가을	재촉하니
보리밭	누른빛이	밤사이	나겠구나
문앞에	터를닦고	打麥場	하오리라
드는낫에	베어다가	단단이	헤쳐놓고
도리깨	마주서서	짓내어	두드리니

불고쓴듯　하던집안　졸연히　흥성하네
멍석에　남은곡식　하마거의　진할터에
중간에　이곡식이　新舊相繼　하겠구나
이곡식　아니더면　여름농사　어찌할까
천심을　생각하니　은혜도　망극하다
목동은　놀지말고　농우를　보살펴라
뜨물에　꼴먹이고　이슬풀　자주뜯겨
그루갈이　모심기에　제힘을　빌리리라
보리짚　말리우고　솔가지　많이쌓아
장마나무　준비하여　임시걱정　없이하소
누에농사　마칠때에　사나희　힘을빌어
누에섶도　하려니와　고치나무　장만하오
고치를　따오리라　청명한날　가리어서
발위에　엷게널고　폭양에　말리우세
쌀고치　무리고치　누른고치　힌고치를
색색이　분별하여　더러는　씨를두고
그나머지　켜오리라　자애를　차려놓고
왕채에　올려내니　어름눈같은　실오리라
사랑스런　자애소리　琴瑟을　고르는듯
부녀들　적공드려　이재미　보는구나
오월오일　단오날엔　물색이　생신하다
오이밭에　첫물따니　이슬에　젖었으며
앵두익어　붉은빛이　아침볕에　바희누나
목맺힌　영계소리　익힘벌로　자주운다
향촌에　아녀들아　추천은　말것인즉
푸른치마　붉은옷　창포비녀　끼고서
좋은시절　허송마소
노는틈에　해야할일　약쑥이나　베어두소
하느님이　지극인자　유연히　구름지어
때미처　오는비를　누가감히　막을손가
처음엔　부슬부슬　먼지를　적신후에
밤들어　오는소리　패연히　드리운다
간솔불　둘러앉자　내일일　마련할제

뒷논은　　　누가심고　　　앞밭은　　　누가갈까
도롱이　　　접사리며　　　삿갓은　　　몇벌인고
모찌기는　　자네하소　　　논삼기는　　내가함세
들깻모　　　담배모는　　　머슴아이　　맡아내고
가짓모　　　고추모는　　　아기딸이　　하려니와
맨드라미　　봉선화는　　　네사천　　　너무마라
아기어멈　　방아찧어　　　들바라지　　점심하소
보리밥　　　파찬국에　　　고추장　　　생추쌈을
식구를　　　헤아리되　　　넉넉히　　　능을두소
샐때에　　　문에나니　　　개울에　　　물넘는다
며느리　　　화답하니　　　격양가　　　아니런가.

단오(端午) 【二十四節氣와 俗節】

○ 단오는 음력 5월 5일을 명절(名節)로 이르는 말이 단오(端午)이다.
○ 단오는 절기(節氣)가 아니고 속절(俗節)로 1년 중 4명절에 해당한다.
  ※ 4名節=설(正朝), 한식(寒食), 단오(端午), 추석(秋夕)
○ 단오에 대한 어원으로는 단오의 단(端)은 첫 번째를 의미하고, 오(午)는 오(五)와 곧 다섯과 뜻이 통하므로 단오는 초닷새를 말한다. 원래 음양철학(陰陽哲學)에서는 기수(奇數)를 양(陽)으로 치고, 우수(偶數)를 음(陰)으로 치는데 기수가 겹쳐 생기(生氣)가 배가(倍加)되는 3월 3일, 5월 5일, 7월 7일, 9월 9일을 중요하게 생각하였다.
○ 단오는 태양의 황경이 90도에 이르는 시기로 일 년 중 양기(陽氣)가 가장 왕성한 날이라 하여 큰명절로 여겨 왔다.

≪단오(端午)날≫
  ○ 해 뜨는 시간-5시 11분. 해 지는 시간-7시 52분.
  ○ 달 뜨는 시간-9시 20분. 달 지는 시간-23시 16분.

1. 단오의 이칭(異稱)

1) 수릿날 : 단오를 예부터 부르는 고유어는 수릿날이다. '수리'란 神이란 뜻과 '높다'란 뜻으로, 이것을 합치면 '높은 신이 오시는 날 : 至高한 신이 下降하시는 날'이란 뜻이 된다.

   ○ 수릿날은 태양(太陽)의 기(氣)가 극(極)에 달하는 날이다.
   ○ 인간이 태양신(太陽神)을 가장 가까이 접하는 날이 수릿날이다.
   ○ 단옷날 쑥을 뜯어도 오시(午時)에 뜯어야 제일 좋다.
   ○ 원래 '수리'란 말은 어원적으로 고(高), 상(上), 봉(峰), 신(神)을 의미하는 고어이다.
   ○ 그러므로 수릿날은 신일(神日) 또는 상일(上日)의 뜻이 된다. 그래서 단오를 가르켜 '重五節', '天中節', '端陽'이라고도 한다.

2) 천중절(天中節)
   ○ 5월 5일 오시(五時)가 천중절이다.(提要錄曰五月五日五時爲天中節)

○ 이산해(李山海)의 『아계유고(鵝溪遺稿)』에 일년가절우천중(一年佳節又天中)이라 하였다.

3) 중오절(重五節)

양(陽)의 수(數) 5가 겹치는 날은 생기가 있는 날이라는 뜻이다.

이외에도 단양(端陽) 허균(許筠)의 『성소복부고(惺所覆瓿藁)』, 중오(重午), 여아절, 단양술의, 며느리 날, 미나리환갑날, 소코뚜레 끼우는 날 등의 지방에 따라 많은 호칭이 있다.

4) 작은 단오(小重午)

단오 하루 전인 음력 5월 4일을 이르는 말이다. 小는 거의 이르렀다는 뜻이고, 重五는 端午의 다른 말이므로 단오 하루 전날을 의미한다.

5) 술의(戌衣)

단오 옷을 술의(戌衣)라고 한다. 한국인은 대략 일 년에 세 번 신성(神聖) 의상인 빔(비음)을 입는다. '설빔', '단오빔', '추석빔'이 바로 그것이다. 단오빔을 戌衣라고 해석한 유만공의 할주(割註)에 따르면, 술의란 神衣, 곧 태양신을 상징한 신성 의상임을 알 수 있다.

2. 단옷날의 유래(由來)

1) 굴원의 고사

단오는 『형초세시기(荊楚歲時記)』에 중국 호북의 무창 지역의 풍속으로 전해져 온 것이다. 전설에 따르면, 옛날 초나라에 굴원이라는 사람이 있었는데 이름은 평(平)이요, 호는 영균(靈均)이었다. 그는 충직(忠直) 고결(高潔)하고 문장(文章)이 절록(節錄)하여 초(楚)나라 회왕(懷王)이 특별히 사랑하여 벼슬이 삼려대부(三閭大夫)에 이르렀다. 간신의 무리가 그를 시기 질투하여 왕에게 참소하니 왕이 그를 소원하게 대우하였으나, 그는 유명한 이소경(離騷經)이란 글을 지어 왕이 감동하고 깨닫기를 회망하였다. 그러나 회왕(懷王)이 죽고 양왕(襄王)이 새로 임금이 되자 간신의 무리는 끝내 더욱 참소하여 그를 장사 땅으로 귀양 보냈다. 그는 비분강개하여 '어부사(漁父辭)' 등 여러 편의 글을 지어 심회를 풀고 5월 5일 멱라수(覓羅水)에 빠져서 자살하였다.

그때 사람들이 그의 죽음을 슬퍼하여 해마다 그날이 돌아오면 죽통에 쌀을 넣어서 물속에 던져 제사를 지내고 또 그의 혼을 건진다 하여 경쟁적으로 '배 건너기'를 하였다. 이것이 중국 남방풍속의 하나인 경도희(競渡戱)인데 우리나라에 제례와 놀이문화로 전해진 것이다.

2) 장사(壯士) 구회(歐回)의 전설

한(漢)나라 건무(建武) 연간에 어떤 사람이 대낮에 장사 구회에게 와서 말하기를, "나는 옛적 삼려대부(三閭大夫)인데 그대가 나를 위하여 제사 지내주는 것은 감사한 일이나, 그 재물을 항상 문룡(蚊龍)이 빼앗아 먹어서 얻어먹지를 못하니, 만일 제를 지내주려거든 오동나무(楝樹) 잎으로 재물을 싸고 오색 당사실로 매어서 주었으면 좋겠다. 이 두 물건은 모두 문룡(蚊龍)이 꺼리는 것이다." 하고 간 곳이 없으므로 구회가 이상히 여겨 그대로 하였다. 그 후 사람들이 그것을 풍속으로 삼아 단옷날에 주사떡을 만들 때 오색 고명을 넣고 쑥이나 수리취를 넣어서 떡을 만들게 되었다 한다.

3. 의례(儀禮)

1) 단오절사(端午節祀)(『增補文獻備考』 禮考6 影殿조)

단오를 맞이하여 지내는 조상제사이다. 절사란 계절이나 명절이 바뀜에 따라 지내는 제사이다. 삼헌(三獻)에 고축(告祝)을 한다.
○ 栗谷은 寒食과 秋夕은 盛饌으로 讀祝하며 土神祭까지 지내고, 正朝나 端午에는 無祝 一獻으로 土神祭도 省略한다 하였다.

2) 단오차례[다례(茶禮)](『增補文獻備考』 禮考8, 宮園式例)

무축(無祝) 단헌례(單獻禮)(속제(俗制)로 행한다)

3) 단오성묘(省墓)(『擊蒙要訣』 祭儀抄 時祭儀, 『耘谷行錄』 卷5, 端午拜先塋)

묘제(墓祭)로 찾아뵈옵고 헌작례(獻爵禮)를 올린다(無祝 單獻).

4) 단오고사(告祀)

단오에 집안의 평안과 오곡의 풍년, 그리고 자손의 번창을 비는 제사이다.

5) 문소전제(文昭殿祭)(四時及俗節享文昭殿攝事儀)

『국조오례의(國朝五禮儀)』에 사시와 속절의 문소전 향사에 관한 의식(四時及俗

節享文昭殿儀), 사시 및 속절의 문소전향사 대리에 관한 의식이 있다.

6) 앵두천신(櫻桃薦新)

단오에 수확한 앵두를 제물로 바치는 천신의례(薦神儀禮)이다.

7) 강릉단오제(1967년 국가지정 중요무형문화재 제13호)

강릉지방에서 펼쳐지는 端午祭儀이다.

8) 군위삼장군제(軍威三將軍祭)

경북 군위군 효령면 장군리에서 매년 단오에 지내는 마을 공동 제의이다.
(新羅 金庾信將軍, 唐나라 蘇定方將軍, 李茂 將軍을 祭祀함.)

9) 문호장굿(文戶長굿)

경남 창령군 영산면에서 단오에 문호장을 모시는 굿이다.

10) 상음신사제(霜陰神祠祭)

단오를 맞아 함경남도 안변지방에서 벌이는 군현의례의 하나이다.
(『新增東國輿地勝覽』 안변(安邊) 도호부(都護府) 祠廟條 참조)

4. 행사(行事)

1) 단오부(端午符)

단옷날 액을 물리치기 위해 문이나 기둥에 부치는 부적
『서운관지(書雲觀誌)』 반사(頒賜)조에 영사, 제조, 봉여 각 20장. 당상 구임과
임관은 봉여 각각 10장. 삼학, 관원들에게는 분아 양벽부도 같다.

2) 단오선(端午扇)

임금이 단옷날에 가까운 신하와 서울 각사에 나누어주는 부채.

3) 단오첩(端午帖)

단옷날 대궐의 기둥에 붙이기 위해 근신(近臣)이 바치는 축시(祝詩).

4) 단오첩자(端午帖子)

대궐 안의 기둥이나 문설주에 부치는 시첩(詩帖).

5) 옥추단(玉樞丹)

임금이 신하에게 내리는 구급약의 한 종류. 추독단(追毒丹)라고도 한다.

6) 단오장(端午粧)

단옷날 여자들이 창포물로 머리를 감고 수복(壽福)이라는 글자를 세긴 빨간 창포 뿌리를 머리에 꽂거나 주머니 끈에 차는 일.

7) 궁궁이꽂기(川芎)

단옷날 액을 물리치기 위해 궁궁이(궁갱이) 잎을 머리에 꽂는 풍속.

8) 약쑥베기

단옷날 뜯은 쑥(艾)이 약효가 많다 하여 채취하여 말려서 약으로 사용.

5. 음식(飮食)

1) 창포탕(菖蒲湯)

단오에 머리를 감는데 사용하는 물로, 창포를 넣고 삶은 물을 말함.

2) 제호탕(醍醐湯)

조선시대 내의원(內醫院)에서 단오절에 제호탕을 만들어 임금께 올렸고, 이것을 대신이나 기로소에 하사하였다.[우리나라 전통 청량음료로 사인(砂仁), 초과(草果), 백단향(白檀香)을 가루를 내여 꿀에 재워 중탕으로 달여서 응고상태로 두었다가 냉수를 타서 마신다.] [세시풍속(歲時風俗)에서]

3) 창포주(菖蒲酒)

단오에 마시는 창포로 빚은 술.[세시풍속(歲時風俗)에서]

4) 앵두화채

앵두를 따서 깨끗이 씻고 씨를 빼서 설탕이나 꿀에 재워 두었다가 먹을 때 오미자 국물에 넣고 실백을 띄워낸다. 단옷날 민가에서 즐겨 만들어 먹던 청량음료이다.

5) 앵두편

앵두편은 앵두를 살짝 쪄서 굵은 채에 걸러 살만 발라서 설탕을 넣고 졸이다가 녹말을 넣어 굳힌 것으로 생률과 함께 담아낸다.

6) 수리취떡

수리취는 모양이 보통의 취나물과 같이 장원형이나 이면이 백색을 띄고 마른 잎은 불이 잘 붙고 지구력이 있다. 생것을 두드려서 쑥떡에 쑥을 넣는 것과 같이 멥쌀가루와 섞어 떡을 만든다. 이 떡을 '수리취떡'이라 한다. 술의라는 말은 우리말의 車(거)라는 뜻인데, 그 떡의 형상이 차륜(車輪)과 같다 하여 떡 이름도 '수리떡'이라고 하고, 그 떡에 넣은 '취'도 '수리취'라 부르며 단오일을 '술의날'이라고 부르게 된 것이다.

7) 보리수단(麥水團)(『海東竹枝』)

옛 풍속에 5월 단오에는 새로 수확한 보리를 사당에 올린다.

보리를 쪄서 만든 밥을 꿀물에 넣으니, 이를 "보리수단"이라고 한다.

【원문】舊俗 五月端午日 薦新麥于家廟 麥飯和以蜜水 名之曰 보리수단.

그네 타는 여인들
(신윤복의 추천도)
출처 : 국립중앙박물관

6. 놀이(遊戱)

1) 그네뛰기(鞦韆)

○『宋史』卷487, 列傳246 高麗
　　【원문】有鞦韆之戱
　　【해석】그네 뛰는 놀이가 있다.
○『高麗史』卷129, 列傳42
　　【원문】三年 端午 忠獻設鞦韆戱于柏井洞宮宴文武四品以上三日
　　【해석】(고종) 삼년 단오에 최충헌이 그

네놀이를 백정동궁에서 베풀고 문무관 사품 이상 관원에게 3일 동안 잔치를 베풀었다.

○ 그네뛰기(送鞦韆)(『海東竹枝』五月條)

옛 풍속에 단옷날 고려 때부터 이 놀이를 하였다. 중국 풍속인 청명정의 추천 놀이를 모방한 것으로 한때의 흥겨운 일이 되었으니, 이를 "그네뛰기"라고 한다.

【원문】舊俗 端午 自高麗 有此戱 倣華俗 淸明節 秋千之戱 爲一時勝事 名之曰 "근의띈다".

2) 석전(石戰)

○ 석전(『高麗史』卷85, 志39)

【원문】忠穆王元年 五月 禁端午擲石戰

【해석】충목왕 원년 오월에 석전놀이하는 것을 금하였다.

3) 격구(擊毬)

○ 격구(『高麗史』卷30, 世家30, 忠烈王 15年 5月)

【원문】癸未 王及公主以端午宴于凉樓 觀擊毬

【해석】계미일에 왕과 공주가 단오라 하여 양루(凉樓)에서 연회를 베풀고 격구를 관람하였다.

4) 이외에도 강릉탈춤, 강릉관노가면극(무언극), 봉산탈춤, 송파산대놀이, 수박희(手搏戱), 씨름(脚戱), 양주별산대놀이, 은율탈춤, 택견 등이 있다.

씨름(김홍도 풍속도 화첩)
출처 : 국립중앙박물관

7. 옛날 기록

1) 馬韓(『晉書』 卷97, 列傳67, 馬韓)

【원문】(鬼神祭祀) 俗信鬼神 常以五月耕種畢 羣聚歌舞以祭神 至十月農事畢 亦如之

【해설】풍속에 귀신을 믿어 해마다 5월에 씨뿌리기를 마치고 떼를 지어 노래하고 춤추는 것으로 귀신에게 제사 지낸다. 10월에 이르러 농사일을 마치고서도 이와 같이 한다.

2) 新羅(『三國史記』 卷2, 新羅本紀2, 脫解尼師今 7年)

【원문】(祈雨祭) 自五月至七月 不雨 禱祀祖廟及名山 乃雨

【해설】5월부터 7월까지 비가 오지 아니하므로 조묘와 명산에 제사 지냈더니, 곧 비가 왔다.

3) 伽耶(『三國遺事』 卷2, 駕洛國記)

【원문】端午日謁廟之祭

【해설】단옷날에 사당에 참배하는 제사를 지낸다.

4) 高麗

○鞦韆(『高麗史節要』 卷16, 高宗 33年 5月)

【원문】五月 禁端五男女鞦韆鼓吹之戲

【해설】5월 단오에 남녀가 그네 뛰고 피리 부는 놀이를 금하였다.

○그네놀이(『高麗史』 卷85, 志39, 刑法 禁令)

【원문】高宗三十叁年五月 禁端五鞦韆鼓吹之戲

【해설】고종 33년 5월에 단오에 그네 뛰고 북치고 피리 부는 놀이를 금하였다.

□ 창포주(菖蒲酒)와 창포김치

창포주란 端午에 마시는 菖蒲로 빚은 술을 말한다. 菖蒲의 다른 이름으로 축란 (蓄蘭)이라 부른다는 기록이 『열왕세시기』에 있다.

中國에 종름(宗懍)이 지은 『荊楚歲時記』에 端午에 菖蒲酒를 마신다(以菖蒲 或鏤 或屑以泛酒)는 옛 기록이 있으며, 우리나라의 기록은 정몽주(鄭夢周)의 『포은집(圃隱集)』, 이색(李穡)의 『목은집(牧隱集)』에 菖蒲酒에 대한 詩가 적혀 있다. 이는 적어도 고려 말에 단오의 時食으로 창포주를 널리 마셨음을 의미한다.

이후 서거정(徐居正)의 『사가정집(四佳亭集)』, 황섬(黃暹)의 『식암집(息庵集)』 같은 詩文集에도 단오창포주(端午菖蒲酒)가 등장하므로 高麗에 이어 朝鮮前期에도 菖蒲酒 마시는 行事가 盛行한 것으로 보인다. 또 1921년 『매일신보』에 잉어회와 창포주를 마시는 기사로 보아 일제강점기까지도 전래된 것 같으며, 지금도 가양주 연구 모임에서 제조하고 있는 것으로 조사되고 있다.

『형초세시기』에는 5월 5일을 욕란절(浴蘭節) 또는 端午라 하고 五月을 세속에서 나쁜달(惡月)이라 한다 라고 하였다. 5월은 午月이며 하짓달이다. 동짓달[子月 11월]과 하짓달[午月 5월]을 연결하는 子午線은 일 년의 음양을 나누어주는 축으로 동짓달[괘명은 地雷復]의 冬至가 되면 陽이 조금씩 증식하여 새로운 하나의 陽이 밑에 싹트고 冬至에서 夏至의 方向은 陰에서 陽으로 가는 방향이다. 하짓날[괘명은 天風 후]의 夏至에 이르면 4월의 완전한 양에서 음이 조금씩 증식하여 새로운 하나의 陰이 밑에 싹튼다.

동지부터는 해가 조금씩 길어지고, 하지부터는 밤이 조금씩 길어진다. 해가 짧아지는 5월[午月]부터 11월[子月]까지의 시간은 음(陰)궤(軌)이다. 陽을 男과 불(火)로 환원한다면 陰은 女와 물[水]이 된다. 일 년의 추이에서 5월[午月]은 때의 흐름을 음(陰)의 방향인 반대방향으로 크게 변화 시키는 중대한 전환점이다. 이 전환이 무사히 이루어져야만 순조로운 추이도 기대할 수 있다.

창포주는 중대한 전환을 자연에 맡기지 않고 인간 쪽에서 적극적으로 실시하는 행위가 시식으로 연결된 것이다.

5월을 시작으로 해서 점차 많아지는 음(陰)은 陰性의 귀(鬼)와도 연결되고 음성의 귀(鬼)는 질병을 일으키기도 한다. 陽氣가 극에 달해 있던 4월을 지나 5월에 이르면 陰氣가 싹터 양과 음의 기(氣)는 서로 싸우기 시작하면서 점차 음이 많아진다. 따라서 5월은 나쁜달[惡月]이다.

질병은 음귀가 일으킨다고 생각했으므로 창포주를 마심으로써 질병을 퇴치하고자 했던 것은 귀(鬼)를 쫓으려 한 것과 같은 맥락에서 출발한 것이라 볼 수 있다. 창포주가 질병, 곧 귀(鬼)를 퇴치하려 한 데에서 출발한 것과 같이 『동의보감』에는 창포주 제조 방법과 그 효능에 대하여 적고 있다.

□ 창포주 제조 방법

1) 『東醫寶鑑』菖蒲酒方 : 뿌리를 교즙(絞汁)하여 찹쌀[糯米]의 양과 상반(相半)되게 한 다음 常法대로 양조하여 구복(久服)하면 연년익수(延年益壽)하고 神明을 통한다 라고 적혀 있다.

2) 『東醫寶鑑』의 菖蒲酒方은 : 『주찬(酒饌)』, 『농정회요(農政會要)』, 『학음잡록(學陰雜錄)』, 『창포주조법(菖蒲酒造法)』으로 이어지는데, 이 고조리서(古調理書)에는 『東醫寶鑑』에 기록된 내용보다 더 비약적이고도 구체적으로 나타나 있다.

3) 『酒饌』菖蒲酒製造法 : 창포뿌리 잘게 썬 것을 그늘에 말려서 명주 주머니에 넣어 청주 한 말에 담가 단단히 봉해 둔다. 3개월 후에 보면 색깔이 푸르다. 곧바로 생동찰 한 말을 푹 쪄서 넣는다. 단단히 봉해 두었다가 칠 일 후에 쓴다. 이 술을 마시면 36가지의 병이 절로 없어진다. 또 풍증도 치료된다.

【원문】 (菖蒲酒) 菖蒲根細切陰陽乾之以 紬袋□而浸之於 淸酒一斗中堅封 三朔後視之色靑則 粘靑粱米一斗 熟烝添入又堅封七日後用之則 三十六病自消而 又療風症

4) 단오풍습 : 『다산시문집(茶山詩文集)』第4卷 詩
   단옷날에는 창포떡, 창포김치를 담가 먹는다. 먹은 후 100일 후면 안색에 광채가 나고 수족(手足)이 따뜻해진다.

5) 문왕기창포저(文王嗜菖蒲菹) : 주(周)나라 문왕(文王)은 창포김치를 즐겼다는 것이다.(『韓非子』 說難篇)

6) 『향약구급방』: 향약목초부에 창포과에 속하는 여러해살이 초본식물로 시속에서는 '송의죽'이라 하는데, 맛이 맵고 따뜻하며 5월 5일과 12월에 뿌리를 채취하여 그늘에서 말린다.(俗云松衣竹 味辛溫 五月五日十二月 採根陰乾)

8. 詩文(시문)

1) 端午日次李待制詩韻(權近, 『陽村集』 卷五)

   此日是端午   이날이 바로 단옷날인데

今吾久客身　지금 나는 오랜 세월 나그네 신세일세.
感時多慷慨　철 느끼니 강개한 생각이 많이 나고
撫事倍酸辛　지난일 생각해보니 모두 고되었네.
世味如菖歜　세상맛은 창포김치와 같고
天資似艾人　타고난 자질은 예인(艾人)과 비슷하네.
年年逢令節　해마다 좋은날을 만나지만
奔走宦途塵　먼지 많은 벼슬길에 분주하기만 하네.

2) 重五前二日(徐居正, 『四佳亭集』卷28)

夏五書麟史　여름 오월에 『春秋』를 쓰다 보니
天中又一年　다시 한해의 천중절을 맞이하네.
心如菖歜苦　마음은 菖歜(창포김치)같이 씁쓸하고
身似艾翁懸　몸은 예옹(艾翁) 같이 늘어지네.
綵索從來戱　채색(綵索)은 종래의 놀이이나
丹符不必傳　단오 부적은 꼭 전해야 할 것은 아니네.
明朝是中午　내일이 중오(重五)이니
開酒近花前　꽃 가까이 다가가 술판이나 벌려볼까 하네.

3) 漢陽端午(金宗直, 『佔畢齋集』卷6)

蒲酒相邀醉面紅　창포주로 서로 맞이하니 얼굴이 붉도록 취하고
六街塵起日如烘　서울거리에 먼지가 이니 태양이 타는 듯하네.
盡橋綵索爭歡笑　다리엔 채색 실을 걸고 다투어 웃고 즐기니
遮莫田家半菽空　농가에 양식이 떨어진 것도 아랑곳하지 않네.

4) 端午(李齊賢, 1287-1367, 『益齋集』卷2 端午)

旗亭且飮菖蒲酒　기정(旗亭 : 주점)에서 또 창포주 한 잔을 마시니
未用醒吟學楚臣　술에 깨서 읊은 초나라 신하(굴원)의 글을 배울 필요가 없네.

5) 端午贈氷亭弟(元天錫, 『耘谷行錄』卷4)

靜坐山齋日正長　산재에 고요히 앉아 있으면 해가 정말 긴데

一盃菖歜有餘香	한 잔 술과 창포김치에 남은 향이 있네.
郡人鼓樂聲來耳	고을사람 풍악소리 귀에 들리니
祖聖遺風在我鄕	조상이 남긴 풍속 우리 고향에도 남아있네.
天中佳節興偏長	아름다운 천중절 흥취는 길고 길어
松有淸陰草有香	소나무 맑은 그늘 풀에는 향기 짙네.
葉密柳林鶯幕府	잎 우거진 버들 숲은 꾀꼬리 장막이고
花繁菜圃蝶家鄕	꽃이 번성한 채마밭 나비들 고향이네.

6) 端午日戱題(鄭夢周, 『圃隱先生文集』 卷1)

今年端午在郵亭	올해 단옷날을 우정(郵亭 : 驛의 客舍)에서 지내니
誰送菖蒲酒一甁	누가 창포주 한 병인들 보내주겠나.
此日不宣沈角黍	이날에 각서를 물에 던져 보지 못했으니
自家還是屈原醒	내 도리어 깨어난 굴원인 듯하네.

7) 端午日 命賜讀書堂 諸臣節扇二把 泰輔方待罪峽縣亦在賜中 感恩詠懷遂成長句

(박태보, 『정재집(定齋集)』 卷1)

【해석】 단오에 독서당의 여러 신하들에게 여름 부채 두 자루씩을 내려주라고 명을 하셨는데, 나는 바야흐로 협현에서 죄를 기다리고 있다가 또한 내려 주시는 부채를 받았으므로 은혜를 감격하여 회포를 읊어 마침내 율시를 한편 이루었다.

恩賜邦聞及外臣	은혜를 내리는 것 어찌 외신에게까지 미치랴만
倒産榮遇邁凡倫	길바닥 산속의 못난 사람도 알아주시네.
慵才久恨欺明聖	졸렬한 재주로 성명을 속인 것 오래도록 한이 되어
珍箑難將比笑嚬	진귀한 부채로 웃고 찡그리는 것 비교하는 일 어렵도다.
落筆中書如隔夜	중서성에서 글 짓던 일 어젯밤 같은데
懷章下邑忽經春	시골에서 문장을 품고 문득 봄을 지낸다.
傾陽敢長障安日	비낀 그늘은 감히 장안에 뜬 해를 막지만
扇暍期均一境民	이 부채로 더위 먹은 고을 백성을 고루 시원하게 했으면.

8) 端午(金宗直, 『佔畢齋集』 卷4)

雪芋弓彎笑語顚	모시옷에 弓彎舞를 추며 방자하게 담소하니

廣城無陌不秋千	광성 어느 거리에나 그네 뛰지 않는 데가 없네.
故園梣樹童童翠	고향의 물푸레나무도 한창 성하게 푸르리니
樹底人應戲半仙	나무 밑에 사람들 모여 응당 半仙(그네)을 즐길 것이네.

9. 신문, 잡지 등

1) 昨日의 端午節(『조선일보』 1920年 6月 20日)

작일의 단옷날 마침 일요일 됨에 의하야 아침부터 각 거리에는 사람이 심히 복잡하얏으며 관왕묘 참배. 각 그네터에 모이는 사람 기타 삼청동, 장춘단 등 유원지와 약물터 같은데 난발을 디더될 곳이 없는중 아해들 성장에 극히 번화찬란하야 옛날풍속 상상하게 되얏고 각가각가의 창포난 아침에 일직히 동나게 되얏다고…

【해설】 이것은 단오에 그네를 뛰고 청포로 머리를 감는 것에 대한 내용이다.

2) 端午佳節(오늘하로가 명절중 뎨일 됴와)(『매일신보』 1921년 6월 10일)

오늘은 음력으로 단오절이다 …중략… 경도회를 열어 이날을 긔념하고 죠선에셔난 창포물에 머리를 감으며 창포뿌리로 비녀를 만들어 꼿난등 풍속이 잇난 것은 …중략… 아가씨 도련님의 단오비음도 눈압에 챤란하고 츄쳔과 기타의 여러 가지 유희도 극히 성황인 모양인대 평양에서난 포목상들이 오늘을 긔회로 하야 운동회를 연다하며 서울 남묘와 청량리에난 츄쳔이 성황인 모양이다. 엇지 하얏든지 새로익은 잉도로 죠상에게 천신도하고 쾌락하게 산으로 들로 피리쇼리를 들으면서 꼿다운 풀을 발브며 무르녹은 녹음 아래에 츄쳔을 구경하난 것도 죳코 한강에 배를 띄우고 "위어회에 창포주"를 마심도 죠흔일이라 하겟더라…

하지(夏至) 【二十四節氣와 俗節】

○하지는 낮의 길이가 1년 중 가장 긴 날을 말한다.
○하지는 24절기 중에 열 번째 節氣이며,
○하지는 태양의 황경이 90° 최고의 상사점에 이르렀을 때이다.
○하지는 음력 오월의 中氣로, 양력으로는 6월 21일 무렵으로
○하지는 芒種과 小暑 사이에 들어있다.
○하지는 천문학적으로는 일 년 중 태양의 적위(赤緯)가 가장 커지는 시기이다.
○太歲는 丙申이고, 月建은 甲午이며, 日辰은 甲戌이고, 節入時刻은 初辰時이다.
○괘(卦)는 리(離) 초구(初九)이다.

≪절입시각≫ 양력 6월 21일 오전 7시 34분(初辰時) 이다. [2016년]
      일출(日出) = 오전 5시 11분[주(晝) = 14시간 46분]
      일입(日入) = 오후 7시 57분[야(夜) = 9시간 14분]
           (◎낮이 4시간 32분이 더 길다.)

≪하지의 뜻≫
○낮의 길이가 1년 중 가장 긴 날을 夏至, 또는 장지(長至)라고 말한다.
○하지 무렵이 되면 태양은 황도 상에서 가장 북쪽에 위치하는데, 그 위치를 하지점(夏至點)이라 한다.
○북반구에서는 낮의 길이가 가장 길고 태양의 남중고도(南中高度)가 가장 높아진다.
○그러나 남반구에서는 북반구와 반대로 하지에 낮의 길이가 가장 짧고 태양의 남중고도가 가장 낮다.
○우리나라의 경우 서울(북위 37도 30분)에서 태양의 남중고도는 하지 때에는 75도 57분이고, 동지 때에는 29도 3분이다.
○정오의 태양 높이가 가장 높고 일사 시간과 일사량도 가장 많은 날이다.
○동지에 가장 길었던 밤 시간이 조금씩 짧아지기 시작하여 이날 가장 짧아지는 반면, 낮 시간은 가장 길어져 무려 14시간 46분이나 된다.
○일 년 중 태양이 가장 높이 뜨고 낮의 길이가 길기 때문에 북반구의 지표면은 태양으로부터 가장 많은 열을 받는다. 그리고 이 열이 쌓여서 하지 이후로는 기온이 상승하여 몹시 더워 본격적인 여름삼복이라는 더위가 시작된다.

≪기후≫
○ 夏至(宣明曆)『高麗史』卷50, 志4, 曆 宣明曆 上

初候는 사슴(鹿)이 뿔을 간다(鹿角解).

次候는 매미(蟬)가 울기 시작한다(蟬始鳴).

末候는 반하(半夏)가 나온다(半夏出).

○ 夏至-氣候(授時曆)『高麗史』卷51, 志5, 曆2 授時曆經 上

【원문】芒種五月節 夏至五月中 螳螂生 鵙始鳴 反舌無聲 鹿角解 蜩始鳴 半夏生

【해설】망종은 오월의 절기이며, 하지는 오월의 중기이다. 버마재비(螳螂)가 생겨나고, 왜가리가 울기 시작한다. 반설새는 소리가 없고, 사슴이 뿔을 간다. 말매미가 울며, 반하가 나기 시작한다.

1. 이칭(異稱)과 속담(俗談)

1) 이칭(異稱)(하지의 다른 이름)

장지(長至)는 하지를 달리 부르는 이름이다. 일 년 중 낮의 길이가 가장 긴 날이다.[『禮記』月令編에 '중하의 달에 태양이 장지한다(仲夏之月 日長至).'이라 하였다.]

2) 속담(俗談)

- 하지가 지나면 발을 물에 담그고 산다.
- 논농사는 물 농사.
- 논에는 물이 장수.
- 오월 농부 팔월 신선.

2. 옛날 기록

1) 기청제(『高麗史』卷63, 志17, 禮 吉禮 雜祀)

【원문】靖宗元年五月甲辰 祈請于川上每水旱 祭百神於松岳溪上號曰川上祭

【해설】정종 원년 오월 갑진일에 川上에서 기청제를 지냈다. 매양 홍수와 한발에는 송악 계상(溪上)에서 백신에게 제사지냈는데, 이름하여 천상제(川上祭)라고 하였다.

2) 기우제(『高麗史』 卷63, 志17, 禮 吉禮 雜祀)

【원문】五月己卯 親醮于會慶殿 禱雨

【해설】선종 4년 5월 기묘일에 회경전에서 친히 초제를 지내어 비를 빌었다.

3) 公式官吏給暇(『高麗史』 卷84 志38 刑法)

【원문】夏至(前後幷三日)

【해석】하지에는 관리에게 이 날을 전후로 모두 3일의 휴가를 준다.

4) 『擊蒙要訣』 祭儀抄 時祭儀

【원문】時祭 春分夏至秋分冬至

【해석】시제는 춘분, 하지, 추분, 동지에 지낸다.

5) 태종우(太宗雨)

太宗雨란 음력 5월 10일경에 오는 비로, '태종비'라고도 한다. 평소 水利에 관심이 많았던 조선조 3대왕 태종이 나라에 가뭄이 들어 백성들이 절망에 놓여 있는 것을 보고 세종에게 "가뭄이 심하니 내가 죽으면 상제에게 청하여 비를 내리도록 하겠다."라고 말하였다. 그 뒤 이날이 되면 비가 내리고 가뭄을 면하게 되어 태종의 기일인 5월 10일 경에 내리는 비를 '태종우'라 하게 되었다(『東國歲時記』 5月條)에 전한다.

3. 詩文(시문)

1) 夏至(蔡之洪, 『鳳巖集』 卷2)

北陸開黃道　　북쪽 땅에 황도가 열리니
陰陽判死生　　음양은 서로 사생이 갈리네.
先王門不開　　선왕은 문을 열지 않았는데
眺遠處高明　　아득히 바라보니 고명한 곳에 있네.

2) 夏至(李縡, 『陶庵集』 卷4 詩)

端居觀物化　　단정히 앉아서 사물이 변하는 것을 보니
妙處消長際　　묘한 점은 생장하고 소멸하는 사이에 있도다.

赤日行天地　　뜨거운 태양이 천지에 운행하니
矯矯五龍勢　　교만한 오룡이 세력을 떨치네.
此時重淵底　　이때 깊은 못 바닥에서는
兆朕若銜細　　미세한 조짐이 있도다.
聖人視羸豕　　성인이 괴로워하는 돼지를 보시고
蹢躅患難制　　날뛰면 제어하기 어려울까 걱정하시네.
直到剝盧後　　곧바로 허름한 집에 이른 뒤에는
辛苦關還閉　　애써 도리어 대문을 닫네.
文明昧謹獨　　글을 깨우쳐도 홀로 삼가는데
此理孰堪諦　　이 이치를 그 누가 깨달으랴?
持作終身戒　　이것을 평생 경계할 것으로 삼아
常如對上帝　　항상 上帝를 마주하고 있는 듯이 하리.

유두일(流頭日) 【二十四節氣와 俗節】

- 유두(流頭)는 24절기가 아니고 속절(俗節)이다.
- 유두는 6월을 대표하는 명절이며, 유둣날 또는 유두절(流頭節)이라 한다.
- 농경국가에서 보름달은 농사의 풍요와 관련하여 중요시 하였는데,
- 우리나라에는 정월보름, 6월 유두, 7월 백중, 8월 추석의 보름 명절이 있다.
- 그런데 오늘날에는 추석 명절만이 명맥을 유지하고 있지만은 옛날 전통사회에서는 다른 보름 명절도 각별한 절일(節日)이었다.

《해 뜨고 달 뜨는 시간》

해 뜨는 시간은 오전 5시 34분이고, 해 지는 시간은 오후 7시 43분이다.

달 뜨는 시간은 오후 6시 31분이고, 달 지는 시간은 오전 4시 5분이다.

※ 流頭日은 속절이므로 절입시간이 없다.

《유두(流頭)의 어원(語源)》

- 동류수두목욕(東流水頭沐浴)의 약자로서, 동쪽으로 흐르는 물에 목욕을 하고 머리를 감으면 부정(不淨)이 가신다는 뜻이다. 동류수(東流水)에 머리를 감는 까닭은 동방(東方)이 청(靑)으로 양기가 왕성한 방향이기 때문이다.
- 물로 몸과 마음을 통해 정화(淨化)하는 날이 유둣날이다.

《流頭의 由來》

- 옛날 신라 때부터 있어온 명절이다.
- 고려 明宗 때 학자 김극기(金克己)의 문집에는 "경주 풍속에 6월 보름에 동쪽으로 흐르는 물에 머리를 감아 불길한 것을 씻어 버린다." 하였고, 『고려사』에도 유두연(流頭宴), 유두천신제(流頭薦新祭) 등의 기록으로 보아 오래된 우리나라 풍속이다.
- 또 조선시대 정동유(鄭東愈)는 『주영편(晝永編)』에서 우리나라 명절 중에 오직 유두만이 고유의 풍속이고, 그 밖의 것은 다 중국에서 절일(節日)이라고 일컫는 날이라고 했다.

1. 이칭(異稱)과 속담(俗談)

1) 유두의 이칭은 소두(梳頭), 수두(水頭 : 곧 물마리, 머리의 옛말)이다.

2) 六月의 이칭은 12간지를 기준으로 6월은 여덟 번째 달로서 미월(未月), 계하(季夏), 복월(伏月), 혹염(酷炎), 만하(晩夏), 상하(常夏), 재양(災陽), 유월(流月), 형월(螢月), 임종(林鐘), 조월(朝月) 또는 미끈유월, 6월은 썩은달, 액(厄)달, 구월(具月), 구토월(具土月), 둔월(遯月), 복염(伏炎), 비열(比熱), 비염(比炎), 서월(暑月), 성염(盛炎), 염열(炎熱), 염증(炎蒸), 요염(燎炎), 유열(庾熱), 유염(庾炎), 장하(長夏), 증염(蒸炎), 차월(且月), 치염(熾炎), 홍염(烘炎) 등이 있다.

3) 속담
   - 유두에 소 타지 말고 팔월에 타라.
   - 유두에 물맞이해야 병이 없다.

2. 풍속과 놀이, 음식

1) 유두 물맞이 하기

2) 유두연 : 유두잔치, 계음

3) 유두천신(流頭薦新) : 농신제, 용신제, 사당천신

4) 음식 : 수단, 연병, 유두면, 건단, 밀국수, 밀전병, 분단, 상화병 등

○ 名節風俗[崔永年(1856~1935), 『海東竹枝』]

- 藥水浴(약수로 목욕하기) 舊俗 六月伏日 婦人沐髮於藥水 古則玉溜洞 近則貞陵 逍風겁癤 年年爲例 名之曰 ≪물맞는다≫.
  【해설】 옛 풍속에 6월 복날 부녀자들이 약수에 머리를 감았다. 예전에는 옥류동으로 갔지만 근래에는 정릉으로 간다. 풍이 없어지고 부스럼이 낫는다고 하여 해마다 행하는 것이 전례가 되었으니, 이를 ≪물맞는다≫ 라고 한다.

- 食狗曨(개장국먹기) 舊俗 伏日 食狗羹 名之曰 ≪복노리≫.
  【해설】 옛 풍속에 복날 개장국을 먹으니, 이를 ≪복놀이≫라고 한다.

- 濯足會(탁족놀이) 舊俗 六月十五日 高麗黃門 擇東流水沐髮 謂之流頭 至今傳

之 會飮川上兼爲濯足 名之曰 《탁족놀이》.

【해설】옛 풍속에 고려시대 내시(黃門)들이 동쪽으로 흐르는 물을 찾아서 머리를 감았으니, 이를 '유두(流頭)'라고 한다. 지금까지 전해져서 냇가에 모여 술을 마시며 발을 씻으니, 이를 《탁족놀이》라고 한다.

5) 창랑가(滄浪歌)[『맹자(孟子)』 「이루상(離婁上)」편]

【원문】有孺子 歌曰 滄浪之水淸兮 可以濯吾纓 滄浪之水濁兮 可以濯吾足

【해설】어떤 유자가 노래하기를 창랑의 물이 맑음이여 나의 갓끈을 씻을 것이며 창랑의 물이 흐림이여 나의 발을 씻으리라.

3. 옛날 기록

1) 『芝峯類說』 時令部 節序條

【원문】六月 十五日을 세상에서 "유두(流頭)"라고 한다. 고증하여 보니 『여지승람(輿地勝覽)』에 말하기를 '신라의 옛 풍속에 이날에는 동쪽으로 흐르는 물에 목욕하고 이어 계음(禊飮)하였는데 그것을 유두연(流頭宴)이라고 한다.'고 하였다. 그러니 유두는 그 유래가 오랜 것이다. 다만 수단병(水團餅)을 먹는 것은 무엇에 근거한 것인지 알지 못하겠다. 아마 옛날 괴엽냉도(槐葉冷淘)의 뜻에서 나온 것이 아닌가 한다.

※ 槐葉冷淘 : 괴회나무의 잎을 따서 즙을 내어 보리 가루를 섞어 만든 떡, 즉 괴엽병(槐葉餠)이다.

2) 『秋齋集』 歲時記(六月十五日)

【원문】是日 謂之流頭 僧家沐髮제頭故也 人皆殺鷄烹狗 臨溪澡浴

【해설】이날을 유두라고 하니, 불가에서 스님들이 머리를 감고 머리카락을 깎기 때문이다. 사람들은 모두 닭을 잡고 개를 삶아서 시냇가에서 목욕하고 하루 종일 술을 마시며 노래하는데, 이를 '척양(滌暘)'이라 한다.

※ 滌暘 : 여름철에 더위를 피해 시원하게 지내는 것, 피서(避暑)를 말한다.

3) 『漢陽歲時記』 流頭

【원문】流頭 廟薦水團麥麴 甘瓜來禽之屬 小兒佣流頭麴 擣蒸米 揉而切之 浸于蜜 漿者曰水團 取麥屑爲小團 點朱而絲貫之曰流頭麴也

【해설】유두에는 사당에 수단과 보리국수, 참외, 능금 같은 종류들을 바친다.

어린아이들은 유두국(流頭麴)을 차고 다닌다. 찐 쌀을 찧어 치댄 다음 잘라서 꿀물에 넣은 것을 수단(水團)이라고 한다. 밀가루로 작은 덩어리를 만들어 붉은 점을 찍은 다음 실을 꿰어 엮은 것을 '유두국'이라고 한다.

떡수단, 출처 : 문화재청

4) 『勉菴集』 歲時記俗 流頭

【원문】 六月十五日 舊俗 沐髮於 東流水 不知是果何法 而昉自何時也 今世雖未 必 沐髮 而此日之得名 有以也 是日蒸米屑 團轉細截蜜水照冰 名曰水團 薦于廟

【해설】 6월 15일에는 옛 풍속에 동쪽으로 흐르는 물에 머리를 감았으니, 이것 은 과연 어디에서 온 것이고 어느 때 시작했는지 알 수 없다. 요즘에는 비록 머 리를 감지는 않지만 이런 이름이 있게 된 것은 까닭이 있을 것이다. 이날은 쌀 가루를 쪄서 둥글게 만 다음 가늘게 썰어 꿀물에 넣고 얼음을 띄우니, 이를 수 단(水團)이라 하고 사당에 올린다.

5) 新羅(『三國史記』 卷8, 新羅本紀8, 聖德王 14年)

【원문】 六月 王召河西州龍鳴嶽居士理曉 祈雨於林泉寺池上 則雨浹旬

【해설】 6월에 큰 가뭄이 있어 왕이 하서주(지금의 강릉) 용명악 거사 이효를 불 러 임천사 연못 위에서 비를 빌게 하였더니 열흘 동안이나 비가 내렸다.

6) 新羅(『三國史記』 卷8, 新羅本紀8, 聖德王 15年)

【원문】 夏 6月 旱 又召居士理曉祈禱 則雨 赦罪人

【해설】여름 6월에 가뭄이 있어 또 이효 거사를 불러 기도를 하게 하였더니 곧 비가 내렸다. 죄인을 사면하였다.

7) 高句麗(『三國史記』 卷19, 高句麗 本紀7, 平原王 5年)

【원문】夏 大旱 王減常膳 祈禱山川

【해설】여름에 큰 가뭄이 있어 왕이 상선(常膳)을 줄이고 산천에 기도하였다.

8) 高麗

○ 十五日 流頭(『高麗史』 卷20, 世家 20, 明宗 15年 6月 癸丑日)

【원문】六月 癸丑 王如奉恩寺 丙寅 有侍御使二人與宦官崔東秀 會于廣眞寺爲 流頭飲 國俗以是月十五日 沐髮於東流水 祓除不祥 因會飲 號流頭飲

【해설】6월 계축일에 왕이 봉은사에 행차하였다. 병인일에 시어사 두 사람이 환관 최동수와 함께 광진사에 모여서 '유두음'을 하였다. 당시 우리나라의 풍속에는 6월 15일에 동쪽으로 흐르는 물에 머리를 감음으로서 좋지 못한 일을 제거한다고 하였으며 이로 인해 모여서 술을 마셨는데, 이것을 '유두음(流頭飲)'이라고 하였다.

○ 禊飲(『高麗史』 卷25, 世家25, 元宗 元年 6月 庚戌日)

【원문】遣金寶鼎如束里大屯所 禊飲

【해설】6월 경술일에 김보정을 속리대의 군대주둔지에 보내 계음하게 하였다.

4. 시문(時文)

1) 流頭日 思水團餅 (權擘, 『習齋集』 卷4 詩)

유두일에 수단병을 생각하다.
正是流頭日　오늘이 유두일이니
猶思水餅團　오직 수단병이 생각나네.
堆砧飛玉屑　다듬이 쌓인 흰 가루가 날리더니
滿椀嚼銀丸　사발에 담은 경단 알을 맛보네.
崖蜜能添味　언덕 벌꿀은 맛을 돋우고
壺氷更助寒　항아리 얼음은 시원함을 돕네.
亂雖逢令節　어지러운 시절에 비록 좋은 명절을 맞았으나
愁坐對空盤　수심에 차서 빈 쟁반 앞에 앉았네.

2) 流頭日(金坽, 『溪巖先生文集』 卷2 詩 五言律詩)

東俗傳來久　　우리나라 풍속으로 오랫동안 전해져 내려온
流頭自古因　　유두는 옛날부터 있어 왔네.
時羞粉團冷　　이날의 음식인 분단은 차갑고
霽色玉輪新　　색깔이며 모양 또한 신선하네.
擣麥村謳亂　　시골 보리방아 소리는 요란하고
傭耘巷語親　　품팔이의 김매는 소리도 요란하네.
軒囱煩惱滌　　창을 열고 괴로움을 씻어내니
淸夜最宜人　　인간에게 가장 좋은 맑은 밤이네.

3) 流頭日 見月 釋山寺(洪命元, 『海峯集』 卷2 七言絶句)

유두일에 석산사에서 달을 보다.

六月年年見月難　　6월은 해마다 달 보기가 어려운데
今年六月月團團　　금년 6월의 달은 매우 둥그네.
初從樹抄驅炎暑　　처음에는 나무 그늘을 찾아 더위를 쫓았으나
轉入簷端産夜寒　　이제 달이 처마 끝에 걸리니 밤의 한기가 느껴지네.

4) 六月十五日 呈圃隱(李集, 『遁村雜詠』)

鵠峰高出雨新晴　　곡봉은 높이 솟아 비오다 개이니
便覺斯進古有名　　문득 이날이 예로부터 명절임을 알았네.
誰向東流濡首飮　　어느 누가 동으로 흐르는 물에 머리 감고 술 마실지
老夫獨坐短歌行　　늙은이는 홀로 앉아서 단가행(短歌行)을 읊조리네.

5) 流頭日 三詠(李穡, 『牧隱先生文集』 卷18)

上黨烹煎味更眞　　상당(청주)에서 요리하여 맛이 더욱 좋은데
雪爲膚理雜甘辛　　하얀 표피에 달고 매운 맛이 섞여 있네.
團團秪恐粘牙齒　　어금니에 붙을까 둥글둥글하게 만들었고
細嚼淸寒自遍身　　꼭꼭 씹어 먹으니 시원한 맛이 저절로 온몸에 퍼지네.

6) 詠流頭會(李穡, 『牧隱先生文集』 卷18)

宛如明月雙溪水	쌍계수(雙溪水)에 밝은 달은 완연한 데
絶勝淸風七椀茶	빼어난 풍광과 맑은 바람에 칠완다(七椀茶)를 마시네.
爲問菜園羊在否	채마밭에 양이 있는지를 물어보고
氷漿雪餠亂交加	빙장(氷漿)과 설병(雪餠)을 어지러이 먹네.

5. 신문, 잡지

1) 流頭茶禮(『황성신문』 1906. 8. 4)

【원문】今日은 流頭名節이라 景孝殿에 別茶禮를 依例 하난데 皇上陛下께옵셔와 皇太子殿下께옵셔 親臨하시고 勅任官以上이 入叅하얏더라.

【해설】이 기사는 유두절을 맞아 경효전에 별다례를 치르는 것에 대한 것이다.

2) 昨日은 流頭節(참외천신이 성황)(『동아일보』 1920. 7. 31)

【원문】작삼십일은 음력 륙월 십오일이니 즉 류두절(流頭節)이라 조상을 뫼신 가정에서는 새로히 거두어드린 『보리』로 수단을 타고 깊이 감추어 두엇던 햇밀을 곱게 갈아서 『외채』와 고기소를 맛가롭게 넣어서 『밀마리』를 말며 한참 철을 만난 참외와 함가지 사당에 천신을 하느라 분주 하얏다.

【해설】이것은 유두를 맞아 새로 거둔 보리, 외채, 밀마리로 조상께 천신을 하는 풍습에 대한 내용이다.

소서(小暑)【二十四節氣와 俗節】

◦ 소서는 24절기 중에 열한 번째 절기이며,

◦ 하지(夏至)와 대서(大暑) 사이에 든다.

◦ 소서는 태양(太陽)의 황경(黃經)이 105°의 위치에 있을 때이다.

◦ 소서는 동지(冬至)로부터 197일째 되는 날이다.

◦ 6월의 절기로는 소서(小暑)와 대서(大暑)이며,

◦ 대표적인 俗節로는 유두(流頭)가 있고, 雜節로는 삼복(三伏)이 있다.

◦ 太歲는 丙申이고, 月建은 乙未이며, 日辰은 庚寅이고, 節入時刻은 正子時이다.

◦ 괘(卦)는 이(離) 육이(六二)이다.

≪절입시각≫ 7월 7일(음력 6월 초4일) 오전 1시 3분(正子時) [2016년]

　　　일출(日出) = 오전 5시 18분[주(晝) = 14시간 38분]

　　　일입(日入) = 오후 7시 56분[야(夜) = 9시간 22분]

≪소서의 뜻≫은

　　◦ 작은 더위라는 뜻이다. 이때부터 본격적인 더위가 시작된다는 뜻이다.

　　◦ 더위를 '삼복'으로 나누고, '소서'와 '대서'라는 절기의 큰 명칭으로 부르는 것
　　은 무더위에 대한 경각심을 깨우쳐주기 위함이다.

≪기후(宣明曆)≫ 小暑 『高麗史』 卷50, 志4, 曆 宣明曆 上

　【원문】小暑 六月節 溫風至 蟋蟀居壁 鷹乃學習

　【해설】소서는 유월 절기이다(小暑 六月節). 初候에 따뜻한 바람이 불어온다(溫
風至). 次候에 귀뚜라미가 벽에서 산다(蟋蟀居壁). 末候에 매가 새를 잡기 시작
한다(鷹乃學習).

≪六月節 氣候(授時曆)≫ 『高麗史』 卷51, 志5, 曆2 授時曆經 上

　【원문】小暑六月節 大暑六月中 溫風至 蟋蟀居壁 鷹始摯 腐草爲螢 土潤溽暑 大
雨時行

　【해설】6월의 절기(節氣)이며, 대서는 6월의 중기(中氣)이다. 따뜻한 바람이 불
어오고, 귀뚜라미가 벽에서 산다. 매가 새를 잡기 시작하고, 썩은 풀에서 반딧
불이 나온다. 흙에 습기가 많으며 무덥고, 큰 비가 때때로 온다.

1. 이칭, 풍속음식과 전설, 속담, 행사와 놀이

1) 6월의 이칭(異稱)

○6월 이칭은 계월(季月), 구월(具月), 차월(且月), 복월(伏月), 계하(季夏), 만하(晩夏), 상하(常夏), 재양(災陽), 소서(小暑), 유월(流月), 형월(螢月), 임종(林鐘), 조월(朝月), 미월(未月)이다.

○6월의 節氣는 小暑, 大暑이며,

○6월의 대표적인 속절로는 유두(流頭)이고, 잡절로는 삼복(三伏)이 있다.

2) 속담(俗談) 풍속(風俗)

- 소서(小暑)가 넘으면 새 각시도 모 심는다.(소서가 지나면 모심기가 늦은 편이라서 남녀노소 힘을 합쳐 하루 빨리 모심기를 끝내야 한다는 뜻이다.)
- 소서(小暑) 모는 지나가는 행인도 달려든다.
- 7월 늦모는 원님도 말에서 내려 심어 주고 간다.

2. 옛날 기록

1) 月令 六月令(『禮記』 月令 第六)

【원문】季夏之月 日在柳 昏火中 溫風始至 蟋蟀居壁 鷹乃學習 腐草爲螢 是月也 土潤溽署 大雨時行

【해설】계하의 달은 辰이 柳星에 있고 저녁에는 火星이 남방의 중앙에 있다. 온풍이 비로소 불어오고 귀뚜라미가 벽에 기어다닌다. 매는 하늘을 날아 다른 새를 움켜잡는 법을 배우고, 썩은 풀이 변해서 반딧불이 된다. 이달에는 땅에 습기가 있고 무더우며, 때때로 큰 비가 내린다.

2) 刑 執行(『高麗史』 卷六 世家六 靖宗 11年 5月)

【원문】庚申制 以小暑將至 挺重囚 放輕繫

【해설】경신일에 제(制)하기를 "소서가 장차 닥쳐오니 중죄수는 관대하게 다루고 경죄(輕罪)는 석방하라."고 하였다.

3)『增補文獻備考』 象緯考3, 儀象2

【원문】圖說曰 小暑 氐曉室中

【해설】도설(圖說)에 이르기를, 소서(小暑)에 초저녁에는 저수(氐宿), 새벽에는

실수(室宿)가 남중한다.

4) 山川祭祀(『高麗史』卷63, 志7, 禮 吉禮 雜祀)

【원문】忠烈王元年六月戊辰遣使于 忠淸慶尙全羅東界等道 遍祭山川

【해설】충렬왕 원년 6월 무진에 충청, 경상, 전라 등의 도에 사신을 보내어 두루 산천에 제사 지냈다.

5) 纛祭(둑제)(『高麗史』卷63, 志17, 禮 吉禮 雜祀)

【원문】六月己巳 將助征乃顔 親祭纛于宮門

【해설】충렬왕 13년 6월 기사일에 장차 내안(乃顔)을 정벌할 때 도와달라고 왕이 친히 궁문에서 둑(纛)에 제사 지냈다.

3. 詩文(시문)

1) 유월(六月)月餘農歌(金迴洙, 『農家十二月俗詩』)

時維季夏爲具月　때는 바로 계하이니 구월이라 이르는데
小暑大暑是二節　소서 대서 두절기가 이달에 들어있네.
六候溫風從何至　육후의 현상으로 더운 바람 어디서 불어왔나
蟋蟀居壁鷹摯摯　귀뚜라미 벽에 붙고 새끼 매는 날아오르고
腐++化螢土潤溽　풀잎 썩어 반디 되고 땅은 젖어 찌고 있고
大雨時行惱農情　때때로 큰 비 와서 농가는 성가시네.-후략-

2) 소서(小暑)(蔡之洪, 『鳳巖集』卷2 詩)

土潤水潦盛　땅은 기름지고 물은 넘치는데
交蒸溽署成　찌는 듯한 더위가 찾아왔네.
莎鷄鳴喞喞　물오리는 꽥꽥 울고
腐草化爲螢　썩은 풀에서 반딧불이가 생기네.

3) 夏畦鋤禾(金坽, 『溪巖先生文集』卷3 詩 七言絶句)

여름에 밭을 갈고 김을 매다.
林中饁罷上高阡　숲속에서 들밥 먹고 한숨 쉬고 나니 남은 두렁 높아만 보이고

卻籍蓑衣盡日眠　　벗어놓은 도롱이는 종일토록 잠만 자네.
向晚鼓脣齊擊壤　　해질 때까지 북소리에 맞추어 일제히 격양가를 부르는데
曲中還奏屢豊年　　곡중에 다시 풍년이 들기를 노래하네.

4) 천렵(川獵) 庚辰(崔鳴吉, 『遲川先生集』 卷1 詩)

網出澄潭晒晚汀　　그물이 맑은 못에서 나오니 저물 무렵 물가에서 나오는 웃음소리
穿來巨口柳條靑　　큰 구멍 뚫고 올라오니 바야흐로 버들가지가 푸르른 계절이네.
霏霏落雪堆盤細　　눈 떨어지듯 연기 날릴 때 작은 소반 밀어두고
颯颯廻風入座腥　　빙빙 바람소리 날듯 모여앉아 잡은 고기 먹네.

5) 與童子二人 濯足前溪(柳成龍, 『西厓先生文集』 卷2 詩)

동자 두 명과 함께 앞 시내에서 발을 씻다.
濯足淸溪弄溪水　　맑은 시냇가에 발을 씻으며 시냇물 튕기며
因携童子步溪沙　　동자 이끌고 냇가의 모래판 거닐어 보네.
山深樹密無人見　　산 깊고 숲은 울창하여 보는 사람 없는데
處處新開石竹花　　곳곳마다 새로이 석죽화(石竹花)가 피네.

4. 農家月令歌 六月章[정학유(丁學游)]

유월은	季夏이니	小暑大暑	節氣라네.
큰비도	때로오고	더위도	극심하다
초목이	무성하니	파리모기	모여들고
평지에	물이괴니	악머구리	소리난다
봄보리	밀.귀리를	차례로	베어내고
늦은콩	조.기장을	베기전	대우들여
지력을	쉬지말고	극진히	다스리소
젊은이	하는일이	김매기	뿐이로다
논밭을	갈마들여	3.4차	돌려맬제
그중에	면화밭은	인공이	더드는법
틈틈이	나물밭도	북돋아	매가꾸소
집터울밑	돌아가며	잡풀을	없게하오
날새면	호미들고	긴긴해	쉴새없이

땀흘려 　흙이젖고 　숨막혀 　기진할듯
때마침 　점심밥이 　반갑고 　신기하다
장자나무 　그늘밑에 　앉는자리 　정한뒤에
점심그릇 　열어놓고 　보리단술 　먼저먹세
반찬이야 　있고없고 　주린창자 　메운후에
청풍에 　마시고 　배부르니 　잠시동안 　낙이로세
농부야 　근심마라 　수고하는 　값이있네
오조이삭 　청태콩이 　어느사이 　익었구나
이로보아 　짐작하면 　양식걱정 　오랠쏘냐
해진뒤 　돌아올제 　노래소리 　웃음이라
자욱한 　저녁연기 　산촌에 　잠겨있고
월색은 　몽롱하여 　밭길에 　비추었네
늙은이 　하는일도 　바이야 　없다하랴
이슬아침 　외따기와 　뙤약볕에 　보리널기
그늘곁에 　누역치기 　창문앞에 　노꼬기라
하다가 　고달프면 　목침베고 　허리쉬움
北窓風에 　잠이드니 　犧黃氏적 　백성이라
잠깨어 　바라보니 　급한비 　지나가고
먼나무에 　쓰르라미 　석양을 　재촉한다
노파의 　하는일은 　여러가지 　못하여도
묵은솜 　틀고앉아 　알뜰히 　피워내니
장마속의 　소일이야 　낮잠자기 　잊었구나
三伏은 　俗節이요 　流頭는 　佳日이라
원두밭에 　참외따고 　밀갈아 　국수하여
家廟에 　薦新하고 　한때음식 　즐겨보세
부녀는 　헤프게 　하지마라
밀기울 　한데모아 　누룩을 　디디어라
流頭麴을 　혀느니라
호박나물 　가지김치 　풋고추 　양념하고
옥수수 　새맛으로 　일없는이 　먹어보소
장독을 　살펴보아 　제맛을 　잃게마오
맑은장 　따로모아 　익는족족 　떠내어라
비오면 　덥기申飭 　독전을 　깨끗이하소

남북촌이 　협력하여 　삼구덩이 　하여보세
삼대를 　베어묶어 　익게쩌 　벗기어라
고운삼 　길삼하고 　굵은삼 　바드리소
농가에 　요긴하기 　곡식과 　같이치네
山田메밀 　먼저갈고 　浦田은 　나중가소.

초복(初伏) 【二十四節氣와 俗節】

○ 복(伏)은 속절(俗節)이며, 24절기는 아니다.
○ 복(伏)은 음력으로 6월에서 7월 사이의 속절이다.
○ 太歲는 乙未이고, 月建은 壬午이고, 日辰은 庚寅이다.

《해 뜨고 달 뜨는 시간》

　해 뜨는 시간은 오전 5시 21분이고, 해 지는 시간은 오후 7시 54분이다.
　달 뜨는 시간은 오후 2시 52분이며, 달 지는 시간은 오전 5시 15분이다.
　※ 초복은 속절이므로 절입시간이 없다.

1. 복날은 어떻게 정하여지는가?

　복은 태양태음력에서 황경의 기울기를 춘분점(春分點)을 0°로 하여 한 절기를 15°씩 하여 1년을 24등분한 절기 중에 황경이 정90°에 이르는 하지점(夏至點)을 기준하여 십간(十干)의 庚日이 세 번째 돌아오는 날을 '초복(初伏)'으로, 네 번째 庚日이 '중복(中伏)'으로, 立秋 후 첫 庚日을 '말복(末伏)'으로 20일이 경과하게 정한 것이다.

2. 복(伏)이란 무슨 뜻일까?

　복날은 장차 일어나고자 하는 음기(陰氣)가 양기(陽氣)에 눌려 엎드려(伏) 있는 날이라는 뜻이다.

　복(伏) 자는 사람이 개(犬)처럼 엎드려 있는 형상으로 가을철 금(金)의 기운이 대지(地)로 내려오다가 아직 여름철의 더운 기운이 강렬하기 때문에 일어서지 못하고 엎드려 복종한다(屈伏)는 의미로, 여름의 더운 기운(氣雲)이 가을의 서늘한 기운을 제압하여 굴복시켰다는 뜻이다.

　곧 오행(五行)에서 여름은 불(火)에 속하고 가을은 쇠(金)에 속하는데, 여름 불기운에 가을의 쇠 기운이 세 번 굴복(屈伏)한다 라는 뜻으로 복종(服從)한다는 뜻의 복(伏)자를 써서 삼복(三伏)이라 한다.

3. 삼복(三伏)의 유래(由來)

1) 『동국세시기(東國歲時記)』, 洪錫謨

【원문】按史記 秦德公二年 初作伏祀 磔狗四門 以禦蟲災 磔狗卽伏日故事 而今俗因 爲三伏佳饌 煮亦小豆粥以爲食 三伏皆如之

【해설】『史記』에 진덕공 2년에 처음으로 복제사를 지내는데 성안 사대문에서 개를 잡아 충재를 막았다고 했다. 그러므로 개 잡는 일이 곧 복날의 옛 행사요, 오늘날에도 개장을 삼복중에 가장 좋은 음식으로 친다. 붉은 팥으로 죽을 쑤어 무더운 복중에 먹는다. 이것은 악귀를 쫓으려는 데서 나온 것이다.

2) 『洌陽歲時記』, 金邁淳

【원문】烹狗爲羹以助梁 煮豆粥以禳瘟

【해설】개를 잡아 삶아서 국을 끓여 양기를 돕고 팥죽을 쑤어 뿌려 여역을 예방한다.

3) 『芝峯類說』 時令部 節序條, 李睟光

『漢書』를 고찰하여 보니, 伏이라고 한 것은 陰氣가 장차 일어나고자 하나 남은 陽氣에 압박되어 상승하지 못한다고 하여 '음기가 엎드려 있는 날'이라는 뜻으로, 伏日이라고 이름 한 것이다. 화제(和帝) 때에 '처음으로 온종일 복폐(伏閉)하라고 명령하였다.' 하고, 그 註에 말하기를 '복날에는 온갖 귀신들이 횡행한다.' 그런 까닭에 온종일 문을 닫고 다른 일에 간여하지 않는 것이다. 『동방삭전(東方朔傳)』에 말하기를 '伏日에 고기를 하사 한다.'고 하였고, 양운(楊惲)의 글에는 '歲時에 伏日과 납일(臘日)에 羊을 삶고 염소를 굽는다.' 하였다

考證하여 보니, 秦나라가 처음으로 복날에 제사하는 사당을 짓고 복날에 제사하였다. 漢나라의 풍속에서도 秦나라의 풍속을 그대로 좇아서 이날 사육(賜肉)하였다고 한 것이 이것이다.

4) 『조선상식문답』, 최남선

伏은 서기제복(暑氣制伏)이라고 풀이하였다. "더운 기운이 가을의 서늘한 기운을 제압하여 굴복시켰다."(『朝鮮常識』) 여기서 伏은 꺾는다는 뜻을 가지고 있어 '복날은 여름 더위를 꺾는 날', 즉 더위를 정복한다는 뜻이다.

5) 『勉菴集』歲時記俗(趙雲從, 1783~1820)

【원문】庚金遇火而伏 是謂伏日 中國最重玆辰 竝稱歲時伏臘 東俗則雖不甚 稱道 而遇庚日 輒烹狗爲羹 會客喫之 中末庚同

【해설】庚金의 기운이 火의 기운을 만나 굴복했으니, 이때를 복날이라 한다. 중국에서는 이 시기를 가장 소중히 여겨 설날과 伏日과 납일(臘日)을 함께 일컬었다. 우리 풍속은 비록 그만큼 일컫지는 않으나 복날이 되면 사람들이 모여 개를 삶아 국을 만들어 먹었는데, 中伏이나 末伏에도 마찬가지이다.

4. 삼복(三伏), 매복(每伏), 월복(越伏)은 무슨 말?

1) 삼복(三伏)

음력으로 6월에서 7월 사이의 속절로, 초복, 중복, 말복을 총칭하여 이르는 말이며, 혹은 삼경일(三庚日)이라고도 한다.

2) 매복(每伏)

복날은 10일 간격으로 들기 때문에 초복에서 말복까지는 20일이 걸린다. 이처럼 20일 만에 삼복이 들면 '매복(每伏)'이라고 한다. 속설에 매복이 들면 시절이 평탄하다고도 한다.

3) 월복(越伏)

복날은 10일 간격으로 오기 때문에 초복에서 말복까지는 20일이 걸리지만 입추 뒤 첫 경일이 말복이기 때문에 말복은 흔히 달을 건너뛰어 월복하게 된다.(음력 6월에 들어야 하는 말복이 음력 7월에 드는 것) 이처럼 달을 건너뛰어 들면 월복(越伏)이라 한다.

만일 월복이 되면 말복은 중복 뒤 20일 만에 오게 되므로 삼복은 소서(양 7월 8일 무렵)에서 처서(양력 8월 23일 무렵) 사이에 들게 된다. 속설에 월복이 들면 여름이 길고 무더위가 심하여 시절이 평탄치 못하고 여름 나기가 힘들다 한다.

5. 詩文(시문)

1) 避暑(申欽, 『象村稿』 卷17, 五言絶句)

더위를 피하다.

雨洗南山淨	비가 내려 남산은 깨끗하고
風來北壑幽	바람이 불어와 북쪽 계곡은 그윽하네.
高軒不受暑	높은 누각에서는 더위를 받지 않으니
六月亦如秋	6월이 또한 가을과 같네.

2) 宗廟祈雨祭(李荇, 『容齋先生集』 卷2 五言律詩)

종묘에서 기우제를 지내다.

人事亦難賴	사람의 일은 의지하기 어려우니
終於神道求	마침내 신령에게 구하네.
顧非霖雨用	돌아보아도 임우(霖雨)의 자질은 되지 않으니
能副旰宵憂	소간의 근심을 덜 수 있겠네.
仰視明星爛	우러러보니 샛별만 찬란하고
旋聞曉漏遒	새벽 물시계 소리 급히 들리네.
天心知不遠	天心이 멀지 않음을 알겠으니
昭格在交修	밝게 강림함은 교수(交修)에 달렸다네.

3) 紺嶽山祈雨祭文(趙絅, 1586-1669 『龍州先生遺稿』 卷13 祭文)

감악산 기우제문

作鎭于圻 維神最尊	천지사방을 누르는 일은 오직 신밖에 없다네.
不嚬以哂 福我元元	찡그리지 않고 웃는 것이 복 받는 근원이네.
早今太甚 視天曚曚	이제 가뭄이 너무 심하여 하늘을 쳐다보니 막막하네.
謁款崒峨 庶幾感通	높은 산을 보며 정성 들여 고하니 감응하여 들어주시옵소서.

4) 龍湫祈雨祭文(李埈, 『蒼石先生續集』 卷6 祝文告祀)

용추 기우제 축문

頃以早嘆 有禱于神 即日之內 賜答如響 是神有大造於斯民也 今玆又闕雨이 捨神
其安訴乎 噓出膚寸之雲 以霈焦盡之禾 是神之責也 民之福也 使之幸也 庶終其惠

以慰一境喁喁之望 謹告.

【해설】 지난번에 가뭄으로 신에게 빌었더니 당일 내로 메아리와 같이 답을 내려 주심에 이는 신께서 이 백성에게 大造가 있었던 것입니다. 지금 또 비가 내리지 않으니 신을 버리고 그 누구에게 하소연 하겠습니까? 부촌(膚寸)의 구름이라도 내뿜어주셔서 타들어가는 벼를 적셔 주십시오. 이는 신의 책무이고 백성의 복이며 관리의 다행함입니다. 부디 은혜를 내려주시어 이 지역의 우러르는 소망을 위로해 주십시오. 삼가 고합니다.

5) 鷄龍山 祈晴文(李滉, 『退溪先生文集』 卷45 祝文 祭文)

계룡산에 올린 기청문

嗟予嗣服 弗克于理	아! 내가 왕위를 계승하여 잘 다스리지를 못하였기에
獲戾上下 菑害駢累	천지에 죄를 얻어 재해가 연이어 일어나네.
頻年亢早 旣禍以燼	해마다 큰 가뭄이 들고 화재의 재앙이 있었는데
天何靡悔 復降玆疢	하늘은 어찌하여 뉘우치지 않고 다시 이 재앙을 내리십니까.
雨無其極 積潦成海	끝없이 내리는 비에 거듭되는 장마가 바다를 이루어
漂傷百穀 我民何待	온갖 곡식을 휩쓸어 가니 우리 백성들 무엇으로 준비하리오.
惟神赫靈 作鎭南土	신은 빛나는 위엄으로 남방의 진(鎭)이 되었건만
寧莫顧哀 以救民瘝	어찌하여 애절한 광경을 돌아보아 병든 백성들을 구하지 않습니까.
汎掃浮陰 錫以晴霽	지나친 陰氣를 쓸어버리고 맑게 갠 날씨를 주시고
庶幾有年 用廣嘉惠	행여 풍년이 들게 하여 아름다운 은혜 널리 주소서.

6) 竹嶺山 祈晴文(李滉, 『退溪先生文集』 卷45 祝文 祭文

죽령산에 올린 기청문

節彼崇嶽 領于地靈	우뚝한 저 높은 산은 지령을 거느려서
能興雲雨 以福吾氓	구름과 비를 일으켜 우리 백성에게 복을 주네.
孰陰莫陽 孰雨靡暘	어떤 음지인들 양지로 못하며 어떤 비인들 개이게 못할까.
斡旋其妙 玄造無疆	신묘한 그 위력이요 무궁한 조화로다.
我民孔阤 年災荐告	우리 백성들 매우 고난스러운데 해마다 거듭 재해가 들었네.
昔罹旱乾 今告霪潦	전에는 한발이 들더니 지금은 장마에 시달린다오.
上漏下瘴 禾盡漂腐	위는 새고 아래는 병들어 벼가 모두 잠기어 썩으니
今其弗及 後難摩撫	지금 손쓰지 못하면 뒤에는 어루만지기 어렵다오.

亟掃氛翳 開廓乾坤　　음습한 나쁜 기운을 빨리 쓸어버리고. 천지를 깨끗이
　　　　　　　　　　　　개이도록 하여
登我百穀 莫非麻恩　　우리의 온갖 곡식들이 풍년들게 하는 것은 이 모두 신령의
　　　　　　　　　　　　은혜인 줄 아옵니다.

6. 신문, 잡지

1) 今日이 初伏(『東亞日報』1923年 7月 16日)

"정말 심한 더위는 이제부터 오겟다"

년래의 드무든 더위는 차점 차점 그 형세를 놉히기 시작하더니 마츰내 初伏이 돌아왔다.

금 십륙일은 음력 륙월 초삼일이니 더위의 첫 계단이 되는 [초복] 날이다.

작년의 제일 더웁는 온도가 이십일도오이엇스나 금년에 이르러서 초복도 되기 전에 이십도를 돌파하야 이십오도까지 이르럿는 일도 잇섯다. 과연 더위의 첫문이 열니는 금일 부터는 얼마나 더워질는지 [측후소원]의 말에는 더위도 더위려니와 금년 여름에는 일기가 너무 가무러서 더욱 더워진 것이라 한다.

【해설】이 기사는 초복의 무더운 더위에 대한 기사이다.

2) 今日이 初伏임니다(『동아일보』1924년 7월 20일)

오늘은 초복날이라 복이야기나 해보겟슴니다

[기사내용] (상략)…경일을 엇재서 복이라느냐 텬간(天干)을 오행(五行)으로 난호기를 甲乙은 木, 丙丁은 火, 戊己는 土, 庚辛은 金, 壬癸는 水라고 하지 안슴닛가 경이금인데 금이 여름에 한참심한 화긔를 맛나면 화극금(火克金) 오행상극하는 리치로 졸경을 치르게 된답니다. 그래서 납작업 드려버리니 업드릴 복(伏)자 복이랍니다.

경(庚)이 압서가는 형으로 엎드리니 ㅅ다러가는 아우 신(辛)이야 물론 말할 것도 업겟지요 그러닛가 가튼 金에 辛은 말하지 안는가 봅니다.

그러나 이 엎드리는 경(庚)이 영영 엎드리랴고 엎드리는것은 아니랍니다.

영국격언식(英國格言式)으로 말하면 일어나기 위하야 엎드리는 것이라고 할 것임니다. 그러키 ㅅ대문에 서늘한 바람이 불기 시작하야 남족 하늘에 기러기 소리 들니고 움물두덩에 오동입새 ㅅ더러지면 업드렷든 금이 닐어서서 『화극금! 불아 이리 오너라! 어듸 해보자』하고 나서기 시작한 답니다. 그러닛가 복날 금(金)의 경우는 장부(丈夫)남아(男兒)가 동정의 눈물을 흘릴 만합니다. (후략)

3) 今日初伏(『조선중앙일보』 1935년 7월 13일)

　　금 十三日은 음력으로 六月十三日 금년들어 첫 더위를 의미하는 [初伏날]이니 더위도 이제 本格的 무대에 드러슨다.

　　[中伏]은 양력七月二十三日(음력 六月 二十三日)이오 [末伏]은 양력八月二日 (음력 七月 四日)이니 이 三伏中이 이들 중에도 제일 무더운 때이라 여유잇는 한가한 사람들은 [복놀이]를 하야 이 더위를 이즈려는 풍습이 현재도 계속되여 나려 온다.

【해설】 이것은 복날에 복놀이를 하여 더위를 이기려는 풍습에 대한 내용이다.

4) 今日이 初伏(『동아일보』 1928년 7월 19일)

　　금 십구일은 음력 유월 삼일로 [初伏날]이니, 이로부터 삼복의 더위는 비롯된 다. '[초복]의 절기는 "벼(禾)"의 한 살되는 날이나' 아직까지 이앙도 못한 채로 '모ㅅ자리'에서 이날을 맞는 벼가 만타 하니 금년의 농형도 가히 짐작할 것이다.

【해설】 이 기사는 초복의 더위와 아직까지 이앙도 못 끝낸 농촌의 실상에 대한 것이다.

대서(大暑)【二十四節氣와 俗節】

○ 대서는 24절기 중에 열두 번째 해당되는 절기(節氣)이다.
○ 대서는 태양(太陽)의 황경(黃經)이 120°지점을 통과할 때이다.
○ 대서는 음력으로 6월 중에 들며 양력은 7월 23일 무렵에 든다.
○ 대서는 동지(冬至)로부터 213일째 되는 날이며,
○ 太歲는 甲午이고, 月建은 辛未이며, 日辰은 乙未이고, 節入時刻은 正午時이다.
○ 괘(卦)는 이(離) 구삼(九三)이다.

≪절입시간≫ 7월 22일 오후 6시 30분(正午時) [2016년]
　　　　일출(日出) = 오전 5시 28분[주(晝) = 14시간 21분]
　　　　일입(日入) = 오후 7시 49분[야(夜) = 9시간 39분]

≪기후표≫(『高麗史』卷第50, 志4, 曆 宣明曆 上)
　【원문】大暑 六月中 離九三 腐草爲螢 土閏溽署 大雨時行
　대서는 6월 중기이다. 괘는 리93이다. 초후에 썩은 풀에서 반딧불이 생긴다.
　차후에 흙에서 습기가 차며 무덥다. 말후에 큰비가 내리기 시작한다.

　대서의 뜻은 "큰 더위"란 뜻이다. 무더위를 '삼복'으로 나누어 '소서'와 '대서'라는 큰 명칭으로 부른 것은 무더위에 대한 경각심을 깨우쳐주기 위함이다.
　우리나라에서는 이 시기가 대개 중복 때로 장마가 끝나고 더위가 가장 심하게 기승을 부리는 시기를 말한다.

1. 이칭(異稱)과 속담(俗談)

1) 이칭(異稱)은 특별한 점이 발견되지 않고,

2) 속담(俗談)은 예부터 대서에는 더위 때문에 "염소 뿔도 녹는다"는 속담이 있다.

2. 옛날 기록

1) 箕子祠 祭祀(『高麗史』卷63, 志17, 禮 吉禮 雜祀)
　【원문】恭愍王 五年 六月 令平壤府 修營箕子祠宇 以時致祭

【해설】공민왕 5년 6월에 평양부로 하여금 기자사우를 수리하여 때마다 치제하게 하였다.

2) 頒氷(『高麗史』 卷6, 世家6, 靖宗 2年 6月 壬申日)

【원문】壬申 有司奏 門下侍中致仕庚方等十七人 請限立秋 每十日一賜氷 從之

【해설】임신일에 유사가 아뢰기를 "문하시중으로 치사한 유방 등 17인에게는 입추절까지 한하여 매 십 일에 1회씩 얼음을 내려주기를 청합니다" 하니, 왕이 따랐다.

3) 산천제사(『高麗史』 卷63, 志17, 禮 吉禮 雜祀)

【원문】忠烈王元年 六月戊辰 遣使于忠淸慶尙全羅東界等道 遍祭山川

【해설】충렬왕 원년 6월 무진일에 충청, 경상, 전라, 동계 등의 도에 사신을 보내어 두루 산천에 제사 지냈다.

4) 圖說(『增補文獻備考』 卷3 象緯考3 儀象 圖說條)

【원문】圖說曰 大暑 昏房曉壁中

【해설】대서(大暑)에는 초저녁에 방수(房宿), 새벽에 벽수(壁宿)가 남중한다.

3. 詩文(시문)

1) 大暑(蔡之洪, 『鳳巖集』 卷2, 詩)

火龍燒九宇　화룡(火龍)이 온 세상을 불태우니
萬衆洪爐中　만물이 뜨거운 화로 속에 있도다.
月裏吳牛喘　달만 떠도 오나라 소는 헐떡거리고
田間忝苗芄　밭 사이에는 묘 싹이 자라네.

2) 大暑日夜吟(趙泰億, 『謙齋集』 卷18, 詩)

대서일 밤에 읊다
積雨逢晴景　장마 뒤에 맑은 햇빛을 보니
高樓得月光　높은 누대에서 달빛을 즐긴다.
天時方大暑　때는 바야흐로 대서를 맞아

夜氣忽微凉　밤기운이 문득 시원해졌네.
與客評詩細　손님과 자세히 시를 평하고
留僧打語長　스님과 그저 그런 얘기 길어지네.
明朝還擾擾　이튿날이면 또 분주할 것이니
薄牒更堆床　서류 더미가 서안에 가득 쌓였다네.

3) 何日寓中臺寺(柳成龍, 『西厓先生文集』 卷2, 詩)

여름날 중대사에 머물다.
寺倚千尋壁　절은 천 길의 절벽에 기대었고
窓迎萬里風　창은 만 리의 바람을 맞이하네.
川原看浩渺　내와 들은 볼수록 아득하고
碧樹俯玲瓏　푸른 숲은 굽어볼수록 영롱하네.
大暑何曾逼　大暑가 어찌 가까이 오겠는가?
仙區若可通　신선의 경지와도 통할 듯하네.
便堪逃火宅　쉽게 火宅을 피할 듯하니
憂思暫時空　근심 걱정 잠시는 잊을 수 있네.

중복(中伏)【二十四節氣와 俗節】

○ 中伏은 節氣(節侯)가 아니고 俗節이다.
○ 太歲는 乙未이고, 月建은 癸未이고, 日辰은 庚子이다.

《해 뜨고 달 뜨는 시간》
○ 해 뜨는 시간은 오전 5시 28분이고, 해 지는 시간은 오후 7시 49분이다.
○ 달 뜨는 시간은 오후 11시 59분이며, 달 지는 시간은 오전 11시 36분이다.
○ 中伏은 속절이므로 절입시간이 없다.

《복날을 정하는 법》
○ 伏은 태양태음력에서 황경의 기울기를 춘분점(春分點)을 0°로 하여 한 절기를 15°씩 하여 1년을 24등분한 절기 중에 "황경이 정90°에 이르는 하지점(夏至點)"을 기준하여 십간(十干)의 庚日이 세 번째 돌아오는 날을 초복(初伏)으로 네 번째 경일이 중복(中伏)으로 입추 후 첫 경일을 말복(末伏)으로 20일이 경과하게 정한 것이다.

1. 이칭(異稱)과 속담(俗談)

1) 伏을 말할 때 금년은 "매복(每伏)이지" 또는 금년은 "월복(越伏)이 들어 여름이 길지" 등으로 말한다.

2) 이칭은 경금(庚金), 삼경일(三庚日 : 삼복더위를 달리 부르는 말)이다.

3) 속담
 - 복날 개 패듯 한다.
 - 삼복에 비가 오면 보은 처자가 울겠다.
 - 복날 팥죽 먹으면 더위 먹는 병이 없다(伏日食豆粥云無暑病).
 - 복날은 개국을 먹는다(伏日食戌羹).
 - 능금과 마늘, 소주는 더위병을 치료한다(檎蒜火酒治暑症).

2. 풍속, 놀이와 음식

1) 藥水浴(약수로 목욕하기)[崔永年(1856~1935), 『海東竹枝』]
 【원문】舊俗 六月伏日 婦人沐髮於藥水 古則玉溜洞 近則貞陵 逍風祛癘 年年爲

例 名之曰 ≪물맞는다≫

【해설】옛 풍속에 6월 복날 부녀자들이 약수에 머리를 감았다. 예전에는 옥류동으로 갔지만 근래에는 정릉으로 간다. 풍이 없어지고 부스럼이 낫는다고 하여 해마다 행하는 것이 전례가 되었으니, 이를 ≪물맞는다≫라고 한다.

2) 食狗曜(개장국 먹기) [崔永年(1856~1935), 『海東竹枝』]

【원문】舊俗 伏日 食狗羹 名之曰≪복놀이≫

【해설】옛 풍속에 복날 개장국을 먹으니, 이를 ≪복놀이≫ 라고 한다.

3) 음식

　○개장국(戌羹)

許浚의 『東醫寶鑑』에 "개고기는 五臟을 편안하게 하며 혈맥을 조정하고 장과 위를 튼튼하게 하며 골수를 충족시켜 허리와 무릎을 따뜻하게 하고 陽氣를 일으켜 氣力을 增進시킨다."라는 기록이 있다.

　○육개장

『서울잡학사전』에 중국에서는 양고기를 끓이고 염소고기를 구워 먹었으나 우리나라는 양이나 염소가 귀하므로 대신 "개"를 잡아 장국을 끓여 먹었다. 또한 개고기를 못 먹는 이를 위해 생각해 낸 것이 쇠고기로 흡사 개장처럼 끓이는 "육개장"이라고 하였다.

　○팥죽

『한양세시기(漢陽歲時記)』에 "삼복에는 개장국이나 팥죽을 먹으니 더위를 피할 수 있기 때문이라고 한다."라고 하였다. 이날 팥죽을 쑤어 먹으면 더위를 먹지 않고 질병에도 걸리지 않는다고 하여 초복부터 말복까지 먹는 풍속이 있었다. 팥죽은 벽사(辟邪)의 효험이 있다고 믿었기 때문에 무더운 복날에 惡鬼를 쫓고 無病을 기원하는 뜻에서 유래한 풍속이다.

　○개장국, 삼계탕(蔘鷄湯), 닭죽(鷄粥), 복죽(伏粥), 어죽(魚粥) 등

3. 옛날 기록

1) 삼복(三伏) (『東國歲時記』)

【원문】按史記 秦德公二年 初作伏祀 磔狗四門以禦蟲災 磔狗卽伏日故事 而今俗

因爲 三伏佳饌

【해설】『사기(史記)』에 진덕공 2년에 복(伏)제사를 지내는데 성안 사대문에서 개를 잡아 충재를 막았다고 했다. 그러므로 개 잡는 일이 복날의 옛 행사요, 오늘날에도 개장을 삼복중에 가장 좋은 음식으로 친다.

2) 伏日(『洌陽歲時記』)

【원문】烹狗爲羹以助陽 煮豆粥以禳癘

【해설】개를 잡아 삶아서 국을 끓여 양기를 돕고, 팥죽을 쑤어 뿌려서 못된 병인 여역을 예방한다.

3) 伏(『京都雜誌』)

【원문】磔狗卽伏日故事 而今俗遂食之

【해설】개를 잡는 것은 곧 복날의 고사인데, 지금 풍속에도 이날 개장을 끓여 먹기를 즐긴다.

4) 時令部 節序條(『芝峯類說』)

정효(程曉)의 伏日詩에 말하기를, "평소의 삼복 때에는 언제나 한길에 지나가는 수레가 없었다. 문을 닫고 더위를 피하여 누웠으니 드나들며 서로 찾는 일이 없었다. 지금 세상에서는 미련하고 분수를 가리지 못하는 사람들이 불같은 더위를 무릅쓰고 남의 집을 찾아가니 주인은 손님이 왔다는 말을 듣고 얼굴을 찡그리며 이 일을 어찌할까 하고 불쾌해 한다."고 하였다.

5) 官吏給暇(『高麗史』卷84, 志38, 刑法 公式 官吏給暇)

【원문】三伏(三日)

【해설】삼복에는 관리에게 3일의 휴가를 준다.

4. 시문(詩文)

1) 개고기(金鍾厚, 『本庵集』卷1, 詩)

【원문】綠雲軒 伏日會同里 以樂與數晨夕 分韻

【해설】녹운헌(綠雲軒)에서 복날에 동리와 만나 즐겁게 며칠 동안 함께 지내며 운을 나누어 시를 지었다.

小軒臨淸池	조그만 정자가 맑은 샘에 임하니
蓮短浦繞嶼	연꽃은 짧고 부들은 섬을 둘러 쌓네.
積雨天初晴	잇달아 내리던 비 지금 막 개었고
雲影澹容與	구름 그림자는 맑게 비치네.
野老扶杖至	시골 늙은이 지팡이 짚고 오고
冠童從有序	젊은이들은 순서대로 정해 앉네.
鄕國有舊서	시골 마을에 풍속이 남아 있어
狗胏以禦暑	개고기(狗胏)를 먹으며 더위를 막네.
與君共歡飽	그대와 함께 즐겁게 배를 불리니
新詩亦可語	새로운 시 또한 말할 수 있겠나.

2) 中伏夜舟中望月(權斗經, 『蒼雪齋集』卷5, 詩)

중복날 밤에 배를 타고 달을 바라보다.

舟泊黃江大漲餘	황강에 배를 대니 물결은 넘실대고
枕樓遙望月波사	누대를 베고 먼 곳 바라보니 달 비친 물은 잔잔하도다.
日當中伏蒸炎捲	오늘이 바로 중복날인데 더위는 걷혀
夜近三更積雨除	밤에 삼경이 되어 장맛비도 그쳤네.
貝闕龍宮相照耀	패궐과 용궁은 서로 비춰 빛을 내는데
心源氣宇共澄虛	마음속에 근원과 氣의 집은 모두 맑고 비게 되네.
浩然獨立篷窓畔	호연히 홀로 쑥대 창가에 서 있으려니
却似鴻濛未判初	안개가 자욱한 것이 우주가 음양으로 나누어지기 전과 같네.

3) 濯足(閑中十詠) (蘇世讓, 『陽谷先生集』卷5, 詩)

탁족

幾度步花甎	몇 번인가 화전(花甎)을 걷다가
曾經踏舞筵	춤추는 자리를 밟고 지나간 적이 있네.
生嗔塵土涴	살면서 세속이 더럽다고 성냈는데
踞洗煮山泉	자산천에서 웅크리고 발을 씻네.

5. 신문, 잡지

1) 今日이 中伏日(『동아일보』 1920년 7월 31일)

【원문】"금일이 중복일" 더위의 마루턱을 엇더케 마저 볼가

상략…긔구 조흔 이는 『민어』 마리나 사고 소주병이나 준비하여 힌쌀과 보드러운 미역이나 실녀가지고 삼천동 골작운이나 혹은 장츈단 시내가에 가서 맑고 맑은물에 탁족도 할 것이요 이것저것을 다귀치 안케 아는 이라도 그릭도 이름 다른 날이라고 조그마한 표주박이나마 하나를 들고 새문밧 『악바골』이나 혹은 재동 『취운정』 약물터에라도 차저가서 더위와 물것에 삐친 몸을 서늘한 그늘과 맑고 찬 약물로서 위로하기를 사양치 안을 것이다.

【해설】 이 기사는 복날에 삼청동이나 약물터에서 물을 마시고 미역국과 소주를 즐기는 풍속이라는 내용이다.

2) 今日中伏(『동아일보』1928년 7월 29일)

【원문】 오늘이 중복(中伏)!! 이만하면 금년 더위도 점점 지터가는 것가트다. 금 이십구일이 중복이오 말복전으로 립추(立秋)가 갓가워오니 이만하면 찌는 듯한 더위에 서늘한 녀름 구름도 지금이 한창 제멋대로 이리뭉게 저리뭉게 떠 잇서 녀름의 한 운치를 도드울 것이다.

【해설】 이 기사는 중복의 더위와 입추의 예고에 대한 내용이다.

3) 昨日은 中伏(『東亞日報』1924年 7月 31日)

◉작년보다 더 더웁다.

작일은 中伏인데 溫度는 구십일도로 작년 중복(칠월 이십륙일)의 팔십오도에 비하면 륙도나 놉흔바 그라유는 방금 조선에는 고긔압(高氣壓)으로 日射가 강한 까닭이라더라.

【해설】 이 기사는 중복의 더위에 대한 것이다.

4) 今日이 中伏(『東亞日報』1925年 7月 25日)

◉더위도 한창

어느듯 三伏 디경의 더위라니!! 비가 지나간 뒤로 수삼일을 연하야 불을 퍼붓는 듯시 무섭게도 더위가 왓섯다. 일년치고 제일 뜨거운 곱해가 삼복이요 삼복 중에도 中伏이라 한다. 금 이십오일 庚戌日이 중복날인데 이 압흐로 얼마동안이나 더위에 성화를 밧게될는지!!

◇ 昨日最高溫度 八八度六七分.

【해설】 이 기사는 중복의 뜨거운 더위에 대한 것이다.

입추(立秋)【二十四節氣와 俗節】

○ 立秋는 7月의 節氣이고, 處暑는 7月의 中氣이다.
○ 입추는 24절기 중에 열세 번째 절기이며,
○ 입추는 태양의 황경이 135°일 때이다.
○ 입추는 동지로부터 229일째 되는 날이다.
○ 입추는 대서와 처서의 사이에 들어 있으며,
○ 7月의 대표적인 명절로는 칠석(七夕)과 백중(百種, 中元)이다.
○ 太歲는 乙未이고, 月建은 癸未이며, 日辰은 丙辰이고, 節入時刻은 正寅時이다.
○ 괘(卦)는 이(離) 구사(九四)이다.

≪입추의 뜻과 유래≫

○ 가을에 접어들었음을 알리는 절기이다.
○ 이날부터 입동(立冬) 전까지를 가을(秋)이라고 한다.
○ 7月의 절기로는 입추(立秋)와 처서(處暑)이고,
○ 대표적인 명절로는 칠석(七夕)과 백중(百種, 中元)이 있다.

≪절입시각≫ 8월 7일 오전 10시 53분(正寅時) [2016년]

　　　일출(日出) = 오전 5시 41분[주(晝) = 13시간 53분]
　　　일입(日入) = 오후 7시 34분[야(夜) = 10시간 7분]

≪기후≫ (宣明曆) 立秋(『高麗史』 卷50, 志4, 曆 宣明曆 上)

　　【원문】立秋 七月節 凉風至 白露降 寒蟬鳴
　　입추는 七月 절기이다. 初候에 서늘한 바람이 불어온다. 次候에 이슬이 내린다.
　　末候에 쓰르라미가 운다.

≪七月節 氣候(授時曆)≫ (『高麗史』 卷51, 志5, 曆2 授時曆 經 上)

　　【원문】立秋七月節 處暑七月中 凉風至 白露降 寒蟬鳴 鷹乃祭鳥 天地始肅 禾乃
　　登
　　【해설】입추는 칠월의 절기이며, 처서는 칠월의 중기이다. 서늘한 바람이 불어
　　오고, 흰 이슬이 내린다. 쓰르라미(寒蟬)가 울며, 매가 새를 잡아 제 지낸다.
　　천지에 가을 기운이 돌고, 곡식들이 익어간다.

1. 이칭, 풍속음식과 전설, 속담, 행사와 놀이

1) 7월의 이칭(異稱)

○ 초추(初秋), 맹추(孟秋), 신추(新秋), 상추(上秋), 양월(凉月), 냉월(冷月), 동월(桐月), 유화(流火), 과월(瓜月), 선월(蟬月), 상월(相月), 조월(棗月), 신월(申月).

○ 7월의 節氣는 立秋와 處暑이며,

○ 7월의 대표적인 名節은 칠석(七夕)과 백중(百種, 中元)이 있다.

2) 7월의 속담(俗談)

- "어정 칠월"이요, "동동 팔월"이다.
- 입추 때는 벼 자라는 소리에 개가 짖는다.
- 칠월에 온 머슴이 주인마누라 속곳 걱정한다.
- 칠월 장마는 꾸어서 해도 한다.
- 게으른 놈 7월에 후회한다.

3) 기청제(祈晴祭)(金逈洙,『農家十二月俗詩』7月條)

입추는 7월의 절기로서 이날부터 입동 전까지를 가을이라고 한다. 이 시기는 벼가 한창 익어가는 절기에 해당하여 맑은 날씨가 계속되어야 하기 때문에 입추가 지나서 비가 닷새 동안만 계속돼도 옛 조정이나 각 고을에서는 비를 멈추게 해 달라는 기청제(祈請祭)를 올리기도 하였다.

4) 호미씻기 잔치(洗鋤宴)(崔永年,『海東竹枝』7月條)

【원문】舊俗七月中旬 自郊外遍于各地 鋤禾己畢 酒餅相樂名之曰-호미씨시

【해설】옛 풍속에 칠월 중순이 되면 서울 교외에서부터 각 지방에 이르기까지 논매는 일이 다 끝난다. 이때에 술과 떡을 마련하여 함께 즐기니, 이를 "호미씻기"라고 한다.

5) 풋국(草宴)(『韓國歲時風俗辭典』가을編 7月條)

○ 경상도는 풋굿, 강원도는 질먹기, 전라도는 술멕이, 충청도는 두레먹기, 경기도는 호미걸이 등으로 호칭되고 있으나, 모두 같은 내용이라고 볼 수 있다.

○ 놀이 내용은 첫째로, 시기로는 7월 칠석날을 전후로부터 백중날(7월 15일 中元) 전후까지 행하여지며, 둘째로, 참가자는 주로 마을 내 농사일을 주동하던

머슴, 일꾼 등이 주축이며, 셋째로, 음식으로는 술 한 단지, 부침개 한 두레 (호박전, 파전, 메밀전병, 밀전병, 호박부꾸미 등)이며, 과일로는 주로 수박과 참외, 복숭아가 나온다. 넷째로, 놀이 방법으로는 그 마을에서 가장 일을 잘 하는 상일꾼이 소를 타고, 징, 장구를 울리는 풍물 팀을 앞세우고, 뒤에는 참 가자 모두가 따르며 마을 들판을 한 바퀴 도는 것으로 시작하여 술과 음식으로 하루를 즐기며 농사일에 수고가 많은 일꾼들을 '위로'하는 농촌놀이의 하나이다.(경북 북부 지역의 사례)

2. 옛날 기록

1) 沃沮-童女沈海(『三國志』卷30, 魏書 東夷傳 東沃沮)

【원문】 其俗 常以七月 取童女沈海

【해설】 그 풍속에 해마다 칠월이면 여자(童女)아이를 구하여 바다에 집어넣는다.

2) 月令 七月令(『禮記』月令 第六)

【원문】 孟秋之月 日在翼 昏建星中 涼風至 白露降 寒蟬鳴 鷹乃祭鳥 用始行戮 是月也 農乃登穀 天子嘗新 先薦寢廟

【해설】 맹추의 달은 진이 익성에 있고, 저녁에는 건성이 남방의 중앙에 있다. 서늘한 바람이 불어오고, 백로가 내리고, 쓰르라미가 울며, 매가 새를 제사 지 낸다. 쌀쌀한 가을 기운이 넘치므로 비로소 형육(刑戮)을 시행한다. 이달에 농부 는 햇곡을 진상한다. 천자는 시식하기 전에 먼저 침묘에 바친다.

3) 新羅-始祖廟祭祀(『三國史記』卷2, 新羅本紀2, 助賁尼師今 元年)

【원문】 秋七月 謁始祖廟

【해설】 가을 7월에, 시조묘에 배알하였다.

4) 新羅-靈星祭祀(『三國史記』卷32, 雜志1, 祭祀)

【원문】 立秋後辰日 本彼遊村祭靈星

【해설】 입추 후 辰日에는 本彼部의 遊村에서 靈星에 祭祀를 지낸다.

5) 新羅-後農祭祀(『三國史記』卷32, 雜志1, 祭祀)

【원문】 立秋後亥日 蒜園祭後農(檢諸禮典 只祭先農 無中農後農)

【해설】입추 후 해일에는 산원에서 후농에 제사 지낸다.(여러 예전을 검토해보니, 단지 선농에만 제사 지내고 중농과 후농은 없다.)

6) 新羅-山川祭(『三國史記』卷1, 新羅本紀1, 婆娑尼師今 30年)

【원문】秋七月 蝗害穀 王遍祭山川 以祈禳之 蝗滅有年

【해설】가을 7월에, 누리가 곡식을 해함으로 왕이 두루 산천에 제사 지내어 그것을 물리치도록 비니 누리가 없어져 풍년이 들었다.

7) 高句麗-사냥(『三國史記』卷14, 高句麗本紀2, 閔中王 3年)

【원문】秋七月 王東狩獲白獐

【해설】가을 7월에, 왕이 동으로 사냥을 나가 흰 노루를 잡았다.

8) 백제-사냥(『三國史記』卷25, 百濟本紀2, 辰斯王 7年)

【원문】秋七月 獵國西大島王親射鹿 八月 又獵橫岳之西

【해설】가을 칠월에는 나라의 서쪽에 있는 큰 섬에서 사냥하였는데, 왕이 친히 사슴을 쏘았다. 8월에는 또 횡악의 서쪽에서 사냥하였다.

9) 高麗-官吏給暇(『高麗史』卷84, 志38, 刑法 公式 官吏給暇)

【원문】立秋(一日)

【해설】입추에는 관리에게 하루 휴가를 준다.

10) 高麗-賑恤(『高麗史』卷80, 志34, 食貨 賑恤 水旱疫癘 賑貸制)

【원문】肅宗七年 命有司 設食賜飢民 限自四月 至立秋

【해설】숙종 7년에, 유사에게 명하여 음식을 준비하여 굶주리는 백성들에게 4월부터 입추에 이르기까지 하사하게 하였다.

3. 詩文(시문)

1) 七月 月餘農歌(金逈洙, 農家十二月俗詩)

時維孟秋爲相月　　때는 바로 맹추이니 상월이라 일러오고
立秋處暑是二節　　입추 처서 두 절기가 이달에 들어있다.
六候凉風白露降　　육후의 현상으로 시원한 바람 불고 흰 이슬 내리며

鷹方祭鳥蟬聲咽　매는 새를 잡고 매미는 목메어 울고
天地始肅禾乃登　온 천지가 고요하고 밭곡식이 익어간다.
今年穡事政何如　금년농사 헤아리니 작황 어찌되었던가.(후략)

2) 立秋(蔡之洪, 『鳳巖集』 卷2 詩)

大火西流下　큰 유성들이 서쪽으로 내리니
商焱氣颯如　가을바람은 오싹하게 시원하다.
豸冠除拜日　치관(豸冠)을 쓰고 재배하는 날이
鷹準奮揚初　새매(鷹準)가 날개를 떨치고 나는 때이리.

3) 立秋六月二十三日(金宗直, 『佔畢齋集』 卷7 詩)

입추가 23일에 들다.

主葉落庭際　규엽은 마당가에 떨어질 때
還驚斗指申　북두기 신방 가리킴에 다시 놀랐네.
腰間緘竹使　허리에 죽사부를 봉해 찼는데
日下戀楓宸　천하의 풍신(楓宸.궁궐)이 그립네.
歲事暘兼雨　한해의 일은 볕 나고 비 오는 것이니
塵懷故復新　묵은 회포는 옛것과 새것이네.
呼燈看一札　등잔 가져다 한 서찰을 보니
堯舜讓爲仁　요순은 사양으로 인정을 베풀었네.

4) 立秋日作(權擘, 『習齋集』 卷4 詩)

입추일에 짓다.

曉日隨和中　새벽에 和仲을 따라
雷聲送祝融　천둥소리는 축융(祝融, 불의 신)을 보내네.
人間猶暑雨　인간 세상은 아직도 여름비가 내리는데
天上己秋風　하늘에는 이미 가을바람이 부네.
淨洗庭前草　뜰 앞에 잡초를 깨끗이 씻으니
潛催井上桐　몰래 우물가 오동나무를 재촉하네.
新凉蘇肺病　시원한 기운이 폐병을 소생케 하니
藥餌欠全功　약물은 그다지 효험이 없네.

4. 『농가월령가』七月章[丁學游(정학유, 1786~1855)]

칠월은	孟秋이니	立秋處暑	절기라네
火星은	西流하고	尾星은	중천에떠
늦더위	있다한들	계절순서	속일쏘냐
비밑도	가벼웁고	바람끝도	다르구나
가지위의	저매아미	무엇으로	배를불려
공중에	맑은소리	다투어	자랑는가
칠석에	견우직녀	이별눈물	비가되어
섞인비	새로개고	오동잎	떨어질때
눈썹같은	초승달은	서천에	걸렸구나
슬프다	농부들아	우리일	거의라네
얼마나	남았으며	어떻게	되었던가
마음을	놓지마소	아직도	멀고멀다
골거두어	김매기와	벼포기에	피고르기
낫벼려	두렁깎기	선산에	벌초하기
거름풀	많이베어	더미지어	모아놓고
자채논에	새보기와	오조밭에	정의아비
밭가엔	길도닦고	복사모래	처올리소
살지고	연한밭에	거름하고	익게갈아
김장할	무우배추	남먼저	심어놓고
가시울	진작막아	서실함이	없게하소
부녀들도	헴이있어	앞일을	생각하소
베짱이	우는소리	자네를	위함이라
저소리	깨쳐듣고	놀라쳐	다스리소
장마를	겪었으니	집안을	돌아보소
곡식도	거풍하고	의복도	포쇄하소
명주오리	이어뭉처	생량전	짜아내고
늙으신네	기쇠하니	환절때를	조심하여
찬기운이	가까운이	의복을	유의하소
빨래하여	바래이고	풀먹여	다듬을때
달밑에	방치소리	소리마다	바쁜마음
실가의	골몰함이	한편으론	재미라네

채소과일 　흔할적에 　저장을 　생각하여
박호박 　고지켜고 　외가지 　짜게절여
겨울에 　먹어보소 　귀물이 　아니되랴
면화밭 　자주살펴 　올다래 　피었는가
가꾸기도 　하려니와 　거두기도 　달렸다네.

말복(末伏)【二十四節氣와 俗節】

○ 말복(末伏)은 절기(節氣)가 아니고 속절(俗節)이다.

○ 말복은 입추 후에 돌아오는 첫 번째 庚日이 말복이다.

○ 立秋가 늦게 들어서 庚日을 하나 건너뛰게 되면 20일 만에 末伏이 온다. 이를 월복(越伏)이라고 한다.

《해 뜨고 달 뜨는 시간》

　○ 해 뜨는 시간은 오전 5시 46분이고, 해 지는 시간은 오후 7시 28분이다.

　○ 달 뜨는 시간은 오후 3시 25분이며, 달 지는 시간은 오전 5시 41분이다.

　○ 末伏은 속절이므로 절입시간이 없다.

《경금(庚金)》에 대하여

　○ 말복은 24절기가 아니고 속절이므로 복날의 어원과 유래는 초복과 중복에 설명하였으므로 생략하고, 경금(庚金)에 대한 천간(天干)을 설명하면 십간(十干) 중에 경일을 복날로 삼은 까닭은 경(庚)은 속성상 약(弱)하고, 오행으로 볼 때 금(金)이며, 계절로는 가을을 상징하기 때문이다 금(金)은 사계절 중 가을이기 때문에 금(金)의 기운이 내장되어 있는 경일(庚日)을 복날로 정해 더위를 극복하라는 뜻이다.

1. 7월의 이칭(異稱)과 속담(俗談)

1) 7월의 이칭(異稱)

초추(初秋), 맹추(孟秋), 양월(凉月), 냉월(冷月), 동월(桐月), 신추(新秋), 상추(上秋), 유화(流火), 처서(處暑), 과월(瓜月), 선월(蟬月), 만염(晩炎), 조월(棗月), 신월(申月)

2) 삼복의 속담(俗談)

　- 복날 개 패듯 한다.

　- 삼복에 비가 오면 보은처자가 울겠다.

　- 삼복지간에는 입술에 붙은 밥알도 무겁다.

　- 초복날 소나기는 한고방의 구슬보다 낫다.

　- 6월 저승이 지나면 8월 신선이 온다.

- 6월 장마에는 돌도 큰다.
- 6월 개띠는 잘 산다.
- 게으른 놈 7월에 후회한다.

3) 風俗과 飮食(『東國歲時記』 7月條 三伏)

　○ 개고기-충재(蟲災)

【원문】 按史記 秦德公二年 初作伏祠 磔狗四門以禦蟲災 磔狗卽伏日故事 而今俗因爲三伏佳饌

【해설】『史記』에 진덕공 2년에 처음으로 복제사를 지냈는데 성안 사대문에서 개를 잡아 충재(蟲災)를 막았다고 했다. 그러므로 개 잡는 일이 곧 복날의 옛 행사요, 오늘날에도 개장을 삼복중에 가장 좋은 음식으로 친다.

　○ 豆粥(팥죽)

【원문】 煮赤小豆粥以爲食 三伏皆如之

【해설】 붉은 팥으로 죽을 쑤어 무더운 복중에 먹는다. 이것은 악귀를 쫓으려는 데서 나온 것이다.

2. 옛날 기록

1) 沃沮-童女沈海(『三國志』 卷30, 魏書 東夷傳 東沃沮)

【원문】 其俗 常以七月 取童女沈海

【해설】 그 풍속에 해마다 7월이면 여자아이(童女)를 구하여 바다에 집어넣는다.

2) 新羅-始祖廟 祭祀(『三國史記』 卷2, 新羅本紀2, 助賁尼師今 元年)

【원문】 秋七月 謁始祖廟.

【해설】 가을 7월에, 시조묘에 배알하였다.

3) 新羅-靈星祭祀(『三國史記』 卷32, 雜志1, 祭祀)

【원문】 立秋後辰日 本彼遊村祭靈星

【해설】 입추 후 진일에는 본피부(本彼部)의 유촌에서 영성에 제사 지낸다.

4) 高句麗-사냥(『三國史記』 卷14, 高句麗本紀2, 閔中王 3年)

【원문】 秋七月 王東狩獲白獐

【해설】 가을 7월에, 왕이 동으로 사냥을 나가 흰 노루를 잡았다.

5) 百濟-사냥(『三國史記』卷25, 百濟本紀3, 辰斯王 7年)

【원문】 秋七月 獵國西大島 王親射鹿 八月 又獵橫岳之西

【해설】 가을 7월에는 나라의 서쪽에 있는 큰 섬에서 사냥하였는데 왕이 친히 사슴을 쏘았다. 8월에는 또 횡악의 서쪽에서 사냥하였다.

6) 伽倻-首露王 祭祀(『三國遺事』卷2, 駕洛國記)

【원문】 此中更戱樂思慕之事 每以七月二十九日 土人吏卒陟乘岾 設帷幕 酒食歡呼而東 西送目 壯健人夫分類以左右之 自望山島 駮〈駿〉蹄駸駸 而競湊於陸 鷁首泛泛 而相推於水 北指古浦而爭趨 盖此昔留天神鬼等望后之來 急促告君之遺迹也

【해설】 이중에 또 유희와 오락으로서 수로왕을 사모해서 하는 놀이가 있다. 매년 7월 29일엔 이 지방 사람들과 서리 군졸들이 승점(乘岾) 고개에 올라가서 장막을 치고 술과 음식을 먹으면서 즐겁게 논다. 이들은 동서쪽으로 서로 눈짓을 하며 동서로 두목을 내보내어 건장한 인부들을 좌우로 나뉘어서 한편은 망산도(望山島)에서 말발굽을 급히 육지를 향해 달리고, 다른 한편은 뱃머리를 둥둥 띄워 물위로 서로 밀면서 북쪽 古浦를 향해서 다투어 달리니, 이것은 대개 옛날에 유천(留天)과 신귀(神鬼) 등이 허왕후(許王后)가 오는 것을 바라보고 급히 수로왕에게 아뢰던 옛 자취이다.

나룻배(김홍도 풍속도 화첩)
출처 : 국립중앙박물관

7) 『增補文獻備考』象緯考3, 儀象2 圖說

【원문】立秋昏尾 曉奎中

【해설】입추에는 초저녁에는 미수(尾宿), 새벽에는 규수(奎宿)가 남중한다.

8) 『東國歲時記』三伏

【원문】晉州俗 是月晦日 士女出江邊 爲陷城□除 遠近來會觀者 如市 盖昔倭亂 以是日 陷城故也 歲以爲常.

【해설】진주 풍속에 이달 그믐날에는 남녀들이 남강가에 나가서 임진왜란 때 성이 함락되면서 순국한 이의 영혼을 달래고 또 그 원통함을 씻어주기 위한 위령제를 지낸다. 그때에는 구경꾼들이 원근에서 떼를 지어 몰려와 사람의 시장을 이루는데 이것은 연례행사가 되고 있다.

9) 名節風俗 『海東竹枝』(崔永年(1856~1935), 『海東竹枝』)

○ 藥水浴(약수로 목욕하기)

【원문】舊俗 六月伏日 婦人沐髮於藥水 古則玉溜洞 近則貞陵 逍風겁癬 年年爲 例 名之曰 ≪물맞는다≫

【해설】옛 풍속에 6월 복날 부녀자들이 약수에 머리를 감았다. 예전에는 옥류동 으로 갔지만 근래에는 정릉으로 간다. 풍이 없어지고 부스럼이 낫는다고 하여 해마다 행하는 것이 전례가 되었으니, 이를 ≪물맞는다≫ 라고 한다.

○ 食狗曋(식구학, 개장국 먹기)

【원문】舊俗 伏日 食狗羹 名之曰 ≪복놀이≫

【해설】옛 풍속에 복날 개장국을 먹으니, 이를 ≪복놀이≫라고 한다.

3. 시문(詩文)

1) 與童子二人 濯足前溪(柳成龍, 『西厓先生文集』卷2 詩)

동자 두 명과 함께 앞 시내에서 발을 씻다.

濯足淸溪弄溪水　　맑은 시냇가에서 발을 씻고 시냇물 튕기며
人携童子步溪沙　　동자 이끌고 냇가의 모래판 거닐어 보네.
山深樹密無人見　　산 깊고 숲은 울창하여 보는 사람 없는데
處處新開石竹花　　곳곳마다 새로이 석죽화(石竹花)가 피네.

2) 三伏避暑(柳根, 『西坰詩集』 卷2 七言絶句)

三伏避暑(삼복피서)

病暑雄辭最崛奇　　혹서에 기백 넘치는 글이 가장 뛰어나니
東南西北去何之　　동서남북 어디로 가야 하나?
高亭一片淸凉界　　높은 정자 한편의 청량한 세계에서는
不識人間六月時　　인간 세상에 6월의 때가 있는지 알지 못하네.

3) 玉河館 遇伏日(崔錫鼎, 『明谷集』 卷5 詩 自悔錄)

옥하관에서 복날을 맞이하다.

重軒來尋好　　중간이 잘 찾아오니
殊隣久講平　　낯선 이웃과 오랫동안 조용히 이야기하네.
自關憂國念　　스스로 나라를 걱정하는 마음 닿아걸고
遑恤望鄕情　　급하게 고향을 바라는 정을 불쌍히 여기네.
倦脚胡床歇　　게으른 다리를 호상에서 쉬고
煩懷伏雨淸　　번잡한 생각 베개에서 사라지네.
坐看墻影暮　　앉아서 울타리 그림자 저문 것 보고
知了幾陰晴　　해 비치고 해 지는 것 순간임을 알듯하네.

4. 신문, 잡지

1) "금일이 말복"(『동아일보』 1925년 8월 14일)

【원문】오늘이 말복(末伏)!! 하지를 지나 세번째 경(庚)이 초복이오, 네번째 경이 중복 이오, 입추를 지나서 처음경이 말복이라는 삼복의 마지막인 말복이 오늘임니다. 삼복의 더위라는 그 더위도 인제는 끗이나고 매암이 소리 시원한 가을바람이 불어옵니다.

【해설】이것은 말복으로 더위를 다 지내고 가을을 맞는 것에 대한 기사이다.

2) "末伏과 立秋"(『동아일보』 1928년 8월 8일)

【원문】오늘이 음력으로는 이십삼일. 이날이 더위의 고비되는 말복이오 또 립추의 절기이다. 논의 나락도 오늘이 세 살되는 날이다. 참외(眞瓜) 호박도 바테서 넝쿨을 거두고 짐장을 부칠 때는 바로 이 때이다.

【해설】이 기사는 말복과 입추를 맞아 보게 되는 풍요로운 과실에 대한 것이다.

3) 시조(時調) 한首[성혼(成渾) 작]

【원문】말업슨　靑山이오　態업슨　流水로다
　　　갑업슨　淸風과　　임자업슨 明月이로다
　　　이듕에　일업슨　　이몸이 分別업이 늙그리라.

칠석(七夕)【二十四節氣와 俗節】

○ 七夕은 음력 7월 7일을 칠석(七夕)이라 하며,

○ **칠석(七夕)은 절기(節氣)가 아니고 속절(俗節이다.**

○ 七夕은 옛날부터 전해오는 우리나라 歲時名節이다.

○ 七夕은 3월 삼짇날, 5월 단오, 9월 9일 중양절(重陽節)과 함께 양(陽)이 겹치는 길일(吉日)로 인식되어 여러 가지 제례와 세시행사(歲時行事)가 있었다.

《해 뜨고 달 뜨는 시간》

　○ 해 뜨는 시간은 오전 5시 52분이고, 해 지는 시간은 오후 7시 19분이다.

　○ 달 뜨는 시간은 오후 0시 26분이며, 달 지는 시간은 오전 11시 23분이다.

　○ 七夕은 俗節이므로 절입시간이 없다.

1. 칠석(七夕)의 어원(語源)

○ 칠석의 어원은 칠(七)은 7월 7일의 날짜를 이르는 말이고, 석(夕)은 저녁을 뜻하는데 합하여 칠석날(七夕日)이라고 한다. 이를 줄여서 말할 때는 칠석(七夕)이라고 말한다.

견우직녀가 만나는 그림
출처 : 베이징 여름궁전 회랑 천정

2. 칠석(七夕)의 유래(由來)와 전설(傳說)

○ 칠석에 대한 가장 오래된 기록은 중국의 『제해기(薺諧記)』에 처음 나오는데 주(周)나라에서 한대(漢代)에 걸쳐 우리나라에 전래되면서 설화에서 민속으로 정착되지 않았나 생각된다.

○ 삼국시대인 고구려 벽화(평남 남포 덕흥리 고분)에 견우와 직녀의 설화를 반영한 것이라 볼 수 있는 그림이 생동감 있게 그려져 있기 때문에 이로 미루어 본다면 이미 삼국시대에 민속(民俗)으로서 정착되지 않았나 생각된다.

○ 그러나 옛 문헌 기록은 『고려사』(공민왕 때)부터 보인다. 고려 공민왕이 몽고

의왕후와 더불어 칠석날 궁궐에서 견우와 직녀성에 제사하고 백관들에게 녹을 주었다고 하였다.

○ 조선조에 와서는 궁중에서 잔치를 베풀고 성균관 유생들에게 절일제(節日製)의 과거를 실시한 기록이 있고, 궁중 밖의 민간에서도 칠석의 풍속이 활발히 전개 되었던 기록이 『東國歲時記』등 여러 문헌을 통하여 알 수 있다.

○ 옥황상제(玉皇上帝)의 전설(傳說)

옛날 옛적에 옥황상제(玉皇上帝=道家에서 말하는 하느님)가 다스리는 하늘나라 궁전의 은하수(銀河水) 건너편에 부지런한 목동(牧童)인 견우(牽牛)가 살고 있었다.

옥황상제(玉皇上帝)는 견우(牽牛)가 부지런하고 착하여 손녀(孫女)인 직녀(織女)와 결혼을 시켰다. 그런데 결혼한 견우와 직녀는 너무 사이가 좋아 견우는 농사일을 게을리하고 직녀는 베 짜는 일을 게을리했다. 그러자 천계(天界)의 현상(現象)이 혼란에 빠져 사람들은 천재(天災)와 기근(饑饉)으로 고통을 받게 되었다.

이것을 본 옥황상제가 크게 노하여 두 사람을 은하수(銀河水)의 양쪽에 각각 떨어져 살게 하였다. 견우와 직녀는 은하수를 사이에 두고 서로 애만 태울 수밖에 없었다. 부부(夫婦)의 안타까운 사연을 알게 된 까마귀와 까치들은 해마다 칠석날에 이들이 만나도록 하기 위해서 하늘로 올라가 다리를 놓아주니, 이것이 오작교(烏鵲橋)라 하는 것이다.

3. 이칭(異稱)과 속담(俗談), 행사(行事), 먹거리(飮食)

1) 칠석날의 이칭(異稱)

○ 칠성날(七星날) : 도교와 불교의 풍속으로 북두칠성님, 또는 일곱 칠성님을 모시는 날이라는 뜻이다

○ 꼼비기날 : 7월 칠석을 경상도 지역에서 달리 부르는 말. 경북 북부 지역에서는 '풋구'라 부르기도 한다.

○ 농현 : 7월 칠석을 전라북도에서 달리 부르는 말. 전북 군산지방에서는 '호미씻이, 호미걸이'라고도 한다.

○ 머슴날 : 음력 7월 7일 칠석을 가리키는 말로, 호남의 우도, 좌도에서 행해졌다. 일꾼들을 위로하고 쉬게 하는 날이라 한다.

○ 걸교(乞巧) : 칠석날 처녀들이 별을 보며 바느질 솜씨가 좋아지기를 비는 풍속으로, 교묘한 재주를 구한다는 뜻이다.

2) 칠석날의 속담(俗談)

○ 까마귀도 칠월 칠석은 안 잊어버린다.
○ 칠석날 까치 대가리 같다.

3) 칠석에 하던 행사(行事)

○ 七夕告祀　○ 칠석샘치기　○ 七星祭, 七夕祭　○ 까치밥주기　○ 七夕佛供
○ 약물맞이　○ 바늘실꿰기　○ 북두칠성에 빌기　○ 七星占　　　○ 칠석놀이

4) 먹거리(飲食)

○ 밀떡, 밀부꾸미, 밀전병, 호박전 등

4. 칠석 헌다례(七夕 獻茶禮)

1) 西溪 朴世堂 종택(의정부 장암동 소재), 2004년 "甲申年 칠석헌다례(七夕獻茶禮)" 행사 (사)한배달우리차문화원 주최 서계문화재단 후원

≪1부≫ 원장인사, 격려사, 식사, 들차놀이
≪2부≫ 아호명명례, 칠석차례, 음복차례

2) 전국적인 큰 행사

○ 백제 칠석차 문화제(국립부여박물관 주최)
○ 문경 칠석차 문화제(문경다례원 주최, 문경세재 야외공연장)
○ 칠석제 헌다례(한국불교전통문화원 주최, 칠석문화보존회 주관, 남산골 한옥마을)
- 행사절차 : 칠석제 1부
[전례] 1. 명촉례　2. 수정례　3. 산화　4. 헌다례　5. 헌곡례　6. 헌과례
　　　 7. 헌화례
[본례] 1. 타고　　　　2. 분향례　　　3. 참신　　4. 소지례　5. 고유례
　　　 6. 삼헌관 배례　7. 삼헌례　　8. 칠성청례　9. 전폐례　10. 대축례
　　　 11. 음복례　　12. 헌관 배례　13. 폐례
[제례악 연주] 서울 국악관현악단의 영산회상
- 행사 : 2부 칠석제 문화행사
　　1. 칠석 시낭송　2. 칠석 창작다예무　3. 선반(풍물놀이) 등

5. 옛날 기록

1) 七夕 官吏給暇(『高麗史』卷84, 志38, 刑法 公式 官吏給暇)

【원문】七夕(一日)
【해설】칠석에는 관리에게 1일의 휴가를 준다.

2) 七夕祭(『高麗史』卷38, 世家38, 恭愍王 2年 7月 壬申日)

【원문】壬申 七夕 王與公主祭牽牛織女于內庭
【해설】임신일에 칠석이므로 왕과 공주가 내정에서 견우와 직녀에게 제사 지냈다.

3) 七夕(洪錫謨, 『東國歲時記』)

【원문】人家曬衣裳蓋古俗也
【해설】민가에서는 책과 옷을 꺼내어 햇볕에 말리고 거풍을 한다. 이것은 예부터 전하는 풍속이다.

4) 七月七夕(『秋齋集』歲時記)

【원문】女兒作鬪針望星之戲
【해설】어린 여자아이들은 바느질 솜씨를 다투고 별에 기원하는 놀이를 한다.

5) 칠석놀이, 七夕飮[崔永年(1856~1935), 『海東竹枝』 名節風俗]

【원문】舊俗 七月七日 謂牽牛織女相逢之日 稱以七夕 文人詩士納凉于山亭水榭 大酌高飮 名之曰 ≪칠석놀이≫
【해설】옛 풍속에 칠월 칠일은 견우와 직녀가 서로 만나는 날이라 하여 칠석(七夕)이라고 부른다. 시인 문사들이 산이나 강가 정자에서 더위를 피하여 마음껏 마시고 거나하게 취하니, 이를 ≪칠석놀이≫라고 한다.

6. 詩文(시문)

1) 七夕(『牧隱先生文集』卷18 七夕)

徒聞天女不停梭　직녀(천녀)는 베 짜는 북을 멈추지 않는다고 들었는데
大布麤繒兩鬢皤　성근 베와 거친 비단을 짜느라 양 귀밑머리만 희었네.

乞得巧時將底用　바느질을 잘하도록 걸교하면 무슨 소용이 있나
弄來成拙取譏多　장난치다 망쳐 놓았으니 꾸지람만 많이 들겠네.

2) 七夕小酌(『東文選』卷15 七夕小酌)

平生足跡等雲浮　평생에 발자취 뜬구름 같았는데
萬里相逢信有由　만 리 밖에 서로 만남도 인연이 있네.
天上風流牛女夕　하늘 위에 풍류는 견우직녀 만나는 날
人間佳麗帝王州　인간에도 아름답고 번화한 서울에서
笑談款款尊如海　푸짐한 담소에 술이 바다 같고
簾幕深深雨送秋　깊숙한 주렴 장막에 비가 가을을 보내오네.
乞巧曝衣非我事　걸교와 옷 말림은 내 할 일이 아니니
且憑詩句遣閑愁　한두 구절 시나 지어서 시름을 잊으려네.

3) 七夕飮友人家(『東國李相國集』全集卷13 七夕飮友人家)

銀漢橫斜月漸彎　은하수는 옆으로 비키고 달은 점점 활처럼 굽어지네
良宵靈匹正成歡　이 좋은 밤에 신령한 배필은 기쁨을 이루네.
憑君要喚蛾眉艶　여보게 어여쁜 아가씨 하나 불러 주게나
天上人間樂一般　천상이나 인간 세상이나 즐거움은 같은 것이라네.

4) 七夕(金時習,『梅月堂詩集』卷3 節序)

烏鵲橋邊路正賒　오작교 근처의 길이 정작 아득한데
銀河清淺浪淘沙　은하수는 맑고 얕으며 물결은 모래를 이네.
人間乞巧何心看　인간 세상에 걸교하는 것을 어떤 마음으로 보겠는가?
怕見扶桑一抹霞　동쪽[扶桑]에 한 가닥 노을 보기도 두렵네.

5) 七夕(尹拯,『明齋遺稿』卷2 詩)

新月纖纖夜始清　새로 생긴 달은 가늘고 예쁜데 밤은 비로소 맑아
臥看河漢更分明　누워서 은하수를 보니 더욱 또렷하구나.
病來身檢全疏放　병들어 몸조리 하느라 모든 것이 엉성하고 흐트러져서
朝夕相觀愧後生　아침저녁 서로 만나는 후배 보기가 부끄럽네.

6) 七夕(박세채 朴世采, 『南溪集』 남계집 卷2 詩 권 시)

江上逢今夕　강위에서 오늘 저녁을 맞으니
幽懷使我驚　그윽한 감회가 나를 놀라게 하네.
梧桐葉己落　오동잎은 이미 졌는데
河漢影漸明　은하수 그림자는 점점 밝아지네.
寂寬虞庭事　순임금의 조정일은 적막하니
徘徊汝水情　민자건(閔子騫)이 汝水로 가려던 뜻을 헤아려보네.
春秋會一變　봄가을이 한번 변하리니
裘葛任時行　사철의 옷을 때맞춰 입으리라.

7. 신문, 잡지

1) 七月 七夕(『東亞日報』 1928年 8月 21日)

【원문】금 이십일일은 음력으로 칠월 칠일, 즉 칠석이다.
견우와 직녀가 은하수에 오작교로 다리를 놓고 일 년 만에 다시 한 번 만나 서정하는 날이오 한가한 사람들은 이날을 기회로 배반을 하고 글스긔나 지어가며 노는 날이다.

2) 今日이 七夕(『조선일보』 1938년 8월 2일)

<牽牛織女가 맛나는 날>

【원문】오늘이 "七夕날"이다. 전하는 말에 이날은 견우(牽牛)와 직녀(織女)의 두 별이 만나는 날이라고 한다. 銀河라는 하늘의 냇물을 새에 두고 동서로 떨어져 있는 牽牛星와 織女星이 서로 만나보고 시퍼하나 다리업는 냇물을 건느지 못하야 못 만나다 해마다 이날이면 까막이와 까치가 다리를 노하주어 서로 만난다고 하는데 이날 까막까치는 은하에 다리를 노러 하늘로 올라가고 땅 우에는 한 마리도 업다고 한다. 그리고 이날에는 견우직녀가 만나서 기쁜 끄테 우는 눈물이 비가 되어오는 것이라고 전한다. 세간에서는 경향을 물론하고 이날 未婚한 여자는 견우 직녀에게 [바느질] 잘하게 해달라고 빌고 문객들은 술잔을 주고 바드며 견우직녀의 시를 짓는 풍습이다.
【해설】이 기사는 견우직녀 설화의 내용과 미혼녀가 견우직녀에게 비는 풍습, 그리고 문객들이 술잔을 주고받으며 시를 짓는 풍습에 관한 것이다.

8. 민요(民謠)

1) 칠석요(七夕謠)(『한국민요집』 1권)

칠월칠석	오늘밤은	은하수	오작교에
견우직녀	일년만에	서로반겨	만날세라
애야애야	애야좋네	칠석놀이	좀더좋네
은하수의	잔별들은	종알종알	속삭이며
무슨말을	속삭이나	반작반작	웃는구나
애야애야	애야좋네	칠석놀이	좀더좋네
까치까치	까막까치	어서빨리	날러와서
은하수에	다리놓아	견우직녀	상봉시켜
일년동안	맛본서름	만단설화	하게하소
애야애야	애야좋네	칠석놀이	좀더좋네
은하수	한허리에	채색다리	놓으렬제
까막까막	까치들이	오작교를	놓았구나
애야애야	애야좋네	칠석놀이	좀더좋네

…… (중략) ……

닭아닭아	우지말아	네가울면	날이새고
날이새면	임은간다	이제다시	이별하고
일년삼백	육십일에	임그리워	어이살지
우지말아	우지말아	무정하게	우지말아
원수로다	원수로다	은하수가	원수로다
애야애야	애야좋네	칠석놀이	좀더좋네.

2) 규방가사 칠석가(세시풍속에서)

차호신명	취박하여	견우낭군	만나든이
쭁고금실	자별하여	우리둘이	죠흔인연
원앙볏치	상상이라	화류츈풍	조흔때라
오동츄야	황군전에	금실갓치	즐거떳니
조 물 이	시기하고	호 사 가	다마하야
옥황안젼	득죄하야	하동서	분찬하니
은 하 슈	깊은물에	엇찌하야	만나볼고
오비홍안	죠흔시절	셤오청춘	꼿가지에

생사이별 되단말가 …(중략)…
천 상 의 견우직녀 은 하 수 막혀서도
칠월칠석 일년일도 실 기 치 아니커든
우 리 님 가신후난 무삼약수 가렷관듸
오 거 니 가 거 니 소식조차 끄쳤난고.

처서(處暑)【二十四節氣와 俗節】

○ 처서는 24절기 중에 14번째 절기이며,
○ 처서는 7월의 中氣이며,
○ 처서는 입추(立秋)와 백로(白露) 사이에 들어있다.
○ 처서는 태양의 황경이 150°에 도달한 시기이며,
○ 처서는 동지(冬至)로부터 244일째 되는 날이다.
○ 太歲는 乙未이고, 月建은 甲申이며, 日辰은 辛未이고, 節入時刻은 初戌時이다.
○ 괘(卦)는 이(離) 육오(六五)이다.

≪절입시간≫ 8월 23일 오후 1시 38분 (初戌時) [2016년]
　　일출(日出) = 오전 5시 55분[주(晝) = 13시간 19분]
　　일입(日入) = 오후 7시 14분[야(夜) = 10시간 41분]

○ 달 뜨는 시간은 오후 1시 32분이며, 달 지는 시간은 오전 0시 00분이다.

≪처서의 뜻≫
　더위가 그친다는 뜻에서 붙여진 이름이며, 여름이 지나면서 더위가 가시고 선선한 가을을 맞이하여 결실의 계절이 되었음을 의미한다.

≪처서 기후≫ (『高麗史』 卷50, 志4, 曆 宣明曆 上)
【원문】處暑七月中 離六五 鷹乃祭鳥 天地始肅 禾乃登
初候에 매가 새를 잡아 제를 지낸다. 次候에 천지에 가을 기운이 돈다. 末候에 곡식이 익어간다.

1. 이칭, 풍속음식과 전설, 속담, 행사와 놀이

　1) 처서의 속담

　　○ 어정칠월 건들팔월.
　　○ 처서에 비가 오면 십리에 천석 감한다.
　　○ 처서가 지나면 모기도 입이 삐뚤어진다.
　　○ 처서가 지나면 풀도 울며 돌아간다.
　　○ 처서에 장벼 패듯(어정7월 동동8월).

○ 처서에 비가 오면 독의 곡식도 준다.

○ 처서는 땅에서는 귀뚜라미 등에 업혀오고 하늘에서는 뭉게구름 타고 온다.

2) 처서에 하는 일

① 산소에 벌초하기.

② 여름 장마에 젖은 옷이나 책을 그늘에 말리는 陰乾이나 햇볕에 말리는 포쇄(曝曬)하기.

③ 논두렁에 풀 깎기.

2. 옛날 기록

1) 太廟 祭祀(『高麗史』 卷61, 志15, 禮 吉禮 大祀 諸陵 仁宗)

【원문】二年七月 親禘于太廟 太祖東向 德靖文睿爲昭 顯順宣肅爲穆 議者曰 禘非秋祭也 又惠宗 有功德 不宜毁而毁之 皆非禮

【해설】2년 7월에 태묘에 친히 제례(禘禮)를 行하는데, 태조는 동향하고 덕종, 정종, 문종, 예종을 소(昭)로 하고, 현종, 순종, 선종, 숙종을 목(穆)으로 하니 의론하는 자가 말하기를 "체례는 秋祭가 아니고, 또 혜종은 공덕이 있으니 마땅히 헐어서는 안 될 것인데 이를 헐어버린 것은 모두 예가 아니다."고 하였다.

2) 靈星壇 祭祀(『高麗史』 卷63, 志17, 禮 吉禮 小祀 風師 雨師 雷神 靈星)

【원문】靈星壇 高三尺 周八步四尺 四出陛 燎壇 在內壝之外 二十步丙地 廣五尺 戶方二尺 開土南出 立秋後辰日 祀之 祝版 稱高麗國王臣王某敢明告牲牢豕

【해설】영성단의 높이는 3척 주위 8보 4척으로 사출폐(四出陛)가 있고 燎壇은 내유(內壝)의 밖 20보 병지에 있으며, 넓이는 5척이고 출입구는 사방 2척으로 위를 역고 남쪽으로 나가며 立秋 後 辰日에 제사 지내는데, 축판에는 "고려국 왕 臣 王某는 감히 밝게 고합니다."고 칭하고, 희생은 돼지 1두를 쓴다.

3) 둑제(纛祭, 독제) (『高麗史』 卷63, 志17, 禮 吉禮 雜祀)

*纛-큰깃발독[도](糸변에 19확) 문헌상에 기록은 둑으로 기록함.

【원문】辛禑三年 七月丙申 都評議司言 往歲玄陵 將親討紅賊 始立纛 每月朔望 祭之 其弊不細 請停罷 從之

【해설】신우 3년 7월 병신일에 도평의사(都評議司)에서 말하기를 "왕년에 현릉(玄陵, 공민왕)이 장차 홍건적을 친히 토벌하고자 처음으로 둑(纛)을 세우고 매

월 삭망에 이를 제사 지내어 그 폐단이 적지 않으니 청컨대 파(罷)하시기 바랍니다."라고 하니 따랐다.

4) 醮祭(『高麗史』卷63, 志17, 禮 吉禮 小祀 雜祀)

【원문】七月大醮于毬庭 國家故事 往往遍祭天地 及境內山川于闕廷謂之醮

【해설】현종 3년 7월에 구정에서 크게 초제를 지냈다. 국가의 고사에 왕왕 천지 및 경내 산천을 대궐 뜰에서 제사 지내는데 이를 초(醮)라고 한다.

【원문】七月丙辰 醮于內庭(『高麗史』卷63, 志17, 禮 吉禮 雜祀)

【해설】선종 4년 7월 병진일에 내정에서 초제를 지냈다.

5) 北斗七星祭(『高麗史』卷63, 志17, 禮 吉禮 雜祀)

【원문】七月己未 親醮北斗于 內殿

【해설】문종 2년 7월 기미일에 내전에서 북두칠성에 친히 초제를 지냈다.

3. 시문(詩文)

1) 處暑後題(權擘, 『習齋集』卷3 詩)

처서 후에 시를 짓다.

壁樹秋聲起昨宵	푸른 나무에 가을바람소리 밤새 들리더니
飄風披拂鬧終朝	광풍이 후려치며 종일토록 요란하네.
涼生木枕眠初穩	시원한 목침을 베고 단잠이 들었더니
暑薄絺衣病欲消	얇은 옷에 더위가 가니 병이 나을 듯하네.
未要題詩向南澗	남쪽 개울을 향해 시를 지으려다가
還思行藥到東橋	동쪽 다리에 약이 오는 것을 생각하네.
孤懷易作徂年感	외로운 감회에 세월 가는 것이 절실하니
苦厭鳴蟬擾寂廖	지겨운 매미 소리가 적막을 깨우네.

2) 次靜林處暑韻(趙泰億, 『謙齋集』卷19 詩)

정림처사에 차운하여(이날 역시 음력 16일이다)

江山忽秋氣	강산은 문득 가을 분위기라
雲物覺凄淸	경치가 쓸쓸해졌음을 깨닫네.
君且携樽至	그대가 장차 술을 들고 올 것이니

五方掃榻迎　나는 바야흐로 상을 차려놓고 맞으리.
暑從今日盡　더위는 오늘부터 끝날 터이니
月到此宵明　달이 이르면 이 밤을 밝히리라.
好會休孤負　좋은 만남은 신의를 저버리지 않으니
歸舟己戒行　돌아가는 배는 이미 길을 떠나네.

3) 處暑(蔡之洪, 『鳳巖集』卷2 詩)

白帝鏖殘暑　백제가 늦더위를 무찌르고
中天氣翳空　하늘 가운데 기운은 하늘을 뒤덮는데,
稍知華莞冷　파리가 차가워짐을 점점 느끼고
納扇懃無功　비단부채는 할 일이 없음을 부끄러워하네.

4) 處暑(沈鏽, 『樗村遺稿』卷19 詩) <樗-못쓸나무저>

通來頻雨又頻晴　계속 비오다 개다 하더니
火正金神遞送迎　火正과 金神이 번갈아 왔다 갔다 하는구나.
一理循環無暫歇　하나의 이치가 순환하니 잠시도 그치는 법이 없고
四詩交節有常行　사시가 교대로 바뀌니 정해진 움직임이 있네.
陰陽迭換天機轉　음양이 번갈아 바뀌니 천기가 돌고
寒暑相推歲籥成　추위와 더위가 서로 뒤를 따르니 세월을 이루네.
莫道蒸炎猶末己　찌는 듯한 더위가 이미 끝났다고 말하지 마오
心從此日幾分平　마음이 이날부터 기미(機微)가 공평히 나누어지네.

4. 신문, 잡지

1) 오늘 23일은 처서(『조선일보』 1961년 8월 23일)

더위는 이제 아주 가시고 선들바람이 찾아든다는 처서이건만 老炎은 아직도 위력을 보여 작금기온은 화씨 八十八.九도를 오르내리고 있으니 지난 여름날의 더위를 잊을 길 없다.

처서에 비가 오면 독안의 곡식도 줄고 흉년이 든다는 옛말은 결실을 보게 된 오곡에 비가 해로움을 뜻하겠지만 「이날 비는 없을듯」이라는 관상대 예보이고 보매 금년에도 풍년이 예상된다.

백중(百中·中元) 【二十四節氣와 俗節】

○ 음력 7월 15일이며 속절이다.
○ 여름철 농한기에 휴식을 취하는 날로 음식과 술을 나누어 먹으며 백중놀이를 즐기면서 하루를 보내던 농민명절을 뜻한다.
○ 백중날 중요 행사로는 우물고사를 지낸다.
○ 백중날 머슴들에게 새 옷을 장만해주는 것을 백중빔이라 한다.
○ 보름(十五日)를 명절로 하는 4명절 중 하나이다.

점심(김홍도 풍속도 화첩)
출처 : 국립중앙박물관

《해 뜨고 달 뜨는 시간》
○ 해 뜨는 시간은 오전 5시 58분이고, 해 지는 시간은 오후 7시 8분이다.
○ 달 뜨는 시간은 오후 5시 54분이며, 달 지는 시간은 오전 3시 54분이다.
○ 百中은 俗節이므로 절입시간이 없다.

1. 백중(百中)의 뜻

1) 百中은 음력 7월 15일로 百中, 百種, 中元, 망혼일(亡魂日)이라고도 한다.

  ○ 성현의 『용재총화(慵齋叢話)』에는 百種이라 하고, 망친(亡親)의 영혼을 제사한다고 하였다.

  ○ 7월 15일을 백종이라 불렀다(七月十五日俗呼爲百種).

  ○ 『松都志』, 『규합총서(閨閤叢書)』, 『이운지(怡雲志)』, 『연려실기술(練藜室記述)』 등에서 7月 15日을 百種이라 불렀다. 백곡이 열매를 맺으며 유두와 같다.(是日謂之百種 言百穀皆結實也 餘流頭同[歲時記 七月條].)

  ○ 百種은 이 무렵에 여러 가지 과실과 채소가 많이 나와 백 가지 곡식의 씨앗을 갖추어 놓았다고 한데서 유래되었다.(歲時記俗 『勉菴集』 7月條)

  ○ 亡魂日은 돌아가신 부모님의 靈魂을 위로하기 위해서 술, 음식, 과일을 차려 놓고 천신(薦新)을 드린 데서 비롯되었다.

  ○ 百終日 『海東竹枝』(崔永年)에서는 음력 7월 15일을 百終日이라 하는데, 모든 농사 행위가 끝났다는 의미이다.(舊俗七月十五日謂之百終日 『海東竹枝』)

2) 우란분(盂蘭盆)

  ○ 범어의 "Ullambana"를 음역(音譯)한 오람파라(烏籃婆拏)가 와전된 것이며, 고통을 구원한다는 뜻이다.(歲時風俗辭典)

  ○ 불교의 우란분경에는 목련비구가 '오미백과(五味百果)'를 갖추어 盆안에 넣어서 '시방대덕(十方大德)'에게 공양하였다고 하고 있다.

  ○ 『목련경(木蓮經)』은 『우란분경(盂蘭盆經)』을 이르는 말로 하안거에 스님들이 4월 보름부터 7월 보름까지 90일간 공부하는 하안거(夏安居)가 끝나는 날에 읽는다고 한다.

  ○ 원래 불가(佛家)에서는 부처의 탄생(誕生), 출가(出家), 성도(成道), 열반(涅槃) 일을 합한 4대 명절에 더하여 우란분재(盂蘭盆齋)가 행해지는 '5대 불가(佛家)의 명절'에 해당된다.

3) 고려가요 動動에도 이날 백 가지 제물을 차려놓고 임과 함께 저승에서라도 살아가기를 빈다고 하여 "亡魂日"의 뜻을 담고 있다.

4) 道敎에서는 백중을 "중원절(中元節)" 또는 귀절(鬼節)이라고 부른다.

2. 백중(白中)의 이칭(異稱)과 행사(行事), 음식, 속담

○ 이칭 : 백중(白中), 백중(百中), 백종(百終), 백종(百種), 백종절(百種節), 중원일 (中元日), 망혼일(亡魂日) 등이 있다.

○ 행사 : 망혼제(亡魂祭), 백중불공(百中佛供), 백중제(百中祭), 여재(厲祭), 용신제 (龍神祭), 우란분제(盂蘭盆祭), 심방百中祭(제주도 무속제) 등이 있다..

○ 놀이 : 백중놀이, 호미씻이 등이 있다.

○ 음식 : 부침개, 호박부침 등이 시절음식으로 으뜸이다.

○ 속담

- 백중에 물 없는 나락 가을 할 것 없다.
- 백중날 논두렁 보러 안 간다.
- 칠월 백중사리에 오리다리 부러진다.
- 백중에 바다 미역하면 물귀신 된다.

3. 중원(中元)에 대한 고사(古事)

○ 도교(道敎)에서 말하기를, 천상(天上)의 선관(仙官)이 1년에 3번 인간의 선(善) 과 악(惡)을 매기는데 그 시기를 '원(元)'이라 한다.(『海東竹枝』七月條註) 첫째가 정월 15일로 '上元'이고, 둘째가 7월 15일로 '中元'이고, 셋째가 10월 15일로 '下元'이라고 한다.

4. 옛날 기록

1) 官吏給暇(『高麗史』 卷63, 志17, 刑法 公式 官吏給暇)

【원문】中元(七月十五日 前後幷三日)

【해설】중원은 7월 15일로, 중원을 전후하여 관리에게 삼 일의 휴가를 준다.

2) 북두칠성제사(『高麗史』 卷63, 志17, 禮 吉禮 雜祀)

【원문】七月己未 親醮北斗于內殿

【해설】문종 2년 7월 기미일에 내전에서 북두칠성에 친히 초제를 지냈다.

3) 夏安居(七月十五日)(『牧隱先生文集』 卷18, 七月十五日)

浮屠解夏錫如飛　　스님들 하안거 끝내니 석장은 날듯하고

萬水千山携影歸　　강과 산으로 그림자만 데리고 떠나가네.
只爲過冬糊口計　　다만 겨울동안 입에 풀칠할 생각을 하니
每敎塵土涴禪衣　　매번 세속에서 승복을 더럽히네.
年年結夏得安居　　해마다 하안거 때가 되면 좌선에 들어가니
乞來民間儘有餘　　백성에게 탁발한 것이 남아도네.
坐到西風吹雨去　　좌선에 서풍이 비 몰고 가니
又携瓶錫何閭閻　　또 발우 메고 석장 짚어 어느 마을을 찾아갈런지.
市中惡少自相誇　　저자거리 악소배들이 서로 과시하는데
躑倒長身似折麻　　척도놀이(散樂雜技)하는 키 큰 사람은 마치 베를 끊는 듯하네.
曾向奉恩庭下見　　예전에 봉은사 뜰에서도 보았는데
白頭今日眼昏花　　지금 흰 머리에 눈마저 침침하네.

4) 우란분재(盂蘭盆齋)(『高麗史』卷12, 世家12, 睿宗 1年 7月)

【원문】癸卯 設盂蘭盆齋于長齡殿 以薦肅宗冥祐
【해설】계묘일에 우란분재를 장령전에서 베풀고 숙종의 명복을 빌었다.

5) 우란분재(盂蘭盆齋)(『高麗史』卷31, 世家31, 忠烈王 22年 7月)

【원문】辛巳 王與公主 幸廣明寺 設盂蘭盆齋.
【해설】신사일에 왕이 공주와 함께 광명사에 행차하여 우란분재를 베풀었다.

6) 우란분재(盂蘭盆齋)(『高麗史』卷39, 世家39, 恭愍王 5年 7月)

【원문】癸巳 設盂蘭盆齋于 內殿
【해설】계사년에 우란분재를 내전에서 베풀었다.

5. 시문(詩文)

1) 處暑後題(權擘, 『習齋集』卷3 詩)

처서 후에 시를 짓다.
壁樹秋聲起昨宵　　푸른 나무에 가을바람소리 밤새 들리더니
飄風披拂鬧終朝　　광풍이 후려치며 종일토록 요란하네.
凉生木枕眠初穩　　시원한 목침을 베고 단잠이 들었더니
暑薄絺衣病欲消　　얇은 옷에 더위가 가니 병이 나을 듯하네.

未要題詩向南澗	남쪽 개울을 향해 시를 지으려다가
還思行藥到東橋	동쪽 다리에 약이 오는 것을 생각하네.
孤懷易作徂年感	외로운 감회에 세월 가는 것이 절실하니
苦厭鳴蟬擾寂廖	지겨운 매미 소리가 적막을 깨우네.

2) 七月十五日 俗號百種 村民爲父母招魂以祭之(柳成龍, 『西厓先生別集』 卷1 詩)
   <small>칠월십오일   속호백종   촌민위부모초혼이제지   류성룡   서애선생별집   권 시</small>

7월 15일은 세속에서 백종이라 하여 시골 백성들이 부모를 위해 영혼을 불러다가 제사를 지낸다.

麥飯一盂蔬一盤	보리밥 한 그릇과 채소 한 접시로
招魂江上陳祭詞	강가에서 혼을 불러 제사를 지내네.
秋天漠漠秋日黑	가을하늘은 막막하고 가을 해는 어두우니.
魂歸不歸未可知	혼이 오는지 안 오는지 알 수가 없네.
人生到此淚沾臆	사람이 이 지경에 이르면 가슴메일 일인데
江水東流無歇時	강물은 동으로 흘러 그칠 때가 없네.

3) 中元(金時習, 『梅月堂詩集』 卷3 節序)
   <small>중원   김시습   매월당시집   절서</small>

중원(7월 15일)

新秋天氣稍凄凉	7월 초가을 날씨가 좀 싸늘해졌는데
節屆中元設道場	절기가 중원이라서 도량(道場)을 베풀었네.
奉佛梵聲遵竺禮	부처 받드는 범종소리는 천축(天竺)의 예절일 따름이요.
招魂密語效些章	혼 부르는 은밀한 말은 사장(些章)을 본받는 것이네.
在天明月人隨影	하늘에 뜬 밝은 달에 사람이 그림자를 따르고
入耳凉風客浣腸	귀속에 드는 서늘한 바람은 나그네의 창자를 씻어내네.
赤壁蘇仙何處去	적벽의 소선(蘇仙)은 지금 어디로 갔는가?
銀蟾依舊莫消長	달은 옛날 그대로 소장(消長)함이 없네.

6. 신문, 잡지

1) ≪금일은 백종≫(『매일신보』 1922년 9월 6일)

(각 절에서난 불공. 여염에서 난 다례)

【원문】오날은 음력으로 칠월 보름 날이다 이날을 백죵일(百種日)이라 속칭하야…중략…여염에셔난 즁원으로써 망혼일(亡魂日)이라하야 이날져녁에 소채와주

과(蔬菜酒果)로써 그의 죠션(祖上)의 혼을 부르난 관습이 잇섯스며…후략…

【해설】 절에서 공양하는 풍속과 가정집에서 혼을 부르는 풍속의 기사.

2) ≪금일이 중원일(백중)≫(『동아일보』 1924년 8월 15일)

【원문】 칠월 보름날은 중원(中元)이라고 합니다. 정월보름날이 상원(上元)이요, 십월 보름날이 하원(下元)이랍니다. 중국 도관(道觀)에는 녜부터 삼원재(三元齋)라는 것이 잇섯는데 이 중원(中元)을 인간속죄일(人間贖罪日)이라고 하얏섯답니다. 이것이 불교(佛敎)가 성행하게 된 뒤에 우란분(盂蘭盆)과 합해서 이날이 재 올리는 날이 되얏답니다. 이 「우란분」은 범어(梵語)로[격구루 매달렷다는 뜻]이라고도 하고「우란」은 격구루 매달렷다는 뜻이요 「분」은 바리때라는 뜻이라고도 합니다. 이날 재를 올리면 격구루 매여달리듯 한 것을 푸러노흘수가 있다고 합니다…후략…

【해설】 중원(中元)과 우란분(盂蘭盆)에 대해서 설명한 기사.

3) ≪三百餘 農民 遊興끄테 衝突≫(『동아일보』 1930년 9월 10일)

(백종날 술먹고 놀다가 싸워 外人 仲裁로 無事解散)

【원문】 (장수) 전북 장수군 읍내(全北長水郡邑內)에서는 지난 칠일 석양에 북동리(北洞里) 농민과 교촌리(校村里)외 여덜 동리 농민 약 삼백여 명이 충돌되어 일대 육박전이 잇서 일시는 자못 위험하얏든 바 수십인의 극력중재로 무사히 헤어젓는데 그 리유는 음칠월 십오일인 백종날에 여러 동리 농민 삼백여명이 모여 놀다가 저녁 돌아갈 시간이 되어서 전기 북동리 농민들이 간다는 인사도 업시 먼저 감을 남은 다수 사람들이 그 무례함을 분개하야 그와 가티 싸우게 된 것이라 한다.

【해설】 이것은 백중날에 농민들이 서로 어울려 놀다가 생긴 사고(事故)에 대한 기사이다.

백로(白露)【二十四節氣와 俗節】

○ 백로는 1年 24節氣 中에 15번째 節氣이며,
○ 백로는 8月 달의 節氣로서 處暑와 秋分 사이에 들었다.
○ 백로는 太陽의 黃經이 165°을 통과할 때이며
○ 백로는 冬至로부터는 260일째 되는 날이다.
○ 8월의 절기로는 백로(白露)와 추분(秋分)이며,
○ 대표적인 명절로는 추석(秋夕, 中秋)이다.
○ 太歲는 乙未이고, 月建은 甲申이며, 日辰은 丁亥이고, 節入時間은 初辰時이다.
○ 卦는 離 上九이다.

≪백로의 뜻≫은 "흰 이슬"이라는 뜻으로, 이때쯤이면 가을로 접어들어 밤에 기온이 이슬점 이하로 내려가 풀잎이나 물체에 이슬이 맺이는 데서 유래한 것이다.

≪절입시각≫ 9월 7일 오전 7시 59분(初辰時) [2016년]
  일출(日出) = 오전 6시 7분[주(晝) = 12시간 45분]
  일입(日入) = 오후 6시 52분[야(夜) = 11시간 15분]

≪달 뜨는 시간≫
  ○ 달 뜨는 시간은 오전 1시 21분이며, 달 지는 시간은 오후 3시 40분이다.

≪기후(宣明曆)≫ 白露(『高麗史』卷50, 志4, 曆 宣明曆 上)
  初候에 기러기(鴻雁)가 온다.
  次候에 제비(燕子)는 돌아간다.
  末候에 모든 새들이 먹을 것을 저장한다.

≪八月節 氣候(授時曆)≫(『高麗史』卷51, 志5, 曆2 授時曆 經 上)
  【원문】白露八月節 秋分八月中 鴻雁來 玄鳥歸 群鳥養羞 雷始收聲 蟄蟲培戶 水始涸
  【해설】백로는 팔월의 절기이며, 추분은 팔월의 중기이다. 기러기는 오고, 제비(玄鳥)는 돌아간다. 모든 새들이 먹을 것을 저장하고, 우레가 없어지기 시작한다. 벌레들이 동면할 자리를 마련하고, 물이 마르기 시작한다.

1. 이칭, 풍속음식과 전설, 속담, 행사와 놀이

1) 8월의 이칭(異稱)

  ○가월(佳月), 계월(桂月), 중추(仲秋), 소월(素月), 모추(暮秋), 한단(寒旦), 안월(鴈月), 남려(南呂), 장월(壯月), 유월(酉月)

  ○8월의 節氣는 백로(白露)와 추분(秋分)이며,

  ○8월의 대표적 名節로는 추석(秋夕, 中秋)이 있다.

2) 風俗 : 부녀자는 근친(覲親)을 간다.(시집 간 딸이 친정으로 와서 친정 어버이를 뵘(歸寧).

3) 벌초(伐草) : 조상의 묘에 자란 잡초를 베고 묘 주위를 정리하는 풍습. 주로 백중 이후인 7월 말부터 추석 이전에 이루어진다.

4) 속담

  - 더도 말고 덜도 말고 한가위만 같아라.
  - 백로미발(白露未發)
  - 백로 미발은 먹지 못한다.
  - 백로 안에 벼 안 팬 집에는 가지도 말아라.
  - 백로 아침에 팬 벼는 먹고, 저녁에 팬 벼는 못 먹는다.

2. 옛날 기록

1) 八月令(『禮記』 月令 第六)

【원문】 仲秋之月 日在角 昏牽牛中 盲風至 鴻雁來 玄鳥歸 群鳥養羞 是月也 養衰老 授几杖 行糜粥飮食 是月也 日夜分 雷始收聲 蟄蟲坏戶 殺氣浸盛 陽氣日衰 水始涸

【해설】중추의 달은 辰이 각성에 있는데, 저녁에는 견우성이 남방 중앙에 있다. 빠른 바람이 불고, 기러기는 남으로 오며, 현조는 따뜻한 곳으로 돌아가고, 뭇 새는 겨울철 먹이를 저축한다. 이달에는 노인을 봉양하는데, 걸상과 지팡이를 주고, 죽과 음식을 하사한다. 이달에는 낮과 밤이 같고, 천둥이 비로소 그 소리를 거두며, 칩충이 그 구멍의 입구를 작게 만든다. 쌀쌀한 기운이 차츰 왕성해지고, 양기는 날로 쇠약해지며, 물이 비로소 고갈된다.

2) 고구려-사냥(狩獵)(『三國史記』 卷17, 高句麗本紀5, 西川王 19年)

【원문】秋八月 王東狩獵白鹿

【해설】가을 8월에, 왕이 동쪽에서 사냥하여 흰 사슴을 잡았다.

3) 백제-활쏘기 연습(『三國史記』 卷24, 百濟本紀2, 比流王 17年)

【원문】秋八月 築射臺於宮西 每以朔望習射

【해설】가을 팔월에 궁성 서쪽에 사대를 지었는데 매월 초하루와 보름에 활쏘는 연습을 하였다.

4) 가야-首陵王廟 제사(『三國遺事』 卷2, 駕洛國記)

【원문】須以每歲孟春三之日七之日 仲夏重五之日 仲秋初五之日十五之日 豊潔之奠 相繼不絶

【해설】매년 정월 3일과 7일, 5월 5일, 8월 5일과 15일에 푸짐하고 깨끗한 제물을 차려 제사를 지냄이 대대로 끊이지 않았다.

5) 『증보문헌비고』 象緯考3, 儀象2, 圖說

【원문】白露 昏箕 曉昴中.

【해설】백로에는 초저녁에는 기수(箕宿), 새벽에는 묘수(昴宿)가 남중한다.

3. 시문(詩文)

1) 팔월(八月)月餘農歌(金迥洙, 『農家十二月俗詩』)

時維仲秋爲壯月	때는 바로 중추이니 장월이라 이르는데
白露秋分是二節	백로 추분 두 절기가 이달에 들어있다.
六候鴻來燕且去	육후의 현상으로 기러기 오고 제비는 가고
群鳥養羞雷聲撤	모든 새는 배불리고 우렛소리 사라지며
蟲方坏戶水始涸	귀뚜라미 문에 붙고 물기는 말라간다.
西成天地豈勝謝	서풍에 곡식 익어 그 아니 고마운가. -후략-

2) 백로(白露)(蔡之洪, 『鳳巖集』 卷2, 詩)

曉露下庭梧　새벽이슬이 뜰 오동나무에 내리니

團團和白玉　　둥글둥글 맺힌 것이 새하얀 옥 같구나.
玄蟬號不停　　매미는 아찔하게 높이 매달린 채 울음을 그치지 않고
百草無顔色　　온갖 풀들은 제 빛을 잃었구나.

3) 七月二十九日白露八月節也偶吟(李廷馣, 『四留齋集』 卷2, 七言絶句)

7월 29일이 백로이니 팔월절이다 우연히 읊다.
京洛雲山乍往來　　서울의 운산을 잠간 다녀오니
不禁時序隙駒催　　계절의 순환이 멈추지 않아 세월을 재촉하네.
小堂今夜涼如許　　오늘밤에는 작은 집도 매우 시원하니
白露玄蟬嘯正哀　　흰 이슬에 매미 소리도 매우 슬프네.

4) 羚角灣逢白露節 次書狀李晚榮韻(金堉, 『潛谷先生遺稿』 卷2, 詩 五言絶句)

영각만에서　　백로절을 맞이하다. 서장관 이만영의 시에 차운하다.
白露驚寒節　　백로 맞아 가을철에 놀라니
舟中得氣先　　배 안에서 먼저 찬 기운을 느끼네.
遙憐天際月　　멀리 하늘가의 달이 가련하게 보이니
光細未團圓　　빛이 희미한 것은 보름달이 아니기 때문이네.

5) 白露日鄉人迥新稻(李敏求, 『東州先生詩集』 卷6, 鐵城錄6)

백로일에 향인들이 햅쌀을 주어서 먹다.
野割黃雲多　　들에 펼쳐진 누렇게 익은 벼를 베고
春分白露秋　　이를 찧어 나누어 먹으니 백로 가을이네.
投珠比重惠　　귀중한 수확으로 은혜를 베풀고
炊玉散窮愁　　밥을 지어 먹으니 궁한 근심이 사라지네.
口腹秪相累　　입과 배가 이제 서로 통하는 듯하니
菑畬未自由　　묵힌 밭은 자유로울 수 없네.
豈應關塞外　　어찌 변방에 응하여
偏合稻粱謀　　치우쳐 벼와 기장을 합하는 것을 꾀하는가.

4. 8월장(정학유, 『농가월령가』)

팔월은　　중추이니　　백로추분　　절기라네
북두칠성　자루돌아　　서쪽하늘　　가리키니
선선한　　조석기운　　가을기분　　완연하다
귀뚜라미　맑은소리　　벽사이서　　들리누나
아침엔　　안개끼고　　밤이면　　　이슬내려
백곡을　　영글이고　　만물을　　　재촉하니
들구경　　돌아볼때　　힘든일　　　공이난다
백곡은　　이삭패고　　여물들어　　고개숙여
서풍에　　익은곡식　　황운빛이　　일어난다
백설같은　명화송이　　산호같은　　고추다래
처마에　　널었으니　　가을볕에　　명랑하다
안팎마당　닦아놓고　　발채망구　　장마하세
면화따는　다래끼에　　수수이삭　　콩가지요
나무꾼　　돌아올 때　머루다래　　산과일이네
뒷동산　　밤대추는　　아희들　　　세상이라
알암모아　말리어서　　철대어　　　쓰게하소
명주를　　끊어내어　　가을볕에　　마전하고
쪽들이고　잇드리니　　청홍이　　　색색이네
부모님　　연만하니　　수의를　　　유의하고
그나마　　마르재어　　자녀의　　　혼수하세
집위의　　굳은박은　　요긴한　　　그릇되고
댑싸리　　비를매여　　마당질에　　쓰오리라
참깨들깨　거둔후에　　중오려　　　타작하고
담배줄　　녹두말을　　아쉬어　　　돈만드랴
장구경도　하려니와　　흥정할 것　잊지마소
북어쾌　　젓조기로　　추석명일　　쇠어보세
신도주　　올여송편　　박나물　　　토란국을

선산에　　제물하고　　이웃집과　　나눠먹세
며느리　　말미받아　　본집에　　　근친갈때
개잡아　　삶아건져　　떡고리와　　술병일세

초록장옷	반물치마	단장하고	다시보니
여름지이	지친얼굴	소복이	되었구나
중추야	밝은달에	지기펴고	놀고오소
금년할일	못다하여	명년계획	하여두세
밀재베어	더운갈이	보리는	추경하세
끝끝이	못익어도	급한대로	걷고갈소
인공만	그러할까	천시도	이러하니
반시간도	쉴새없이	마치며	시작하는법.

담배썰기(김홍도 풍속도 화첩)
출처 : 국립중앙박물관

추사일(秋社日)【二十四節氣와 俗節】

○ 社日이란 2월과 8월의 처음 돌아오는 戊戌日로써 옛날에는 명산제(名山祭)와 대천제(大川祭)를 올렸었다. 『경국대전(經國大典)』 禮典 제례조(祭禮條) 및 『국조오례의(國朝五禮儀)』 卷1, 吉禮 州縣의 名山大川 祭祀에 관한 儀式(祭州縣名山大川儀)의 節次에 의하여 근시관(近侍官)을 파견(派遣)하여 명산제(名山祭)와 대천제(大川祭)를 올렸었다.

○ 『經國大典』 卷3, 禮典 祭禮條 : 凡祭祀日期本曹先期三朔啓聞移文京外各衙門. 名山大川春秋仲月-己上小祀.

○ 社日(『古典天文曆法精解』 雜節)
봄과 가을에 각각 社日이 있는데,
春社는 立春 後 제5 戊日이고, 양력으로는 3월 16-26일 경에 든다.
秋社는 立秋 後 제5 戊日이고, 양력으로는 9월 18-27일 경에 든다.
이날에 백성 모두가 土神과 穀神(社稷)에게 祭祀를 지낸다.
○ 社日은 春, 秋 仲月(土地川神의 제사 지내는 날)
○ 社日은 春, 秋 仲月<近戊日>(그 달의 첫 戊戌日)(『高麗史節要』 卷20, 忠烈王 元年 5月)
○ 名山大川春秋仲月 : 『經國大典』 禮典 祭禮條(『大典會通』도 같다)
○ 만약 秋分이 秋社日 앞에 있으면 쌀이 귀하고, 뒤에 있으면 豐年이 든다고 생각한다.(『韓國歲時風俗辭典』 가을編 秋分條)

1. 神位

○ 位牌(『國朝五禮儀』 序禮卷1, 吉禮 祝版條)
【원문】 名山大川稱 某山之神 某川之神
【해설】 명산대천에는 '모산의 신', '모천의 신'이라 칭한다.

○ 祝文(『國朝五禮儀』 序禮卷1, 吉禮 祝版條)
【원문】 敢昭告于(名山 大川 城隍 七祀 則稱致告于)
【해설】 감소고우(명산, 대천, 성황, 칠사)에는 "칭고우"라 한다.

○ 습의
【원문】 習儀 凡大祀百官先期七日受誓械四日肄儀中祀只於前一日肄儀

(『經國大典』禮典 祭禮條(『大典會通』도 같다.)

【해설】대체로 큰 규모의 제사 때에는 모든 조정 관리들이 7일 전부터 재계를 하고 4일 앞서 의식 절차를 연습하며 중간 규모의 제사 때에는 그저 하루 앞서 연습한다.

2. 名山 大川祭 祝文

1) 名山祭 祝文(『國朝五禮儀』序禮 卷1, 吉禮 祝版條)

* (---)遣官行祭 則又有謹遣臣具官某之詞

磅礴崒嵂	웅대하고 높고 높아
鎭于一方	한 지방의 진산이라.
是用禋祀	이에 제사를 지내노니
惠我無疆	무궁한 은혜를 주십시오.

2) 大川祭 祝文(『國朝五禮儀』序禮 卷1, 吉禮 祝版條)

性本潤下	성품 본래 아래 만물을 적셔
功利斯溥	공업과 덕택 넓으신지라.
吉蠲以祀	날 잡고 정결히 제사 하노니
有秩斯祐	언제나 복을 내려 주소서.

3. 山川祭의 考察

1) 山川제의 정의 : 조선시대 국가에서 주요 산천과 바다에 행하였던 제사.
   ○ 악(嶽)은 높고 위엄이 있는 산을
   ○ 해(海)는 바다를,
   ○ 독(瀆)은 큰 하천을 가리키는 것으로 모두 지상의 주요 자연물과 그 '神'을 나타내는 말이다.
   ○ 名山은 嶽으로 분류되지 않은 有名山(例-木覓山 等)
   ○ 大川은 瀆으로 분류되지 않은 有名江(例-臨津江, 漢灘江 等)을 말한다.

2) 山川에 대한 信仰(『韓國歲時風俗辭典』春編二月儀禮 嶽海瀆)
   ○ 우리나라에서 산천에 대한 신앙은 일찍부터 발달한 민족 고유의 신앙이다.

① 『三國史記』新羅 : 大祀, 中祀, 小祀, 國家祭祀 等級에 이를 山川에도 適用한 사례.

② 高麗時代 : 산천에 그 功德에 따라 '爵位'-'爵號'를 授與하는 封爵制度 方式.

③ 朝鮮時代 : 전국의 主要 山川 37곳을 사전(祀典)에 포함시켜서 嶽, 海, 瀆 13곳, 名山, 大川 24곳으로 구분하여 악해독(嶽海瀆)은 중사(中祀)로 제사(祭祀)하고, 名山大川은 소사(小祀)로 祭祀하였다.(山川 중에서 중요한 것을 嶽海瀆이란 범주로 묶어서 中祀로 삼았는데, 이것은 小祀인 名山大川보다 上級의 祭祀에 해당하였다.)

3) 山川에 대한 祭禮

① 岳, 海. 瀆 - 春, 秋 仲月 上旬 <中祀>
  ○ 定期祭 ◉ 正月의 元狀祭
         ◉ 2, 8月의 節祭. 중앙에서 향축을 내려서 지방관으로 행제함.
  ○ 필요시에만 지내는 망제(望祭), 기우제(祈雨祭) 등이 있다.

② 名山, 大川 - 春, 秋 仲月 <小祀> 견근시관(遣近侍官)(內侍를 派遣함.)
  ◎ 社日 : 春, 秋 仲月(土地川神의 제사 지내는 날)
  ◉ 行禮日時 : 春秋社日 - 春, 秋 仲月 近戊日 丑時 1刻에 行禮함.
    (그 달의 첫 戊戌日)(『國朝五禮儀』 卷1, 吉禮 州縣名山大川祭祀에 관한 儀式)

③ 行禮 節次
  ○ 齋戒 : 神座開設
  ○ 設位 : 陳設 進饌
  ○ 奠幣禮 : 三上香, 獻幣
  ○ 初獻禮 : 讀祝
  ○ 亞獻禮
  ○ 終獻禮
  ○ 飮福受胙 : 徹籩豆
  ○ 望瘞禮 : 개천이면 물에 넣는다.
  ○ 禮畢 : (參加者 4拜)
  (『國朝五禮儀』 卷1, 吉禮 州縣名山大川祭祀에 관한 儀式)

4. 名山大川의 귀신설(鬼神說)

1) 귀신설(南孝溫, 『秋江集』)

【원문】有昭昭之多而日月星辰繫焉 春夏秋冬化焉者 所謂天神也 有撮土之多 而五岳山瀆在焉 飛潛動植育焉者 所謂地神也 得天地中和之德 昭然與日月同其虧盈 與四時同其吉凶者 所謂人神也 鎭置不動而生草木 藏萬物 與財貨於人間者 曰山神也

【해설】밝은 빛이 가득하여 해와 달, 그리고 별들이 매달려 있고 춘하추동의 변화가 그 속에서 일어나는 것을 天神이라고 한다. 흙이 가득하여 높은 산과 넓은 강이 얹혀 있으며 나는 것과 물속에 있는 것이, 그리고 동식물이 그곳에서 생육하는 것을 地神이라고 한다. 밝게 일월과 함께 일그러지고 가득 차며 네 계절의 때와 함께 길흉을 같이 하는 것을 人神이라고 한다. 한 곳에 앉아 움직이지 않으면서 초목을 낳고 만물을 간직하고 인간에게 재화를 가져다주는 것을 山神이라고 한다.

2) 鬼神說(南孝溫, 『秋江集』)

【원문】歸者鬼也 伸者神也 然則天地之間 至而伸者皆神也 散而歸者皆鬼也 天地之生久矣 其用氣也多矣 用氣多則慝氣奸其間 亦理也

【해설】천지가 생긴 지가 오래됨에 따라 그 기운이 많아지게 되고 기운의 사용이 많아짐으로 인해 특기(慝氣)가 그 사이에 끼어들게 되어 발생한 것이라고 하였다.

3) 귀신설(金時習, 『金鰲新話』 南炎浮州志)

【원문】屈而伸者 造化之伸也 屈而不伸者 乃鬱結之妖也 合造化 故與陰陽終始而無迹 滯鬱結 故混人物寃懟而有形

【해설】鬼는 굽혀지는 뜻이요, 神은 펼쳐지는 것을 뜻하니, 굽혀졌다 펼쳐지는 것은 造化의 神이요, 굽혀졌다 펼쳐지는 것은 울결된 요매들이다. (조화의 신은) 조화와 어울린 까닭으로 처음부터 끝까지 음양과 함께 자취를 남기지 않는다. (요매는) 정체되어 울결한 상태로 있기 때문에 사람이나 사물에 들어가고 원망하여 형체를 남긴다.

4) 鬼神說(『文宗實錄』 卷9, 文宗 元年 9月 庚子日)

【해설】무릇 산악(山岳)이란 한줌의 흙이 많이 모여서 이루어진 것이지만 山岳

을 이루면 곧 神이 그곳에 있게 된다. 하해(河海)란 한 잔의 물이 많이 모여서 이루어진 것이지만 河海를 이루면 또한 그 속에 신이 존재한다. 그래서 귀신은 모든 물체의 본체가 되어 뗄 수가 없다. 물체가 있으면 반드시 신이 있다. 그러므로 물체가 크면 신도 크고, 물체가 존귀하면 신도 존귀하다. 물체(物體)가 善하면 神도 善하고, 물체가 악하면 신도 악한 법이다.

5) 問鬼神巫覡卜筮談命地理風水(蔡壽, 『瀨齋集』 卷1)

【원문】以鬼神一事言之 神者陽之靈也 鬼者陰之靈也 則凡物之紛紛總總盈於兩間者 孰非造化之爲也 是故春夏秋冬 寒暑晝夜皆其所爲也 風雨霜露雷霆霹靂 皆其所爲也 呼吸屈伸盈虛消息 亦莫非是理之所使也 此則鬼神之全體 二氣之良能 而山川之神 亦豈外於是哉

【해설】鬼神의 한 가지 일로 말하면 神은 陽의 靈이요, 鬼는 陰의 靈인즉 무릇 사물이 성하여 양쪽 사이에 가득 차 있으니 어느 것이 조화의 행함이 아니겠는가. 그러므로 춘하추동(春夏秋冬)과 한서주야(寒暑晝夜) 모두 그것이 행하는 것이며, 풍우상로(風雨霜露)와 뇌정벽력(雷霆霹靂) 모두 그것이 행하는 것이며, 호흡굴신(呼吸屈伸)과 영허소식(盈虛消息)에 이 이치가 행하지 않는 것이 없다. 그런즉 귀신의 전체는 두 기운의 양능(良能)이니 山川의 神 또한 어찌 이것 밖에 있겠는가.

5. 詩文

1) 江神祭【社日】(尹順之(1591-1666), 『涬溟齋詩集』 卷1)

○ 社日過臨津 - 사일에 임진강을 지나다.

何處春醪熟	어디서 봄 막걸리가 익는가?
今吾問水濱	지금 나는 물가를 물어가네.
柳邊來繫馬	버들가에다 말을 매고
花下去尋人	꽃그늘로 가서 사람을 찾네.
短岸留蔬圃	낮은 언덕에는 채소밭이 있고
空磯有釣綸	물가의 낚시터는 비어있네.
家家門盡閉	오늘은 집집마다 모두 문을 닫고
山外賽江神	산 밖에서 江神에게 제사 드리네.

6. 옛날 기록

1) 新羅 : 山川祭(『三國史記』卷1, 新羅本紀1, 婆娑尼師今 30年)

【원문】秋七月 蝗害穀 王遍祭山川 以祈禳之 蝗滅有年

【해설】가을 7월에, 누리가 곡식을 해함으로 왕이 두루 산천에 제사 지내어 그 것을 물리치도록 비니 누리가 없어져 풍년이 들었다.

2) 사일(社日)(『高麗史節要』卷20, 忠烈王 元年 5月)

【원문】知太史局事吳允浮言 國家 嘗以春秋仲月遠戊日 爲社 按宋舊曆 及元朝令 曆 皆以近戊日 爲社 自令 請用近戊日 從之

【해설】知太史局事 오윤부(吳允浮)가 아뢰기를, "국가에서 전부터 봄 가을의 가운데 달의 원무일(遠戊日-달의 마지막 무일)을 社日(토지천신의 제사 지내는 날)로 하였는데 송나라의 옛 역서와 원나라 조정의 지금 역서를 보면 모두 근무일(近戊日-달의 첫 무일)을 社日로 하였습니다. 지금부터는 "近戊日"을 사용하기를 청합니다." 하니, 그 청을 따랐다.

3-1) 山川祭[『태종실록』 권32, 태종 16년 10월 15일(계유)]

내시별감(內侍別監)을 보내어 감악(紺嶽)과 양주(楊州) 대탄(大灘)의 신(神)에게 제사하였다.

3-2) 山川祭[『세종실록』 권65, 세종 16년 9월 28일(임인)]

내시별감(內侍別監)을 보내어 감악(紺岳)·대탄(大灘)의 신(神)에게 치제(致祭)하였다.

4) 『高麗史』 山川祭 紀錄

○ 山川祭祀(『高麗史』 卷63, 志7, 禮 吉禮 雜祀)

【원문】忠烈王元年六月戊辰遣使于忠淸慶尙全羅東界等道 遍祭山川

【해설】충렬왕 원년 6월 무진에 충청, 경상, 전라 등의 도에 사신을 보내어 두루 산천에 제사 지냈다.

○ 名山大川 祭祀(『高麗史』 卷63, 志17, 禮 吉禮 雜祀)

【원문】四月戊申 合祭己卯年幸三角山所過名山大川于開城及楊州

【해설】숙종 6년 4월 무신일에 개성과 양주에서 기묘년 삼각산 행차 때에 지나

갔던 명산대천을 합제 하였다.

○ 紺岳神 山神祭(『高麗史』卷63, 志17, 禮 吉禮 雜祀)

【원문】顯宗 二年 二月 以丹兵 至長湍 風雲暴作 紺岳神祠 若有旌旗士馬 丹兵 懼 不敢前 令所司 修報祀

【해설】현종 2년 2월에 거란병이 장단(長湍)에 이르니 눈보라가 사납게 일어났다. 감악산에 정기(旌旗)와 士馬가 있는 것 같아 거란병이 두려워해 감히 전진하지 못하였으므로 소사(所司)로 하여금 보답하는 祭祀를 지내게 하였다.

○ 紺嶽(『高麗史』卷56, 志10, 地理 王京開城府 積城縣)

【원문】紺嶽 自新羅 爲小祀 山上 有祠宇 春秋 降香祝行祭 顯宗二年 以丹兵 至 長湍 嶽 神祠 若有旌旗士馬 丹兵 懼而不敢前 命修報祀 諺傳 羅人 祀唐將薛仁 貴 爲山神云

【해설】紺嶽 : 신라 때부터 小祀로 산위에 사우가 있어 봄과 가을에 향과 축문을 대려 제사를 지냈다. 현종 2년에 거란군이 장단악(長湍嶽)에 이르니 神祠에 旌旗와 士馬가 있는 것 같아 거란군이 두려워해 감히 전진하지 못하였으므로 명하여 보답하는 제사를 지내게 하였다. 민간에 전하는 말로 신라 사람이 唐나라 장수 설인귀(薛仁貴)를 제사하여 山神으로 삼았다고 한다.

○ 紺嶽山 祈雨祭文(趙絅(1586-1669), 『龍洲先生遺稿』卷13, 祭文)

감악산 기우제문

作鎭于圻 維神最尊	천지사방을 누르는 일은 오직 신밖에 없다네.
不顰以咲 福我元元	찡그리지 않고 웃는 것이 복 받는 근원이네.
旱今太甚 視天曚曚	이제 가뭄이 너무 심하여 하늘을 쳐다보니 막막하네.
謁款嶪峨 庶幾感通	높은 산을 보며 정성 들여 고하니 감응하여 들어주심이 있기를 바랍니다.

○ 龍湫祈雨祝文[李埈(1560〜1635), 『蒼石先生續集』卷6, 祝文告祀]

용추 기우제 축문

【원문】頃以旱嘆 有禱于神 卽日之內 賜答如響 是神有大造於斯民也 今玆又闕雨 이 捨神其安訴乎 噓出膚寸之雲 以霪焦盡之禾 是神之責也 民之福也 使之幸也 庶終其惠 以慰一境嵎嵎之望 謹告.

【해설】지난번에 가뭄으로 신에게 빌었더니 당일 내로 메아리와 같이 답을 내려 주심에 이는 신께서 이 백성에게 大造가 있었던 것입니다. 지금 또 비가 내리지 않으니 신을 버리고 그 누구에게 하소연 하겠습니까? 부촌(膚寸)의 구름이

라도 내뿜어주셔서 타들어가는 벼를 적셔 주십시오. 이는 신의 책무이고 백성의 복이며 관리의 다행함입니다. 부디 은혜를 내려주시어 이 지역의 우러르는 소망을 위로해 주십시오. '삼가 고합니다.'

○ 祭國內山川祈雨文(申光漢『企齋集』文集 卷3)

【원문】 山岳鎭峙 川瀆流注 嶪峩濛鴻 各有攸主 興雲致雨 乃其常職 故載祀典……蘇我嘉穀 惠我烝民 神亦永依 祀事無隳.

【해설】 치솟은 산악, 구비 흐르는 하천, 각각 맡은 바가 있으니 비구름을 일으키는 것은 일상된 직책이라. 그러므로 사전에 올렸도다……우리 곡식을 소생시키며 우리 백성에게 은혜를 베풀면 신 또한 영원히 의지하여 제사가 사라지지 않으리라.

○ 北郊諸山神祈雨祭文(卞季良,『春亭集』卷11)

【원문】 嗚呼 天覆乎上 以生物也 地載乎下 以成物也 雲雨乎其 中而濡澤 於萬物者 山之神其職也

【해설】 아아!! 하늘은 위에서 덮어 만물을 낳으시고, 땅은 아래에서 만물을 싣고 기르시네. 그 가운데 구름을 일으키고 비를 내려 만물을 윤택하게 하는 것은 산신의 직분이라.

7. 신문, 잡지

1) 한여울 그리고 한탄강(大灘)(『이야기漣川』漣川郡 發行)

위 내용은 朝鮮王朝實錄에 기록된 대탄(大灘)의 신에게 祭祀를 지냈다는 記事이다.

조선왕조 초기 太宗과 世宗은 왜 大灘에 근시(近侍)를 보내 제사를 지내게 했을까.

大灘은 그만큼 神聖한 江이였던 것이다.

지금 우리가 한탄강이라고 부르는 강의 이름은 大灘 즉 '한여울'이라는 이름에서 유래한다. 본래 大灘은 전곡읍 전곡리와 청산면 놀미 사이에 있는 큰 여울로 인하여 붙여진 이름이다.

예부터 지명이나 인명, 관직명 등에 '크다'는 뜻으로 써온 말인 '한'과 '여울'이 합하여 우리 지역에서는 '한여울'로 불렸던 것이 세월이 흐르면서 이 '한'이 한자 지명으로 보편화 되어 옛 지리지에서처럼 '大灘'으로 옮겨 쓰이게 된 것이다.

그러나 이 '한여울'이 어느 때부터인가 앞 음절 '한'이 실제 뜻과는 전혀 무관한 한자의 '漢'으로 바뀌어 쓰이면서 '漢灘'이 되었고 다시 일제강점기에 와서 지명이 통일되면서 뒤에 '江'이 덧붙어 오늘날 한탄강(漢灘江)이라는 표준지명으로 변한 것이다.

2) 臨津江 江神祭

○ 施行 典據

『經國大典』 典禮 祭禮條(小祀로 規定)

『國朝五禮儀』 吉禮 州縣의 名山大川祭祀에 관한 儀式

『增補文獻備考』 卷61, 禮考8 嶽海瀆 山川祭條

○ 目的

1. 臨津江 洪水豫防 豊年祈願
2. 물놀이 安全事故防止 發願祈願
3. 韓國戰亂戰死者 寃魂慰勞 天道
4. 臨津江 洪水溺死者 寃魂慰勞 天道
5. 口蹄疫犧牲 家畜魂靈 慰勞 天道
6. 畜産農家 口蹄疫家畜犧牲處理 慰勞
7. 口蹄疫 犧牲家畜處理 參加公務員 勞苦慰勞

○ 神位의 名稱 : 臨津江江神之神位

○ 笏記와 祝文(별도로 첨부함)

○ 設位圖(선비 文化學會 陳設圖 參照)

○ 祭需(增補文獻備考의 名山大川條 參照)

籩 豆-8籩 8豆, 簠 簋-各 2개, 豕俎-1개, 爵-3개, 白幣-1개, 象尊-2개, 祝-國王이라 한다. 散齋 2日, 致齋 1日(州縣의 獻官은 守令이 한다). 大川이면 沈祝한다.

○ 祭器 : 幣篚 1개, 燭 2개, 爵 3개, 位牌槽 1개, 香爐 1개, 香盒 1개, 拜席 5개, 籩 豆-各 8개, 簠 簋-각 1개, 俎-1개(잔받침-3개)

○ 술(酒) : 盎齊, 禮齊, 淸酒

○ 服裝 : 官服 官帽, 儒巾 道袍

○ 절(拜) : 四拜/再拜

○ 燒紙文案(燒紙 發願文)

① 구제역에 희생된

牛公 之 神位

豚公 之 神位

극락 왕생하소서.

② 國泰民安 南北統一 雨順風調 時下年豊 洪水溺死 寃魂昇天…

추석[秋夕, 한가위, 가배(嘉俳)]【二十四節氣候와 俗節】

○ 추석은 24절기가 아니고 민속4대 명절(民俗四大名節인) 속절(俗節)이다.
○ 음력 팔월 보름을 일컫는 말로, 가을의 한가운데 달이며, 또한 팔월의 한가운데 날이라는 뜻을 지니고 있는 연중 으뜸 명절이다.
○ 가배(嘉俳), 가배일(嘉俳日), 가위, 한가위, 중추(仲秋), 중추절(仲秋節), 중추가절(仲秋佳節)이라고도 한다.
○ 가위나 한가위는 순수 우리말이며,
○ 가배는 가위를 이두식의 한자로 쓰는 말이다.

≪일출 월출 망월 시각≫ = 滿月-望28일 오전 11시 50분
　　일출(日出) - 오전 6시 23분-일입(日入) - 오후 6시 23분
　　달 뜨는 시간(月出) - 5시 50분 - 달 지는 시간(月入) - 4시 59분
○ 추석은 俗節이므로 절입시간이 없음.

≪추석의 뜻≫
　　秋夕은 팔월 보름을 일컫는 말로서 추석의 어원을 살펴보면 추석을 글자대로 풀이하면 가을 저녁 또는 가을의 달빛이 가장 좋은 밤이라는 뜻이니, 곧 가을의 한가운데 달, 팔월의 한가운데 날이란 뜻을 지니고 있는 가을의 달빛이 가장 좋은 밤이란 뜻으로, 달이 유난히 밝고 좋은 명절이라는 상징적인 의미를 지닌 용어로서 일 년 중 으뜸 명절이라 할 수 있다.
　○ 추석은 보름(15일)을 명절로 하는 속절로서
　　정월 보름 - 1월 15일, 유월 유두 - 6월 15일, 칠월 백중 - 7월 15일, 팔월 추석 - 8월 15일, 보름(가운데 날) 4명절이다.

≪추석의 어원(語源)≫
　　秋夕을 글자대로 풀이하면 가을 저녁, 즉 나아가서는 가을의 달빛이 가장 좋은 밤이라는 뜻이니, 달이 유난히 밝은 좋은 명절이라는 의미를 갖고 있다. 따라서 추석이란 대단히 상징적인 의미를 갖고 있다.

　　한가위는 중추절(仲秋節)이라고도 한다. 한가위의 한은 하다(大·正)의 관형사형이고, 가위란 가배(嘉俳)를 의미한다. 嘉俳란 가부·가뷔의 음역으로서 가운데란 뜻인데, 지금도 영남지방에서는 가운데를 가분데라 하며, 가위를 가부, 가윗날을 가붓날이라고 한다.

仲秋節이라 하는 것은 가을을 초추(初秋), 중추(仲秋), 종추(終秋)로 나누었을 때 秋夕이 陰曆 8月 仲秋에 해당하므로 붙은 이름이다. 중국에서는 추석 무렵을 中秋 또는 月夕이라 하는데, 『예기(禮記)』에 나오는 조춘일(朝春日), '秋夕月'에서 유래했다고 한다.

○ 고려시대 9대 속절로는 원정(元正), 상원(上元, 정월대보름), 상사(上巳), 한식(寒食), 단오(端午), 추석(秋夕), 중구(重九), 팔관(八關), 동지(冬至)가 있다.

○ 조선시대 4대 명절에는 설(元正), 한식(寒食), 단오(端午), 추석(秋夕)을 4대 명절이라 하였다.

1. 추석의 유래(由來)와 행사(行事)

1) 추석의 유래(由來)

『禮記』에 나오는 조춘일(朝春日), 秋夕月에서 유래했다고 한다. 추석날 밤에는 달빛이 가장 좋다고 하여 月夕이라고 하는데, 우리나라에서는 신라 중엽 이후 한자가 성행하게 된 뒤 중국인이 사용하던 중추니, 월석이니 하는 말을 합해서 축약하여 秋夕이라고 했다는 설이 있다.

가을이라 하면 삼추(三秋)라 하여 음력 7월, 8월, 9월을 꼽는다. 이중 가운데 달은 8월이고 가운데 날은 보름이다. 가배(嘉俳)는 바로 가운데 달의 가운데 날로 만월명절(滿月名節) 가운데서도 으뜸의 날이 된다.

2) 추석유래(秋夕由來), 가배(嘉俳)[김종직(1431~1492), 『점필재집』 권3, 동도악부(東都樂府)]

【원문】회소곡(會蘇曲) : 儒理王九年 定六部號 中分爲二 使王女二人 各率部內 女子分朋 自七月望 每日 早集大部之庭績麻 乙夜而罷 至八月望 考其功之多少 負者置酒食 以謝勝者 於是 歌舞百戲皆作 謂之嘉俳 是時負家 一女子起舞 嘆曰 會蘇 會蘇 其音哀雅 後人因其聲作歌 名會蘇曲 會蘇曲會蘇曲 西風吹廣庭 明月 滿華屋 王姬壓坐理繰車 六部女兒多如簇 爾筥旣盈我筐空 釃酒揶揄笑相謔 一婦 嘆千室勤坐令四方勤杼柚 嘉俳縱失閨中儀猶勝跋河爭嗃嗃

【해설】회소곡 : 신라 유리왕 9년에 6부의 호칭을 정하고 중간을 나누어 둘로 만든 다음 왕녀 2인으로 하여금 각각 부내의 여자들을 거느리고 편을 나누어 7월 보름날부터 매일 이른 아침부터 대부의 마당에 모아놓고 길쌈을 하여 이경

쯤에 일을 끝내곤 해서 8월 보름날까지 일을 계속하고 나서는 그 공의 많고 적음을 상고하여 진(負)쪽에서는 주식을 마련하여 이긴 쪽에 사례를 하도록 하였다. 이 잔치에 가무와 백희를 모두 베풀었으므로 이를 가배라고 하였다. 이때에 진 집의 한 여자가 일어나 춤을 추면서 탄식하기를 회소, 회소라 하였는데, 그 음조가 슬프고도 우아하였으므로 후인들이 이에 그 소리로 노래를 지어 회소곡이라 이름 하였다.

≪회소곡≫

서풍은 넓은 마당에 불어오고
밝은 달은 화려한 집에 가득하네.
왕의 딸이 위 자리에 앉아 물레를 돌리니
6부의 여아들이 무리 지어 많이 모였네.
네 광주리는 이미 찼는데 내 광주리는 비었네.
술 걸러놓고 야유하고 웃고 서로 농담하네.
한 여자가 탄식하매 일천 집이 권면하니
앉아서 사방에 길쌈을 부지런히 하게 하였네.
가배가 비록 규중의 예의는 아니지만
오히려 다퉈 소리 지르는 발하(跋河)보다 낫네.

길쌈(김홍도 풍속도 화첩)
출처 : 국립중앙박물관

3) 추석의 유래

이규경은 『오주연문장전산고』에서 추석의 관습이 가락국에서 왔다고 했다. 일본인 僧侶 원인(圓仁)은 그의 저서 『입당구법순례행기(入唐求法巡禮行記)』에 당시 산동 근방에서 살던 신라인들이 절에서 가배명절을 즐겼던 사실을 기록했다. 특히 그는 신라인들이 발해와 싸워 이긴 기념으로 추석을 명절로 즐겼다고 해석하기도 했다.

그런데 『삼국사기』에 기록된 六部를 방증할 수 있는 자료가 발굴되기도 했다. 신라가 육부였음을 1988년 4월 15일 경북 울진군 죽변면 봉평리에서 출토된 신라 비석의 내용으로 확인된다. 비석은 법흥왕 11년(524년)에 세워진 것으로 육부 중의 하나인 탁부 출신의 박사가 건립하였다고 하여 가배풍속과 관련된 육부의 존재가 분명해졌다.

이처럼 신라시대에 이미 세시명절로 자리 잡은 추석은 고려에 와서도 큰 명절로 여겨져 9대 속절에 포함되었다. 고려 9대 속절은 元正(설날), 上元(정월대보름), 상사(上巳), 한식(寒食), 단오(端午), 추석(秋夕), 중구(重九), 팔관(八關), 동지(冬至)였다.

이 명절들은 조선시대로 이어졌고 조선시대의 추석은 설날, 寒食, 端午와 더불어 4대명절의 하나로 꼽혔다.

4) 추석의 유래

한가위의 어원을 살펴보면 가을의 한가운데, 즉 달이 둥근 보름의 뜻으로 "한가배-한 가운데-한가뷔-한가위"로 된 순우리말이며 "가위", "가웃날" 등으로 부르기도 한다.

그런데 어찌된 일인지 『한가위』라는 좋은 순우리말이 있음에도 불구하고 굳이 『추석』이라는 말을 즐겨 쓰는지 모을 일이다. 옛날에는 추석이라는 말이 없었다. 굳이 한자말로 표기하자면 가배(嘉俳), 완월(玩月), 중추절(仲秋節), 중추가절(仲秋佳節)로 썼다. 그러던 것이 일제강점기 말기부터 秋夕이란 말을 앞다퉈 쓰고 있으니, 다시 한 번 생각해볼 일이다.(權寄模, 『정겨운 예천산하』)

5) 行事 俗談

○ 속담
- 더도 말고 덜도 말고 한가위만 같아라.
- 오월 농부 팔월 신선.
- 추석에 비가 내리면 흉년이 든다.
- 추석에 달을 보지 못하면 개구리가 알을 배지 못한다.
- 추석에 달을 보지 못하면 토끼도 새끼를 배지 못한다.
- 추석에 구름이 너무 많으면 그해 보리농사는 흉년이다.

○ 행사 = 추석절사
- 추석성묘, 추석차례, 문소전제, 추석천신굿, 달맞이, 구름보기

2. 추석의 이칭(異稱)과 놀이, 음식(飮食)

1) 이칭(추석의 다른 이름)

○ 한가위 : 한가위는 가배-가위-가잇날과 함께 추석을 일컫는 말. 가위는 8월의 한가운데 또는 가을의 가운데를 의미하며, 한가위의 '한'은 '크다'는 뜻이다. 크다는 말과 가운데라는 말이 합해진 것으로, 한가위란 8월의 한가운데에 있는 큰 날이라고 할 수도 있다. 따라서 한가위란 큰날 또는 큰명절이라 할 수

있다.

○ 가위, 가윗날 : 추석을 일컫는 옛 우리말. 가위라고도 하고 이두음으로 가배
라고도 한다. 가위란 한가운데를 가리킨다. 음력 8월 보름은 가을의 한가운데
이면서 달의 한가운데 날이란 뜻이므로 가윗날이라고도 한다. 추석은 대표적
인 만월 명절로 이것을 뜻하는 것으로 볼 수 있다.

○ 가배(嘉俳), 가배일(嘉俳日) : 추석을 일컫는 古語. '가위'라는 우리말을 이두
식으로 표기한 것이다. 가배는 바로 가을의 가운데 달의 가운데 날로 만월 명
절 가운데서도 으뜸의 날이 된다. 곧 가배는 가운데 날이라는 뜻이며, 실제로
가윗날은 가을의 가운데 달인 8월 그 중에서도 가운데 날인 보름인 것이다.
[가배일(嘉俳日)]

○ 중추(仲秋), 중추절(仲秋節) : 仲秋는 가을 석 달 중에 중간 달을 의미하고,
節은 우리나라 4대 명절의 하나인 한가위를 이르는 말로, 음력 8월을 달리
부르는 말이다. 仲秋와 月夕을 축약하여 秋夕이라고 한다. 한 계절 3달 중에
첫 달을-初, 혹은-孟, 둘째 달을-仲, 마지막 달을-모(暮) 또는 만(晚), 계(季)
라고 한다.
『여씨춘추(呂氏春秋)』 중추기(仲秋紀)에 "仲秋의 달에 해는 각숙(角宿)에 있으
며 저녁에는 견우(牽牛)-우숙(牛宿)이 남중하고 새벽에는 자휴(觜觽)-자수(觜
宿)가 남중한다. …… 거센 바람이 불고 기러기가 오며, 제비는 돌아가고 새
들은 좋은 먹이를 갈무리한다(仲秋之月 日在角 昏牽牛中 且觜觽中 盲風至 鴻
雁來 玄鳥歸 群鳥養羞)."

○ 완월(玩月) : 달을 완상(玩賞)한다는 뜻으로 음력 8월을 달리 부르는 말. 추석
날 저녁에 달을 완상하며 소원을 비는 달맞이 풍속이 있는데 이 풍속에서 유
래되었다. 金나라 원호문(元好問), 만정방(滿庭芳) 사(詞)에 "붉은 대궐에 바람
이 넘지르고 요지에서는 달구경을 하네. 많은 신선들이 청반에 모시고 섰더
라.(縫闕淩風 瑤池玩月 衆仙侍立淸班)"라고 하였다. 주정의(朱靜宜)의 중추무
월감부(中秋無月感賦) 詩에 "금년에는 장사에서 달구경을 하게 되어 높은 누
각에 술자리를 벌여놓고 밝은 달 떠오르기를 기다리네.(今年玩月 長沙城 置洒
高樓待明月)"라고 하였다.

○ 월석(月夕) : 달이 밝은 저녁이라는 뜻으로 음력 팔월을 달리 부르는 말. 仲秋
와 月夕을 축약하여 秋夕이라고 한다. 『구당서(舊唐書)』 卷181 나위전(羅威
傳)에 "꽃핀 아침과 달 밝은 저녁이면 손님과 어울려 시를 지었다.(每花朝月

夕 與賓佐賦詠)”, 『제요록(提要錄)』에 “2월 15일은 화조이고, 8월 15일은 월석이다.(二月十五日爲花朝 八月十五日爲月夕)”라고 한 구절이 있다.

○ 귀성(歸省) : 객지에서 사는 자녀가 부모를 만나려 고향을 찾는 것. 또는 귀령이라고도 한다. 다만 일부 문헌에 귀령(歸寧)이 시집 간 여성이 친정을 방문하는 것을 의미하고, 歸省은 아들이 고향의 부모와 친척을 방문하는 것을 의미한다고 하였다.

우리나라에서 이 단어가 본격적으로 쓰이기 시작한 것은 해방 이후이다. 해방 이후 설날과 추석 같은 명절에 집에 가는 수많은 인파를 가리켜 신문에서 귀성행렬, 혹은 귀성열차-귀성인파라고 표현했다.

2) 놀이

강강술래, 줄다리기, 가마싸움, 소놀이, 거북놀이, 소싸움, 닭싸움

3) 음식(飮食)

가배주(嘉俳酒), 신도주(新稻酒), 송편(松餠), 노티, 누름적, 닭찜, 박나물, 배숙(梨熟), 토란(土卵)국, 율단자(栗團子), 토란단자, 화양적(華陽炙)

3. 옛날 기록

1) 【제목】 俗節(『高麗史』 卷84, 志38, 刑法 名例)

【원문】 俗節(秋夕)
【해설】 풍속으로 오는 명절날.

2) 【제목】 추석 잔치(『高麗史節要』 卷8, 睿宗 10年 8月)

【원문】 饗庶老於毬庭 賜物有差
【해설】 구정에서 노인들을 위한 잔치를 베풀고 선물을 나누어주었다.

3) 【제목】 8月 15日[趙秀三(1762~1849), 『秋齋集』 歲時記]

【원문】 是日 謂之秋夕 言中秋翫月之夕也 或云新穀將收 如日之夕矣.
【해설】 이날을 추석이라 하니 중추에 달구경하는 저녁이라는 말이다. 혹은 햇곡식을 수확하여 한해 농사를 마무리하는 것이 하루가 저물어가는 것과 같다는 말이다.

4)【제목】秋夕[趙雲從(1783~1820),『勉菴集』歲時記俗]

【원문】8月15日 俗號嘉俳 未知其何義也 酒果上塚之禮 與寒食同 京俗非不重此 日 而田家則尤有甚焉 蓋新稻已登 西成不遠 氣象豊裕故然也

【해설】8월 15일은 세간에서는 가배라고 하는데 그 뜻이 무엇인지 알지를 못하겠다. 술과 과일을 산소에 올리는 예절은 한식 때와 같다. 경성 풍속에서도 이 날을 중요하게 여기지만 농가에서는 훨씬 더 소중하게 여기니 대개 햇곡식이 이미 무르익어 수확이 멀지 않은 데다가 가을 기운이 넉넉하고 풍요롭기 때문에 그러한 것이다.

5)【제목】中秋[權用正(1801~?),『漢陽歲時記』歲時雜詠]

【원문】中秋 祀墳墓

【해설】중추절에는 산소에 가서 제사를 지낸다.

6)【제목】秋夕 송편(新松餠)[최영년(1856~1935),『海東竹枝』名節風俗]

【원문】舊俗 八月十五日 謂之中秋 新羅以中秋爲 嘉俳日 家家作餡餅 隔松葉蒸之 上墓祭祀 名之曰 추석 송편

【해설】옛 풍속에 8월 15일을 중추(中秋)라고 하며, 신라 때는 중추를 가배날이라고 하였다. 집집마다 쌀떡을 만들어 사이사이 솔잎을 깔고 쪄서 산소에 받들고 가서 제사를 지내니, 이를 "추석 송편"이라고 한다.

○송편(松餠) : 멥쌀가루를 반죽하여 깨, 콩, 팥, 밤 등의 소를 넣고 솔잎을 깔아서 찐 떡이다. 솔잎을 사용해서 찐다 하여 송편(松餠)이라 한다.(海東竹枝)
○추석 송편을 반달로 빚는 뜻은 반달이 커져서 보름달이 되라는 희망의 의미로 반달모양으로 빚는다.

4. 시문(時文)

1)【제목】仲秋月 寄牛溪[宋翼弼(1534~1599),『龜峯先生集』卷1 部 詩想]

【원문】仲秋月 寄牛溪 중추월에 우계(牛溪)에게 보내다.
爲雲爲雨任紛紛　　구름이 되었다가 비가 되었다가 제멋대로 어지럽고
富貴繁華換主頻　　부귀영화도 주인을 자주 바꾸는데,

獨有中秋天上月　홀로 중추절 하늘 위의 달만이
年年依舊屬閑人　해마다 예전처럼 한인에게 속했네.

2) 【제목】秋夕[姜沆(1567~1618),『睡隱集』卷1 七言絶句]

【원문】秋夕(추석)
木末西風萬里秋　나무 끝에 서풍은 만 리 밖에 가을이고
一年寒暑度鴻溝　한해의 한서(寒暑)는 홍구(鴻溝)를 건넜네.
人間淸絶淸秋節　사람들은 맑은 가을에 청절하고
堪笑潘卽如許愁　소반(笑潘)을 감당하니 근심을 허락한 듯하네.

5. 신문

○올 한가위엔 "슈퍼문" 뜬다.(년중 가장 큰 달)(『한겨레신문』2015年 9月 17日)
　올해 (乙未 2015年) "한가위 보름달은 일 년 중 가장 큰 달"로, 27일 오후 5시 50분에 뜬다. 날이 좋아 달맞이도 가능하리라 예상 된다. 한국천문연구원(천문연)은 16일 "올해 추석 보름달은 서울 기준 27일 오후 5시 50분에 떠서 다음날인 28일 오전 6시 11분에 지리라 예측 된다."고 밝혔다. 추석날 보름달은 뜨고 나서도 점점 차올라 가장 커지는 때는 다음날인 28일 오전 11시 50분 때다. 이때는 이미 달이 지평선 아래로 내려가 육안으로는 물론 특수망원경으로도 볼 수 없다. 맨눈으로 가장 큰 보름달을 볼 수 있는 때는 달이 져서 지평선에 머무는 28일 오전 6시 때다. 올해 한가위 보름달은 일 년 중 가장 큰 보름달이 된다. 올 추석에 달이 가장 커졌을 때의 달과 지구 사이 거리는 35만 6882km로, 달-지구 평균 거리인 약38만km보다 2만3천km가량 가까워진다. 이번 보름달은 올해 가장 작았던 3월 6일 보름달보다 약 14%가 커 보인다.
　기상청 중기예보(10일)를 보면 추석 전날인 26일까지 한반도가 고기압 가장자리에 들어 구름만 조금 끼는 날씨여서 보름달을 볼 수 있으리라 예상된다.(이근영 선임기자)

1) 【제목】今日이 秋夕(『동아일보』1923년 9월 25일)
【부제】경성은 적막
　　　　(일제강점기에 서울시민의 생활이 얼마나 비참함을 적은 글)
【원문】금 이십오일은 음력 팔월 십오일 곳 추석(秋夕)이라 풍성 풍성한 세상가

트면 경성 시내에서도 매우 경황이 좃켓지만은 금년추석에는 집집에 떡하는 광경도 드뭇드뭇 하야 일반의 생활이 얼마나 적막한 것을 알겠더라.

【해설】 이 기사는 추석이지만 경제사정이 안 좋아 떡치는 집이 많지 않은 경성 풍경에 대한 것이다.

2) 추석의 유래[古今通義](『중앙일보』 2011년 9월 9일)

추석에 대한 가장 이른 기록은 『삼국사기』 유리 이사금(儒理尼師今) 9년(서기 32년)조에 나온다. 신라 유리왕은 서라벌의 6부(部) 여성들을 두 편으로 나누어 왕녀 두 사람에게 거느리게 했다. 7월 16일 아침 일찍부터 대부(大部) 마당에 모여 길쌈 짜는 시합을 시작해 을야(乙夜·밤 9~11시)에 파하게 했다.

8월 보름에 그 결과를 따져 진 쪽에서 술과 음식을 장만해 이긴 쪽에 사례했는데, 이때 노래와 춤과 온갖 유희가 함께 일어난 것이 가배(嘉俳)였다. 가배가 한가위란 뜻이다. 진 쪽의 한 여자가 일어나 춤을 추고 탄식하면서 '회소! 회소! (會蘇會蘇)'라고 읊었는데 그 음조가 아주 슬프고 아름다워서 뒷사람들이 그 소리를 따서 노래를 짓고는 이름을 회소곡(會蘇曲)이라고 했다는 기록이다. 2000여 년 전인 서기 32년에 한가위가 시작되었다는 뜻이다. 『삼국사기』 잡지(雜志) 제사(祭祀)조에는 혜공왕(惠恭王·재위 765~780) 때 오묘(五廟 : 다섯 임금의 사당)를 정하고 1년에 여섯 번, 즉 정월 2일·5일, 5월 5일, 7월 상순, 8월 1일·15일에 제사 지냈다.

추석에 국가가 선왕들에게 제사 지냈다는 뜻이다. 『삼국유사』 「가락국기(駕洛國記)」는 "매년 정월 3일과 7일, 5월 5일, 8월 5일과 15일에 맑고 깨끗한 제물(祭物)을 올리는데 대대로 이어져 끊이지 않았다."고 기록해서 가야에서도 추석 때 제사를 지냈음을 알 수 있다.

○ 중국에서는 추석을 중추절(仲秋節)이라고 하는데 『예기(禮記)』 '월령(月令)'에 "중추달에는… 쇠약한 노인들을 봉양한다(仲秋之月…養衰老)."고 전하고 있다. 그러나 이때만 해도 모든 민간이 함께 즐기는 명절은 아니었다. 당(唐) 현종(玄宗) 때 기록인 『개원천보유사(開元天寶遺事)』에 따르면 중추 저녁에 현종이 양귀비와 장안(長安·서안) 건장궁(建章宮)의 태액지(太液池)에서 달맞이를 했는데, 이를 관민들이 모방하면서 중추절에 달을 감상하는 습속(習俗)이 형성되었다."고 기록하고 있다. 당 현종의 연호인 개원(開元)·천보(天寶)는 713~756년간이니, 중국은 8세기 중엽에야 추석이 명절이 되었음을 알 수 있다.

○ 일본에서는 추석을 '달맞이(月見)' 또는 '십오야(十五夜)'라고 하는데 헤이안 시대(平安時代 8세기 말~12세기 말)부터 귀족들 사이에서 배를 타고 수면에 흔들리는 달을 즐기는 풍습이 생겼다고 전해지고 있다. 추석 명절은 우리가 가장 빨랐다. 그만큼 달을 친근하게 여겼던 민족이었다.(이덕일 역사평론가)

강강술래
출처 : 문화재청(국가무형문화재 강강술래보존회)

추분(秋分)【二十四節氣와 俗節】

○秋分은 낮과 밤의 길이가 똑같은 날이다.
○秋分은 24절기 중에 16번째 節氣이며,
○8월의 中氣로 白露와 寒露 사이에 들어있다.
○秋分은 태양의 황경이 180°를 통과할 때이며,
○동지로부터 275일째 되는 날이다.
○금년에 밤과 낮의 길이가 같은 날은 양력 9월 26일이다.
  (해 뜨는 시간 : 6시23분 = 해 지는 시간 : 6시 24분, 1분 차이가 난다.)
○太歲는 乙未이고, 月建은 乙酉이며, 日辰은 壬寅이며,
○卦는 兌初九이다.
○節入時刻은 午後5時二十分(初酉時)이다.

≪추분점≫은 황도와 적도의 교차점 안에 태양이 적도의 북쪽에서 남쪽으로 향해 가로지르는 점(點)을 말한다. 곧 태양이 북쪽으로부터 남쪽으로 향하여 적도를 통과하는 점(點)으로 적경(赤經), 황경(黃經)이 모두 180°가 되고 적위와 황위가 모두 0°가 된다.

≪절입시각≫ 9월 22일 오후 5시 20분 (初酉時) [2016년]
  일출(日出) = 오전 6시 20분[주(晝) = 12시간 9분]
  일입(日入) = 오후 6시 29분[야(夜) = 11시간 51분]
  월출(월출) = 오후 10시 42분
  월입(월입) = 오전 12시 8분

≪기후≫『高麗史』卷50, 志4, 역(曆) 宣明曆 上
  初候에 우레가 없어지기 시작한다. 次候에 벌레들이 동면할 자리를 준비한다. 末候에 물이 마르기 시작한다.(雷乃始收 蟄蟲坏戶 水始涸)

1. 속담과 음식 풍속

  ○(음식) 송이적, 인절미(引餅), 호박떡.
  ○(속담) 덥고 추운 것도 추분과 춘분까지이다.
  ○(속담) 추분이 지나면 우렛소리 멈추고 벌레가 숨는다.
  ○(속담) 추분에 작은 비가 내리면 길하고, 날이 개면 흉년이라고 믿는다.

○(속담) 만약 秋分이 社日 앞에 있으면 쌀이 귀하고, 뒤에 있으면 풍년이 든다고 생각한다.

○(풍속) 벌초(伐草) : 음력 8월 추석 이전에 조상의 묘에 자란 잡초를 베고, 묘 주위를 정리하는 풍속이다. 주로 백중 이후인 7월 말부터 추석 이전에 이루어진다.

○(풍속) 성주단지갈기 : 올벼를 추수할 즈음 익은 벼이삭을 제일 먼저 골라 쌀이나 나락의 형태로 성주단지에 갈아 넣는 의례.

○(풍속) 반보기 : 팔월 추석 이후 농한기의 여성들이 일가친척이나 친정집 가족들과 양쪽집의 중간지점에서 만나 회포를 푸는 풍속이다. 원래 시집 간 딸과 친정어머니의 만남이 기원이지만 다양한 형태의 반보기가 있다. 지역에 따라 중로보기, 중로상봉 같은 한자식 용어를 사용한다. 용어에서 짐작되듯이 당일치기를 해야 하기 때문에 거리가 멀 경우 부득이 양쪽집의 중간지점에서 만났다가 다시 그날 안으로 집으로 돌아가는 애틋한 풍속이다.(여기에 곁들어 "처가와 변소는 멀어야 좋다"라는 속담도 전한다.)

2. 옛날 기록

1) 官吏給暇(『高麗史』卷84, 志38, 刑法 公式 官吏給暇)

【원문】秋分(一日)

【해설】추분에 관리에게 1일의 휴가를 준다.

2) 秋分(『高麗史』卷101, 列傳14, 權敬中)

【원문】說者曰 二至二分 日有食之 不爲灾 日月之行也 春秋分 日夜等 故同道而食 輕不爲灾 水早而己 己酉二月之日食 在於春分 是以至閏五月而早 次其應也

【해설】(고려 고종 때에) 설자가 말하기를 "하지와 동지, 춘분과 추분에 일식(日蝕)함은 재해가 되지 않는다고 하였으니, 일월(日月)이 운행함에 춘분과 추분에는 낮과 밤이 균등하기 때문에 동일한 궤도에서 일식하므로 경미하여 재해가 되지 않고, 수해 또는 한해가 있을 따름입니다."고 하였습니다. 기유년 2월의 일식은 춘분에 있었기 때문에 윤오월에 한재가 있었으니, 이것은 그 징험입니다.

3) 추분(秋分)(『증보문헌비고(增補文獻備考)』象緯考3, 儀象2 圖說)

【원문】秋分에는 초저녁에는 斗宿가, 새벽에는 叁宿가 南中한다.

4) 추분(秋分) 八月中氣(『高麗史』 卷51, 志5, 曆 授時曆 上)

【원문】 八月 白露八月節 秋分八月中 鴻雁來 玄鳥歸 群鳥養羞 雷始收聲 蟄蟲培戶 水始涸

【해설】 백로는 팔월의 절기이며, 추분은 팔월의 중기이다. 기러기는 오고 제비는 돌아간다. 모든 새들이 먹을 것을 저장하고 우레가 없어지기 시작한다. 벌레들이 동면할 자리를 마련하고 물이 마르기 시작한다.

5) 老人星 祭祀(『國朝五禮儀』)

【원문】 秋分에 인간의 장수를 담당한다고 하는 老人星에 지내는 祭祀. 노인성이 인간의 수명을 관장한다고 여겨 고려시대에는 잡사(雜祀), 조선시대에는 소사(小祀)로 규정하여 국가에서 제사를 지냈다. 南極星, 南極老人星, 수성(壽星), 南極壽星으로 부르는 노인성은 용골(龍骨)자리에 있는 카노푸스(Canopus)를 가리킨다.

조선시대 수성에 대한 제사는 태종과 세종대를 거치면서 정비되었다. 먼저 태종 11년(1411년)에 수성에 대한 제사를 유교적 제향방식에 따라 요단(燎壇)에서 희생(犧牲)을 태우는 방식으로 거행하도록 하였다. 그리고 세종 8년에는 원풍의 예제에 따라 각(角), 항(亢)의 신위를 제외하고 노인성만을 모시는 것으로 정하였다. 이후 『세종실록(世宗實錄)』 五禮儀에서 이 노인성제(老人星祭)는 제외되었다가 『국조오례의』에 小祀로 실렸다. 그러나 조선시대의 노인성제는 지속되지 못하고 중종 이후 폐지된다.

3. 詩文(시문)

1) 秋分(추분) (蔡之洪, 『鳳巖集』 卷2 詩)

【원문】 秋分 - 추분
斗柄正西揭　북두칠성 자루가 바야흐로 서쪽에 걸려서
平分晝夜中　공평하게 낮과 밤을 나누고 있네.
明王西狩日　어질고 총명한 임금이 서쪽에서 기린을 잡은 날
禮與岱峯同　예는 대산의 멧부리 같도다.

2) 晚望(崔慶昌, 『孤竹遺稿』 五言絶句)

【원문】晚望 - 해질 무렵의 조망
泰華對茅茨　화려한 산악은 초가에 마주하고
三峰住夕暉　세 봉우리는 석양 속에 있네.
秋天獨倚杖　가을날에 홀로 지팡이 짚고 나가니
白露濕人衣　흰 이슬이 내 옷을 적시네.

3) 拾栗(崔慶昌, 『孤竹遺稿』 五言古詩)

【원문】拾栗 - 밤을 줍다.
首夏入京城　초여름에 경성에 들어갔다가
仲秋歸茅屋　중추에 초가로 돌아왔네.
園栗摘己盡　동산에 밤 따는 것은 이미 다하여
葉裡棲殘殻　잎속에 잔챙이만 붙어 있네.
晨起繞籬行　새벽에 일어나 삼태기 차고
把草有時得　풀을 해치니 가끔 밤이 있네.
取適豈在多　줍기는 하였으나 어찌 많겠는가?
묘與兒輩樂　아이들과 함께 먹고 즐기려 하네.

4) 月夜渡黃江(李廷馣, 『四留齋集』 卷3 五言律詩)

【원문】月夜渡黃江 - 달밤에 황강을 건너다.
幸脫塵籠累　요행이 먼지가 새장을 나오니
眞成汗漫游　참으로 질펀하게 놀 수 있네.
黃江一飄客　황강에 길손이 놀러 나가니
明月半輪秋　가을밤 명월은 반달이 되었네.
白露凋斜漢　흰 이슬에 은하수 시들고
靑山隱半洲　청산은 반쯤 백사장에 숨었네.
扁舟空老去　일엽편주에 헛되이 늙어가니
壯志不能休　씩씩한 의지는 그만둘 수 없네.

한로(寒露) 【二十四節氣와 俗節】

○ 寒露는 9월의 절기로 24절기 중에 17번째 節氣이며,
○ 寒露는 秋分과 霜降 사이에 들어있다.
○ 寒露는 太陽의 黃經이 195°를 통과할 때이며
○ 寒露는 冬至로부터 290일째 되는 날이다.
○ 9월의 절기는 한로(寒露)와 상강(霜降)이며,
○ 대표적 명절로는 중구(重九, 重陽節)이다.
○ 太歲는 乙未이고, 月建은 乙酉이며, 日辰은 丁巳이고,
○ 節入時刻은 初子時이다.
○ 괘(卦)는 태(兌) 93이다.

≪한로의 뜻≫은 공기가 차츰 선선해짐에 따라 이슬이 찬 공기를 만나 서리로 변하기 직전의 시기로 9월의 절기이며 추수가 시작되었음을 말한다. 또 세시 명절이라기 보다는 기후의 변화를 읽는 절기로 유용하다.

≪절입시각(節入時刻)≫ 10월 8일 오후 11시 43분 (初子時) [2016년]
　　　　　일출(日出) = 오전 6시 34분[주(晝) = 11시간 31분]
　　　　　일입(日入) = 오후 6시　5분[야(夜) = 12시간 29분]

≪기후 寒露(宣明曆)≫ (『高麗史』卷50, 志4, 曆 宣明曆 上)
【72후】初候에 기러기가 와서 머물다. 次候에 참새가 물에 들어가 조개로 된다. 末候에 국화꽃이 누렇게 된다.(鴻鴈來賓 雀入大水化爲蛤 菊有黃華)

≪八月節-氣候(授時曆)≫(『高麗史』卷51, 志5, 曆2 授時曆 經上)
【원문】寒露九月節 霜降九月中 鴻雁來賓 雀入大水寫蛤 菊有黃華 豺乃祭獸 草木貴落 蟄蟲咸俯.
【해설】한로는 구월의 절기이며, 상강은 구월의 중기이다. 기러기가 와서 머물고, 참새가 큰물에 들어가 조개가 된다. 국화꽃이 누렇게 피며, 승냥이가 짐승을 잡아 제 지낸다. 초목의 잎이 누렇게 되어 떨어지고, 벌레가 다 동면할 자리로 들어간다.

1. 이칭, 풍속음식, 전설과 속담, 행사와 놀이

1) 9월의 이칭(異稱)

○ 玄月, 菊月, 詠月, 剝月, 暮秋, 殘秋, 晩秋, 高秋, 霜辰, 無射, 授衣, 戌月
○ 9월의 節氣는 한로(寒露)와 상강(霜降)이며,
○ 9월의 대표적 名節로는 중구(重九, 重陽)가 있다.

① ≪풍속(風俗)≫

높은 산에 올라가 머리에 수유를 꽂으면 잡귀를 쫓을 수 있다고 믿는 풍속이 있다. 이는 수유 열매가 붉은 자줏빛인데, 붉은색은 양(陽) 색으로 벽사력(辟邪力)을 가지고 있다고 믿기 때문이다.

② ≪음식(飮食)≫

추어탕이 유명하다. 한로(寒露)와 상강(霜降) 무렵에 서민이 즐겨먹는 시절음식이다. 『본초강목(本草綱目)』에는 미꾸라지가 양기(陽氣)를 돋우는데 좋다고 하였다. 가을에 누렇게 살찌는 가을 고기라 하여 미꾸라지를 추어라 한다.

③ ≪속담(俗談)≫

○ 한로가 지나면 제비도 강남으로 간다 : 여기서 강남은 중국의 양자강 남쪽을 말하며, 봄에 왔던 철새들이 돌아가는 기준 시점이 한로가 된다는 뜻이다.
○ 한로가 지나면 제비는 강남으로 가고, 기러기는 북에서 온다.
○ 철을 안다, 철이 났다 : 태양력을 이용한 24절기가 활용되어 음력이 윤달을 두어서 한 달씩 날짜가 밀릴 수 있다는 점에 비해 24절기는 계절의 추이를 정확히 알 수 있게 한다. 그래서 농민으로서 이것을 아는 것을 철을 안다 했고, 철이 났다 하는 말은 소년이 성인이 되고, 또한 성숙한 농군이 됐다는 뜻으로 사용하였다. 이렇게 우리들의 생활에 활용된 재래역법은 순수한 음력이 아니라 태양태음력이다.

2. 옛날 기록

1) 禮記月令 九月令(『禮記』 月令 第六)

○ 季秋之月 日在房 昏虛中 鴻雁來賓 爵入大水爲蛤 鞠有黃華 豺乃祭獸戮禽 是月也 霜始降 則百工休 是月也 草木黃落 乃伐薪爲炭

계추의 달은 辰이 방성(房星)에 있는데, 저녁에는 허성(虛星)이 남방의 중앙에 있고, 아침에는 유성(柳星)이 남방의 중앙에 있다. 기러기가 모두 와서 모이고, 참새는 바다로 들어가서 조개가 되며, 국화는 노란 꽃이 피고, 승냥이는 금수를 죽여서 제사를 지낸다. 이달에 서리가 비로소 내리면 백공이 휴식한다. 이달에 초목의 잎사귀가 누렇게 되어 떨어지므로 나무를 베고 숯을 만들게 한다.

2) 寒露(『增補文獻備考』象緯考 3)
  ○ 儀象2 圖說에 별의 위치에 대한 기록이 있다
  ○ 한로(寒露)에는 초저녁에는 두수(斗宿), 새벽에는 정수(井宿)가 남중한다는 기록이 있다.

3. 詩文(시문)

1) 구월(九月) 月餘農歌(金逈洙, 農家十二月俗詩)

時維季秋爲玄月　　때는 바로 계추이니 현월이라 일러오며
寒露霜降是二節　　한로 상강 두 절기가 이달에 들어있네.
六候雁賓雀化蛤　　육후의 현상으로 기러기 손님 오고 참새는 조개 되고
++木黃落菊香泄　　초목은 단풍 지고 국화는 향기 품어
豺乃祭獸蟄虫頮　　승냥이는 짐승 잡고 벌레들은 굴을 판다.
野場家場事方多　　들 마당 집 마당 일 한창 많아지네.(후략)

2) 寒露(蔡之洪, 『鳳巖集』卷2 詩)

【원문】
玉露傷楓樹　　옥 같은 이슬은 단풍나무를 상하게 하고
芙蓉月裏啼　　부용은 달빛 속에서 우네.
復匪心術惕　　내 마음 슬퍼지는 것
匪爲寒凄凄　　추위 때문만은 아니라네.

4. 『농가월령가』 구월장

九月은　　　季秋이니　　한로상강　　절기라네
제비는　　　돌아가고　　떼기러기　　언제왔나

창공에서　우난소리　찬이슬을　재촉한다
온산의　단풍잎은　연지처럼　물들이고
울밑에　황국화는　가을빛을　자랑한다
구월구일　가절이니　花煎하여　薦新하세
절기순서　따라가며　追遠報本　잊지마소
物色은　좋다마는　추수가　시급하다
들마당　집마당에　개상에　탯돌놓고
무논벼는　베어깔고　건답벼는　베두드리어
오늘은　정금벼요　내일은　사발벼와
밀다리　대초벼와　등트기　경상벼네
들에는　조피더미　집근처엔　콩팥가리
벼타작　마친후에　틈나면　두드리세
비단차조　이부꾸리　메눈이콩　황부대를
이삭으로　먼저잘라　후씨로　따로두소
젊은이는　태질하고　계집사람　낫질하며
아이는　소몰리고　늙은이는　섬우기기
이웃집　울력하여　제일하듯　하는것이
뒷목추기　짚널기와　마당끝에　키질하기
한편으로　면화트니　씨아소리　요란하다
틀차려　기름짜기　이웃끼리　합력하소
등유도　하려니와　음식도　맛이나네
밤에는　방아찌어　밥쌀을　장만할때
찬서리　긴긴밤에　우는아기　돌아보소
타작점심　하오리라　黃鷄白酒　부족할까
새우젓　계란찌개　상찬으로　차려놓고
배추국　무나물에　고춧잎　장아찌요
큰가마에　앉힌밥이　태반이나　부족하네
한가을　흔할적에　길손도　청해먹소
한동네　이웃하여　한들에서　농사하니
수고도　나눠하고　없는것도　서로도와
이때를　만났으니　즐기기도　같이하세
아무리　다사하나　농우를　보살피소
핏대로　살을찌워　제공을　갚아주세.(終)

벼타작(김홍도 풍속도 화첩)
출처 : 국립중앙박물관

중양절(重陽節 9月 9日)【二十四節氣와 俗節】

○ 중양절(重陽節)은 24절기가 아니고 俗節이다.
○ 중양절(重陽節)이란 음력 9월 9일을 가리키는 날로, 날짜와 달의 숫자가 같은 중
  일명절(重日名節)의 하나이다.
○ 중일명절(重日名節)은 3월 3일, 5월 5일, 7월 7일, 9월 9일과 같이 홀수, 곧 양
  수(陽數)가 겹치는 날을 말한다.
○ 이날들이 모두 重陽이지만 특히 9월 9일을 가리켜서 중양(重陽)이라고 하며 중구
  (重九)라고도 한다.
○ 또 9월 중기날(重期日), 중지(重至)라고 부르는 지방도 있다.
○ 음력 3월 삼진날 강남에서 온 제비가 이때에 다시 돌아간다.
○ 가을 하늘에 높이 떠나가는 철새를 보며 한 해의 수확을 마무리 하는 계절이기도
  하다.

1. 유래(由來)

1) 『한국세시풍속사전(韓國歲時風俗辭典)』에 중양절(重陽節)은 중국(中國)에
   서 유래한 명절(名節)로, 그곳에서는 매년 음력 9월 9일에 행하는 한족
   의 큰 전통절일(傳統節日)이다. 중양절은 중국에서는 한(漢)나라 이래 오
   랜 역사를 가지고 있으며 당송(唐宋)대에는 추석(秋夕)보다 더 큰 명절
   로 지켜왔다.

2) 중국은 『형초세시기(荊楚歲時記)』 九月條에 9월 9일 모든 백성들이 들
   판에 자리를 깔고 술을 마시며 즐긴다(九月九日 四民並籍野飮宴)고 하
   였다. 『속제해기(續齊諧記)』에 중국의 여남지방(汝南地方)에 내려오는
   전설에는 동한(東漢)시대에 앞날을 잘 맞추는 비장방(費長房)이라는 도
   인(道人)이 어느 날 학생인 항경(恒景)에게 "자네 집은 9월 9일에 큰 난
   리를 만나게 될 터이니 집으로 돌아가 집사람들과 함께 수유(茱萸)를 담
   은 배낭을 메고 높은 산에 올라가 국화주(菊花酒)를 마시면 재난을 면
   할 수 있네."라고 하였다. 항경이 이날 그가 시킨대로 가족을 데리고 산
   에 올라갔다가 집에 돌아오자 집에서 키우는 가축들이 모두 죽어 있었

다고 한다(續齊諧記云 汝南桓景 隨費長房遊學 長房謂之曰 九月九日 汝家中當有災厄 急令家人縫囊盛茱萸繫 臂上 登山飲菊花酒 此禍可消 景如言 舉家登山 夕還 見雞犬牛羊 一時暴死 長房聞之曰 此可代也 今世人 九日登高飲酒 婦人帶茱萸囊 蓋始於此).

중양절에 수유 주머니를 차고 국화주를 마시며 높은 산에 올라가는 등고 풍속은 이에서 비롯되었다고 한다. 注에 荊楚 지방은 중국의 양자강(揚子江) 중류 유역에 위치하는데 『형초세시기』는 梁나라의 종름(宗凜)이 6세기경에 지은 『荊楚記』에다가 수(隋)나라의 두공담(杜公瞻)이 증보(增補) 가주(加注)한 것으로 알려져 있다. 현존하는 중국세시기 중에서 가장 오래된 것으로 알려져 있다.

3) 『東國歲時記』 "九月九日" 條에는 서울 풍속에 사람들은 떼를 지어 남산과 북악산에 가서 마음껏 먹고 마시고 흥겹게 논다. 이것은 등고(登高)의 옛 풍속이 답습된 것이다. 청풍계, 후조당, 남한산, 북한산, 도봉산, 수락산 등이 모두 단풍놀이하기에 아주 뛰어난 곳이다(都俗 登南北山飲食 以의樂 蓋襲登高之古俗也 靑楓溪 後凋堂 南漢山 北漢山 道峯山 水落山 有賞楓之勝).

4) 『韓國一生儀禮辭典』 "重九茶禮" 條에 음력 9월 9일에 조상에게 지내는 "차례"를 말한다.

[역사] 중국 고대사회에서는 "9"를 陽數의 極이라 하여 漢代 이래로 이날을 큰 명절로 삼아 왔다.

[신라시대] 重九日에 임금과 신하들이 안압지와 임해전(臨海殿)이나 월상루(月上樓)에 해마다 정기적으로 모여 사가(詩歌)를 즐겼다.

[고려시대] 나라에서 중구일마다 공식적인 행사로서 잔치를 벌였다. 이 축하연에 문무백관을 비롯하여 송나라, 탐라, 흑수의 손님들까지 참석하였다.

[조선시대] 봄(3월 3일)과 가을(9월 9일) 두 차례에 걸쳐 노인잔치를 크게 베풀어 경로사상을 드높였고, 조상에게 차례를 지냈다.

○ 地域事例

[경기도] 이날을 중양절이라고 하며, 많은 집에서 구일제 또는 구일차례를 지낸

다. 구일제는 5대조 이상의 산소에 간단한 제물을 차려 지내는 제사를 말한다.

[경상도] 사망 일자가 확실하지 않은 조상에게 구일차례를 지낸다.

[전라도] 이날을 귀일이라고 부르고, 생사 불명이 된 조상이나 자손이 없는 조상들을 위해 귀일제를 지낸다.

[충청도] 중구일에 구일차례라고 하여 조상께 차례를 지내는 집이 많다.

[전남곡성] 중구일에 하는 올벼심기를 귀일차례라고 부르며, 이때는 이미 추수가 끝난 상태라 오히려 추석차례보다 더 성대히 지낸다고 한다.

2. 이칭(異稱)과 행사(行事), 음식(飮食)

1) 이칭

중구(重九), 국화절(菊花節), 망제일(忘祭日), 상국일(賞菊日), 산신의 탄신일(山神-誕辰日), 제비 돌아가는 날 등

ㅇ제비 돌아가는 날 : 민간에서는 삼짇날 날아온 제비가 이날 다시 강남으로 돌아간다고 한다.

2) 행사

중양절사(重陽節祀), 기로연(岐路宴), 망제(忘祭), 중구차례(重九茶禮), 올벼심리, 등고(登高) 등

ㅇ중구차례 : 중구일에 조상을 찾아 성묘하고 차례를 모신다. 특히 이날은 돌아가신 날짜를 모르거나 객사한 조상을 위해 차례를 지내는 집이 많다.

ㅇ올벼심리 : 일 년 동안 농사를 지은 새 곡식을 먹기 전에 조상에게 먼저 대접하는 제의를 말하며, 지역에 따라 중구일에 하기도 한다.

ㅇ등고(登高) : 중양절에 높은 곳에 올라서 하루를 즐기던 풍속으로서 『東國歲時記』에는 "서울 풍속에 남북의 산에 올라서 음식을 먹고 즐긴다. 이는 登高의 옛 풍속을 답습한 것이다. 청풍계(淸楓溪), 후조당(後凋堂), 남한산, 북한산, 도봉산, 수락산 등이 단풍구경에 좋은 곳이다."라는 기록이 있다.

3) 음식

국화전(菊花煎), 국화주(菊花酒), 구절초 뜯기(九節草), 밤떡(栗糕, 인절미고), 유자화채(柚子花菜) 등

ㅇ국화주 : 옛날에는 노란 국화 꽃잎으로 술을 담그고 떡을 빚어 먹었다.

4) 중양절사(重陽節祀)

중양절에 올리는 제사를 절사(節祀)라 말한다. 보통 茶禮라고 많이 호칭하는데, 이는 맞지 않는 것 같다. 茶禮란 제사 절차 중에 茶를 올리는 순서가 있어서 이르는 말인데, 우리나라는 차가 없으므로 대신 숙수(熟水)를 올리므로 꼭 다례라고 호칭할 이유가 없다. 한 해 농사를 추수하면서 먼저 陽이 겹치는 좋은 날 祀祭를 모시는 선조님의 무덤에 헌이시식(獻以時食)을 올리므로 절사라고 하여야 옳다고 생각한다. 설과 추석도 차례가 아니라 절사이다.

○『東國歲時記』寒食條에 節祀란?

【원문】 都俗 上墓澆奠 用正朝寒食端午秋夕四名節 以酒果脯醢餠麵臛炙之羞 祭之曰 節祀

【해설】 우리나라 도시 풍속에 조상의 산소에 가서 제사를 지내는 행사는 설날, 한식, 단오, 추석 네 명절에 한다. 조상의 묘전에 술, 과일, 포, 식혜, 떡, 국수, 탕, 적 등의 제물을 차려놓고 제사를 지낸다. 이것을 절사라고 한다.

○ 묘제(墓祭)와 기제(忌祭)는 유축삼헌(有祝三獻)이고, 名節에 올리는 절사(節祀)는 무축일헌(無祝一獻)이다.

○『가정의례준칙』(1973년) : 묘제는 한식, 추석, 중양 또는 적당한 시기에 정해서 함.

○『가정의례준칙』(1973년) 대통령령 제6680호 제정. 1985년 3월 30일 대통령령 제11671호 2차 개정. 현재 시행중임.

5) 부조묘 제사(不祧廟 祭祀)

조선 선조(宣祖) 때에 예조(禮曹)에서 제향절차를 아뢰면서 중양(重陽)이 국조오례의『國朝五禮儀』에는 속절로 열거되어 있지 않지만 이날 時食으로서 천신(薦新)하는 것이 고례(古禮)이므로 속절(俗節)에 해당하는 제사(祭祀)가 行해져야 한다고 하였다.

『열양세시기』에 조선 전기까지는 시제보다 기제를 중요시하다가 조선 중엽에 이르러 사대부들이 시제를 중요하게 여기게 되었는데, 일 년 4회의 시제가 부담되어 이를 춘추 2회로 줄여서 봄에는 삼짇날, 가을에는 중양절에 지내는 사람이 많아졌다. 특히 중양절 시제는 조선후기 이후 영남지방에서 부조묘(不祧廟)를 모신 집안들을 중심으로 행해져 왔다.

조상에 대한 시제는 각별히 중일(重日)을 택하여 삼월 삼짇날이나 구월 중양절에 제사를 지내는데, 특히 중양 때가 되어야 햇곡을 마련할 수 있었으므로 처음 수확물을 조상에게 드린다는 의미가 크다.

6) 망제(望祭)

음력 9월 9일 중양절에 객사하여 제삿날을 모르는 조상이나 자손이 없는 사람에게 지내는 제사. 무후제(無後祭), 구일제(九日祭), 구일차례(九日茶禮)라고도 부른다. 望祭는 방치되거나 소외되기 쉬운 영혼들을 위한 제사다. 이 제사의 이면에는 외로운 영혼을 위로함으로써 살아있는 사람의 평안을 유지하고자 하는 현세주의적 심성도 깔려 있다.

【제의방식】유가식(儒家式)으로 진행한다. 홀기(笏記)에 맞추어 삼헌관(三獻官)이 지내며, 음식은 酒, 果, 脯, 메(飯), 떡(餠) 등을 차린다.

【지역 사례】

(1) 태백시 장성동에 무후제비(無後祭碑)가 있다. 강원도 삼척 태백지역은 탄광지대로서 떠돌이 유랑민이 많았다. 이들이 후사 없이 죽거나 자손을 못 남긴 경우 죽기 전에 전답이나 돈을 주변에 기탁하여 無後祭를 부탁하기도 한다.

(2) 경남 사천시 곤양면 환덕리에는 祭日을 정확히 모르는 제사를 지내준다. 객지에 나가 실종되었거나, 배를 타고 나가 난파당해 죽었을 경우에도 제사를 지내준다.

3. 옛날 기록

1) [高句麗] 始祖廟 祭祀(『三國史記』卷16, 高句麗本紀4, 新大王 3年)

【원문】秋九月 王如卒本 祀始祖廟

【해설】가을 9월에 왕이 졸본에 가서 시조묘에 제사 지냈다.

2) [百濟] 사냥(『三國史記』卷23, 百濟本紀1, 始祖 溫祚王 10年)

【원문】秋九月 王出獵獲神鹿 以送馬韓

【해설】가을 9월에 왕이 사냥을 나가서 신록(神鹿)을 잡아 마한(馬韓)에 보냈다.

3) [百濟] 활 쏘기 연습(『三國史記』卷25, 百濟本紀3, 阿莘王 7年)

【원문】九月 集都人 習射於西臺

【해설】9월에 도내의 사람들을 모아 서대(西臺)에서 활쏘기를 연습하였다.

4) [高麗] 俗節(『高麗史』卷84, 志38, 刑法 名例)

【원문】俗節(重九)(元正, 上元, 寒食, 上巳, 端午, 重九, 冬至, 八關, 秋夕)

【해설】풍속으로 오는 명절날

5) [高麗] 官吏給暇(『高麗史』卷84, 志38, 刑法 公式 官吏給暇)

【원문】重陽(九月九日)

【해설】중양은 9월 9일로 관리에게 휴가를 준다.

활쏘기(김홍도 풍속도 화첩)
출처 : 국립중앙박물관

6) [東國歲時記] 九月九日

【원문】採黃菊花 爲수米餻 與三日鵑 花餻同 亦曰花煎

【해설】노란 국화꽃 잎을 따다가 찹쌀떡을 만들어 먹는다. 만드는 방법은 3월 삼짇날의 진달래 꽃전을 만드는 방법과 같다. 이것을 국화전이라 한다.

7) [京都雜誌] 重九

【원문】采菊花爲糕 與重三之鵑花糕同 亦稱花煎

【해설】9월 9일을 일명 중구(重九)라고 한다. 이날 국화 꽃잎을 따다가 떡을 만들어 먹는데, 3월 삼짇날의 진달래떡과 같이 만든다. 이것도 화전이라 한다.

4. 시문(詩文)

1) 九日登嘉林古城(朴世堂, 『西溪集』卷4 詩 補遺錄)

【원문】九日登嘉林古城 9일 가림(嘉林)의 옛 성에 올라
九日登高處　9일 높은 곳에 올라
懷歸望遠情　고향 돌아갈 생각에 바라보니 정은 깊어가네.
江深義慈國　의자왕의 나라 강은 깊고

樹老定方城　소정방의 성엔 나무가 늙었네.
蘆領蟠湖甸　노령에 호남의 다스림 서려있고
華山隔漢京　화산은 서울을 막고 있네.
秋風吹不歇　가을바람 불어 그치지 않으니
未醉帽先傾　취하지 않았는데 모자가 먼저 기우네.

2) 重陽月夜(朴世采, 『南溪集』 外集 卷1 詩)

【원문】重陽月夜(중양월야)

湖上寒風水自波　중양일 달밤 호숫가에 찬바람 부니 물결이 절로 일고
況逢佳節易蹉跎　하물며 아름다운 시절 만났는데 그냥 지나가랴?
秋高素月今宵最　가을 하늘에 흰 달 높이 떴으니 오늘 밤이 가장 밝고
歲暮黃花此日多　세모의 황화는 오늘 많이 피었네.
元亮非關成醉歇　도잠은 취하도록 마시는 것에 상관하지 않고
少陵還解賦悲歌　두보는 슬픈 노래만 지을 줄 알았네.
年來病負登高約　올해 병으로 높이 오를 약속 저버렸고
回首龍山夢裏峨　용산으로 머리 돌리니 꿈속에 보던 봉우리네.

3) 次韓魏公乙巳重九(朴泰輔, 『定齋集』 卷1 七言律詩)

【원문】次韓魏公乙巳重九 한위공(韓魏公)의 을사년(1662년) 중구에 차운하다.

憂緒多端苦撓懷　근심의 실마리 단서가 많아 괴로움이 마음을 흔들고
重陽獨坐掩塵罍　중양일 홀로 앉아 먼지 덮인 술잔을 씻네.
澆胸那乏三杯酒　가슴을 적시려면 어찌 석 잔의 술만 부족하리오.
送目非無百尺臺　먼 곳을 보니 백 척의 누대가 아님이 없네.
冠리整時從自落　모자는 바로 쓰기 게을리하니 절로 떨어지고
客須呼得更誰來　객이 모름지기 부르니 누가 다시 올까?
憐他時菊知人意　지난날의 국화는 사람의 뜻을 아니
青蘂含香不肯開　푸른 꽃 봉우리는 향기를 머금고 있으나 피지 않네.

4) 重陽前夕散步(朴世采, 『南溪集』 外集 卷1 詩)

【원문】重陽前夕散步 중양일 전날 저녁에 산보를 하며

霜落楓林菊吐香　단풍나무 숲에 서리가 내리니 국화가 향기를 발하고

滿山秋色一溪長　가을빛이 산에 가득하니 한 시내가 길구나.
悠然步出東籬下　느긋하게 나가서 동쪽 울타리 아래서 걸으니
不是龍山醉後狂　용산에서 취한 후에 미친 짓 하는 것이 옳지 않구나.

5) 晉陽趙使君祥甫歷訪口占以贈時適重陽日也(朴世采, 『南溪集』 續集 卷1 詩)

【원문】晉陽趙使君祥甫歷訪口占以贈時適重陽日 진양의 사군 조상보가 방문하여 입으로 시를 읊어주었다 그때가 마침 중양일이었다.
幽懷佳節共誰裁　아름다운 시절의 그윽한 생각을 누구와 함께 마름질 할까.
忽見南州五馬催　문득 남주를 쳐다보니 오마를 재촉하여 오는구나.
籬菊半開溪月白　울타리의 국화는 반쯤 피었고, 시냇가의 달은 밝으니
不堪離思滿前臺　누대 앞에 가득하기만 하여 견딜 수가 없네.

6) 丁酉重九(『東文選』 卷15 丁酉重九)

【원문】丁酉重九
秋晚長風萬里來　늦가을 긴 바람이 만 리에서 오는데
登高極目思難裁　등고하여 바라보니 생각이 어지럽네.
莫辭白酒殷勤飲　막걸리를 사양하지 않고 은근히 마시나
可惜黃花爛漫開　국화가 문드러지게 핀 것이 아깝네.

7) 重九(『耘谷行錄』 卷4 重九)

【원문】重九
李博士同元措大　이 박사와 원조대가 함께
携壺折菊訪山齋　술병을 갖고 국화를 꺾어 산재를 방문하였네.
泛黃擧酒殊無害　노란색을 띄는 국화주를 마셔도 전혀 해가 없으니
鑷白看花豈不佳　백발을 뽑고 꽃을 구경하는 것이 어찌 좋지 않겠는가.

8) 重九(『三峰集』 卷2 七言絕句 重九 / 『東文選』 卷22 重九)

【원문】重九
故園歸路渺無窮　옛 동산으로 돌아가는 길은 끝없이 아득한데
水繞山回復幾重　물 돌고 산 도니 또 얼마나 거듭 가야 하는가.

望欲遠時愁更遠　　바라보는 눈멀어질 때까지 시름도 또 멀어지니,
登高莫上最高峰　　등고할 때 최고봉까지는 오르지 말게나.

9) 九月九日(『朝鮮大歲時記二』歲時風謠)

【원문】九月九日 9월 9일 중양절
金英初掇煮團餻　　노란 국화 처음 따다 둥근 전 부쳐놓고
桑落新醲滴小糟　　작은 지게미 떠 있는 상락주도 처음 걸렀네.
紅葉秋園成雅集　　단풍 든 가을 동산에 고아한 모임 가지니.
風流何似强登高　　이 풍류 어찌 억지로 등고하는 것과 같으랴.
(重陽酒曰 桑落 중양절의 술을 상락이라고 한다.)
*상락주(桑落酒) : 옛날에는 양잠이 중요한 일이였으므로 뽕잎이 지고 가을 누에치기도 끝나는 시기에 마신다는 의미에서 붙여진 국화주의 다른 이름인 듯 하다.

5. 신문 기록

1) 今日은 重陽節.「菊花酒 마실 때」(『조선일보』 1936년 10월 23일)

【원문】이십삼일은 음력으로 구월 구일로서 중양절(重陽節)이자 상강(霜降)이다 된서리가 내리기 시작하야 각색 풀과 나무는 모다 입사귀가 말러 떨어지고 뼈만 엉성하야 락목한천(落木寒天) 이라는 글자 그대로 조락(凋落)을 거듭하고 있는 중에 홀로 국화 만은 서리를 무릅스고 누러케 붉것케 회게 그 점잔한 자태를 자랑하야 옛적부터 시인묵객은 그의 절개를 가상히 역여서 화중은 일사라 하야 구일에는 국화를 너허 비진술을 마시며 질거히 중양가절을 마저온다.
【해설】이 기사는 중양절을 맞아 된서리가 내려 다른 나무들은 잎사귀가 말라 떨어지나 국화는 그 점잖은 자태를 자랑한다는 내용이다.

상강(霜降)【二十四節氣와 俗節】

○ 霜降은 24절기 중에 18번째 節氣이며,
○ 9월의 中氣로 寒露와 立冬 사이에 들어있다.
○ 霜降은 太陽의 黃經이 210°를 통과할 때이며,
○ 冬至로부터 305일째 되는 날이다.
○ 太歲는 乙未이고, 月建은 丙戌이고, 日辰은 癸酉이며
○ 節入時間은 正丑時이고, 卦는 兌 六三이다.

≪절입시간≫ 10월 23일 오전 2시 47분 (正丑時) [2016년]
　　　　日出時間은 = 오전 6시 48분(낮 시간 = 10시간 56분)
　　　　日入時間은 = 오후 5시 44분(밤 시간 = 13시간 4분)

≪霜降의 뜻≫
　음력 9월에 드는 24절기의 하나로서 9월의 중기(中氣)이며,
　말 그대로 서리가 내리는 시기를 뜻하는 節氣를 말한다.

≪霜降의 氣候≫
　≪氣候-(宣明曆)≫『高麗史』卷50, 志4, 역(曆) 宣明曆 上
　初候에 승냥이가 짐승을 잡아 제지낸다. 次候에 초목의 잎이 누렇게 되어 떨어진다. 末候에 벌레들이 다 동면할 자리로 들어간다(豺乃祭獸 草木黃落 蟄蟲咸俯).

　≪氣候-(授時曆)≫『高麗史』卷51, 志5, 曆2 授時曆經 上
【원문】寒露九月節 霜降九月中 鴻雁來賓 雀入大水寫蛤 菊有黃華 豺乃祭獸 草木貴落 蟄蟲咸俯
【해설】한로는 구월의 절기이며, 상강은 구월의 중기이다. 기러기가 와서 머물고, 참새가 큰물에 들어가 조개가 된다. 국화꽃이 누렇게 피며, 승냥이가 짐승을 잡아 제 지낸다. 초목의 잎이 누렇게 되어 떨어지고, 벌레가 다 동면할 자리로 들어간다.

1. 9월의 異稱, 俗談, 行事, 飮食

1) 이칭(異稱) : 계추(季秋), 만추(晩秋), 모추(暮秋), 국추(菊秋), 상냉(霜冷), 상진(霜辰), 술월(戌月), 영월(詠月), 중양(重陽), 추상(秋霜), 현월(玄月) 등

2) 속담(俗談)

  ○ 제비 돌아가는 날
  ○ 상강(霜降)이 지나야 물이 언다.
  ○ 가을 곡식은 찬이슬에 영근다.
  ○ 구시월 도지는 호랑이도 무서워한다.
  ○ 구시월 세단풍(細丹楓)

3) 음식(飮食)

  박속, 아욱국, 추어탕(鰍魚湯), 추두부탕, 별추탕(別鰍湯) 등

4) 행사(行事)

  ○ 둑제(纛祭) : 조선시대 군대를 출동시킬 때 군령권을 상징하는 군기에 지내는 국가제사. 2월 경칩과 9월 상강일에 병조판서가 주관하여 지내는 제사이다.
  ○ 숭선전제례(崇善殿祭禮) : 가락국(駕洛國) 수로왕(首露王)과 허씨왕후(許氏王后)에게 올리는 제례.(경상남도 무형문화제 제11호)
  ○ 七祀 : 『國朝五禮儀』 序例 吉禮 변사조(辨祀條)에 小祀로 지내는 國家祭祀. 봄에는 戶, 司命, 여름에는 竈, 가을에는 國門, 泰厲, 겨울에는 國行, 中霤에 제사를 지낸다.
  ○ 칭제(禰祭) : 음력 9월 중에 길일을 택하여 돌아가신 부모를 위해 올리는 제사를 말한다. 아버지를 모신 가묘(家廟)를 禰이라고 하는데 가깝다는 뜻을 가지고 있다(禰者近也). 禰은 예라고도 읽으므로 예제라고도 한다. 長子가 주제하며 다른 형제나 자손들은 제사에 참여하기는 하나 제사를 주관하지 못한다. 禰祭는 원래 돌아가신 부모의 생일에 지내는 제사이다. 정자(程子)에 의하면 禰祭를 계추(季秋), 곧 9월에 올리는 時祭라고 한 것은 이때가 만물이 이루어지는 계절이기 때문이라고 하였다(祭禰於季秋者 以其成物之始 而象其類之義也). 祭日은 9월 上丁 또는 中丁으로 하였다는 기록도 있다. 朱子는 모씨가 자신의 생일인 9월 15일에 이제를 지냈던 것을 좇아 이때 지내게 되었다 하

였다.

조선시대 내내 실제 관행으로는 거의 이행되지 않았고 예서(禮書)에만 언급되어온 제례(祭禮)의 한 종류이다.

2. 옛날 기록

1) 추어(鰌魚)(『東醫寶鑑』卷3, 湯液篇 魚部)

【원문】性은 溫하고, 味가 甘하며, 속을 보하고(補中) 설사를 멎게(止泄)한다.
【해설】미꾸라지가 가진 효능의 설명이다. 성질이 따뜻하고 몸을 보하는 미꾸라지의 특성으로 인하여 찬바람이 불기 시작하는 가을에 추어탕이 보양식으로 널리 애용되었다.

2) 상강(霜降)(『高麗史』卷120, 列傳33, 吳思忠)

【원문】況天變屢見 星纏失度 霜降之餘 迅雷不收 立冬之後 蒸霧發洩 此二氣有乘之驗也
【해설】하물며 천변이 자주 나타나고 별 도는 것이 법도를 잃었으며 상강이 지났는데도 빠른 우레가 그치지 않고 입동 후에도 증기와 안개가 일어 퍼지니 이 두 기후에 괴이한 징조가 있습니다.

3) 쇄서(曬書)(『崔崖遺藁』送秋玉蟾曬史海印寺)

【원문】高麗嘗藏歷代實錄于此寺中 令史官乘驛三年一曬焉
【해설】고려는 일찍이 해인사 안에 역대의 실록을 소장하였는데, 사관으로 하여금 말을 타고 와서 3년에 한 번씩 볕에 말리도록 하였다.

3. 시문(詩文)

1) 상강(霜降)(權文海, 『草澗先生文集』卷2, 詩, 七言律詩)

半夜嚴霜遍八紘　　밤중에 된서리가 팔방에 두루 내리니
肅然天地一番淸　　숙연(肅然)히 천지(天地)가 한번 깨끗해지네.
望中漸覺山容瘦　　바라보는 가운데 점점 산 모양이 파리해 보이고
雲外初驚雁陣橫　　구름 끝에 처음 놀란 기러기가 나란히 가로질러 가네.
殘柳溪邊凋病葉　　시냇가에 쇠잔한 버들은 잎에 병이 들어 시드는데

露叢籬下燦寒英　　울타리 아래에 이슬이 내려 찬 꽃부리가 빛나네.
却愁老圃秋歸盡　　도리어 근심되는 것은 노포(老圃)가 가을이 다 가면
時向西風洗破觥　　때로 서풍을 향해 깨진 술잔을 씻는 것이라네.

2) 상강(霜降)(蔡之洪, 『鳳巖集』 卷2, 詩)

迎霜休百務　　상강을 맞이하니 모든 일 그치네.
慘懍氣悲哉　　매서운 날씨에 기분이 슬프도다.
賓雁引雛至　　기러기는 새끼를 데리고 이르고
黃花得意開　　황화는 뜻을 얻어 활짝 피었네.

3) 九月(金逈洙, 『農家十二月俗詩』 九月編)

時維季秋爲玄月　　때는 바야흐로 늦가을 9월이라
寒露霜降是二節　　한로 상강 두 절기가 있네.
六候雁賓雀化蛤　　이달에 기러기 찾아오고 참새는 조개 되며
草木黃落菊香泄　　초목은 잎이 지고 국화 향기 퍼지며
豺乃祭獸蟄虫類　　승냥이는 제사하고 동면할 벌레는 굽히네.
野場家場事方多　　들 마당 집 마당에 할 일이 많네.

입동(立冬)【二十四節氣와 俗節】

○ 立冬은 겨울이 처음 시작되는 날이다.
○ 立冬은 24절기 중에 19번째 節氣이며,
○ 立冬은 10월의 절기로 霜降과 小雪 사이에 들어있다.
○ 立冬은 태양의 黃經이 225°를 통과할 때이며,
○ 立冬은 冬至로부터 320일째 되는 날이다.
○ 10월의 절기는 입동(立冬)과 소설(小雪)이며,
○ 대표적인 名節이나 俗節은 없다.
○ 太歲는 甲午이고, 月建은 乙亥이며, 日辰은 壬午이며, 節入時刻은 初亥時이다.
○ 卦는 兌 九四이다.

≪절입시각≫ 11월 7일 午後 九時 七分[初亥時] (오후 9시 7분) [2016년]
　　　　　　일출(日出) = 午前 七時　　三分(晝 = 10시간 25분)
　　　　　　일입(日入) = 午後 五時 二十八分(夜 = 13시간 35분)

≪입동의 뜻≫
　○ 우리나라에서는 입동을 특별히 명절로 생각하지는 않지만 겨울로 들어서는 첫째 날로 여겼기 때문에 사람들은 겨울 채비를 한다.
　○ 『회남자(淮南子)』 권3 천문훈(天文訓)에는 秋分이 지나고 46일 후면 立冬인데 草木이 다 죽는다고 하였다.
　○ 최남선의 『조선상식문답(朝鮮常識問答)』에 예부터 10월을 상달(上月)이라고 하였다. 상달은 10월을 말하며, 이 시기는 일 년 농사가 마무리되고 신곡신과(新穀新果)를 수확하여 하늘과 조상께 감사의 禮를 올리는 계절이다. 10월을 열두 달 가운데 으뜸가는 달로 생각하여 상달이라 하였다.

≪기후(宣明曆)≫ 立冬『高麗史』卷50, 志4, 曆 宣明曆 上
　[72후] 初候에 물이 얼기 시작한다. 次候에 땅이 얼기 시작한다. 末候에 꿩이 큰물에 들어가 큰 조개로 된다.(水始氷 地始凍 野雞入大水 化爲蜃)

≪十月節-氣候(授時曆)≫ 『高麗史』卷 第51, 志 第5, 曆2 授時曆經 上
【원문】立冬十月節 小雪十月中 水始氷 地始凍 雉入大水爲蜃 虹藏不見 天氣上升 地氣下降 閉塞而成冬
【해설】입동은 10월의 절기이며, 소설은 10월의 중기이다. 물이 얼기 시작하고

땅도 얼기 시작한다. 꿩이 큰물에 들어가 큰 조개로 되며, 무지개가 나타나지 않는다. 하늘 기운은 위로 올라가고, 땅 기운은 아래로 내려온다. 천지 기운이 막히며 겨울이 된다.

1. 이칭, 풍속음식, 전설과 속담, 행사와 놀이

1) 10월의 이칭(異稱)

○ 초동(初冬), 맹동(孟冬), 입동(立冬), 소춘(小春), 양월(陽月), 양월(良月), 곤월(坤月), 응종(應鐘), 해월(亥月), 상달(上月), 소양춘(小陽春)

○ 10월의 節氣는 입동(立冬)과 소설(小雪)이며,

○ 10월의 대표적인 名節은 없고, 조상 선산에 세(歲)ㅡ제(祭)(墓祭, 時祭)를 지낸다.

2) 행사(行事)

○ 墓祭

歲一祀, 歲一祭라고 하며 관행적으로 時祭, 時祀, 時享이라고 한다. 묘전제사(墓前祭祀), 묘사(墓祀)라고도 하며, 일 년에 한 번 제사를 모신다 하여 歲一祭, 歲一祀라 한다.

○ 상달고사(上月告祀)

음력 10월에 가정에서 말날이나 길일을 택해서 家宅神에게 지내는 告祀, 城主를 비롯하여 祖上, 竈王, 三神같은 가택신에게 제사한다.

○ 성주고사(城主告祀)

城主神에게 집안의 안녕과 풍년을 기원하는 한편, 햇곡으로 만든 술과 시루떡, 과일 등으로 祭儀를 행하여 한 해 동안 지은 농사를 감사하는 의례(儀禮)이다.

○ 하원(下元)

하원이란, 三元의 하나로서 10월 15일(十月보름)을 가리키는 말이다. 三元이란 음력 정월 15일(정월보름)을 上元, 음력 7월 15일을 中元, 음력 10월 15일을 下元이라 하여 도교(道敎)에서 보름을 중심으로 세 마디로 삼분절하여 성립시킨 삼원사상에서 비롯된 것이다.

유래는 道家에서는 천상의 선관이 일 년에 세 번 인간의 선악을 살핀다고 하는데, 그때를 원(元)이라고 하며, 1월, 7월, 10월의 보름인 상원, 중원, 하원에 초제(醮祭)를 지내는 세시풍속이 있었다.

고려시대 이후 도교가 성행하여 조선시대에는 "下元"이 되면 문소전제와 종묘대제를 지냈으며, 서낭신과 토지신을 모시고 한 해의 벽사기복을 기원하는 초제를 올렸다. 이날은 승려들이 3개월간의 "동안거(冬安居)"에 드는 날[결제일(結制日)]로서, 불교신자들은 이날 '결제불공'을 잘 올리면 돌아가신 부모가 좋은 곳으로 갈 수 있다는 믿음을 지니고 있다.

3) 閏月(윤달)

○ 甲午年(2014년) 9월에 "윤달"이 들어서 十月墓祭[歲一祭] 行祀에 불편한 점이 매우 많아서 어렵고 立冬도 윤달에 들었다.

○ 『동국세시기』에 閏月에 대한 기록이 있어서 여기에 적는다.

『동국세시기』閏月

【원문】俗宜嫁娶 又宜裁壽衣 百事不忌 廣州奉恩寺 每當閏月 都下女人爭來供佛 置錢榻前 竟月絡繹 謂如是則 歸極樂世界 四方婆媼 奔波競集 京外諸刹 多有此風

【해설】우리나라 풍속에 한 달이 가외로 있는 것을 윤달이라 한다. 혼례를 올리는데 좋고 또 수의를 만들어 두면 좋다고 하여 모두 이달에 한다. 모든 일에 부정을 타거나 액이 끼이지 않는 달이다. 경기도 廣州 봉은사(奉恩寺)에서는 윤달이 되면 서울 장안의 부녀자들이 몰려들어 많은 돈을 불탑(佛榻) 위에 놓고 불공을 드린다. 이 같은 행사는 달이 다 가도록 계속된다. 이렇게 하면 죽어서 극락을 간다고 믿어 사방의 노파들이 와서 정성을 다해 불공을 드린다. 서울과 그 밖의 다른 지방의 절에서도 이런 풍속이 많이 있다.

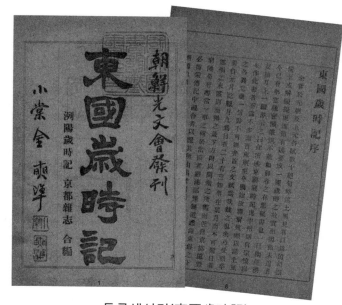

동국세시기(東國歲時記)
출처 : 국립중앙도서관

4) 김장하기(菜陳藏)(『해동죽지』 명월풍속)

   ○十月立冬近節　家家淹漬菁菘　謂之 "진장"
    十月 立冬이 가까워지면 집집마다 무와 배추를 담그니, 이를 "김장"이라고 한다.
    芥薑葱蒜醃菁菘　　　겨자, 생강, 파, 마늘을 무, 배추와 버무리고
    手手奔忙土窖封　　　손마다 바삐 움직여 김장독을 땅속에 묻네.
    (月土)裡蔬園從土性　독 안의 채소들은 흙의 성질 품고 있어
    萬家風雪禦深冬　　　온 나라에 눈보라 칠 때 추위를 막아주네.

2. 옛날 기록

1) 禮記月令 十月令(『禮記』 月令 第六)

   ○孟冬之月　日在尾　昏危中　旦七星中　水始氷地始凍　雉入大水爲蜃　虹藏不見　命
   有司曰　天氣上騰　地氣下降　天地不通　閉塞而成冬
   맹동(孟冬)의 달(10월의 이칭, 겨울의 첫 달)은 辰이 미성(尾星)에 있다. 저녁
   에는 危星이 남방의 중앙에 있고, 아침에는 七星이 남방의 중앙에 있다. 물과
   땅이 비로소 언다. 꿩이 바다로 들어가서 신(蜃)이 되고, 무지개는 숨어서 보
   이지 않게 된다.
   ○유사에게 명하기를 "지금은 하늘의 양기가 위로 올라가버리고 땅의 음기가
   아래로 내려가 천지가 서로 통하지 않고 폐색(閉塞)되어 겨울철을 이루었다.
   (그러니 삼가 추위를 막을 준비를 하라)"고 한다.

2) 東濊 舞天(『後漢書』 卷85, 東夷列傳75 濊)

   【원문】常用十月祭天　晝夜飮酒歌舞　名之爲舞天
   【해설】해마다 10월에, 하늘에 제사 지내는데 밤낮으로 술 마시며 노래하고 춤
   추니, 이것을 무천(舞天)이라 한다.

3) 新羅 神宮祭祀(『三國史記』 卷12, 新羅本紀12, 景哀王 元年)

   【원문】冬十月　親祀神宮　大赦.
   【해설】겨울 10월에, 친히 신궁에 제사 지내고 죄수를 크게 사면하였다.

4) 高句麗 東盟(『後漢書』 卷85 東夷列傳75, 高句麗)

   【원문】以十月 祭天 大會 名曰東盟 其國東有大穴 號隧神 亦以十月 迎而祭之.

【해설】 10월에, 하늘에 제사 지내는 일로 크게 모이는데, 이것을 동맹이라 한다.

5) 百濟 天帝祭祀(『三國史記』 卷23, 百濟本紀1, 始祖溫祚王 38年)

　【원문】 冬十月 王築大壇 祠天地

　【해설】 겨울 10월에, 왕이 대단(大壇)을 쌓고 하늘과 땅에 제사 지냈다.

3. 詩文(시문)

1) 시월(十月)月餘農歌(金逈洙, 『農家十二月俗詩』)

時維孟冬爲陽月	때는 바로 맹동이라 양월이라 이르나니
立冬小雪是二節	입동 소설 두 절기가 이달에 들어있다.
六候水氷地始凍	육후의 현상으로 땅도 얼고 물도 얼어
野鷄化蜃虹光絶	꿩은 물에 들어 조개가 되고 무지갯빛 끊겨
天氣上升地氣降	하늘 기운 상승하고 땅 기운은 떨어지니
陰陽閉塞生育窮	음양은 막혀서 모든 생육이 그쳐진다.

2) 立冬(입동)(蔡之洪, 『鳳巖集』 卷2 詩)

六花催短景	눈이 내리니 짧은 햇볕 더욱 짧아지고.
龍戰血玄黃	용이 싸우니 검고 누런 피가 나오네.
誰識重泉下	누가 알랴? 깊은 샘 아래에서
潛陽一脈長	숨어 있는 양 한 줄기가 길어지는 것을.

3) 四時墓祭(黃宗海, 『朽淺先生集』 卷5 問答 下 祭禮)

若十月朔　中國通用之俗節　韓魏公以下諸先生　並寒食爲上墓之日　盖取雨露霜露悽愴怵惕之意耳

10월 초하루 같은 것은 중국에서 통용하던 속절로서 한위공 이하 여러 선생들이 한식과 아울러 성묘하는 날로 삼았으니, 대개 우로와 상로가 내려 처창하거나 출척하는 뜻을 취한 것이다.

4) 用寒食及十月朔(姜碩期, 『月塘先生別集』 卷2 儀禮問解 下)

今嶺南人　只用寒食及十月云　然我國祭四節行之己久

한식과 10월 초하루에 묘제를 지내는 것에 대해 지금 영남 사람들이 한식과 10월에만 묘제를 지낸다고 하는데, 우리나라에서는 사절일(묘제를) 행한 지가 이미 오래되었다.

4. 신문, 잡지

○시월상달(『신동아』 1932년 11월호)

朝鮮에서 [시월상달]은 그 가장 오래요 意義가 매우 깊은 것으로 조선민족(朝鮮民族) 생활의식(生活意識)의 최고표현(最高表現)이다.

곧[天]에게는 『제당(堂祭)』. [祖上]에게는 『시제(時祭)』 가정적(家庭的)으로는 「고사(告祀)」 군락적(群落的)으로는 「대동굿」을 行하는 것이 「시월상달」의 이름으로써 있는 것이다.

이것이 歷史에 이름을 남긴 것으로 말하면 부여(扶餘)의 영고(迎鼓)로 "韓의 天君"으로 "예(濊)의 무천(舞天)"으로 "高句麗의 동맹급수신(東盟及墜神)"으로 "百濟의 제천(祭天)"으로 "신라급고려(新羅及高麗)의 팔관회(八關會)"로 "李氏朝鮮의 군부제(府君祭)"로써 傳하니

이를 文獻으로 미(徵)하면-

- ◇ -

○[後漢書 夫餘傳]-夫餘. 以臘月祭天大會. 連日飮食歌舞. 名曰迎鼓. 有軍事. 亦祭天.

○[三國志 三韓傳]- 馬韓. 以五月下種訖. 祭鬼神. 羣聚歌舞飮酒. 晝夜無休. 其舞數十人俱起. 相隨踏地. 低仰手足. 相應節奏. 有似탁舞. 十月農功畢. 亦復如之. 信鬼神. 國邑各立一人主祭天神. 各之爲天君.

○[三國志 濊傳]- 濊. 常用十月節祭天. 飮酒歌舞名之爲舞天.

○[三國志 高句麗傳]-高句麗. 以十月祭天. 國中大會. 名曰東口. 其國東有大穴號墜神. 十月國中大會.迎墜神還於國東上祭之.置墜於神坐.

○[三國史記 溫祚王 二年條]- 冬十月.王築大壇祀天地.

○[高麗史 太祖訓要 十條]- 六曰. 朕所至願. 在於燃燈八關. 燃燈所以事佛. 八關所以事天靈及五獄名山大川龍神也.

○[高麗史 太祖 二年條]- 十一月始設八關會. 御儀鳳樓觀之.歲以爲常.

○[增補文獻備考]- 本朝國俗. 都下官府. 例置一小자叢祠掛紙錢.號曰府君. 相聚而瀆祀之.新除官必察之惟謹.法司亦如之.

- ◇ -

이와 같이 一年一次의 祭大中心의 全國的 경절(慶節)이 대개 다 十月로써 행하게 되었다. 이 때문으로 一年 열두 달 중에 十月이 가장 거룩하고 높은 달이며 으뜸되고 머리되는 달이라는 信念으로 상달(곧 上月)이란 이름을 가지게 된 것이다. 그리고 우리 先民들은 무엇보다도 이 소중한 大名節을 세우기에 최심(最深)한 注意을 더하여 가장 民族的 경락(慶樂)을 이루기에 便宜한 時機와 方法을 택정(擇定)하는 것이 백곡소과(百穀蔬果)가 一切 성숙(成熟)하여 세화풍년(歲和年豊)의 빛이 거리거리 집집이 가득 찬 이 十月로 하는 것이 진실로 意味 있음을 알 것이다. 더욱이 天主이자 聖神이신 단군왕검(檀君王儉)의 개천대절(開天大節)이 이때에 있었음에랴.

시월상달의 盛典을 過去에 있어서 이렇듯 건수려함(虔修勵行) 함이 지극하였음을 보겠으나 온갖것에 침소(沉銷)와 위축(萎縮)이 극한 오늘날의 조선 사람은 우리의 精神的創造요 歷史的 價値인 大名節은 알은체도 아니하는 것이야말로 얼마나 몰각(沒覺)하고무식(無識)한 일이냐. 이리하여 항병(缸餅)―명과(皿果)로라도 조신감모(祖神感慕)의 誠을 가지는 자 一人半個도 없음을 보면 조선아(朝鮮我)의 정신상실(精神喪失)이 이다지 하였음을 證明한다.

다행히 咸鏡道 북변(北邊)에서는 지금도 이 시월상달의 行事로 집집이 天祖에게 사하는 「상산제」가 盛行하고 잇다. 이는 오로지 옛날 우리 民族의 신앙사상(信仰思想)이 아주 절멸(絶滅)되지 아니하고 이만큼이라고 1炷의 餘光이라 비치어줌. 대하여 못내 흔행(欣幸)하는 바이다.

【해설】 이 글에서는 시월상달을 중심으로 우리 풍속 중 큰 명절이 시월에 행해지는 경우가 많음을 통해 시월상달에 대한 풍속에 대하여 설명하고 있다.

5. 농가월령가 십월장(農家月令歌 十月章)

시월은	孟冬이니	立冬小雪	節氣라네
나뭇잎	떨어지고	고니소리	높이난다
듣거라	아희들아	농공을	필했구나
남은일을	생각하여	집안일	마저하세
무우배추	캐어들여	김장을	하오리니
앞내물에	정히씻어	짠맛을	맞게하오
고추마늘	생강파에	젓국지	장아찌를
독곁에	중두리오	바탕이	항아리라
양지에	假家짓고	짚에싸	깊이묻소

박이무우 알암말도 얼지않게 간수하오
방고래 구두질과 바람벽 매질하기
창호지도 발라놓고 쥐구멍도 막아두오
수숫대로 덧울하고 외양간에 떼적치고
깍지통 묶어세고 겨울땔감 쌓아놓세
우리집 부녀들아 겨울옷은 지었는고
술빚고 떡하여라 講信날 가까웠네
꿀설기 團子하고 메밀앗아 국수하소
소잡고 돗잡으니 음식이 풍부하다
들마당에 차일치고 동네모아 자리鋪陳
노소차례 틀릴세라 남녀분별 각각하오
三絃한패 얻어오소 화랑이와 줄모지요
북치고 피리부니 與民樂이 제법이네
이풍헌 김첨지는 잔말끝에 취도하고
崔勸農 姜約正은 체괄이 춤을춘다
술잔을 올릴적에 동장님 상좌하여
잔받고 하는말씀 자세히 들어보소
어와! 오늘놀음 이놀음이 뉘덕인고
天恩도 그지없고 國恩도 망극하다
다행히 풍년만나 飢寒을 면하였네
鄕約은 못하여도 洞憲이야 없을쏘냐
孝悌忠信 대강알아 도리를 잃지마소
사람의 자식되어 부모은혜 모를쏘냐
자식을 길러보니 그제야 깨달으리
千辛萬苦 길러내여 男婚女婚 필하오면
각각 제몸만알아 부모봉양 잊을건가
기운이 쇠패하면 바라느니 젊은이니
의복음식 잠자리를 각별히 살펴드려
행여나 병나실까 밤낮으로 잊지마소
고까우신 마음으로 걱정을 하실때엔
중중거려 대답말고 화기로 풀어내오
들어온 지어미는 남편의 거동보고
그대로 본을뜨니 보는데에 조심하소

형제는　한기운이　두몸에　나눴으니
귀중하고　사랑함이　부모의　마음이라
간격없는　한통치요　네것내것　計較마소
남남끼리　모인동서　틈이생겨　하는말을
귀에담아　듣지마소　자연히　귀중하리
처신에　먼저할일　공손이　제일일세
내늙은이　공경할 때　남의어른　다르겠나
말씀을　조심하여　인사를　잃지마오
하물며　上下分義　尊卑가　엄격하다
내도리　극진하면　죄책을　아니보리
임금의　백성되어　은덕으로　살아가니
거미같은　우리백성　무엇으로　갚아볼까
일년의　還子身役　그무엇　많다할까
기한전에　완납함이　分義에　마땅하다
하물며　전답구실　토지로　분등하니
소출을　생각하면　십일세도　못되나니
그래도　못먹으면　재주어　탕감하니
이런일을　자세알면　왕세를　거납할까
한동네　몇호수에　각성이　섞여살며
신의를　안한다면　화목을　어찌할까
혼인대사　부조하고　喪葬憂患　보살피며
수재화재　도적구원　有無称貸　서로하여
나보다　넉넉함을　用心내어　시비말고
그중에　鰥寡孤獨　각별히　구제하오
제각각　정한分福　억지로　못하느니
자네들　헤아려서　내말을　잊지마오
이대로　하여가면　잡생각　아니나리
酒色雜技　하는사람　처음부터　그러할까
우연히　그릇들어　한번하고　두번하면
마음이　방탕해져　그칠줄　모르게되
자네들은　조심하여　작은허물　짓지마오.

소설(小雪)【二十四節氣와 俗節】

○ 소설은 이날 첫눈이 내린다 하여 소설(小雪)이라고 한다.
○ 소설은 24절기 중에 20번째 中氣이며,
○ 소설은 10월의 中氣로 立冬과 大雪 사이에 들어있다.
○ 소설은 太陽 의 黃經이 240°를 통과할 때이며,
○ 소설은 동지로부터 335일째 되는 날이다.
○ 太歲는 乙未이고, 月建은 丁亥이고, 日辰은 癸卯이며, 節入時刻은 正子時이다.
○ 卦는 兌 95이다.

≪절입시각≫ 11월 22일 오전 (0시 26분[正子時])   [2016년]
         일출시각 = 오전 7시 19분[낮(晝) = 9시간 58분]
         일입시각 = 오후 5시 17분[밤(夜) = 14시간 2분]

≪기후≫ 宣明曆 『高麗史』 卷50, 志4, 曆 宣明曆 上 氣候表

[72후] - 初候에 무지개가 나타나지 않는다. 次候에 천기는 상승하고 지기는 하
강한다. 末候는 천지 기운이 막혀서 겨울이 된다(虹藏不見 天氣上昇.地氣下降
閉塞而成冬).

≪소설의 뜻≫

○ 소설은 이날부터 첫눈이 내리는 계절이 되었다는 뜻이다.
○ 겨울이 시작된 입동 후 15일째 되는 날로서 우리나라에서는 소설을 명절로 생각
하지 않지만, 눈이 내릴 정도로 추위가 시작되기 때문에 겨울 채비를 한다.
○ 또 아직은 따뜻한 햇살이 비치므로 소춘(小春)이라고 부르기도 한다.

1. 風俗, 이칭, 속담

 1) 古失레(『신동아』 1935年 10月號)

   古失仙은 檀朝時(檀君朝鮮때) 田事를 장(掌)하여 人民에게 가장(稼穡)을 가르
친 [선비]이니 後世의 農家의 田夫가 田野에서 우경(耦耕)하다가 "점심밥"을 먹
을 때는 반드시 먼저 한술을 떠서 한데 던지며 祝念하여 일으대 [고시레]라 함은
대개 보본추원(報本追遠)하는 뜻을 표하여 그리함 이외다.

2) 成造祭(『신동아』1935年 10月號)

今俗에 民家에서 매양 十月에 이르러 農事를 하면 햇나락으로 [시루떡]을 쪄서 술과 과일을 함께 차려놓고 神에게 報하는 俗이 있으니 이를 이르되 "成造"라 합니다.

[성조]란 것은 곧 家를 造成한다는 意味이니 이는 단제(檀帝)께서 비로소 人民의 거처(居處)의 制를 가르치사 궁실(宮室)을 造成하신 故로 後世에 人民이 그 本을 불망(不忘)하여 반드시 단목하(檀木下)에 降하신 [상달(十月)]로써 天神의 功을 報한다 이르나니 一說에 家室을 建할 時에도 成造神을 섬겨왔다 이릅니다.

이를 [배달임금]의 功德을 紀念하는 뜻도 됩니다 民間信仰의 한낱 餘韻으로 보게 됩니다.

2. 옛날 기록

1) 손돌 바람의 전설(『세시풍속자료집성』 10月編 『동국세시기』)

대개 소설 즈음에는 바람이 심하게 불고 날씨도 추워진다. 이날 부는 바람을 손돌바람, 추위를 손돌추위라고 하며, 뱃사람들은 소설 무렵에는 배를 잘 띄우지 않는다. 이와 관련된 전설이 있다.

○ 고려 23대 고종이 몽고군의 침략을 받아 강화도로 몽진을 가던 때라고도 하고, 조선시대에 이괄의 난을 피해 인조(仁祖)가 한강을 건너던 때라고도 한다. 사공 중에 손돌이라는 사람이 있었다가 피난가는 왕을 모시고 뱃길을 서둘렀지만 왕이 보아 하니 손돌이 자꾸 일부러 그런 것처럼 물살이 급한 뱃길을 잡아 노를 젓는 것이었다. 왕은 의심이 갔다. 그래서 신하를 통해서 물살이 세지 않은 안전한 곳으로 뱃길을 잡으라고 하였지만, 손돌은 아랑곳하지 않았다. 왕은 의심을 이기지 못하고 선상에서 손돌을 참수하고 말았다.

손돌은 죽기 전에 억울함을 하소연 하였지만 소용없음을 알고 바가지를 하나 내놓으며 물에 띄운 바가지가 가는 길을 따라 뱃길을 잡으라고 말하고 죽음을 당했다.

물살은 점점 급해지고 일행은 하는 수 없이 손돌이 가르쳐 준대로 바가지를 물에 띄웠다. 바가지는 세찬 물살을 따라 흘러갔으며 왕을 실은 배도 그 뒤를 따랐다. 무사히 뭍에 내린 왕은 그때서야 비로소 손돌의 재주와 충심을 알았다.

또 다른 전설에서는 손돌을 죽인 후에 더더욱 세찬 바람이 불고 물살이 급해졌기 때문에 하는 수 없이 싣고 가던 말의 목을 잘라 제사를 모셨더니 파도가 잠잠해졌다고도 한다. 뭍에 도착한 왕은 곧 후회를 하였지만 손돌의 목숨을 다시 되돌릴 수는 없었다.

그래서 현재의 경기도 김포시 대곶면 대명리 덕포진의 바다가 내려다보이는 곳에 장지(葬地)를 정해 후하게 장사를 지내주었다고 한다. 이때가 음력 10월 20일이었는데 매년 소설 즈음인 이맘때가 되면 찬바람이 불고 날씨가 추워진다고 한다. 그래서 소설 무렵에 부는 바람을 손돌바람이라고 부르게 되었다.

2) 三韓 鬼神祭祀(『晉書』 卷97, 東夷列傳67, 馬韓)

【원문】俗信鬼神 常以五月耕種畢 羣聚歌舞以祭神 至十月農事畢 亦如之

【해설】풍속에 귀신을 믿어 해마다 오월에 씨뿌리기를 마치고 떼를 지어 노래하고 춤추는 것으로 귀신에게 제사 지낸다. 10월에 이르러 농사일을 마치고서도 이와 같이 한다.

3) 新羅 神宮祭祀(『三國史記』 卷12, 新羅本紀12, 景哀王 元年)

【원문】冬十月 親祀神宮 大赦

【해설】겨울 10월에, 친히 신궁에 제사 지내고 죄수들을 크게 사면하였다.

4) 新羅 八關會(『三國史記』 卷4, 新羅本紀4, 眞興王 33年)

【원문】冬十月二十日 爲戰死士卒 設八關筵會於外寺 七日罷

【해설】겨울 10월 20일에, 전사한 사졸을 위하여 팔관 연회를 바깥 절에 베풀었다가 7일 만에 파하였다.

5) 高句麗 天祭(『魏書』 卷100, 列傳88, 高句麗)

【원문】常以十月天祭 國中大會

【해설】해마다 10월에는 하늘에 제사 지내는 일로 國中에 크게 모인다.

6) 百濟 天地 祭祀(『三國史記』 卷23, 百濟本紀1, 始祖溫祚王 38年)

【원문】冬十月王築大壇祠天地

【해설】겨울 10월에, 왕이 대단을 쌓고 하늘과 땅에 제사 지냈다.

【원문】冬十月 王設壇祭天地(『三國史記』 卷26, 百濟本紀4, 東城王 11年)

【해설】겨울 10월에, 왕이 단을 설치하고 하늘과 땅에 제사 지냈다.

7) 高麗 八關會

【원문】冬十月 命停兩京八關會(『高麗史』卷3, 世家3, 成宗 6年 十月)

【해설】겨울 10월에, 양경(개경과 서경)의 팔관회를 정지하라고 명령하였다.

【원문】冬十月 罷兩京八關會(『高麗史節要』卷2, 成宗 6年 10月)

【해설】겨울 10월에, 개경과 서경의 팔관회를 폐지하였다.

3. 詩文(시문)

1) 小雪(소설)(蔡之洪, 『鳳巖集』卷2 詩)

山河忽異色	산하가 문득 색이 바뀌었으니,
積雪深盈尺	쌓인 눈이 한자 가량이나 되네.
來歲知豊稔	내년에는 풍년이 들 것을 알겠으니
麥熟蝗灾辟	보리가 익을 적에 메뚜기 피해를 물리칠 수 있겠네.

2) 十月(십월)[趙秀三(1762~1849), 『朝鮮大歲時記』]

玄冬上月合天德	겨울 상달이라 하늘의 덕과 일치 되니
造成迎神宅兆修	성주신을 맞이하여 집안의 길조를 닦네.
午日莫如維戊吉	말의 날 중 무오날이 가장 길한 날이니
萬家蒸餠氣浮浮	집집마다 떡 찌는 김 모락모락 피어나네.

3) 初冬雨夜(卞季良, 『春亭集』卷1)

초겨울 비 내리는 밤

旅窓冬夜靜	겨울밤 고요한 객사의 창가에
危坐轉悠哉	정좌하니 갈수록 한적해 지네.
夢斷三更雨	삼경에 빗소리에 잠이 깨고
心鏡十月雷	10월의 천둥소리에 마음이 놀라네.
壁燈熏散秩	벽에 걸린 등불은 서책을 그을리고
爐火沒深灰	화로의 불씨는 재속에 숨어 있네.
少壯須勤力	젊었을 때 부지런히 공부하게나
光陰自解催	세월은 제 스스로 재촉한다네.

4. 신문, 잡지

1) 香山祭-[鏡城](내 고장의 風俗習慣)『동아일보』1927년 3월 11일)

○ 우리고장에서는 해마다 10월초생이 되면 향산제(香山祭)가 盛大히 擧行 됩니다.

○ 왼 일년동안 힘드려 지여논 새 곡식으로 떡을 치며 술을 빚어놓고 왼 집안 왼 洞里가 모혀서 거룩하게 그날 하루를 지냄니다.

○ 그런데 十月을 들어서서 아즉 香山祭를 지내기 전에는 남과 거래를 하지않으며 口重한 손님이 오더라도 찰밥은 짓지 아니 합니다.

○ 또는 남과 싸우거나 누구를 꾸짓거나 牛馬六口에 까지라도 함부로 대하지 안습니다.

○ 香山祭를 지낸 飮食은 아무리 먹어도 病이 나거나 滯하거나 하는 일이 없어서 이것을 『한배』님의 德澤이라 하야 모다 유달니 생각함니다.

○ 이와 가치 『한배』님을 위하는 것은 북도인의 한 자랑거리라고도 하겠습니다. 『한배』님이 내리신 것은 벌서 저-먼 四千年前 옛날의 일이 아님니까 그러나 한결같이 오늘까지 내려옴니다.

대설(大雪)【二十四節氣와 俗節】

∘ 11월은 겨울의 중간 달이다.
∘ 大雪은 11월의 節氣로 小雪과 冬至 사이에 들어있다.
∘ 大雪은 24節氣 중에 21번째 節氣이며,
∘ 大雪은 太陽의 黃經이 255°를 통과할 때이며,
∘ 冬至로부터 350일째 되는 날이다.
∘ 11월의 절기는 대설(大雪)과 동지(冬至)이며,
∘ 대표적인 명절로는 동지(冬至)와 팔관회(八關會)이다.
∘ 太歲는 乙未이고, 月建은 戊子이며, 日辰은 丁巳이다. 節入時刻은 初戌時이다.
∘ 卦는 兌 上六이다.

≪대설의 뜻과 유래≫
소설에 이어 오는 대설은
∘ 눈이 가장 많이 내린다는 뜻에서 붙여진 이름이다.
∘ 원래는 재래 역법의 발상지이며 기준 지점인 중국 화북지방(中國華北地方)의 계절적 특징을 반영한 절기이기 때문에 우리나라의 경우 반드시 이 시기에 눈이 많이 온다고 볼 수는 없다.
∘ 東洋에서는 음력 10월에 드는 立冬과 小雪, 음력 11월에 드는 大雪과 冬至, 그리고 12월에 드는 小寒과 大寒까지를 겨울(冬)이라 하고,
∘ 西洋에서는 秋分 이후 大雪까지를 가을(秋)이라 한다.

≪절입시각≫ 12月 7日 午後 7時 53分(初戌時) [2016년]
　　　　　일출(日出) = 오전 7시 33분[주(晝) = 9시간 41분]
　　　　　일입(日入) = 오후 5시 14분[야(夜) = 14시간 19분]

≪기후(宣明曆)≫ 大雪(『高麗史』卷50, 志4, 역(曆) 宣明曆 上)
[72候] 初候에 왜가리가 울지 않는다. 次候에 범이 교미하기 시작한다. 末候에 려정이 나온다(鶡鳥不鳴 虎始交 荔挺出).

≪十一月節-氣候(授時曆)≫(『高麗史』卷51, 志5, 曆2 授時曆 經上)
【원문】大雪十一月節 冬至十一月中 鶡鴠不鳴 虎始交 荔挺出 蚯蚓結 麋角解 水泉凍
【해설】대설은 11월의 절기이며, 동지는 11월의 중기이다. 갈단(鶡鴠, 왜가리)은

울지 않으며, 범이 교미하기 시작한다. 여정(荔挺)이 나오고 지렁이(蚯蚓) 얽힌다. 고라니(麋)가 뿔을 갈고 샘물이 언다.

1. 이칭, 풍속음식과 전설, 속담, 행사와 놀이

1) 11월의 이칭(異稱)

○ 葭月, 辜月, 祈寒, 南至, 동짓달(冬至月), 復月, 雪寒, 新陽, 陽復, 오동짓달, 凝沍, 子月, 正冬, 仲冬, 至月, 至寒, 至沍, 暢月, 黃鐘

○ 11월의 節氣로는 대설(大雪)과 동지(冬至)가 있으며,

○ 11월의 대표적인 名節로는 동지(冬至)와 팔관회(八關會)가 있다.

2) 겨울별미 : 만두(饅頭)

○ 메밀가루로 만두를 만드는데 그 안에 채소, 파, 닭고기, 돼지고기, 쇠고기, 두부를 함께 다져넣고 장국에 끓여 먹는다. 또 밀가루로 세모꼴의 만두를 만든다. 이것을 변씨만두(卞氏饅頭)라 하는데, 변씨가 처음 만들었기 때문에 이런 이름이 붙었을 것이다

○ 『사물기원(事物記原)』에 따르면 제갈공명(諸葛孔明)이 맹획(孟獲)을 칠 때 어떤 사람이 말하기를 "남만(南蠻)에는 사람을 죽여서 그 머리를 재물로 하여 제사를 지내는 풍속이 있는데 그리하면 신이 받아먹고 음병(陰兵)을 내보내 준다고 합니다."하고, 그렇게 하기를 권했다.
공명(孔明)은 그 의견을 좇지 않고 양고기와 돼지고기를 섞어 소를 만든 다음 밀가루로 싸서 사람의 머리 모양으로 만들어 신에게 제사를 지냈다.
그랬더니 신이 받아먹고 군사를 내보내 주었다 후세 사람이 이것으로 인해 그것을 만두(饅頭)라고 한다고 했다. 만두는 대광주리에 넣고 찐다고 해서 증병(蒸餠), 또는 농병(籠餠)이라고 한다. 시절 음식에 멥쌀떡, 꿩고기, 김치, 만두 등이 있으나 김치가 가장 소박한 시절 음식이다. 그 기원은 諸葛孔明[武候]로부터 시작된 것이다.

3) 年中舊俗(『신동아』 1935年 11月號)

○ 전약(煎藥) : 내의원에서 계초(桂椒), 당밀(糖蜜)을 쇠가죽(牛皮)에 넣어 고아서 엉긴 기름이 되게 한 煎藥이란 것을 만들어 各司에서도 만들어 나눔이 있었다.

○ 냉면(冷麵) : 메밀국수에 무김치(菁菹), 배추김치(菘菹)와 돼지고기를 넣은 것

을 冷麵이라 하고, 또 잡채와 배와 밤과 소고기와 도야지고기 썰어 넣고 장을 친 국수를 골훈면(骨薰麵)이라고 하는데, 관서(關西)의 면(麵)이 가장 좋습니다.

○ 동침이(冬沈) : 적은 무를 통으로 저리어 담근 것을 冬沈이라고 한다.

○ 수정과(水正果) : 乾柿를 더운 물에 담가 생강(生薑)과 잣(海松子)을 넣은 것을 水正果(수정과)라 하는데, 이는 다 겨울철 음식이다.

○ 장김치(醬菹) : 새우젓국으로 무, 배추, 마늘, 생강, 후추, 청각, 전복, 소라, 굴(石花), 조기(五首魚)젓들을 담가 독에 저축하여 겨울을 지내면 매운 것이 먹을 만하며, 또 순무(蔓菁)와 배추와 미나리(芹)와 생강과 후추로 장김치(醬菹)를 담가서 먹기도 합니다.

2. 옛날 기록

1) 禮記月令 十一月令(『禮記』月令 第六)

○ 仲冬之月 日在斗昏東辟中 旦軫中 氷益壯 地始坼 鶡旦不鳴 虎始交 芸始生 荔挺出 蚯蚓結 麋角解 水泉動

중동(겨울의 가운데 달)의 달은 진이 두성에 있는데, 저녁에는 동벽성이 남방의 중앙에 있고, 아침에는 진성이 남방의 중앙에 있다. 얼음이 더욱 두터워지고, 땅이 비로소 갈라지며, 갈단(산새)은 울지 않는데, 호랑이는 비로소 교미한다. 운초가 비로소 돋아나고, 여정초(荔挺草)는 싹이 트며, 지렁이(蚯蚓)는 땅속에 칩거하고, 고라니(麋) 뿔은 빠지는데, 고갈된 샘물이 점차 움직여 솟는다.

2) 新羅 神宮祭祀(『三國史記』卷5, 新羅本紀5, 眞德王 元年)

【원문】十一月 親祀神宮
【해설】11월에, 친히 신궁에 제사 지냈다.

3) 百濟 天地祭祀(『三國史記』卷32, 雜志1, 祭祀)

【원문】古記云 溫祚王二十年春二月 設壇祠天地 三十八年冬十月 多婁王二年春二月 古爾王五年春正月 十年春正月 十四年春正月 近肖古王二年春正月 阿莘王二年春正月 腆支王二年春正月 牟大王十一年冬十月 並如上行
【해설】고기에 온조왕 20년 봄 2월에 壇을 세우고 천지에 제사 지냈다. 38년 10월과 다루왕 2년 2월, 고이왕 5년 정월, 10년 정월, 14년 정월, 근초고왕 2년 정월, 아신왕 2년 정월, 전지왕 2년 정월, 모대왕 11년 10월에 모두 위와 같이 거행하였다.

4) 百濟 始祖廟祭祀(『北史』卷94, 列傳82, 百濟)

【원문】其王 每以四仲月 祭天及五祭之神 立其始祖仇台之廟於國城 歲四祠之

【해설】그 왕은 해마다 매 계절의 仲月에 하늘과 五帝의 신에 제사 지낸다. 그 시조 仇台의 사당을 국성 안에 세워놓고 한해에 네 번 제사 지낸다.

5) 百濟 始祖廟祭祀(『隋書』卷81, 列傳46, 百濟)

【원문】每年四仲之月 王祭天及五帝之神 入其始祖仇台廟於國城 歲四祠之

【해설】해마다 매 계절의 仲月에 왕이 하늘과 五帝의 神에 제사 지낸다. 그 시조 구대(仇台)의 사당을 국성(國城) 안에 세워 놓고 한해에 네 번 제사를 지낸다.

6) 高麗 新雪賀儀(『高麗史』卷67, 志21, 禮 嘉禮 新雪賀儀)

【원문】小雪後 大雪前 有雪則賀 小雪前有雪 則怪雪無賀

【해설】소설 후 대설 전에 눈이 오면 하례를 하고, 소설 전에 눈이 오면 괴이(怪異)한 눈이라 하여 하례하지 않는다.

7) 高麗 祈雪(『高麗史』卷63 志17 禮 吉禮 雜祀)

【원문】五年 十二月戊子 制 大雪之侯 雪不盈尺 宜令諏日 祈雪於川上 禮部奏 仲冬以來 雖無盈尺之雪 雨復需然 況今節近立春 不宜祈雪 從之

【해설】문종 5년 12월 무자일에 제하여 대설의 절기에 눈이 한 척에 차지 못하므로 마땅히 택일하여 천상에서 눈을 빌게 하라 하니, 예부에서 주하기를 "중동 이래 비록 한 척에 차는 눈이 없었으나 비가 다시 쏟아지고, 하물며 지금은 절기가 입춘에 가까우므로 눈을 비는 것은 마땅치 못합니다."라고 하니, 이를 청종하였다.

8) 高麗 齋祭 八關會(『高麗史』卷2, 世家2, 太祖 14年 11月 辛亥日)

【원문】冬十一月 辛亥 幸西京 親行齋祭 歷巡州鎮

【해설】겨울 11월, 신해일에 서경에 행차하여 재제(齋祭)를 친히 행하고 주진(州鎮)을 순찰 하였다.

9) 中國 『荊楚歲時記』11月條

【원문】仲冬之月 采擷霜蕪菁葵等雜菜乾之 並爲鹹菹

【해설】11월에, 서리 맞은 무와 아욱 등 여러 채소를 뽑아 말려서 모두 소금에

절인다.

3. 詩文

1) 십일월(十一月) 月餘農歌 (金迥洙, 『農家十二月俗詩』)

時維仲冬爲暢月	때는 바로 중동이라 창월이라 이르니라.
大雪冬至是二節	대설 동지 두 절기가 이달에 들어있네.
六候虎交麋角解	육후의 현상으로 범이 교미하고 사슴뿔 빠지며
鶡鴠不鳴蚯蚓結	갈단새는 울지 않고 지렁이는 굴에 들며
荔乃挺出水泉動	여정이 나와 돌고 샘물은 솟구친다.
身是雖閒口是累	몸은 비록 한가하나 먹는 게 걱정이네.

2) 大雪滿弓刀(崔晛, 『訒齋先生文集』 卷1 詩)

대설에 궁도를 가득 채우다.

天低月黑北風高	하늘 끝에 달빛은 어둡고 북풍은 매서운데
聞道戎王半夜逃	들은 바에 의하면 융왕(戎王)이 야반도주(夜半逃走)하였다고 하네.
欲騁輕蹄逐驕虜	재빠르게 말을 몰아 교만한 오랑캐를 뒤쫓고 싶은데
那堪朔雪擁征袍	어찌 저 삭설(朔雪)에 견딜 솜옷만 껴입는가?
麟膠己被瓊華綏	기린 비늘처럼 아교를 입힌 경화(瓊華)는 느슨한데
蓮鍔還因玉屑韜	칼을 차고 활집을 매네.
坐幄伐謀能制勝	장막에 앉아 치기를 도모함에 능히 이길 수 있으니
不須辛苦用弓刀	모름지기 활과 칼 쓰기를 괴롭게 여기지 말라.

3) 답설야중거(서산대사)

踏雪野中去	눈 내린 들판을 걸어갈 때에
不須胡亂行	그 발걸음 어지러이 하지 말라
今日我行蹟	지금 걷는 나의 이 발자국은
遂作後人程	뒤 따라오는 사람 이정표가 되리니

◎조선 중기 승려·승병장·팔도십육종도총섭(八道十六宗都摠攝). 속성은 최씨(崔氏), 이름은 여신(汝信). 자는 현응(玄應), 호는 청허(淸虛), 법명 휴정스님(休靜, 1520~1604), 별호는 백화도인(白華道人)·서산대사(西山大師)·풍악산인(楓岳山人) - 終 -

4. 農家月令歌 十一月 章

十一月은　　仲冬이니　　大雪冬至　　節氣라네
바람불고　　서리치며　　눈오고　　　얼음언다
가을에　　　거둔곡식　　얼마나　　　되었던가
몇섬은　　　王稅내고　　얼마는　　　祭飯米요
얼마는　　　씨앗이며　　賭地도　　　되어내고
품값도　　　갚으리라
市契돈　　　장리변를　　낱낱이　　　收刷하니
엄부렁　　　하던 것이　남저지　　　전혀없다
그러한들　　어찌하랴　　농량이나　　여투리라
콩나물　　　우거지로　　조반석죽　　다행하다
부녀야　　　네가할일　　메주쑬일　　남았구나
익게삶고　　매우찧어　　띄어서　　　재워두소
冬至는　　　名日이라　　一陽이　　　생하는때
時食으로　　팥죽쒀서　　이웃과　　　즐기리라
새책력　　　반포하니　　내년절후　　어떠한가
해짧아　　　덧이없고　　밤길이　　　지루하다
공채사채　　了堂하니　　관리面任　　아니온다
시비를　　　닫았으니　　초가집이　　한가하다
짜른해에　　조석하니　　자연히　　　틈이없어
등잔불　　　긴긴밤에　　길쌈이나　　힘써하소
베틀곁에　　물레놓고　　틀고타고　　잣고짜니
자란아이　　글배우고　　어린아이　　노는소리
여러소리　　지껄이니　　室家의　　　재미라네
늙은이　　　일없으니　　거적이나　　매어보세
외양간　　　살펴보아　　여물을　　　가끔주오
깃주어　　　받은거름　　자주쳐야　　모인다네.

동지(冬至)【二十四節氣와 俗節】

○ 冬至는 11월의 中氣이며,

○ 冬至는 24節氣 중에 22번째 절기이다.

○ 冬至는 大雪과 小寒 사이에 들어있다.

○ 冬至는 太陽의 黃經이 270°를 통과할 때이며

○ 冬至는 태양이 적도 이남 23.5의 남회귀선(冬至線)에 있을 때이다.

○ 太歲는 乙未年이고, 月建은 戊子이며, 日辰은 壬申이다. 節入時間은 初未時이며,

○ 卦는 坎 初六이다

≪절입시각≫ 12月 21日 午後 1時 48分(初未時) [2016년]

　　일출(日出) = 오전 7시 43분[주(晝) = 9시간 34분]

　　일입(日入) = 오후 5시 17분[야(夜) = 14시간 26분]

≪기후(宣明曆)≫ 冬至(『高麗史』卷50, 志4, 曆 宣明曆 上)

【원문】冬至十一月中 坎初六 蚯蚓結 麋角解 水泉凍

【해설】동지는 11월 중기이며 쾌는 감 초육이다. 初候에 지렁이가 굳어진다. 次候에 고라니가 뿔을 간다. 末候에 샘물이 얼어붙는다.

≪十一月節-氣候(授時曆)≫(『高麗史』卷51, 志5, 曆2 授時曆 經 上)

【원문】冬至十一月中 鶡鴠不鳴 虎始交 荔挺出 蚯蚓結 麋角解 水泉凍

【해설】동지는 11월의 중기이다. 갈단(鶡鴠, 왜가리)은 울지 않으며, 범이 교미하기 시작한다. 여정(荔挺)이 나오고, 지렁이(蚯蚓)가 얽힌다. 고라니(麋)가 뿔을 갈고 샘물이 언다.

≪동지의 뜻과 유래≫

　1) 동지의 뜻

　　○ 일 년 중에 낮이 가장 짧고, 밤이 가장 긴 날을 의미한다.

　　○ 冬至란, 우리 地球가 太陽을 싸고도는 궤도중(軌道中)에 동지점(冬至點)을 通過하는 時刻의 名稱이다.

　　○ 동지는 음력 동짓달(十一月)(양력은 12월이다)이나, 초순에 들면 애동지(兒冬至), 중순에 들면 중동지(中冬至), 하순에 들면 노동지(老冬至)라고 한다.

○ 금년의 동지는 음력 11월 十二日이라 중동지(中冬至)라고 한다.

○ 그런데 애동지에는 팥죽 대신 팥떡을 해먹는다고 하는데, 이유는 애동지에 팥죽을 쑤어 먹으면 아이들에게 병이 들거나 안 좋다고 믿었기 때문에 팥죽 대신 시루팥떡을 해먹었다고 한다.

2) 동지의 유래

○ 민간에서는 동지를 아세(亞歲), 또는 작은설이라 하였다.

○ 이날부터 밤이 짧아지고 음(陰)이 쇠(衰)하여 낮이 길어져서 양(陽)이 승(勝)하고 부생(復生)한다 하여 『주역(周易)』에서도 양효(陽爻)가 처음 아래에서 회복되는 복괘(復卦)를 11월에 배치하였다. 또 생양지일(生陽之日)이라고도 한다.

1. 이칭, 풍속음식과 전설, 속담, 행사, 놀이

1) 冬至의 異稱

○ 아세(亞歲), 작은설, 老冬至, 中冬至, 丙冬至, 首歲, 애동지, 履長, 至日

※우리나라는 신라에 이어 고려시대에도 唐의 宣明曆을 그대로 썼으며 충선왕 2년(1309년)에 와서 元나라의 수시력(授時曆)으로 바뀔 때까지 선명력(宣明曆)을 사용하였다. 이로 보아 충선왕(忠宣王) 이전까지는 동지를 설로 지낸 것으로 짐작된다.

2) 冬至에 먹는 풍속음식

○ 동지팥죽(豆粥)

동짓날에 쑤는 붉은 팥죽. 동짓날을 아세(亞歲)라 하여 민간에서는 작은설이라 하였다. 옛날부터 이날 팥죽을 쑤어 조상께 제사 지내고 대문이나 벽에 뿌려 귀신을 쫓아 새해의 무사안일을 빌던 풍습에서 남아있는 절식이다.

팥죽
출처 : 한국교육방송공사

동지팥죽은 새알심을 넣어 끓이는데 가족의 나이 수대로 넣어 끓이는 풍습이 있다. 그래서 팥죽을 먹어야 한 살 더 먹는다는 말이 전해 오고 있다.

- 팥죽의 명칭으로는 팥죽, 豆粥(두죽), 豆糜(金宗直, 『佔畢齋集』詩), 小豆饘(尹舜擧, 『童土先生文集』詩), 烹豆粥(洪聖民, 『拙翁集』詩), 至日豆粥(姜栢年, 『雪峯遺稿』詩) 등 여러 이름이 전하고 있다.

○ **팥시루떡, 팥떡**

팥시루떡은 애기동지에 해먹으며, 노동지에는 팥죽을, 중동지에는 팥떡이나 팥죽 중 하나를 해먹는다. 팥떡은 애기들의 돌잔치에 많이 하는데 애기에게 잡귀의 범접을 방어하는 벽사의 뜻으로 애기의 무병장수를 기원하며, 백설기는 총명, 영리하고 결백하여 출세하기를 기원하는 의미이다.

告祀는 가정의 성주고사 올릴 때는 팥시루떡을 하는데, 가정의 안녕과 가족의 무병장수를 기원하며, 사업고사는 사업의 번성을 기원하고, 건설공사를 하는 사람은 공사가 아무런 사고 없이 완공되기를 기원하는 것이다.

*팥의 효능

여러 가지 효능으로 보아 건강식품임에는 틀림없다. 팥은 피부가 붉게 붓고, 열이 나고 쑤시고 아픈 단독에 효과가 있으며, 젖을 잘 나오게 하고, 설사, 해열, 유종, 각기, 종기, 산전산후통, 수종, 진통에도 효과가 큰 것으로 알려져 있다.

*赤小豆 : 붉은 팥을 '적소두'라 한다. 효능으로는 소변을 잘 보게 하고 고름이 생긴 종기와 당뇨, 설사를 치료한다. 또한 밀가루 중독을 해독하는 효과가 있으며 몸이 부을 때 꼭 써야 하는 약으로 이른 봄에 심는 것이 늦은 봄에 심는 것보다 효과가 좋다. 그러나 오랫동안 먹으면 살이 빠지는 부작용이 있고, 젓갈과 함께 먹으면 해롭다.(김영섭, 『民間療法東醫寶鑑』)

○ **전약(煎藥)**

전약은 소가죽을 진하게 고아 만든 아교에 대추고(膏)와 꿀, 한약재인 마른 생강(乾薑), 관계(官桂, 두꺼운 개수나무 껍질), 정향(丁香), 후추 등을 넣어 오래 고아 차게 굳혀서 먹는 동지절식으로 겨울 보양식에 해당한다.

高麗時代에는 煎藥을 중동팔관회(仲冬八關會)의 珍饌으로 삼았다.

朝鮮時代의 『東國歲時記』에는 "冬至에 내의원(內醫院)에서 煎藥을 만들어 진상한다. 각 관청에서도 이를 만들어 나누어 갖는다."라고 하였다.

3) 동지의 풍속, 행사

○ 『형초세시기(荊楚歲時記)』에 공공씨(共工氏)의 고약한 아들이 동짓날에 죽어서 역질 귀신이 되었는데 그 아들이 생전에 팥을 두려워하여 팥죽을 쑤어 물리친 것이다.

○ 우리나라 속담에 "동지가 지나야 한 살 더 먹는다", "동지팥죽을 먹어야 진짜 나이가 한 살 더 먹는다." 등 동지첨의(冬至添齒)의 풍속이 있다.

○ 『洌陽歲時記』 11月 冬至條에 팥죽은 역질 귀신을 쫓아낸다는 뜻인데, 중국에서 시작된 것으로서 전적으로 우리나라 풍속이 아니다(辟鬼昉於中華 不傳爲國俗).

○ 동지사(冬至使)

우리나라에서 해마다 동짓날에 중국에 보내던 사신이다. 正使는 삼정승(3政丞) 육판서(6曹判書) 중에서 임명했으며, 正使 이외에 부사(副使), 서장관(書狀官), 종사관(從事官), 통사(通事), 의원(醫員), 사자관(寫字官), 화원(畵員) 등 40여 명을 파견하였다. 冬至使는 인삼(人蔘), 호피(虎皮), 수달피(水獺皮), 화문석(花紋席), 종이, 모시, 명주, 금 등을 선물로 가져갔는데, 1429년(세종 11년)에 금은 면제되었고 선물을 받은 명, 청나라에서는 그에 맞먹는 중국의 특산품을 조선에 선물했다. 동지사의 파견은 1894년(고종 31년) 갑오개혁(甲午改革) 때까지 계속되었다.

○ 동지책력(冬至冊曆)

『東國歲時記』에 관상감(觀象監)에서는 새해의 달력을 만들어 宮에 받친다. 나라에서는 이 책에 동문지보(同文之寶)라는 어새를 찍어 백관에게 나누어 주었다. 이 달력을 황장력(黃粧曆), 청장력(靑粧曆), 백장력(白粧曆)의 구분이 있고 관원들은 이를 친지들에게 나누어 주었다. 이것을 端午에는 부채를 주고받는 풍속과 더불어 하선동력(夏扇冬曆)이라 하였다. 이조에서는 지방 수령들에게 표지가 파란 靑粧曆을 선사하였다. 책력의 종류로는 黃粧曆, 靑粧曆, 백력(白曆), 중력(中曆), 월력(月曆), 상력(常曆) 등 여러 종류가 있는데 종이의 품질과 만든 모양에 따라 구별한다.(『洌陽歲時記』)

○ 감제(柑製)

해마다 제주도의 특산물인 감귤(柑橘)이 진상되어올 때 성균관(成均館)의 명륜당(明倫堂)에 관학유생(官學儒生)들을 모아 놓고 감귤(柑橘)을 나누어준 뒤 시제(試題)를 내려 유생들을 시험하던 황감제(黃柑製)를 말한다. 1564년(명종 19년)

처음 시행되었으며, 시험과목은 시(詩), 부(賦), 표(表) 가운데 하나를 택하게 하였다.

○ 동지부적(冬至符籍)

동지를 맞아 부엌이나 벽에 기둥에 잡귀를 방지하는 부적을 붙인다.

○ 동지고사(冬至告祀)

동짓날에 팥죽을 쑤어 집안 곳곳에 뿌려 잡귀의 침입을 막기 위해 행하는 고사. 지역에 따라 팥죽제, 동지차례(冬至茶禮)라고도 부른다.

○ 동지하례(冬至賀禮)

동지 아침에 조정 대신들과 관리들이 왕에게 올리는 축하 인사. 冬至朝賀라고도 한다.

○ 동지헌말(冬至獻襪)

동지에 집안의 며느리들이 시할머니, 시어머니, 시누이, 시고모 등 시집의 여자들에게 버선을 지어 바치는 일. 동지에는 형편이 허락하면 어른의 옷을 지어 드리고 아이들의 옷도 만들어 주었다. 옷을 짓지 못할 형편이라도 버선은 꼭 지어드렸다. 풍년을 빌고 다산을 기원한다는 뜻에서 풍정(豊呈)이라고도 하였다.

4) 속담 놀이

○ 호랑이 장가가는 날
○ 동지팥죽을 먹어야 진짜 나이를 한 살 더 먹는다(冬至添齒).
○ 동지가 지나면 푸성귀도 새 마음 든다.
○ 배꼽은 작아도 동지팥죽은 잘 먹는다.
○ 범이 '불알'을 동지에 얼구고 입춘에 녹인다.
○ 동지 지나 열흘이면 해가 노루꼬리 만큼씩 길어진다.
○ 새알 수제비 든 동지팥죽이다.

2. 옛날 기록

1) 新羅 八關會(『三國史記』卷50, 列傳10, 弓裔)

【원문】冬十一月 始作八關會

【해설】겨울(효공왕 2년, 898) 11월에 팔관회를 시작하였다.

2) 百濟 사냥(『三國史記』 卷24, 百濟本紀2, 比流王 22年)

【원문】 十一月 王獵於狗原北 手射鹿

【해설】 11월에, 왕이 구원 북쪽에서 사냥하여 손수 사슴을 쏘았다.

3) 高麗 俗節(冬至)(『高麗史』 卷84, 志38, 刑法 名例)

【원문】 俗節(冬至)

4) 高麗 官吏給暇(『高麗史』 卷84, 志38, 刑法 公式 官吏給暇)

【원문】 冬至(一日)

【해설】 동지에는 관리에게 1일의 휴가를 준다.

5) 高麗 祭天(『宋史』 卷487, 列傳246, 高麗)

【원문】 歲以建子月祭天

【해설】 해마다 건자월(11월)이면 하늘에 제사 지낸다.

○ 高麗 祠宇(『高麗圖經』 卷17, 祠宇)

【원문】 自王氏有國以來 依山築城於國之南 以建子月 率官屬 具儀物 祠天 後 受契丹冊 與其立世子 亦於此行禮焉

【해설】 왕씨가 나라를 세운 이후로 산에 의지하여 開京의 남쪽에 성을 쌓고 建子月(11월)에 관속을 거느리고 의장을 갖추어 하늘에 제사 지낸다. 후에 거 란의 책명을 받을 때와 세자를 세울 때에도 또한 여기서 예를 행한다.

○ 高麗 冬至賀禮(『高麗史節要』 卷2, 成宗 2年 11月 甲子日)

【원문】 十一月甲子 日南至 王御元和殿 受朝賀 仍宴君臣於思賢殿

【해설】 11월 갑자일에 해가 남쪽에 이르자, 왕이 원화전에 행차하여 조하를 받고, 이어 사현전에서 신하들에게 잔치를 베풀었다.

○ 高麗 冬至賀禮(『高麗史』 卷4, 世家4, 顯宗 元年 11月 丙子日)

【원문】 十一月 丙子 朔遣起居郞姜周載如契丹賀冬至

【해설】 11월 병자일에 '기거랑'(강주재)를 거란에 파견하여 동지를 축하하였 다.

○ 高麗 冬至望闕禮(『高麗史』 卷45, 恭讓王 元年 11月 庚寅日)

【원문】 是日冬至 王率百官 向闕遙賀

【해설】 이날이 동지이므로 백관을 거느리고 명나라 궁궐을 향하여 멀리서 축

하하였다.

○ 高麗 祈雪祭(『高麗史』 卷63, 志17, 禮 吉禮 雜祀)

【원문】三年 十一月壬戌 親醮祈雪

【해설】선종 3년 11월 임술일에 눈을 빌기 위해 친히 초제를 지냈다.

【원문】九年十一月丁亥 醮太一 祈雪

【해설】숙종 9년 11월 정해일에 太一星에 초제를 지내 눈을 빌었다.

【원문】九年 十一月癸酉 祈雪(『高麗史』 卷63, 志17, 禮 吉禮 大祀 社稷)

【해설】인종 9년 11월 계유에 눈을 빌었다.

3. 詩文(시문)

1) 동지 팥죽(『東文選』 卷8 冬至)

| 未厭豆粥鶴髮親 | 머리 흰 양친에게 동지팥죽도 못 드리니 |
| 流離旅次潛傷神 | 떠도는 객지 신세 가만히 마음이 상하네. |

2) 동지 팥죽(李穡, 『牧隱先生文集』 卷10 冬至)

| 今年比似前年好 | 금년의 시절 또한 지난해처럼 좋으니 |
| 豆粥如酥翠鉢深 | 콩죽 같은 팥죽이 푸른 사발에 가득하네. |

3) 冬至豆粥(元天錫, 『耘谷行錄』 卷4 冬至豆粥)

陰消陽復正當期	음이 사라지고 양이 다시 절기에 돌아오니
紅雪香浮碧玉瓷	팥 향기가 푸른빛 도자기에 뜨네.
始下鹽時方沸鼎	처음 소금을 넣자 방금 솥이 끓어올라
更投密處正翻匙	다시 꿀을 넣고서 숟가락으로 젓네.

4) 冬至(鄭澈, 『松江原集』 卷1 詩 七言絶句)

客裏又逢冬至日	나그네 길에 또 동지일을 만나니
閉門高臥悄無人	문 닫아걸고 높이 누워 사람 없음을 근심하네.
年華忽忽那能駐	세월은 갑자기 흘러 어디에 머무는가?
燈火悠悠自可親	등화만 유유히 스스로 친하네.

草屋風霜埯土窟　　초가집에서의 고난이 토굴에까지 머무르니
玉墀環珮隔楓宸　　옥지에서의 환패는 풍신과 멀어지네.
羇必正似橫天斗　　나그네는 바로 북두칠성을 가로지를 듯하니
深夜光芒北照秦　　깊은 밤 빛줄기가 북쪽으로 모여 비추네.

5) 至日偶吟(權文海, 『草澗先生文集』 卷1 詩 七言絶句)

　○至日偶吟　　　동짓날에 우연히 읊다.
　往來消息六層中　　가고 오는 소식은 육층에 있는데
　復處宜勤靜養功　　회복하는 곳에는 의당 고요하게 힘써 공을 기르네.
　及到三陽旁達日　　삼양에 도착하여 해까지 두루 다다르니
　八方無地不春風　　팔방 어느 땅도 봄바람이 불지 않는 곳이 없네.

4. 여러 風俗志의 冬至 이야기

1) 『芝峯類說』 時令部 節序條(芝峯 李睟光)

【원문】팥죽 이야기

按共公氏之子　冬至死爲疫鬼　畏赤小豆　故是日作赤豆粥以禳云而　余見中朝人　冬至不作赤豆粥　按劉子翬至日　詩曰　豆糜厭勝憐荊俗　乃知荊楚爲然

【해설】고찰하여 보니 "共公氏의 아들이 동짓날에 죽어서 전염병의 귀신이 되었는데 붉은 팥을 두려워한다. 그런 까닭에 이날에는 붉은 팥으로 죽을 쑤어서 귀신을 물리친다."고 한다. 그러나 내가 보니 중국 사람들은 동짓날에 붉은 팥죽을 쑤지 않는다. 유자휘(劉子翬)의 지일시(至日詩)를 살펴보니 "팥죽으로 염승(厭勝) 주술(呪術)하는 荊나라의 풍속이 어여쁘다."고 하였다. 형초(荊楚)에서 그렇게 하였던 것을 알겠다.

2) 『東國歲時記』 十一月 冬至條

【원문】冬至日稱亞歲. 煮赤豆粥　用糯米粉　作鳥卵狀　投其中爲心　和密以時食供祀　灑豆汁於門板　以除不祥　按荊楚歲時記共工氏　有不才子　以冬至死爲疫鬼　畏亦小豆　故冬至日作粥　以禳之

【해설】동지를 아세라고 부르기도 한다. 동지에는 팥죽을 쑤는데 찹쌀가루로 새알 모양의 단자를 만들어 그 죽 속에 넣는다. 이 단자를 새알심이라 한다. 팥죽에다 꿀을 타서 시절 음식으로 먹기도 하고, 또 사당에 올려서 제사를 지내기도

한다. 동짓날에 팥죽을 문짝에다 뿌려서 상서롭지 못한 액을 막고 잡귀를 물리친다. 『형초세시기』에 보면 고대 중국고사에 공공씨가 못된 아들을 하나 두었는데, 그 아들이 동짓날 죽어서 역질 귀신이 되었다. 그 역질 귀신이 생전에 팥을 무서워했으므로 동짓날 팥죽을 쑤어 쫓는 것이라 하였다.

3) 『洌陽歲時記』 十一月 冬至條

【원문】 觀象監 進明年曆書 御覽及 頒賜 上件皆粧黃 其次有靑粧曆白曆中曆 月曆常曆等名色 以紙品粧樣爲別 京司各衙門 預其紙物付本監 印出 長官與郞僚 例分有差 爲酬應鄕隣之用

【해설】 관상감에서는 다음 해의 달력을 진상한다. 그러면 임금은 보기도 하고 나누어 주기도 한다. 상품은 황색으로 장정하여 황장력이라 하고, 그 다음은 청장력, 백력, 중력, 월력, 상력 등 여러 종류가 있는데, 종이의 품질과 그 만든 모양에 따라 구별한다. 서울에 있는 각 관청에서는 미리 종이를 준비하였다가 관상감에 인쇄를 부탁한다. 그런 다음 장관과 직원들에게 전례에 따라 차등 있게 나누어 주어서 그들의 고향 친지나 이웃 사람들에게 보내서 사용하도록 한다.

4) 『京都雜誌』 第2卷, 歲時 冬至條

【원문】 頒新曆 黃粧 白粧 安同文之寶(中略) 宗懍[荊楚歲時記]共工氏 有不才子 以冬至死 爲疫鬼 畏亦小豆 故冬至日作赤豆粥 以禳之

【해설】 동지에 새 달력을 나누어준다. 달력의 종류에는 황장력, 백장력 등이 있는데, 모두 동문지보라는 임금의 어새를 찍는다. 종름이 저술한 『형초세시기』에 보면 옛날 중국 전설상의 인물인 공공씨가 못된 아들 하나를 두었는데, 그 아들이 동짓날 죽어서 역질 귀신이 되었다. 그 아들이 평소에 팥을 몹시 두려워했으므로 동짓날 팥죽을 쑤어 그를 물리치는 것이라 했다.

5) 『荊楚歲時記』 11月條

【원문】 仲冬之月 采撷霜蕪菁葵等雜菜乾之 並爲鹹菹

【해설】 11월에, 서리 맞은 무와 아욱 등 여러 채소를 뽑아 말려서 모두 소금에 절인다.

【원문】 冬至日 量日影 作赤豆粥 以禳疫

【해설】 동짓날에는 해 그림자를 재며, 붉은 팥으로 죽을 쑤어 역귀를 쫓는다.

5) 『初學記』冬至 第十二

【원문】周禮曰 冬至日在牽牛 景長一丈三尺 夏至日在東井 景長有五尺

【해설】『주례』에 "동지에는 해가 견우성의 자리에 있으며 그림자가 1장 3척이고, 하지에는 해가 동정성(東井星)의 자리에 있으며, 그림자의 길이가 5촌이다." 라고 하였다.

6) 『東京夢華錄』冬至條

【원문】十一月冬至 京師最重此節 雖至貧者 一年之間 積累假借 至此日更易新衣 備辦飲食 享祀先祖 官放關撲 慶賀往來 一如年節

【해설】11월 동지는 경사에서 가장 중하게 여기는 절기이다. 비록 매우 가난한 사람이라도 1년 동안 재물을 모으거나 빌려서라도, 이날만큼은 새 옷으로 갈아입고 음식을 마련하여 선조에게 제사 지낸다. 관청에서는 관박(關撲)을 하더라도 내버려두며 오가는 사람들이 서로 축하하는 풍속은 정월 초하루와 같다.

5. 신문, 잡지

1) 금일은 동지(『동아일보』 1928년 12월 22일)

금 이십이일(陰 十一月十一日)은 동지전후이니 속담에 이른바 팥죽을 쑤어먹는 날이 바로 이날 이다.

이날 [立節시각]은 오전 11시 4분 이오 그러케 길든 밤도 이날의 14시간 26분간을 최장으로 동지 지난 사흘부터 일분 이분식 밤은 짧고 낮은 길어간다.

2) 휴지통(『동아일보』 1929년 12월 22일)

o 청산에 눈이오니 봉마다 옥이로다
   청쇄한 기분이 천하에 가득 하건만
   이내백성의 가슴엔 수운이 살아갈 날이 업스니
   전생에 무슨 업원이 잇섯드란 말인가.

o 구세군에서 자선사업을 시작 하얏는데
   그 선전 포스타에 [와가출래](□가出來)라고 썻다
   구세군 아닌 사람으로 해득키 어려운 문구이니
   이방식으로는 도저히 현대인과 접촉하기 좀 힘이 들걸.

3) 동지날 눈오난 것은(『매일신보』 1915년 1월 8일)

강원도 관내 양양군에서난 지난 섣달 이십삼일 눈이 엇더게 많이 왔던지 교통이 끈어졌는데 당일은 음력 동짓달 칠일이므로 동지날 눈이와서 싸이면 그 이듬해 농사난 대풍이라고 떠드는 바인데 역시 그 동짓날 눈이 싸인 것은 실로 깃거울 일이라고 지금 그 지방 농민들은 각기 잔을 들고 서로 건하며 비상히 즐거워 안다더라.

4) 冬至의 教訓(『동아일보』 1923년 12월 24일)

"因만이 果를 生코 行만이 因을 作함"

"冬至는 地球에서는 가장 크게 紀念할 날이다"

冬至는 가장 天地의 法則의 峻嚴性과 因果性을 가르치는 날이라.

特히 現在의 우리民族이 一種의 民族史的 冬至에 處하였기 때문에 우리가 冬至에서 밧을 教訓이 深大하리라고 밋는다

"冬至란 우리 地球가 太陽을 싸고도는 軌道中에 冬至點을 通過하는 時刻의 名稱이다."

李 時刻부터 낫은 漸漸 길어가고 밤은 漸漸 짧어가 地球의 새로온 一年의 事業이 開始되는 것이다. -후략- (동아일보 12. 24일자)

납일(臘日)【二十四節氣와 俗節】

○【원문】國曆 用冬至後第三未爲臘 以東方盛德在木也 有事于太廟
　【해설】우리나라에서는 동지 후 셋째 未日을 납일이라 한다. 東方의 성덕(盛德)이 木에 있기 때문이다. 이날 종묘에 제사를 지낸다.(『洌陽歲時記』)

○ 납일(臘日)의 정의(定意)
　　冬至 뒤 세 번째 未日을 臘日이라고 하며 납평(臘平), 납향일(臘享日)이라고도 한다.

○ 臘日의 유래(由來)
　　夫餘에서는 영고(迎鼓)라 하여 12월 중 하루를 택하여 하늘에 제사 지내는 풍속이 있었다. 新羅에서는 12월 寅日에 제사를 지냈고, 高麗 文宗 때는 戌日로 定하여 지냈지만 朝鮮時代에 이르러 冬至로부터 세 번째 未日을 臘日로 定하게 되었다.

○『芝峰類說』(時令部 歲時)
　채옹(蔡邕)이 말하기를,
　청제(靑帝, 봄을 맡은 동쪽의 神)는 未日로 臘日을 삼고
　적제(赤帝, 여름을 맡은 남쪽의 神)는 戌日을 臘日로 삼고
　백제(白帝, 가을을 맡은 서쪽의 神)는 丑日을 臘日로 삼고
　흑제(黑帝, 겨울을 맡은 북방의 神)는 辰日을 臘日로 삼으며
　황제(黃帝, 중앙을 맡은 神)는 辰日을 臘日로 삼는다고 하였다.
　지금 우리나라에서는 未日을 납일로 쓰고 있으니 아마 동쪽은 木에 속하기 때문일 것이다. 상고하여 보니 中國에서는 冬至 후의 셋째 戌日을 臘日로 한다고 한다.

○ 臘月(『朝鮮大歲時記』 一卷)
　【臘月】臘月 會游佃 取臘者 臘之意也
　【해설】납월에는 모여서 사냥을 한다. 臘이라고 한 것은 이 시기에 사냥(臘)하는 뜻을 취한 것이다. 註에 설명하기를, 臘月은 12월을 말한다. 臘日은 동지로부터 세 번째의 未日이다. 중국에서는 세 번째 戌日 또는 辰日 등으로 시대마다 달랐다. 우리나라의 경우는 新羅 때에는 12月 寅日이었고, 高麗 文宗 때는 戌日로 납일을 정했지만 대체로 大寒 前後 辰日로 臘日을 삼았다. 朝鮮時代에 와서 冬至 뒤 세 번째 未日로 定하였다. 臘日에 나라에서는 종묘(宗廟)와 사직(社稷)에

제사(祭祀)를 올렸고 민간에서도 祭祀를 지냈는데, 이를 납향(臘享)이라고 했다. 『東國歲時記』에 따르면 납일에 제사를 지낼 때에는 산돼지와 산토끼의 고기를 썼다. 그래서 서울 근교의 경기도 산악지대에서는 사냥꾼에게 산돼지와 산토끼를 잡게 하고 잡은 고기를 진상 하였다. 正祖가 이 제도를 파할 때까지 포수들은 용문산과 축령산 등에서 사냥을 하였다고 기록되어 있다.

사냥=납일의 臘자는 사냥한다는 뜻의 獵(렵)에서 유래된 글자로서, 『해동죽지(海東竹枝)』에는 옛 풍속에 포수를 동원하여 깊은 산에서 산돼지를 사냥하여 臘享日에 백관들에게 나누어주며, 민가에서도 또한 고기를 먹으니, 이를 臘肉이라고 하였다. 『면암유고(勉庵遺稿)』에는 납향에 쓰는 고기는 멧돼지 혹은 산토끼를 잡는다고 하였다.

○ 납약(臘藥)

　　臘享을 올리는 납일에 內醫院에서 각종 환약을 만들어 임금에게 올린다. 이것을 臘藥 또는 납제(臘劑)라고 하는데 청심원(淸心元), 안신원(安神元), 소합원(蘇合元)의 세 가지 환약을 가장 요긴하게 여겼으며, 정조 때인 경술년(1790)에는 제중단(濟衆丹)과 광제환(廣濟丸)이 새로 제조되어 모든 영문(營門)의 군졸들 치료에 사용되었다.

○ 납향(臘享)

　　조선에서는 世宗 때 五禮儀를 제정하면서 납향(臘享)을 大祀로 정한 이후 사직(社稷)과 종묘(宗廟)에서 납향을 모시게 하였고, 지방관아에서는 나례를 열어 한 해를 정리하는 행사로 삼았다.

○ 납설수(臘雪水)

　　납일에 온 눈을 받아 녹은 물을 藥用으로 쓰며 그 물에 물건을 적셔두면 구더기가 생기지 않는다 하였다. 이 물을 납평치 또는 臘雪水라 하였다.

○ 납육(臘肉)

　　납일에 잡은 고기는 사람에게 모두가 좋지만 특히 참새는 늙고 약한 사람에게 이롭다 하였다. "참새가 소등에 올라가서 네 고기 열점과 내 고기 한 점 바꾸지 않는다."라는 속담도 있다. 참새와 아울러 납일에 잡은 고기를 臘肉이라고 한다.

○ 납일에 행한 일

　　문소전제(文昭殿祭), 사직대제(社稷大祭), 종묘대제(宗廟大祭), 납설수(臘雪水), 납향(臘享) 엿먹기, 참새잡이, 납육(臘肉), 납평(臘平)전골 등.

소한(小寒) 【二十四節氣와 俗節】

○ 小寒은 陰曆으로는 12月, 陽曆으로는 1月 5~6일경에 든다.
○ 小寒은 12월의 節氣이며,
○ 小寒은 24절기 중에 23번째 節氣이며,
○ 小寒은 冬至와 大寒 사이에 들어 있다.
○ 小寒은 太陽의 黃經이 285°를 통과 할 때이며,
○ 小寒은 冬至로부터 15일째 되는 날이다.
○ 小寒은 해가 양력으로 바뀌고 처음 나타나는 절기이다.
○ 12월의 節氣는 소한(小寒)과 대한(大寒)이며,
○ 12월의 대표적 名節로는 납일(臘日)과 제석(除夕)이 있다.
○ 太歲는 乙未이고, 月建은 戊子이고, 日辰은 丁亥이다. 節入時間은 正卯時이며,
○ 卦(괘)는 坎(감) 92이다.

≪소한의 뜻과 유래≫
  ○ 小寒이란 작은 추위라는 뜻으로, 12월의 節氣일뿐 俗節이나 名節은 아니다. 소
    한은 해가 양력으로 바뀌고 처음 나타나는 절기일 뿐이다.
  ○ 선명력(宣明曆)의 24節氣는 중국 황하 유역을 기준으로 한 것으로 우리나라와
    는 조금 차이가 있다. 節氣의 이름으로 보면 大寒 때가 제일 추워야 하나 우리
    나라에는 小寒 때가 가장 춥다. 소한과 대한이 드는 시기는 시베리아 기단의
    맹위로 몹시 추운 날이 계속되고 건조한 날씨로 불이 일어나기 쉬우며 가뭄이
    들 때가 많아 겨울작물의 피해를 주기도 한다.

≪절입시각≫ 1月 5日 午前 7時 8分 (正卯時) [2017년]
        일출(日出) = 오전 7시 47분[주(晝) = 9시간 41분]
        일입(日入) = 오후 5시 28분[야(夜) = 14시간 19분]

≪기후(宣明曆)≫ 小寒(『高麗史』 卷50, 志4, 曆 宣明曆 上)
【원문】 初候雁北鄕 次候鵲始巢 末候野鷄始雛
【해설】 初候에 기러기 북쪽으로 돌아간다. 次候에 까치가 둥지를 틀기 시작한다.
  末候에 꿩이 울기 시작한다.

≪十二月節-氣候(授時曆)≫(『高麗史』卷51, 志5, 曆2 授時曆 經 上)

【원문】 小寒十二月節 大寒十二月中 鴈北向 鵲始巢 雉雊 雞乳 征鳥厲疾 水澤腹堅

【해설】 소한은 12월의 절기이며, 대한은 12월의 중기이다. 기러기 북으로 가고, 까치는 둥지를 틀기 시작한다. 꿩 소리가 들리고, 닭이 알을 안는다. 맹조류(征鳥)가 몹시 빨라지고, 못에 물이 속까지 얼어서 굳어진다.

1. 이칭, 풍속음식과 전설, 속담, 행사와 놀이

1) 12월의 이칭(異稱)

○ 嚴月, 臘月, 除月, 氷月, 暮冬, 晚冬, 窮冬, 暮歲, 暮節, 嘉平, 大呂, 丑月

○ 12월의 節氣는 소한(小寒)과 대한(大寒)이며,

○ 12월의 대표적 名節로는 납일(臘日)과 제석(除夕)이 있다.

2) 겨울에 쓰는 모자 이야기

○ 겨울에 쓰는 방한모를 총칭하여 난모暖(帽) 또는 난모(煖帽)라 한다. 난모란 머리와 뺨을 보호하기 위하여 쓰는 방한모를 통칭하는 용어인데 『추관지(秋官志)』에 난모는 특히 관직에 있는 사람들이 쓰는 방한모를 지칭하는 용어였다 하였고, 오주 『연문장전산고(五洲衍文長箋散稿)』에 의하면 난모는 문관, 음관, 무관이 10월 초하루에서 이듬해 1월 그믐날까지 관복을 입을 때에 사모 안에 착용하였는데 재료는 당상관은 초피(貂皮)였고, 당하관은 서피(鼠皮)로서 재료에 차이를 두었다.

　　○ 난모의 종류로는 이엄(耳掩), 액엄(額掩), 풍차(風遮), 삼산건(三山巾), 휘양(揮項), 만선두리(滿縇頭里), 볼끼, 남바위, 아얌, 굴레, 조바위, 풍뎅이 등 있었다.

　　○ 남자는 이엄, 삼산건, 휘양, 풍뎅이, 만선두리를 사용하였고,

　　○ 여자는 이암, 조바위를 사용하였다.

　　○ 어린이는 굴레를 썼고,

　　○ 남녀공용은 볼끼, 남바위, 풍차였다.

여기에서 이엄을 제외한 대부분은 조선후기에 등장하여 계급에 관계없이 사용되었으나 우리나라의 방한모의 형태상 특징은 머리 윗부분이 트여 있다는 것이다.

3) 소한, 대한 무렵에 유행하는 속담

○ 우리나라 속담
- 대한이 소한 집에 놀러가서 얼어 죽었다.
- 소한 추위는 꾸어서도 한다.
- 소, 대한 지나면 얼어 죽을 잡놈 없다.
- 소, 대한에 객사한 사람은 제사도 지내지 말랬다.
- 소한에 얼어 죽은 사람은 있어도 대한에 얼어 죽은 사람은 없다.
- 소한이 대한 집에 몸 녹이려 간다.
- 소, 대한에 얼어 죽지 않은 놈이 우수경칩에 얼어 죽을까.

○ 유사 속담
- 소, 대한 지나면 양춘이 온다.
- 고생 끝에 낙이 온다.
- 태산을 넘으면 평지를 본다.
- 어려서 고생하면 부귀다남 한다.
- 비온 뒤에 땅이 굳는다.

4) 저포놀이(『牧隱先生文集』卷13, 十二月 二十二日庚申)

○ 十二月二十二日庚申 移寓妙覺洞權判閣家

歲抄庚申徹夜喧	세밑 경신일에 밤새도록 떠들어대고
管絃燈火醉昏昏	관현악과 등불 아래 취하여 정신이 없네.
圍爐兒子樗蒲戲	아이들 화롯가에 둘러앉아 저포놀이 하는데
白髮衰翁妄自尊	백발에 늙은이는 스스로 높은 체하네.

5) 겨울철 행사

① 기설제(祈雪祭)

음력 11월이나 12월에 눈이 내리기를 기원하는 제사이다. 눈이 와야 할 시기에 눈이 오지 않는 것을 天災라고 믿어 기설제를 지낸다. 동지 후 셋째 미일, 곧 臘日까지 눈이 세 번 오면 이듬해에 풍년이 들고, 눈이 오지 않으면 흉년이 든다 하여 기설제를 지내기도 한다. 祈雪祭는 고려, 조선시대의 국가의례로서 종묘와 사직 또는 신묘, 풍운뇌우단, 산천, 우사단 등에서 지냈으며 기우제와 함께 농사와 직결된 대표적인 의례이다.

② 사한제(司寒祭)

사한단(司寒壇)에서 추위와 北方의 神인 현명씨(玄冥氏)에게 지내는 祭祀. 음력 12월에 얼음을 떠서 氷庫에 넣을 때 장빙제(藏氷祭)를 지냈고, 春分에 빙고문(氷庫門)을 열 때 개빙제(開氷祭)를 지냈는데, 이를 司寒祭라 한다.

신라 때는 氷庫典이라는 관청을 두어 빙고를 관리하였으며, 『三國史記』 권4 신라본기 지증마립간 6년(505) 11월조에 "처음으로 해당관서에 명하여 얼음을 저장토록 했다."라는 기사가 있으나 司寒祭에 대한 기록은 보이지 않는다.

고려 때는 『高麗史』 卷63, 志17, 禮5 길례소사(吉禮小祀) 사한조(司寒條)에 司寒은 孟冬(음력10월)과 立春에 얼음을 저장할 때, 春分에 얼음을 낼 때 제사지내며 제사에 바치는 희생으로는 돼지 한 마리를 썼다고 하였다.

조선시대에도 司寒祭를 지냈다. 『용재총화(慵齋叢話)』 권10에 "사한단은 동빙고에 있는데 얼음을 저장할 때면 날씨가 추워지기를 제사 한다" 하였고, 『한경식략(漢京識略)』 권2 빙고조에 "해마다 12월이면 제관이 사한단에서 현명씨에게 제사를 드리고 비로소 한강에서 얼음을 뜨기 시작한다. 春分에 開氷祭를 드린 후에 얼음을 나누어준다."라고 하였다

태종 13년(1413) 4월 13일에 사한제는 고려의 예에 따라 제사를 小祀로 정하였다. 세종 30년(1448) 11월 9일에는 사한제는 12월 月令에도 있는데, 기후를 고려하여 장빙할 시기가 오면 택일하여 거행하여 장빙제(藏氷祭)는 12월에 지내게 되었다. 사한제는 3품의 관원이 주관했으며 제사를 지내는 사한단은 동빙고 근처에 있었다. 조선의 사한제는 융희(隆熙) 2年(1908) 칙령(勅令)에 의하여 폐지되었다.

2. 옛날 기록

1) 禮記月令 十二月令(『禮記』 月令 第六)

季冬之月(十二月)日在婺女 昏婁中 旦氏中 雁北鄕 鵲始巢 雉雊 鷄乳 是月也 日窮于次 月窮于紀 星回于天 數將幾終 歲且更始 專而農民 毋有所使

계동(12월)의 달에는 辰이 무녀성(婺女星)에 있다. 저녁에는 누성(婁星)이 남방의 중앙에 있고, 아침에는 氏星의 남방의 중앙에 있다. 기러기가 북방을 바라보고, 까치가 비로소 집을 짓고, 꿩이 울며, 닭이 알을 낳는다. 이달(12월)의 해는 마지막 차(次)에 이르고, 달은 해와 최종의 회처(會處)에서 만나고, 28수는 하늘을 돌아 그 원위치로 돌아가 일 년의 日數가 장차 끝나려고 한다. 또한 새해가 바로 시작되려고 하니, 농민을 잘 보살펴서 농사에 전념하도록 하며, 부역을 일

으켜서 부리는 일이 없도록 해야 한다.

2) 夫餘 迎鼓(『後漢書』卷85, 東夷列傳75, 夫餘國)

【원문】以臘月祭天大會 連日飮食歌舞 名曰迎鼓 是時斷刑獄解囚徒

【해설】납월에 하늘에 제사 지내는 일로 크게 모이는데, 여러 날 마시고 먹고 노래하고 춤춘다. 이를 영고(迎鼓)라 한다. 이때에 형옥을 중단하고 죄수를 풀어 준다.

3) 新羅 八禵 祭祀(『三國史記』卷32, 雜志1, 祭祀)

【원문】(八禵祭祀) 十二月寅日 新城北門祭八禵 豊年用大牢 凶年用小牢

【해설】12월 寅日에는 신성 북문에서 8자를 제사 지내되, 풍년에는 큰 소를 쓰고, 흉년에는 작은 소를 썼다.

4) 高句麗 사냥(『三國史記』卷17, 高句麗本紀5 中川王 12年)

【원문】冬十二月 王畋于杜訥之谷

【해설】겨울 12월에 왕이 두눌곡에서 사냥 하였다.

5) 高麗 山川祭祀(『高麗史』卷63, 志17, 禮 吉禮 雜祀)

【원문】(山川祭祀) 十二月壬午 秩祭山川

【해설】인종 원년 12월 임오일에 산천에 질제(秩祭)를 지냈다.

【원문】八年十二月丙子 以賊起 祭中外山川於神廟 以求助

【해설】공민왕 8년 12월 병자일에 적이 일어났으므로 중외 산천을 신묘에 제사 지내어 도움을 구하였다.

6) 高麗 箕子祠 祭祀(『高麗史』卷63, 志17, 禮 吉禮 雜祀)

【원문】二十年 十二月 命平壤府 修箕子祠宇 以時祭之

【해설】공민왕 20년 12월에 평양부에 명하여 기자사우를 수리하여 때로 이를 제사지내게 하였다.

3. 詩文(시문)

1) 십이월(十二月) 月餘農歌(金迴洙, 『農家十二月俗詩』)

時維季冬爲除月	때는 바로 계동이라 제월이라 이르나니
小寒大寒是二節	소한 대한 두 절기가 이달에 들어있다.
六候鵲巢雁北鄕	육후의 현상으로 까치가 둥지 짓고, 기러기 북으로 날며
鷄方乳而雉鴝出	닭은 알을 품고 꿩은 짝을 부르며
征鳥勵疾水腹堅	사냥새는 사나웁고 물은 굳게 얼어붙다.
卒歲凡具亦何以	연말까지 남은 일이 얼마나 되었던가.

2) 小寒(蔡之洪, 『鳳巖集』卷2 詩)

소한 날에

栗烈歲將暮	차디찬 계절 저물려 하고
水泉冰腹堅	샘은 얼어 두텁기만 하네.
龍樓寒正逼	용루(태자궁)엔 스산함이 닥치고
獻曝嗟無綠	충성을 바치고자 하나 길이 없음을 한탄하노라.

3) 小寒(申翼相, 『醒齋遺稿』冊3 詩)

小寒前一日 雪後大風	소한 하루 전 눈 내리고 바람이 크게 불다.
雪風終日打窓扉	눈보라 종일 창문을 후려치니
窮巷無人鳥不飛	인적 없는 궁한 시골 새조차 날지 않네.
白髮老翁塊獨坐	백발의 늙은이 돌덩이처럼 홀로 앉아
寂寥唯與病相依	적막하니 몸의 병에 의지해서 사는구나.

4) 小寒(朴長遠, 『久堂集』卷3 詩)

小寒 食茅亭作	소한에 식모정에서 쓰다.
白鞋烏杖靜相宜	신발과 지팡이 몸에 맞아 편안하고
散步池臺薄暮時	못가 누대를 산보하니 해 저물 때로다.
淸境無塵魔自退	티끌 없는 맑은 정경 악귀도 물러나고
春天欲雨病先知	비 올듯한 봄 하늘 몸의 병이 먼저 아네.

葛公砂就爲官拙　　葛公은 주사로 낮은 관리되었고
杜老囊空問舍遲　　두옹(杜甫)은 돈이 없어 問舍가 더디네.
況是佳辰須强飮　　하물며 이 좋은 날 억지로 마셨으니
未妨飮罷强裁詩　　파하여 詩 지음도 꺼려하지 마시게.

5) 觀灘(광대놀이)(成俔, 『虛白堂詩集』 卷7 詩)

秘殿春光泛彩棚　　궁궐의 화사한 봄빛이 채붕(彩棚)에 떠있고
朱衣畫袴亂縱橫　　붉은 옷에 그림 있는 바지를 입은 이가 어지러이 춤추네.
弄丸眞似宜僚巧　　공 놀리기 재주는 의료(宜僚)의 솜씨와 같고
步索還同飛燕輕　　줄 타는 모습은 마치 나는 제비와 같네.
小室四旁藏傀儡　　작은 방에는 사방으로 괴뢰(傀儡)가 있네.
長竿百尺舞壺觬　　백척장간(百尺長竿) 위에는 술잔이 춤추네.
君王不樂倡優戱　　임금께서야 창우희(倡優戱)를 즐기지 않지만
要與羣臣享太平　　오로지 뭇 신하와 더불어 태평성세를 누리려고 하네.

4. 신문, 잡지

1) 成道記念日(『매일신보』 1927년 1월 12일)

　○팟죽을 쑤어가지고 街上饑民救濟.
(밤에 시내요소를 다니면서 성도기념일과 조선불교소년활동)
　작 십일일(음력십이월팔일)은 釋迦如來(석가여래)의 성도한 成道記念日 임으로 시내 壽松洞 朝鮮佛敎總務院의 布敎堂과 시내에 있는 각 불교단체에서 예년과 같이 成道齋를 수송동 총무원 안에 있는 朝鮮佛敎少年會 에서는 밤에 팥죽을 쑤어가지고 구루마에 실고 시내로 돌아단니며 기한에 굼주리는 불상한 사람에게 난우워 주엇다더라.

5. 농가월령가 12月章

십이월은	季冬이니	小寒大寒	절기라네
눈속에	산봉우리	해저믄빛	이구나
세전에	남은날이	얼마나	걸렸는가
집안의	여인들은	설빔의복	장만한다
무명명주	끊어내여	온갖물색	들여내니

자주보라	송화색에	청화갈매	옥색이네	
한편으로	다듬으며	한편으로	지어내여	
상자에도	가득하고	횃대에도	걸었다네	
입을옷	그만하고	음식장만	하오리라	
떡쌀은	몇말이며	술쌀은	몇말인가	
콩갈아	두부하고	메밀쌀로	만두빚세	
歲肉은	契를믿고	북어는	장에사세	
납일에	창애묻어	잡은꿩	몇마리뇨	
아이들은	그물처서	참세로	지져먹세	
깨강정	콩강정에	꽂감대추	생율이요	
술통에	술빚으니	돌틈에선	샘물소리	
앞뒤집	떡메소리	打餅聲이	예도나고	제도난다
새등잔	새발심지	밤새켜고	새울적에	
윗방봉당	부엌까지	곳곳이	명랑하다	
초롱불	오락가락	묵은세배	하는구나	
어와내말	들어보소	농업이	어떠한고	
일년내내	근고지만	그중에	낙이있네	
위로는	國家補用	사사로는	祭先奉親	
형제처자	婚事初喪	먹고입고	쓰는것이	
토지소출	아니더면	돈지탱을	누가할가	
예로부터	이른말이	농업이	근본이라	
배부려서	船業하기	馬부려서	장사하기	
저당잡고	빚주기와	장터에서	일수놀이	
술장사	떡장사	주막집	가게보기	
아직은	흔전하나	한번만	뒤뜩하면	
파락호에	빚꾸러기	살던곳	터도없다	
농사는	믿는것이	내몸에	달렸으니	
절기도	진퇴있고	농사도	풍흉있어	
홍수가뭄	폭풍우박	잠시재앙	없으리만	
극진히	힘을들여	가솔들이	일심하면	
제고장	제지키어	소동할뜻	두지마오	
자네도	헤어보소	10년을	가정하여	
풍년은	이분이요	흉년이	일분이라	

천만가지   생각말고   내말을   곧이듣소
농업을   전심하소

夏小正과   豳風詩를   성인이   지었으니
지극한   뜻받아서   대강을   기록하니
이글을   자세보아   힘쓰기를   바라노라.

주막(김홍도 풍속도 화첩)
출처 : 국립중앙박물관

대한(大寒)【二十四節氣와 俗節】

○ 大寒은 24節氣 중에 마지막으로 24번째이며
○ 大寒은 12월의 仲氣로 小寒과 立春 사이에 들어있다.
○ 大寒은 太陽의 黃經이 300°를 通過할 때이며
○ 大寒은 冬至로부터 30일째 되는 날이다.
○ 太歲는 乙未이고, 月建은 己丑이며, 日辰은 壬寅이다. 節入時間은 正子時이며,
○ 卦는 坎 63이다.

≪절입시각≫ 1월 20일<오전 0시 27분>(음력 12월 12일)
　일출(日出) = 오전 7시 44분[주(晝) = 9시간 59분]
　일입(日入) = 오후 5시 43분[야(夜) = 14시간 1분]
　(동지에 日入이 5시 17분이니 해가 25분 길어졌다.)

≪기후≫ (『高麗史』 卷50, 志4, 曆 宣明曆 上)
　初候에 닭이 알을 품기 시작한다. 次候에 맹조류들이(소리개, 매 등) 빠르게 난다. 末候에 못에 물이 두껍게 얼며 굳어진다(初候鷄乳 次候征鳥厲疾 末候水澤腹堅).

≪대한의 뜻과 유래≫
　대한이란 가장 큰 추위란 뜻이다. 대한이란 24절기 가운데 가장 마지막 24번째 節氣로 일 년을 매듭짓는 마지막 節氣이다. 원래 소한 지나 대한이 가장 춥다고 하지만 이는 중국의 기준이고 우리나라와는 달라서 소한 무렵이 최고로 춥다. 옛 속담에 "춥지 않은 소한 없고 포근하지 않은 대한 없다.", "소한의 얼음이 대한에 녹는다." 등의 속담처럼 대한이 소한보다 덜 춥다.

1. 이칭, 풍속음식과 전설, 속담, 행사와 놀이

　1) 속담

　　○ 대한 끝에 양춘이 온다.
　　○ 춥지 않은 소한 없고, 포근하지 않은 대한 없다.
　　○ 대한이 소한보다 오히려 덜 춥다.
　　○ 소한 얼음이 대한에 녹는다.
　　○ 대한이 소한 집에 놀러 갔다가 얼어 죽는다.

2) 제주도 풍습, 신구간(新舊間)

제주도에서는 옛날부터 大寒 후 5일에서 立春 전 3일까지 약 1주일간을 新舊間이라 하여 이사나 집수리를 비롯하여 집안 손질과 행사를 해도 큰 탈이 없다고 알려져 있다. 신구간이란 구년세관신(舊年歲官神)들이 신년세관신新年歲官神)들과 임무를 교대하는 기간이다.

『천기대요(天機大要)』세관교승조(歲官交承條)에는 신구세관(新舊歲官)이 바뀌는 때가 대한 후 5일부터 입춘 전 2일로 되어있다. 이 기간은 지상에 내려와 인간사를 수호 관장하던 신들이 임무를 마치고 하늘의 옥황상제(玉皇上帝) 앞으로 올라가고 새로 내려올 신들은 아직 내려오지 않은 신들의 부재(不在) 기간이다. 이때에는 이사, 집수리 등을 하여도 재앙이 생기지 않는다고 생각한다.

3) 까치설빔(『동아일보』 1926년 2월 12일)

어린 아이들이 "섯달 그믐날"에 입는 새 옷을 <까치설빔>이라고 한다.

[까치설빔]은 저고리 모양이 특별히 다른 저고리와 다르고 설날 입을 정말설빔과도 다르다. [까치설빔]하는 저고리는 저고리 길의 빗과 저고리 동정의 빗과 옷고름과 깃의 빗이 다 각각 다른 것이다.

가령 저고리 길이 연두색이라 하면 저고리 동은 분홍이요. 깃은 자주요. 옷고름은 남. 이렇게 맛 추기도 하고 또 다르게 맛 추기도 하는데 엇잿든지 저고리 하나를 여러 가지 빗으로 합하여 해 입는 것이다.

　○『朝鮮大歲時記』 卷1. 歲拜 條에 때때옷(彩服) : 내일 아침 때때옷 입고 세배 드리리라(明朝彩服賀新年)는 기록도 있다.

4) 복조리(福篠理)(『朝鮮大歲時記』 卷1 12月)

【원문】舊俗 除夕日暮後 賣福篠理聲 遍滿城中 家家買入 以紅線繫之 掛于壁上 名之曰 <복조리>

【해설】옛 풍속에 섯달그믐 날이 저문 뒤에는 복조리를 파는 소리가 성안에 가득하다. 집집마다 이것을 사들여서 붉은 실로 매어 벽 위에 걸어두니 이를 복조리라고 한다.

　　福篠理買福篠理　　복조리 사시오 복조리
　　爭買家家不愛錢　　집집마다 다투어 사며 돈을 아끼지 않네.
　　此聲不必尋常聽　　이 소리 예사로이 들을 것이 아니니,

今夕明朝各一年　　오늘저녁 지나 내일 아침이면 또 해가 바뀌리.

○ 복조리風俗 : 음력 섣달 그믐날 자정 이후부터 정월초하룻날 아침 사이에 사서 걸어놓는 복조리(福篠理)이다. 조리는 쌀을 이는 도구로서 그 해의 복을 조리와 같이 긁어모아 건진다는 뜻에서 이 풍속이 생겨난 것으로 추측하기도 한다. 음력 섣달그믐날 자정이 지나 조리 장수들이 복조리를 사라고 외치며 돌아다니면 각 가정에서는 1년 동안 쓸 만큼의 조리를 사는데 어느 집은 식구 수대로 사서 가족의 머리맡에 한 개씩 놓아두기도 한다. 식구 수가 적은 집은 한 켤레를 사서 ㅅ자 형으로 묶어 방문이 마주 보이는 방벽이나 부엌의 물동이가 놓인 벽 위의 기둥에

복조리 장식물
출처 : 국립민속박물관

걸어둔다. 손잡이에 예쁜 색실을 매어 모양을 내기도 하고 그 안에 돈이나 엿 등을 넣어두어 일 년 동안의 원화소복(遠禍召福)을 기원하기도 한다.

5) 풍속, 행상(최영년, 1856-1935, 『海東竹枝』 名節風俗)

○ 등잔팔기(賣燈盞)

옛 풍속에 매년 섣달 그믐날 밤이면 집집마다 등잔을 내걸어 새해 복을 맞이한다. 길 가득히 사기등잔을 팔기도 하고 길가를 돌아다니며 팔기도 하니, 이를 "제석등잔"이라고 한다.(舊俗每年除夕 家家張燈迓新年之福 滿路賣砂燈盞 或爲行賣 道路 名曰 [제석등잔])

○ 등잔

기름을 담아 등불을 켜는 그릇으로 헌솜, 노끈 따위로 심지를 만들어 기름이 배어들게 하여 불을 켜게 되어 있다. 불을 밝게 하기 위하여 심지를 두 개 사용하기도 하는데 이것을 쌍심지이라고 한다. 등잔은 사기로 된 것이 많지만 토기, 청자, 백자, 도기, 옥석, 대리석 등도 있다.

옥석제(玉石製) 종지형 등잔은 옥등 또는 석등잔이라 부르고 고급 토산품으로 중국과 일본의 중요한 교역품이었다. 주로 궁중에서 사용하였으며, 사찰에서는 석등잔을 선등(禪燈)이라 하여 기원용으로 사용하였다. 무당들이 사용하는 인등(引燈)에도 玉石製가 있다. 심지로는 한지를, 기름은 참기름을 사용하였다.

1876년경에 일본에서 석유가 들어온 이후 심지꽂이가 따로 붙은 등잔이 들어

왔는데 이 석유등잔도 등경에 걸거나 좌등에 넣어 사용하였다.

○ 강정팔기[賣繭餻(매견고)]

옛 풍속에 설날 아침 차례에 강정은 좋은 음식으로 여겼다. 이는 대개 고려시대에 부처를 숭상하는 풍속을 모방한 것으로 유과(油果) 쓰는 것을 진기하게 여기던 것이 그대로 굳어져 관습이 되었다. 상인들 중에 해마다 섣달 그믐날 전에 돌아다니며 파는 자를 강정장사라고 부른다.(舊俗 元朝茶禮 用繭餻爲佳品 盖倣 高麗尙佛之俗 珍用油果因以爲例 商人每於除夕前 行賣者 稱之曰 "강정장사")

○ 강정

우리나라 고유한 과자의 하나로 유밀과(油密果)라고도 하며 藥果, 茶食과 함께 차례, 혼례, 설날의 세찬 음식이나 제사상의 필수품으로 쓰인다. 또 강정(羌飣), 강정(江丁), 강정(强精)이라고도 하며 그 모양이 누에고치를 닮았다고 하여 견병繭(餠)이라고도 한다. 고려시대에 성행하여 元나라

강정
출처 : 한국교육방송공사

에까지 알려진 油果는 납폐의례 음식이나 연회의례 음식으로 많이 쓰였다. 고려시대에 국가적 큰 행사인 팔관회(八關會), 연등회(燃燈會)의 회연에 반드시 올렸으며, 元나라의 혼례 예물에도 유과가 쓰여 납폐 음식으로 중요한 품목이었음을 알 수 있다.

만드는 법은 찹쌀을 물에 4-5일 불려 빻은 다음 청주와 설탕물로 반죽한 후 손가락 마디만 하게 썰어 말린 것을 기름에 튀겨 꿀 또는 조청을 바르고 여기에 송화 가루, 깨, 잣가루, 콩가루 등을 묻혀 만든다.(『海東竹枝』)

6) 납일(臘日)

○ 절서(節序) 납일(臘日)(『芝峰類說』 卷1, 時令部 節序)

【원문】蔡邕曰靑帝以未臘 赤帝以戌臘 白帝以丑臘 黑帝以辰臘 今我國臘用未日 盖以東方屬木故也 按皇朝以冬至後第三戌 爲臘云

【해설】채옹(蔡邕)이 말하기를, 靑帝(봄을 맡은 동쪽의 신)는 未日로 臘日을 삼고, 赤帝(여름을 맡은 남쪽의 신)는 戌日을 납일로 삼으며, 白帝(가을을 맡은

서쪽의 신)는 丑日로 납일을 삼고, 黑帝(겨울을 맡은 북방의 신)는 辰日을 납일로 삼으며, 皇帝(중앙을 맡은 신)는 辰日로 납일을 삼는다고 하였다. 지금 우리나라에서는 未日을 납일로 쓰고 있으니 아마 동쪽은 木에 속하기 때문일 것이다. 상고하여 보니 중국에서는 冬至後의 셋째 戌日을 납일로 한다고 한다.

○ 납일(臘日)(『洌陽歲時記』 12月令)

【원문】國曆 用冬至後第三未爲臘 以東方盛德在木也 有事于太廟 並四孟爲五大享 人家亦或祭先 如朔叅節薦儀

【해설】臘日은 冬至 후 셋째 미일(未日)을 납일(臘日)이라 한다. 東方의 성덕(盛德)이 木에 있기 때문이다. 이날은 종묘(宗廟)에 제사(祭祀)를 지내고 춘하추동의 각 첫 달이 되는 정월, 4월, 7월, 10월의 사맹삭(四孟朔)과 합하여 5대제향(祭享)이라 한다. 여염에서도 조상에게 제사를 지낸다. 정월 초하룻날 아침에 사당에 올리는 제사와 명절마다 올리는 제사 절차와 같다.

【원문】內醫院及諸營門以臘日造諸種丸劑 公私京鄕無不波及而 淸心元蘇合丸最有奇效

【해설】납일에는 납약(臘藥)이라 하여 내의원(內醫院)과 각 영문(營門)에서 각종 환약(丸藥)을 만들어 공사가(公私家)와 경향 각지에 나누어준다. 그중에서도 청심환(淸心丸)과 소합환(蘇合丸)이 가장 특효가 있다.

【원문】臘日所獲禽獸 皆佳 而黃雀利於老弱 人家多張網捕之

【해설】또 납일에 잡은 짐승의 고기는 사람에게 좋다고 하며 그중에서도 참새는 늙고 병약한 사람에게 이롭다고 하여 민가에서는 그물을 쳐서 많이 잡는다.(『洌陽歲時記』 12月 臘日條)

7) 除夕(제석)

○ 제석(除夕)(『洌陽歲時記』 12月令 除夕條)

【원문】人家 軒閤廊廡門竈圊溷 皆點燈達夜 上下老幼限鷄鳴 不眠謂之守歲 童稚困睡則 嚇曰睡除夕 雙眉白

【해설】人家에서는 마루, 방, 행랑, 문간, 부엌, 변소에 모두 등불을 밤새도록 켜놓고 상하노소 할 것 없이 닭이 울도록 자지 않는다. 이를 수세(守歲)라 한다. 어린아이가 곤하게 졸면 오늘 저녁에 자면 "눈섭이 센다"고 하면서 못 자게 한다.

【원문】內醫院製辟瘟丹 進御 正朝早晨 焚一炷 方見東醫寶鑑 歌曰神聖辟瘟丹

留傳在世間 正元焚一炷 四季保平安

【해설】 내의원에서는 벽온단이라는 향을 만들어 진상한다. 임금은 설날 이른 아침에 그 향한 심지를 피운다. 그 처방은 『동의보감』에 기재되어 있다. 그 향을 칭송하는 노래에 "신선한 벽온단이 인간 세상에 유전하여 설날에 한 심지 태우면 1년 4시절 내내 평안하다."고 했다.

【원문】 閭巷間或 盛絳囊 佩之
【해설】 항간에서는 간혹 빨간 주머니를 차기도 한다.(『洌陽歲時記』)

8) 해지키기(守歲)(『동아일보』 1932년 2월 6일)

오늘밤은 집집이 등불을 밝히고 새해마지를 한다. 방안은 무른 이려니와 대문, 헛간(광), 뒤 ㅅ간, 웃물, 마판까지 등불을 밝혀서 밝기를 낮과 가티 하고 밤을 새운다. 홍석모의 『동국세시기(東國歲時記)』에는 이것을 경신유속(庚申遺俗)이라 하엿스며 동경몽화록(東京夢華錄)에는 도인(都人)이 이날 밤에 부엌 속에 불을 켜며 그것을 조허(照虛)라 하고 여염에서는 화로 불을 에워싸고 둘러 안저서 밤을 새우니 이것을 "해지킴(守歲)"이라하엿다.

『東坡記』(蘇軾-蘇東坡)에 "촉나라 풍속에 주사(酒食)로서는 마즈니 이것을 별세(別歲)라하고 뜬눈으로 밤을 밝히니 대개 해를 지킴(守歲)이려라"한 것이 잇는데 [동국세시기]에는 우리 풍속도 촉나라에서 모방한 것이다 하였다.

<지킴은 보내기 앗가워 그러 함인가?>

2. 옛날 기록

1) 新羅 세모 방아찧기(『三國史記』 卷48, 列傳8, 百結先生)

【원문】 歲將暮 鄰里舂栗 其妻聞杵聲曰 人皆有栗舂之 我獨無焉 何以卒歲
【해설】 세모가 되어 이웃에서는 방아를 찧는데, 그 아내가 방아 찧는 소리를 듣고 말하기를 "남들은 모두 곡식이 있어 방아를 찧는데, 우리만 없으니 어떻게 이 해를 보낼까?" 하였다.

2) 高麗 臘日(『高麗史』 卷84, 志34, 刑法公式官吏給暇)

【원문】 官吏給暇 臘享(前後幷七日)
【해설】 납향에는 관리에게 이 날을 전후로 하여 7일의 휴가를 준다.

3) 高麗 除夕(『高麗史』卷17, 世家17, 毅宗 4年 12月 壬申日)

【원문】除夕 除夜道場 壬申 設除夜道場於大觀殿

【해설】임신일에 제야도량을 대관전에서 베풀었다.

4) 高麗 大寒 刑執行(『高麗史』卷,4 世家4, 顯宗 十年 十二月 壬申日)

【원문】刑執行 壬申 以大寒 疏決獄囚

【해설】임신일이 대한이므로 옥에 있는 죄수를 너그럽게 처결하였다.

5) 高麗 祈雪(『高麗史』卷63, 志17, 禮 吉禮雜祀)

【원문】祈雪 十二月甲子 祈雪于山川

【해설】숙종 9년 12월 갑자일에 山川에서 눈을 빌었다.

【원문】五年 十二月戊子 制 大雪之候 雪不盈尺 宜令諏日 祈雪於川上 禮部奏 仲冬以來 雖無盈尺之雪 雨復霑然 況今節近立春 不宜祈雪 從之

【해설】문종 5년 12월 무자일에 제(制)하기를, 대설의 절기에 눈이 1尺에 차지 못하므로 마땅히 하여금 택일하여 川上에서 눈을 빌게 하라고 하니, 예부에서 주(奏)하기를 "仲冬 이래 비록 1척에 차는 눈이 없었으나 비가 다시 쏟아지고, 하물며 지금은 절기가 立春에 가까우므로 눈을 비는 것이 마땅치 못합니다."라고 하고 이를 청종하였다.

3. 詩文(시문)

1) 大寒(蔡之洪, 『鳳巖集』卷2 詩)

四序天功訖　　사계절의 천공(天功)이 끝나니
土牛爲送寒　　토우(土牛)로 대한을 보내네.
不終寧有始　　끝이 없는데 어찌 시작이 있으랴
生意雪中看　　눈 속에서 생기가 돋아난다네.

2) 大寒(李瀷, 『星湖全集』卷1 詩)

頸縮涔涔廢夙興　　몸이 오그라들어 일찍 일어나지 못하나
天時知道大寒仍　　천시는 도를 알아 대한이 되었네.

- 295 -

推求巧曆應先卜　　책력가를 구해 먼저 복거할 곳 정하니

殿屎愚氓浪見憎　　신음하는 어리석은 백성 마구 비난하네.

戶牖明生猶愛日　　창문이 밝아오니 도리어 날을 아끼고

研毫冷透亦堅冰　　작은 물방울 하나 차갑고 투명하게 얼음이 되어버렸네.

朝來戲語資歡笑　　아침에는 농담으로 즐거이 웃으니

不是臨淵也戰兢　　연못에 임하여도 전전긍긍하지 않네.

3) 除夜(朴弼周, 『黎湖集』 卷2 詩)

除夜用唐人韻 示鄭生宅明　　제야에 唐人詩에 차운. 정명택에 보내다.

每逢除夜不成眠　　제석날 밤을 보낼 때마다 잠을 이루지 못하니

老去光陰倍悠然　　늙어가는 세월 더욱 빠르구나.

燈火深更無別事　　등불 밝힌 깊은 밤 별다른 일 없으니

願將誦讀答新年　　원컨대 책을 읽으며 신년에 답하리라.

4) 守歲(朴泰輔, 『定齋集』 卷2 七言絶句)

明燈守歲寧長守　　수세의 밝은 등불 어이하면 길이 지키랴

把盞銷愁詎盡銷　　술잔 잡고 시름을 삭힌들 어찌 다하리.

只爲客中都減睡　　객지에선 내내 잠이 줄어

廖廖寂寂坐終宵　　쓸쓸하고 적막하니 밤새도록 앉았네.

5) 客中守歲(金時習, 『梅月堂詩集』 卷14 溟洲日錄)

客中守歲　　객중에 수세를 하다.

守歲身爲客　　수세하는 날 이 몸은 나그네 되어

飄零傍海濱　　바닷가에 밀려와 영락해 있네.

屠蘇誰酩酊　　도소주에 누가 곤드레 취하였는가?

羈旅轉酸辛　　나그네 길은 더욱 고달프네.

舊崇消殘夜　　옛날의 재앙이 남은 밤 동안 사라지니

新禧迓令辰　　새봄을 좋은 명절에 맞이하네.

感時驚節序　　시절에 느끼고 節序에 놀라지만

不敢問傍人　　감히 옆의 사람에게 묻지도 못하네.

6) 除夜(丁壽崗, 『月軒集』 卷2 七言絶句)

歡喧此夕强排眠	즐겁게 떠들썩한 오늘 저녁에 억지로 잠을 물리치는데
不覺三更漏已傳	삼경이 이미 지났음을 미처 깨닫지 못했구나.
何處雞聲初報曉	어디서 첫닭 우는 소리가 새벽을 알리니
判知頃刻是新年	잠깐 동안에 이것이 새해임을 분명히 알겠네.

4. 신문, 잡지

1) 논설(『독립신문』 1896. 12. 24 건양원년(1896년, 양 12월 24일)

  ○ 내일은 예수그리스도의 탄일이라 세계만국에 큰 명일이니 내일 조선인민들도 마음을 빌기를 조선대군주 폐하께와 왕태자 전하의 성체가 안강하시고 나라 운수가 영원하며 조선전국이 화평하며 인민들이 무병하며 부요하게 되기를 하나님께 정성으로 빌기를 우리는 바라노라.

2) 논설(『독립신문』 1897. 12. 24.광무원년(1897년, 양 12월 23일)

  ○ 요다음 토요일은 예수 그리스도 탄일이라 세계만국이 이날을 일 년에 제일가는 명일로 아난 고로 이날은 사람마다 직업을 쉬고 명일로 지내는데 우리 신문도 그날은 출판 아니 할 터이요. 이십팔일에 다시 출판 할 터인직 그리들 아시오.

3) 오늘은 섯달 그믐날(『동아일보』 1926년 2월 12일)

  ○ 명쌈. 보쌈. 먹고 까치설빔하는 날
  섣달 그믐날부터 명절은 시작되는 것이다 이날은 아침에 국 끌리고 흰밥 짓고 김쌈 구어 먹는 것이다 특별이 이 김쌈은 명쌈(命)의 복쌈(福)이라 하여 반드시 두 쌈 이상을 먹는 법이다.

  ○ [묵은세배]- 어른이나 아희나 모다 새옷을 입고 묵은세배를 다닌다.
  "묵은 세배를 다니는 것은 올 일년을 마지막 날까지 잘 지내서 고맙고 깁부다는 뜻을 표하는 것이다." -후략- (동아일보)

제석(除夕)【二十四節氣와 俗節】

○ 제석(除夕)이란 섣달그믐날 밤(夜)를 말한다.
○ 한해를 마감하는 마지막 밤이다.

1. 風俗誌에 전하는 섣달그믐 이야기

1) 『東國歲時記』의 除夕이야기

○ 조신 중에 2품 이상 되는 벼슬아치와 시종들이 대궐에 들어가 묵은해의 문안을 올린다.
○ 사대부가에서는 사당에 참례(叅禮)한다.
○ 이날 젊고 나이 어린 사람이 친척과 집안어른을 찾아 절하는 것을 구세배(舊歲拜)라고 한다.
○ 이날은 초저녁부터 밤중까지 길거리에 등불의 행렬이 줄을 잇는다.
○ 대궐 안에서는 제석 전날부터 대포를 쏘는데 이것을 연종포(年終砲)라고 한다. 화전을 쏘거나 징과 북을 울리는 것은 곧 궁중에서 하던 나례의 역질 귀신을 쫓는 행사의 유풍이다. 제석과 설날에 폭죽을 터트려 귀신을 놀라게 하는 중국 풍습을 모방한 제도이다.
○ 제석 하루 이틀 전부터 그동안 금했던 소 잡는 것을 완화한다. 형조와 한성부에서 소를 잡지 못하게 하는 패를 회수했다가 설날에야 내어 준다. 이것은 시민이 쇠고기를 마음껏 먹도록 하기 위해서이다. 혹 이런 행사를 하지 않을 때도 있다.
○ 민가에서는 다락, 마루, 방, 부엌, 곳간 등 집안 구석구석에 등불을 밝혀 놓는다. 흰 사기 접시에다가 실을 여러 겹 꼬아 심지를 만들고 기름을 부어서 외양간이며 변소에까지 불을 환히 켜놓아 마치 대낮같다. 그리고 밤새도록 자지 않는다. 이것을 수세(守歲)라고 한다. 이것은 곧 경신일(庚申日)에는 자지 않고 밤을 지켜야 복을 얻는다는 도교(道教)에서 나온 유속이다.
○ 중국 『동경몽화록(東京夢華錄)』에 서울 사람이 제야에 부뚜막에 불을 켜놓는 것을 조허모(照虛耗)라 하고 일반 백성의 집에서는 화롯가에 둘러 앉아 아침이 되도록 자지 않는 것을 守歲라고 한다고 했다. 소동파가 촉나라 지방의 풍속을 기록한 대목에 술과 음식으로 서로 맞이하는 것을 별세(別歲)라 하고 除夜에 자지 않는 것을 수세라 한다고 하였으니, 지금의 풍속이 여기에서 비롯된

것이다.
- 세속에 除夜에 잠을 자면 눈썹이 하얗게 된다고 한다. 그래서 아이들은 이 말을 믿고 잠을 자지 않는다. 혹 자는 아이가 있으면 다른 아이가 분이나 밀가루를 자는 아이의 눈썹에 발라놓고 깨워서 거울을 보게 하며 놀려 댄다.(『東國歲時記』)

2) 『열양세시기(洌陽歲時記)』除夕 이야기

- 인가에서는 마루, 방, 행랑, 문간, 부엌, 변소에 모두 등불을 밤새도록 켜놓고 上下老少 할 것 없이 닭이 울도록 자지 않는다. 이것을 守歲라고 한다.
  어린이가 곤하여 졸면 오늘 저녁에 자면 눈썹이 센다고 하면서 잠들지 못하게 한다.
- 내의원에서는 벽온단(辟瘟丹)이라는 향을 만들어 진상한다. 임금은 설날 이른 아침에 그 향한 심지를 피운다. 그 처방은 『東醫寶鑑』에 기재되어 있다. 그 향을 칭송하는 노래에 "신성한 벽온단이 인간세상을 유전하여 설날에 한 심지 태우면 1년 4시절 내내 평안하다(神聖辟瘟丹 留傳在世間 正元焚一炷 四季保平安)고 했다.
- 항간에서는 간혹 빨간 주머니를 차기도 한다.(『洌陽歲時記』)

3) 『京都雜誌』除夕 이야기

- 섣달그믐날 밤에 궁중에서 대포를 쏘는데, 이것을 연종방포(年終放砲)라 한다.
- 각 道의 감영(監營)과 여러 郡에서는 除夕 전에 서울로 세공물(歲貢物)을 바친다.
- 문안 편지 안에 꿩, 닭, 포, 물고기, 담배, 술 등 각종 土産物의 物目을 조그마한 종이에 별도로 적어서 넣는데 이 종이를 총명지(聰明紙)라 한다.
- 온 집안에다 밤새도록 등불을 켜 놓는다. 외양간 변소에까지도 각각 등불을 켜놓고 밤새도록 자지 않는다. 이것을 守歲라 한다.
- 온혁(溫革, 中國 宋나라 때의 學者)이 저술한 『쇄쇄록(碎瑣錄)』에 섣달그믐날 밤에 神佛의 앞이나 마루, 방, 변소 등에 불을 밝혀서 새벽까지 가는데 집안의 광명을 주간하는 것이라 했다.
- 또 맹원로(孟元老)의 『동경몽화록(東京夢華錄)』에 말하기를, 섣달그믐날 밤에는 사람들이 집에서 火爐 가에 둘러앉아 날이 밝도록 자지 않는데 이것을 수세라고 한다.(『京都雜誌』)

2. 옛날 기록

1) 除夜道場(『高麗史』卷17, 世家17, 毅宗 4年 12月 壬申日)

【원문】壬申 設除夜道場於大觀殿

【해설】임신일에 제야도량(除夜道場)을 대관전에 베풀었다.

2) 除夜(李穡, 『牧隱先生文集』卷2, 除夜)

年年除夜喜驅儺	해마다 제야에 역귀 몰아내기를 좋아하여
雜坐兒童笑語譁	아이들과 섞여 앉아 떠들썩하게 담소를 나누네.

3. 詩文(시문)

1) 除夜(元天錫, 『耘谷行錄』卷3 除夜)

亥未己終丁卯臘	해시에 이미 정묘년 섣달을 끝내고
子初方啓戊辰春	자시에 방금 무진년 봄을 시작하네.
鼓聲不絶鄕儺盛	시골에 북소리가 끊이지 않고 푸닥거리가 성행하여
驅逐精邪福慶臻	악귀를 몰아내니 행복과 경사가 도래하네.

2) 癸丑歲除夜(『雙梅堂先生文集』卷1 癸丑年歲除夜)

癸丑歲除夜	계축년 섣달그믐날 밤
村舍經除夕	시골집에서 섣달그믐날 밤 지내니
如今見二廻	아마 올해가 두 번째인 것 같네.
桃椒爭檜梗	복숭아나무, 산초나무가 전나무, 가시나무와 다투고
梟蟵聚喧豗	올빼미와 박쥐는 모여서 시끄럽게 떠들어 대네.
臘逐寒燈盡	섣달은 찬 등잔을 따라서 다하고
春將細雨來	봄은 가랑비를 따라서 오네.
明朝己三十	내일 아침이면 벌써 서른 살인데
復擧幾千杯	다시 몇 천 잔의 술을 들지.

3) 除夜吟(權文海, 『草澗先生文集』卷2 詩 七言律詩)

除夜吟	제야에 읊다

臘盡梅枝歲屬除	매화가지에 섣달이 다하자 한해가 제야에 이르고
明朝三百六旬初	내일 아침은 365일의 처음이네.
雞峰雪積寒猶錮	雞峰(계봉)에 눈 쌓여 추위를 오히려 가두고
錦水冰鋪浪未舒	錦水(금수)는 얼음이 얼어 물결이 일지 않네.
湖外滯爲新歲客	湖外(호외)에 남아 새해를 맞는 나그네 되었으니
愁邊稀見故園書	시름 끝에 드물게 故園(고원)의 편지를 보겠네.
一年所得知何物	일 년 동안 얻은 것이 무슨 사물인지 알겠으니
白髮千莖滿鬢疎	천 갈래의 흰머리에 성긴 더부룩한 귀밑털이네.

4. 신문, 잡지

1) 해지키기(守歲)(『동아일보』 1932년 2월 6일)

오늘밤은 집집이 등불을 밝히고 새해마지를 한다. 방안은 물론 어려니와 대문, 헛간(광), 뒷간, 웃물, 마판까지 등불을 밝혀서 밝기를 낮과 같이 하고 밤을 새운다. 홍석모의 「동국세시기(東國歲時記)」에는 이것을 경신유속(庚申遺俗)이라 하였으며 동경몽화록(東京夢華錄)에는 도인(都人)이 이날 밤에 부엌 속에 불을 켜며 그것을 조허(照虛)라 하고 여염에서는 화로불을 에워싸고 둘러 앉아서 밤을 새우니 이것을 "해지킴(守歲)"이라 한다.

『東坡記』(蘇軾-蘇東坡)에 "촉나라 풍속에 주사(酒食)로서는 맞이하니 이것을 별세(別歲)라하고 뜬눈으로 밤을 밝히니 대개 해를 지킴(守歲)이려라"한 것이 있는데 [동국세시기]에는 우리 풍속도 촉나라에서 모방한 것이다 하였다.

<지킴은 보내기 앗가워 그러 함인가?>

2) 오늘은 섯달 그믐날(『동아일보』 1926년 2월 12일)

○ 명쌈, 복쌈 먹고 까치설빔하는 날

섣달 그믐날부터 명절은 시작되는 것이다.

이날은 아침에 국끄리고 힌밥짓고 김쌈 구어 먹는 것이다.

'특별이 이 김쌈은 명쌈(命)의 복쌈(福)이라 하여 반드시 두쌈 이상을 먹는 법'이다.

○ [묵은세배]- 어른이나 아희나 모다 새옷을 입고 묵은 세배를 다닌다

"묵은 세배를 다니는 것은 올 일년을 마지막 날까지 잘 지내서 고맙고 깁부다는 뜻을 표하는 것이다." -후략-

3) 눈썹에 떡가루(『동아일보』 1932년 2월 6일)

　　오늘 밤에 잠을 자면 눈썹이 하야케 세어버린다고 한다.

　　그래서 어린이들이 잠을 아니 잘 량으로 애들을 쓰다가 뜻기푼 이밤이 넘우도 길어서 떡가루 치는 어머니 겨테서 그대로 쓰러저 자는 어린 아기의 눈썹에 하얀 떡가루를 발라준 언니 어린이가 - '어야 일어나거라 일어나 눈썹이 하야케 세엇다'하고 거울을 비처주면 어린이는 분하다 울고 어머니와 어룬들은 우습다고 '흥 흥 하하 …'하고 질긴다 깃부게 보내야 할까?

　　슬푸게 보내야 할가? 이해의 마지막 가는 이 밤을? (동아일보)

4) 구세(舊歲) 문안(『동아일보』 1926년 2월 12일)

　　朝官 二品以上 官員 및 시종신(侍從臣) 들이 섯달 그믐날 밤에 대궐에 들어가서 "구세문안"을 하는 것은 궁중일이니 더 말하지 말고. 여염집에서는 가묘(家廟)를 배알함에 의례(儀禮)로 하는 일이며 년소한 남자들은 인아족척(姻娥族戚) 되는 어른께 찾어가 보는 풍습이 있으니 이것을 [묵은세배]라 한다.

　　그믐날 그 해의 우환질고를 막 쓸어안고 "새해에 다시보자"- -

　　서산을 넘어가는 햇빛이 아조 살아지고 그믐밤의 어두운 장막이 땅 우에 활개를 쭉뻐치고 나서 천지가 흑 세계로 변한 뒤에 거리마다 골목마다 오고가는 불은 등불이 불꼿과 같이 반짝어릴 때에는 마치 꿈속에서 그림을 보는 듯하는 늣김도 업지 아니하거니와 참으로 새해를 맞는 일종 [- - -]기분이 없지도 아니한 것이다.

　　아-!! 어리석은 인생이로 고나. 이 밤을 지나며는 이 세상에서는 우리의 목숨이 한해가 줄어지건마는 그것을 몰으고 한 살이 더 늘어간다고 도리어 깃버들 하는고나.

윤달(閏月)과 윤날(閏日)【二十四節氣와 俗節】

1. 윤달(閏月)

○ 치윤법(置閏法, 윤달을 배치하는 방법)

曆法에서 季節의 週期를 맞추기 위해 태양력은 4년마다 1일의 윤일(閏日)을 넣고 있지만, 태음태양력(太陰太陽曆)은 약 3년마다 1삭망월의 윤달(閏月)을 넣고 있다.

태음력은 태양력에 비해 1년의 길이가 약 11일 정도 짧기 때문에 약 3년에 1달씩의 비율로 세월이 빨라지고 그만큼 계절과도 어긋나게 된다. 이러한 차질을 해소할 목적으로 여러 가지 치윤법(置閏法)을 고안해 내었는데 그중 하나가 바로 태음태양력에서 쓰는 "19年 7閏法"이다. 이는 19태양력과 235삭망월의 길이가 같다고 보고 19태양력 동안에 228삭망월 외에 7개월의 윤달을 더 둠으로써 계절 주기와 역월(曆月)을 일치시킨다는 방법이다.(『古典天文曆法精解』 참조)

○ 태음력(太陰曆)은 東洋에서 옛날부터 사용하여 온 陰曆으로 달(月)의 영허(盈虛)를 基本으로 하여 滿月로부터 다음의 滿月까지의 日數를 一箇月로 作定하고, 또한 太陽의 운행(運行)을 따라서 편성(編成)한 것이다.

月의 盈虛는 29日 반(半)으로서 結了가 되므로 29日의 小月과 30日의 大月을 두어서 12月을 1年으로 하되 太陽曆에 比하여 1年에 11日이 不足되므로 曆日과 절기(節氣)와의 差異를 조절(調節)시키기 위하여 2年 또는 3年마다 1個月의 閏月을 둔다.

2. 윤일(閏日)

○ 태양력(太陽曆)은 지금 세계 여러 나라가 共通으로 使用하고 있는 양력인 것이다. 太陽曆은 太陽의 運行을 基本으로 회기년(回歸年)을 표준(標準)하여 편성(編成)한 것이다. 太陽이 춘분점(春分點)을 통과한 시간으로부터 재회춘분점(再回春分點)을 通過할 시각(時刻)까지의 期間인 일회기년(一回歸年)을 平均 三百六十五日五時四十八分四十六秒가 되므로 실용상(實用上)의 편의(便宜)로 三百六十五日을 一年으로 定하고 四年마다 윤일(閏日)을 두고 회기년(回歸年)의 단수(端數)의 差를 조절(調節)시킨다.

3. 月의 大小

○ 大月은 一, 三, 五, 七, 八, 十, 十二월의 各月은 日數를 三十一로 하여 大月이라 하고

○ 小月은 四, 六, 九, 十一月의 各月은 日數를 三十日로 하여 이를 小月이라 하는바, 二月만은 平年을 二十八日로 하고, 閏年에는 二十九日로 한다.

4. 四季의 長短

○ 春 - 九十一日 前後
○ 夏 - 九十四日 一時弱
○ 秋 - 九十一日 前後
○ 冬 - 八十八日 十五時 强

5. 節氣

天文學的 西洋式 太陽曆으로는 春分, 夏至, 秋分, 冬至을 春, 夏, 秋, 冬 四季의 기점(起點)으로 하고 있으며, 陰曆으로는 立春, 立夏, 立秋, 立冬를 四季의 기점(起點)으로 하여 節氣와 標準을 삼는바 역서상(曆書上)의 二十四節이라는 것은 各 期間의 標準 氣候를 表示하기 위하여 定한 것이요, 各 節의 期間은 約 十五日式이 된다.

6. 閏月(윤달)

○『동국세시기』에 閏月에 대한 기록
【원문】俗宜嫁娶 又宜裁壽衣 百事不忌 廣州奉恩寺 每當閏月 都下女人爭來供佛 置錢榻前 竟月絡續 謂如是則 歸極樂世界 四方婆媼 奔波競集 京外諸刹 多有此風
【해설】우리나라 풍속에 한 달이 가외로 있는 것을 윤달이라 한다. 혼례를 올리는데 좋고 또 수의를 만들어 두면 좋다고 하여 모두 이달에 한다. 모든 일에 부정을 타거나 액이 끼이지 않는 달이다. 경기도 廣州 奉恩寺에서는 윤달이 되면 서울 장안의 부녀자들이 몰려들어 많은 돈을 佛榻(불탑) 위에 놓고 불공을 드린다. 이 같은 행사는 달이 다 가도록 계속된다. 이렇게 하면 죽어서 극락을 간다고 믿어 사방의 노파들이 와서 정성을 다해 불공을 드린다. 서울과 그 밖의 다

른 지방의 절에서도 이런 풍속이 많이 있다.

○『荊楚歲時記』윤달(閏月)

【원문】閏月不擧百事

【해설】윤달에는 모든 일을 행하지 않는다.

7. 晝夜(『芝峰類說』時令部 晝夜條)

하루를 12時刻, 한 時刻을 8刻으로 나누고, 子時와 午時에는 각각 二刻씩 보탠다. 그리하여 一晝夜는 모두 百刻이 된다. 『韓詩』에 말하기를 "120刻이 잠간 사이로구나(百二十刻須臾間)."라고 하였다. 지금의 일주야는 백각인데, 어찌 唐나라 때의 누각(漏刻)이 지금의 누각과 다를 리가 있겠는가? 대체로 낮이니 밤이니 하고 말하는 것은 日出 후에서 日沒 前까지를 낮이라 하고, 日沒 후에서 日出 前까지를 밤이라 한다. 이것은 역가(曆家)의 法이다.

(國立民俗博物館 學藝研究官 崔順權 監修)

부록(附錄)

□ 24節氣와 72候

1) 24절기(節氣)

*24氣는 12節氣와 12仲氣로 구분된다.

서양력	동양력	24기	태양의 황경		현행역일	통일
봄	맹춘	입춘	정월절	315°	2월 4일 경	44일
		우수	정월중	340°	2월 19일 경	59일
	중춘	경칩	2월절	345°	3월 6일 경	74일
		춘분	2월중	0°	3월 21일 경	89일
	계춘	청명	3월절	15°	4월 5일 경	104일
		곡우	3월중	30°	4월 20일 경	119일
여름	맹하	입하	4월절	45°	5월 6일 경	135일
		소만	4월중	60°	5월 21일 경	150일
	중하	망종	5월절	75°	6월 6일 경	166일
		하지	5월중	90°	6월 21일 경	181일
	계하	소서	6월절	105°	7월 7일 경	197일
		대서	6월중	120°	7월 23일 경	213일
가을	맹추	입추	7월절	135°	8월 8일 경	229일
		처서	7월중	150°	8월 23일 경	244일
	중추	백로	8월절	165°	9월 8일 경	260일
		추분	8월중	180°	9월 23일 경	275일
	계추	한로	9월절	195°	10월 8일 경	290일
		상강	9월중	210°	10월 23일 경	305일
겨울	맹동	입동	10월절	225°	11월 7일 경	320일
		소설	10월중	240°	11월 22일 경	335일
	중동	대설	11월절	255°	12월 7일 경	350일
		동지	11월중	270°	12월 22일 경	0일
	계동	소한	12월절	285°	1월 6일 경	15일
		대한	12월중	300°	1월 21일 경	30일

*『增補文獻備考』 象緯考二 儀象편 참조

◎ 1年=4季, 1季=3月, 1月=2節, 1節=3候, 1候=5日

*1年=春, 夏, 秋, 冬(12月) 1季=6節(1, 2, 3月)

1年=24節氣(12節氣+12中氣),

1年=72候, 1季=18候, 1月=6候, 1節=3候, 1候=5日,

○ 陰曆 月別 名稱 및 24節氣表(『夏小正』, 『禮記』 準據)

*『夏小正』은 中國古代 하후(夏后)(夏나라) 때에 月令을 기술한 책인데, 원래 前漢의 대덕戴德이 지은 『대대예기(大戴禮記)』의 한 편명(編名)이다.

계절	양력월명	음력월명	계절순명칭	음력이칭	24절기
봄 (春)	일월 (一月)	정 월	맹춘 (孟春)	추월 (陬月)	입춘(立春) 우수(雨水)
	이월 (二月)	이 월	중춘 (仲春)	영월 (令月) 여월 (如月)	경칩 (驚蟄) 춘분 (春分)
	삼월 (三月)	삼 월	계춘 (季春) 모춘 (暮春)	가월 (嘉月) 병월 (寎月)	청명 (清明) 곡우 (穀雨)
여름 (夏)	사월 (四月)	사 월	맹하 (孟夏)	음월 (陰月) 여월 (余月)	입하 (立夏) 소만 (小滿)
	오월 (五月)	오 월	중하 (仲夏)	구월 (姤月) 고월 (皋月)	망종 (芒種) 하지 (夏至)
	유월 (六月)	유 월	계하 (季夏)	구월 (具月) 차월 (且月)	소서 (小暑) 대서 (大暑)
가을 (秋)	칠월 (七月)	칠 월	맹추 (孟秋)	상월 (相月)	입추 (立秋) 처서 (處暑)
	팔월 (八月)	팔 월	중추 (仲秋)	장월 (壯月)	백로 (白露) 추분 (秋分)
	구월 (九月)	구 월	만추 (晚秋) 계추 (季秋)	현월 (玄月)	한로 (寒露) 상강 (霜降)
겨울 (冬)	십월 (十月)	시 월	맹동 (孟冬)	양월 (陽月)	입동 (立冬) 소설 (小雪)
	십일월 (十一月)	동 짓 달	중동 (仲冬)	창월 (暢月) 고월 (皋月)	대설 (大雪) 동지 (冬至)
	십이월 (十二月)	섣 달	계동 (季冬)	제월 (除月) 도월 (涂月)	소한 (小寒) 대한 (大寒)

◎ 24節氣에 대한 해설

24節氣는 24후(候)라고도 하며 1개월에 두 개씩의 절기를 잡아 계절의 변화에 대응하고 있다. 중국의 역법은 달의 변화를 기준으로 하여 曆日을 정해 나갔는데, 이것이 태양의 위치에 따라 계절의 변화를 참작하여 윤달(閏月)을 둔 太陽太陰曆이었다.

그러나 이 역법으로는 계절의 구분이 뚜렷하지 않아 불편을 느끼게 되자 특별한 약속 하에 立春, 雨水, 驚蟄, 春分, 淸明, 穀雨, 立夏, 小滿, 芒種, 夏至, 小暑, 大暑, 立秋, 處暑, 白露, 秋分, 寒露, 霜降, 立冬, 小雪, 大雪, 冬至, 小寒, 大寒 등 24개의 '入氣日'을 정하게 되었다. 이 入氣日이 1년에 24개가 있으므로

'24氣' 또는 '24節氣'라고 하는 것이다.

○ 入氣日을 정하는 방법에는 평기법(平氣法)과 정기법(定氣法)의 두 가지가 있다. 平氣法이란 1년의 시간적 길이를 24등분하여 黃道上의 해당점에 각 氣를 매기는 방법인데 冬至를 기점으로 하여 순차적으로 中氣와 節氣를 매겨 나간다. 그러므로 冬至의 入氣 시각만 알면 이것에 15.218일씩 더해나가 24기의 '入氣 시각'을 정할 수 있고 1년을 24절기로 정할 수 있는 것이다. 이 平氣法은 매우 오랫동안 쓰여 왔다.
(일년 365일에서 동지=0일, 소한=15일, 대한=30일, 입춘=44일, 우수=59일 순으로 정하였다. <위표 참조>)

以日移右旋十五度爲一氣 冬至至小寒止十四日有餘 夏至至小暑則十六日不足 且 每年不同蓋有加減可 推務求密合於天行也(『增補文獻備考』 象緯考2, 東西偏度)
【해설】 태양이 오른쪽으로 운행하는 궤도의 15도를 가지고 1기(氣)를 삼는다. 그러므로 동지에서 소한까지는 14일 남짓하고 하지에서 소서까지는 16일 조금 못 미친다. 그리고 매년 같지 않은 것은 가감법이 있어서 힘써 계산하면 천행에 꼭 맞게 할 수 있다.

○ 定氣法은 黃道上에 冬至를 기점으로 하여 東으로 15° 간격으로 點을 정하고 태양이 이 점을 순차적으로 한 점씩 지날 때마다 節氣와 中氣로 순환하여 매겨나가는 방법이다. 定氣法은 平氣法보다 훨씬 늦게 실시된 방법이다. 특히나 농경국가인 우리나라와 중국, 일본에서는 농사를 짓는데 편리하도록 태양의 주기적인 운행도를 관측하여 그것을 360도로 보고 기준점을 0도로 하여 春分을 삼고 거기에 15도씩으로 나누어 태양이 24개 점을 지날 때마다 1기로 하여 立春, 雨水, 驚蟄, 春分, 淸明, 穀雨, 立夏, 小滿, 芒種, 夏至, 小暑, 大暑, 立秋, 處暑, 白露, 秋分, 寒露, 霜降, 立冬, 小雪, 大雪, 冬至, 小寒, 大寒 등 24節氣를 만들었다.
定氣法은 청나라 때 서양의 천문학이 들어오면서 만들어진 시헌력(時憲曆)에서 처음으로 정기법이 채택되어 오늘에 이르고 있다.(『東國歲時記』 附錄 陰曆과 冊曆[24節氣])

○【節氣】古曆節氣之日時有二 其一取周歲之日 <三百六十五日有奇> 二十四分之 得一十五日有餘 爲節爲氣 其日相等[增補文獻備考 象緯考2 東西偏度]
【해설】 고력에는 절기의 일시를 정하는 법이 두 가지가 있다. 그 하나는 주세의 날

자 <3백65일 남짓>를 가지고 24등분하면 15일 남짓하게 되는데 이것이 절기가 되며 따라서 날짜로 상등하게 된다.[『增補文獻備考』 象緯考2, **東西偏度**]

2) 72候

○ 72候란 말은 '한 節氣' 15일(一氣)을 5일씩 3분하여 먼저 5일을 '初候', 다음 5일을 '次候', 마지막 5일을 '末候'로 구분하여 자연과 사물의 변화를 기록한 단위이다.(『高麗史』 志4, 曆1 氣候表)

○ 72후(候)를 추산하는 법

【원문】推七十二候(『高麗史』 卷 第50, 志第4, 曆1 宣明曆 上)

各因常氣 大小餘命之卽 初候日也 若加候數及餘秒 卽次候 又加之得次未候日 及餘秒也

【해설】 우에서 구한 상기(常氣)가 드는 날짜 수와 분초를 그대로 첫 후(初候)의 값으로 한다. 여기에다 후수(候數)의 날짜 수와 분초를 가하면 다음 후(次候)의 값을 얻으며 다시 후수를 가하면 끝 후(末候)의 날수와 분초를 얻는다.

○ 60괘(卦)를 추산하는 법

【원문】推六十卦(『高麗史』 卷第50, 志第4, 曆1 宣明曆 上)

各因常中氣 大小餘命之公卦 用事日也 以卦位及 餘秒累加之數 除如法 各得次卦用事之日 十有二節之初 各爲外卦 用事之首

【해설】 常氣로서의 중기가 드는 날짜 수와 분의 값으로 공괘(公卦)가 드는 날로 한다. 여기에다 卦位의 날짜 數와 分秒를 가하고, 秒는 秒法(1분의 초의 값)으로 分은 統法(宣明統法)으로 除하면 각각 다음 卦가 드는 날을 얻는다. 12절기의 첫날을 각각 외괘(外卦)가 드는 첫날로 한다.

○ 오행(五行)이 작용하는 날을 추산하는 법

【원문】推五行用事(『高麗史』 卷第50, 志第4, 曆1 宣明曆 上)

各因四立 大小餘命之卽 春木夏火秋金冬水首用日也 以辰法 及餘秒加 四季之節 大小餘命 甲子算外卽 其月土用事日也

【해설】 四立인 立春, 立夏, 立秋, 立冬이 드는 날짜 數와 分에 의하여 곧 봄, 여름, 가을, 겨울이 시작되는 첫날이 결정되며, 봄은 木이, 여름은 火가, 가을은 金이, 겨울은 水의 작용이 왕성하게 된다. 네 계절의 마감 節氣인 淸明, 小暑, 寒

露, 小寒이 드는 날짜 數와 分의 값에 辰數의 날짜 數와 分秒를 加하고 甲子日부터 干支로 세어 가면 그 달(月) 토(土)가 작용하는 날을 얻는다.

◎ 기후표

동지(冬至) 동지는 11월 中氣이며, 卦는 坎, 初六이다.
　　　初候에 지렁이가 굳어진다(蚯蚓結).
　　　次候에 고라니(麋)가 뿔을 간다(麋解角).
　　　末候에 샘물이 얼어붙는다(水泉凍).
소한(小寒) 12월 節氣이며, 卦는 坎, 九二이다.
　　　초후에 기러기 북쪽으로 돌아간다(雁北鄉).
　　　차후에 까치가 둥지를 틀기 시작한다(鵲始巢).
　　　말후에 꿩이 울기 시작한다(雉雊).
대한(大寒) 12월 中氣이며, 卦는 坎, 六三이다.
　　　초후에 닭이 알을 안기 시작한다(鷄乳).
　　　차후에 맹조류들이(소리개, 매 등) 빠르게 난다(征鳥厲疾).
　　　말후에 못에 물이 두껍게 얼며 굳어진다(水澤腹堅).
입춘(立春) 정월 節氣이며, 卦는 坎, 六四이다.
　　　초후에 동풍이 불며 얼었던 얼음이 풀린다(東風解凍).
　　　차후에 동면하던 벌레들이 깨어난다(蟄蟲始振).
　　　말후에 물고기들이 얼음이 있는데까지 올라온다(魚涉負氷).
우수(雨水) 정월 중기이며, 卦는 坎, 九五이다.
　　　초후에 수달이 물고기로 제를 지낸다(獺祭魚).
　　　차후에 기러기들이 온다(候雁北).
　　　말후에 초목들이 새싹이 튼다(草木萌動).
경칩(驚蟄) 2월 節氣이며, 卦는 坎, 上六이다.
　　　초후에 복숭아 꽃이 피기 시작한다(桃始華).
　　　차후에 꾀꼬리가 운다(鶬鶊鳴).
　　　말후에 매가 비둘기로 변한다(鷹化鳩).
춘분(春分) 2월 中氣이며, 卦는 震, 初九이다.
　　　초후에 제비가 온다(玄鳥至).
　　　차후에 우렛소리가 나기 시작한다(雷乃發聲).
　　　말후에 번개가 치기 시작한다(始電).
청명(淸明) 3월 節氣이며, 卦는 震, 六二이다.

초후에 오동나무 꽃이 피기 시작한다(桐始華).

차후에 두더쥐(田鼠)가 종달새(鴽)로 변한다(田鼠化爲鴽).

말후에 무지개가 나타나기 시작한다(虹始見).

곡우(穀雨) 3월 中氣이며, 卦는 震, 六三이다.

초후에 부평초가 나기 시작한다(萍始生).

차후에 우는 비둘기 날개를 치기 시작한다(鳴鳩拂其羽).

말후에 대승(戴勝)새가 뽕나무에 내려와 앉는다(戴勝降于桑).

입하(立夏) 4월 節氣이며, 卦는 震, 九三이다.

초후에 청머구리(螻虫國)가 울기 시작한다(螻歸鳴).

차후에 지렁이가 나온다(蚯蚓出).

말후에 쥐참외(王瓜)가 나온다(王瓜生).

소만(小滿) 4월 中氣이며, 卦는 震, 六五이다.

초후에 씀바귀가 뻗어 오른다(苦菜秀).

차후에 냉이가 죽는다(草死).

말후에 약간한 더위가 온다(麥秋至).

망종(芒種) 5월 節氣이며, 卦는 震, 上六이다.

초후에 버마재비(螳螂)가 생겨난다(螳螂生).

차후에 왜가리(鵙)가 울기 시작한다(鵙始鳴).

말후에 반설조(反舌鳥)가 울지 않는다(反舌無聲).

하지(夏至) 5월 中氣이며 卦는 離, 初九이다.

초후에 사슴(鹿)이 뿔을 간다(鹿角解).

차후에 매미(蟬)가 울기 시작한다(蜩始鳴).

말후에 반하(半夏)가 나온다(半夏生).

소서(小暑) 6월 節氣이며, 卦는 離, 初九이다.

초후에 따뜻한 바람이 불어온다(溫風至).

차후에 귀뚜라미가 벽에서 산다(蟋蟀居壁).

말후에 매가 새를 잡기 시작한다(鷹始擊).

대서(大暑) 6월 中氣이며, 괘(卦)는 리(離) 93이다.

초후에 썩은 풀에서 반딧불이가 생긴다(腐草爲蟲).(蟲=벌레 충)

차후에 흙에서 습기가 차며 무덥다(土潤溽暑).(溽=무더울 욕)

말후에 큰비가 때로는 생긴다(大雨時行).

입추(立秋) 7월 節氣이며, 괘(卦)는 리(離) 94이다.

초후에 서늘한 바람이 불어온다(凉風至).

차후에 흰 이슬이 내린다(白露降).

말후에 쓰르라미가 운다(寒蟬鳴).

처서(處暑) 7월 中氣이며, 괘(卦)는 리(離) 65이다.

초후에 매가 새를 잡아 제를 지낸다(鷹乃祭鳥).

차후에 천지에 가을 기운이 돈다(天地始肅).

말후에 곡식들이 익어간다(禾乃登).

백로(白露) 8월 節氣이며, 괘(卦)는 리(離) 상구(上九)이다.

초후에 기러기가 온다(鴻雁來).

차후에 제비는 돌아간다(玄鳥歸).

말후에 모든 새들이 먹을 것을 저장한다(群鳥養羞).

추분(秋分) 8월 中氣이며, 괘(卦)는 태(兌) 초구(初九)이다.

초후에 우레가 없어지기 시작한다(雷始收聲).

차후에 벌레들이 동면할 자리를 준비한다(蟄蟲壞戶).

말후에 물이 마르기 시작한다(水始涸).

한로(寒露) 9월 節氣이며, 괘(卦)는 태(兌) 93이다.

초후에 기러기가 와서 머물다(鴻雁來賓).

차후에 참새가 물에 들어가 조개가 된다(雀入大水爲蛤).

말후에 국화꽃이 누렇게 핀다(菊有黃華).

상강(霜降) 9월 中氣이며, 괘(卦)는 태(兌) 63이다.

초후에 승냥이가 짐승을 잡아 제 지낸다(豹乃祭獸).

차후에 초목의 잎이 누렇게 변하며 떨어진다(草木黃落).

말후에 벌레들이 다 동면할 자리로 들어간다(蟄充함俯).

입동(立冬) 10월 節氣이며, 괘(卦)는 태(兌) 94이다.

초후에 물이 얼기 시작한다(水始氷).

차후에 땅이 얼기 시작한다(地始凍).

말후에 꿩이 큰물에 들어가 큰 조개로 된다(雉入大水爲蜃).

소설(小雪) 10월 中氣이며 괘(卦)는 태(兌) 95다.

초후에 무지개가 나타나지 않는다(虹藏不見).

차후에 하늘 기운은 위로 올라가고, 땅기운은 아래로 내려온다(天氣上昇地氣下降).

말후에 천지 기운이 막혀서 겨울이 시작된다(閉塞而成冬).

대설(大雪) 11월 節氣이며, 괘(卦)는 태(兌) 상육(上六)이다.

초후에 왜가리가 울지 않는다(鶡不鳴).

차후에 범이 교미하기 시작한다(虎始交).

말후에 여지가 돋아 나온다(荔挺出).

◎ 괘(卦) : 1년의 날짜를 일정한 간격으로 구분하고 여기다가 고유한 명칭을 붙인 것인데 이 괘(卦)에 의하여 사람의 행동을 통제하여 길흉을 판단하려는 것으로서 비과학적인 유물이다.(『高麗史』 북한 번역본에서)

□24절기(황하유역의 기상과 동식물의 변화로 분류한 24절기)

(天文컴퓨터萬歲曆, 明文堂刊行에서)

태양의 운행-지구가 태양의 둘레를 도는 길, 즉 황도(黃道)를 15°돌 때마다 황하유역의 기상과 동식물의 변화 등을 나타내는 명칭을 붙인 것이 [24절기]이다.

○ 천상과 역학상의 계절 구분 - 춘분, 하지, 추분, 동지,

○ 역학상의 계절 구분 - 입춘, 입하, 입추, 입동,

○ 기온 - 소서, 대서, 처서, 소한, 대한,

○ 기후 - 우수, 백로, 한로, 상강, 소설, 대설,

○ 자연 - 경칩, 청명, 소만,

○ 농사 - 곡우, 망종.

◎ 한 달에서 5일을 1후(候)라 하여 3후인 15일을 1기(氣)라 하여 이것이 기후(氣候)를 나타내는 기초가 된다.(1년은 72후이다.)

□ 陰曆 月別 名稱 및 24節氣表(『禮記』 準據)

계절	양력월명	음력월명	계절순명칭	음력이칭	24절기
봄(春)	일월(一月)	정월	맹춘(孟春)	추월(陬月)	입춘(立春) 우수(雨水)
	이월(二月)	이월	중춘(仲春)	영월(令月) 여월(如月)	경칩(驚蟄) 춘분(春分)
	삼월(三月)	삼월	계춘(季春) 모춘(暮春)	가월(嘉月) 병월(病月)	청명(淸明) 곡우(穀雨)
여름(夏)	사월(四月)	사월	맹하(孟夏)	음월(陰月) 여월(余月)	입하(立夏) 소만(小滿)
	오월(五月)	오월	중하(仲夏)	구월(姤月) 고월(皐月)	망종(芒種) 하지(夏至)
	유월(六月)	유월	계하(季夏)	구월(具月) 차월(且月)	소서(小暑) 대서(大暑)
가을(秋)	칠월(七月)	칠월	맹추(孟秋)	상월(相月)	입추(立秋) 처서(處暑)
	팔월(八月)	팔월	중추(仲秋)	장월(壯月)	백로(白露) 추분(秋分)
	구월(九月)	구월	만추(晩秋) 계추(季秋)	현월(玄月)	한로(寒露) 상강(霜降)
겨울(冬)	십월(十月)	시월	맹동(孟冬)	양월(陽月)	입동(立冬) 소설(小雪)
	십일월(十一月)	동짓달	중동(仲冬)	창월(暢月) 고월(皐月)	대설(大雪) 동지(冬至)
	십이월(十二月)	섣달	계동(季冬)	제월(除月) 도월(涂月)	소한(小寒) 대한(大寒)

○ **月名과 別稱**

典據	1월	2월	3월	4월	5월	6월	7월	8월	9월	10월	11월	12월
十二支	寅月	卯月	辰月	巳月	午月	未月	申月	酉月	戌月	亥月	子月	丑月
24節氣 中氣	立春 雨水	驚蟄 春分	清明 穀雨	立夏 小滿	芒種 夏至	小暑 大暑	立秋 處暑	白露 秋分	寒露 霜降	立冬 小雪	大雪冬至 至月南至葭月	小寒 大寒
예기월령 월명	맹춘	중춘	계춘	맹하	중하	계하	맹추	중추	계추	맹동	중동	계동
예기월령 십이율	태주 태주	협종 협종	고선 고선	중여 중여	유빈 유빈	임종 임종	이즉 이즉	남려 남려	무사 무사	응종 응종	황종 황종	대여 대여
이아석천 월명	취월	여월	병월	여월	고월	단월	상월	장월	현월	양월	희월	재월
『주역』 십이벽괘	태월	대장월	부월	건월	후월	돈월	비월 비월	관월	박월	곤월	복월 양복	임월
『시경』 유풍칠월편							유화		수의			
『춘추좌씨전』										양월		
일반	초춘 원월 단월 솔세 청양 맹양 정양 맹취 월정	영월 려월 도월 중양 화조 양중 혜풍 감춘	모춘 만춘 화월 가월 잠월 재월 전춘 중화	초하 시하 유하 신하 괴하 맥추	매월 향월 우월 포월 매화 매춘 서월 훈풍 조월 명조 장지 유월	만월 계월 복월 류월 형월 조월 상하 재양 선우월	초추 량월 냉월 동월 고월 선월 추월 신추	계월 소월 교월 가월 안월 한단	모추 만추 국월 영월 잔추 고추 상진	초추 소춘 소양춘 상동 뢰솔		모동 만동 엄월 납월 조월 재월 빙월 모세 모절 궁동 가평

□ 名節과 俗節, 雜節

1. 4大 名節

설(正朝), 한식(寒食), 단오(端午), 추석(秋夕)을 우리나라 4대 명절이라고 한다.

○ 설날(元日, 正朝) : 陰曆 '正月초하루' 즉 陰曆 歲首날이다.

○ 한식(寒食) : 동지 후 105일째 되는 날이다. 청명과 겹치거나 다음날에 들기도 한다.

○ 단오(端午) : 음력 5월 5일 날이다. 수릿날(水瀨日, 戌衣日)이라고도 하며, 우리나라의 옛날부터 고유명절로 친다.

○ 추석(秋夕) : 음력 8월 15일(팔월 보름) 날이다.

  ※ 嘉俳, 嘉俳日, 가위, 한가위, 仲秋, 仲秋節, 仲秋佳節이라고도 한다.

  ※ '가위'나 '한가위'는 순수 우리말이며, '가배'는 '가위'를 이두식의 한자로 쓰는 말이다.

2. 俗節

○ 인일(人日) : 陰曆 正月 초이렛날로 "사람의 날"이라 한다.

○ 정월대보름(上元) : 陰曆 正月 15日이며, 원초절(元宵節)이라고도 한다.

○ 영등날(靈登날) : 陰曆 2月 초하룻날이다.

○ 석전일(釋奠日) : 陰曆 2月과 8月 첫 번째 丁日[上丁日]로 문묘(文廟)에서 孔子님께 제사를 올리는 날이다.

○ 삼짇날(重三日) : 음력 3월 3일 날이다. 이를 답청절(踏靑節), 전춘일(餞春日)이라고도 한다.

○ 초파일(初八日) : 음력 4월 8일로 불교의 개조인 석가모니의 탄신일을 초파일, 부처님 오신 날, 佛誕日이라고 한다.

○ 유두(流頭) : 음력 6월 15일이다. 유두는 6월을 대표하는 명절이며, 유둣날, 또는 유두절(流頭節)이라 한다.

○ 칠석(七夕) : 음력 7월 7일이다. 또 견우와 직녀가 일 년에 한번 만나는 날이라고도 한다. 칠석의 어원은 "칠(七)은 7월 7일의 날짜를 이르는 말이고 석(夕)은 저녁을 뜻하는데 합하여 「칠석날(七夕日)」이라고 한다. 이를 줄여서 말할 때는 칠석(七夕)이라고 말한다.

○ 중원(中元) : 음력 7월 15일 날이며, 백중날(百中日)이라고도 한다.

○ 중양절(重陽節) : 음력 9월 9일 날이다. 홀수 곧 양수(陽數)가 겹치는 날을 말한

다. 특히 9월 9일을 가리켜 중양(重陽)이라고 하며 중구(重九)라고도 한다.

○ 제석(除夕) : 제석(除夕)이란 섣달그믐날 밤(夜)를 말한다. 한 해를 마감하는 마지막 밤이다.

3. 雜節

○ 사일(社日) : 社日이란 2월과 8월의 처음 돌아오는 戊戌日로써 『經國大典』 禮典 祭禮條와 『國朝五禮儀』 卷1, 吉禮 州縣의 名山大川 祭祀에 관한 儀式(祭州縣名山大川儀)의 節次에 의하여 근시관(近侍官)을 파견(派遣)하여 名山祭와 大川祭를 올렸다.

【원문】 『經國大典』 卷3, 禮典 祭禮條

凡祭祀日期本曹先期三朔啓聞移文京外各衙門(名山大川春秋仲月, 己上小祀)

○ 삼복(三伏) : 하지점(夏至點)을 기준하여 십간(十干)의 庚日이 세 번째 돌아오는 날을 "초복(初伏)", 네 번째 庚日이 "중복(中伏)", 立秋 후 첫 庚日을 "말복(末伏)"으로 20일이 경과하게 정한 것이다.

○ 납일(臘日) : 冬至 뒤 세 번째 未日을 臘日이라고 하며 臘平, 臘享日이라고도 한다.

* 臘日의 由來 : 夫餘에서는 迎鼓라 하여 12월중 하루를 택하여 하늘에 제사 지내는 풍속이 있었다. 新羅에서는 12월 寅日에 제사를 지냈고, 高麗 文宗 때는 戌日로 定하여 지냈지만 朝鮮時代에 이르러 冬至로부터 세 번째 未日을 臘日로 定하게 되었다.

4. 토왕용사(土王用事)

土旺用事는 土旺之節의 첫째 되는 날로서 토왕지절은 오행에서 말하는 토기(土氣)가 왕성하다는 節氣이다. 이 절기는 춘하추동 각 한 번씩 1년에 4번 있는데 그중 여름의 토왕일을 가리킨다. 土旺用事는 土旺之節이 시작되는 첫째 날로 토왕일과 의미가 같으며 토왕(土王)이라고도 쓴다. 한 기간을 18일로 하는데

火氣가 성한 立夏 전 18일을 봄의 토왕,
金氣가 성한 立秋 전 18일을 여름의 토왕,
水氣가 성한 立冬 전 18일을 가을의 토왕,

木氣가 성한 立春 전 18일을 겨울의 토왕이라 한다.

『洌陽歲時記』에는 내의원에서는 계하 토왕일에 황제께 제사를 드리고 옥단춘을 만들어 임금께 올린다. 그러면 임금은 그 약을 신하들에게 각각 세 개씩 하사하였다.

『東國歲時記』와 『洌陽歲時記』에는 토왕일에 반화(頒火)하는 풍속이 기록되어 있다.

[태종실록 11 ; 12나 6.3 갑인(24)] 본 병조에서는 매 사계절의 입절일과 계하의 토왕일에 나무를 마찰하여 불을 일으킨다.

<봄에는 - 느릅나무, 버드나무,
여름에는 - 대추나무, 은행나무,
계하에는 - 뽕나무, 산뽕나무,
가을에는 - 떡갈나무, 졸참나무,
겨울에는 - 홰나무, 박달나무를 사용한다.> 여러 읍도 예에 따른다.

【원문】本曹每四時入節日 季夏土旺日 鑽木改火 <春楡柳 夏棗杏 季夏桑拓 秋柞楢 冬槐檀 > 諸邑亦依此例 [經國大典 兵典 改火, 總督府中樞院編 P.464]

[土旺日]은 입춘- 입하- 입추- 입동-의 네 절기의 그 전날부터 거꾸로 18일째 되는 날이며, 이날은 흙일을 하면 불길하다는 미신이 있다.

천문학적으로는 태양이 황도상에서 황경 27°, 117°, 207°, 297°의 위치에 있을 때를 각각의 계절의 토왕용사(土王用事)라 하며 특별한 의미는 없다.

(한국천문연구원 편찬 "만세력" 명문당 발행에서)

□ 육십갑자표(六十甲子表)

1. 天干과 地支

10천간(天干)	갑 甲	을 乙	병 丙	정 丁	무 戊	기 己	경 庚	신 辛	임 壬	계 癸

12지지(地支)	자 子 쥐	축 丑 소	인 寅 범	묘 卯 토끼	진 辰 용	사 巳 뱀	오 午 말	미 未 양	신 申 잔나비	유 酉 닭	술 戌 개	해 亥 돼지

2. 육십갑자표

갑자 甲子	을축 乙丑	병인 丙寅	정묘 丁卯	무진 戊辰	기사 己巳	경오 庚午	신미 辛未	임신 壬申	계유 癸酉
갑술 甲戌	을해 乙亥	병자 丙子	정축 丁丑	무인 戊寅	기묘 己卯	경진 庚辰	신사 辛巳	임오 壬午	계미 癸未
갑신 甲申	을유 乙酉	병신 丙申	정해 丁亥	무자 戊子	기축 己丑	경인 庚寅	신묘 辛卯	임진 壬辰	계사 癸巳
갑오 甲午	을미 乙未	병신 丙申	정유 丁酉	무술 戊戌	기해 己亥	경자 庚子	신축 辛丑	임인 壬寅	계묘 癸卯
갑진 甲辰	을사 乙巳	병오 丙午	정미 丁未	무신 戊申	기유 己酉	경술 庚戌	신해 辛亥	임자 壬子	계축 癸丑
갑인 甲寅	을묘 乙卯	병진 丙辰	정사 丁巳	무오 戊午	기미 己未	경신 庚申	신유 辛酉	임술 壬戌	계해 癸亥

3. 十二支 時間表

* 一支는 二時間, 初-正은 一時間, 一時間은 四刻, 一刻은 十五分(一分은 현재 시간의 分과 같음. 大韓民曆 參照)

子	丑	寅	卯	辰	巳	午	未	申	酉	戌	亥
初오후 11시, 正오전 0시,	初오전 1시, 正오전 2시,	初오전 3시, 正오전 4시,	初오전 5시, 正오전 6시,	初오전 7시, 正오전 8시,	初오전 9시, 正오전 10시,	初오전 11시, 正오후 0시,	初오후 1시, 正오후 2시,	初오후 3시, 正오후 4시,	初오후 5시, 正오후 6시,	初오후 7시, 正오후 8시,	初오후 9시, 正오후 10시,

方位圖

(24方位, 360度, 24節氣圖)

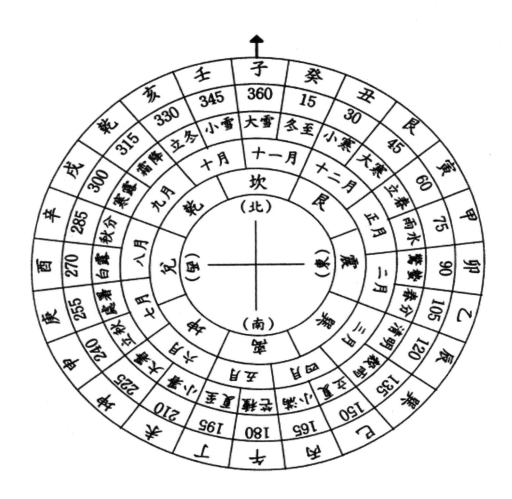

4. 60干支와 歲次, 月建, 日辰, 時辰

○ 歲次 : 60甲子 가운데 해(年)를 나타내는 것을 歲次 또는 太歲라 한다.

○ 月建 : 달(月)을 나타내는 것을 月建이라 하고,

○ 日辰 : 날(日)을 나타내는 것을 日辰이라 하고,

○ 時辰 : 時刻을 나타내는 것을 時辰이라고 한다.

≪**용례**≫

1) 祭祀 때 祝文이나 祭文 등에서

"維 歲次 丙申 十月 丙戌朔 十五日庚子 孝子 某 敢昭告于"로 썼다면

歲次丙申은 해의 차례를,

十月丙戌朔은 달(月)은 十月이고, 초하루 日辰은 丙戌이란 뜻이며,

十五日 庚子는 祭祀 날인 十五日, 日辰은 庚子이라는 뜻이다.

즉 제삿날이 2016년 10월 15일 날이란 말이다.

2) 四柱八字란 무슨 말인가?

  1. 太歲 : 태어난 해(年) - 丙申 2016년
  2. 月建 : 태어난 달(月) - 丁巳 7월
  3. 日辰 : 태어난 날(日) - 戊午 2일
  4. 時辰 : 태어난 시간(時) - 初寅時 오전 3시

위 四柱는 2016년 7월 2일 오전 3시에 태어난 어린이의 사주라 하고 干支 8자를 합하여 四柱八字라고 한다.

□ 삭(朔)과 월건(月建)

1. 삭과 월건의 관계

축문의 전문(前文) 중 태세간지(太歲干支) 다음에 기월(幾月) 간지삭(干支朔)이라 되어 있는데, 삭의 의미가 초하루냐, 달이냐에 대하여 일부에서 이의(異義)가 제기된 바 있어 이를 해명하고자 한다.

대구에서 발행되는 족보신문(99년 1월호)에 한산이씨 대종회 이원규 부이사장(韓山李氏 大宗會 李元珪 副理事長)의 기고에 의하면 삭자는 초하루를 의미하는 것이 아니고 달(月)을 의미한다고 다음과 같은 이론을 들었다.

첫째, 삭자는 초하루도 되지만 달 삭자로도 해석되는 복합적 의미를 갖는 글자로서 이 경우는 달 삭으로 본다고 하였다. 예로 사글세(朔月貰) 또는 만삭(滿朔) 등은 달 삭자로 해석되며,

둘째로, 문체 순서로 보아 태세(太歲) 월건(月建) 일진(日辰)순이 되어야 하고,

셋째, 초하루 삭이 맞다고 하면 문법 구성상 간지 삭(朔)이 아닌 삭간지(朔干支)로 해야 하며,

넷째로, 월건(月建)이 있어야 할 자리에 초하루 간지가 들어감으로 다음에 그날의 일진과 중복되는 모순이 있다고 하였다. 이 문제를 검토한 바 보첩 부록 60면의 서식 중 기제축(忌祭祝, 조부모의 경우) 예시(例示)에는 분명히 태세, 월건, 일진이라 되어 있어 50면의 태세 다음에 삭은 초하루 일진이라 설명된 것과 상반되어 이를 확인코자 중앙종회를 통하여 성균관 전례연구위원회 위원장 권오흥(成均館 典禮研究委員會 委員長 權五興)씨에게 조회질의 한 바 다음과 같이 회시되어 이를 소개하면 다음과 같다.

◎ 삭(朔)과 월건(月建)에 대한 고증

참고문헌 :『역법원리분석(歷法原理分析)』정음사간 이은성(李殷晟) 칠정산외편역주자(七政算外篇譯註者)

○ 삭(朔)에 대하여

일진(日辰)의 간(干)과 지(支)에 기록으로 조선왕조실록 연대기에 역일(歷日)은 적지 않고 일진만 기록된 것을 볼 수 있다. 일진을 쓴 후 그날에 일어난 사실만을 기록한 것으로 보아 역일(歷日)보다 일진이 더 확실성이 높은 것이 아니냐는 생각이다. 또 일진 기제축문에 '유세차 을미 팔월 임진삭 십삼일 갑진효자 모 감

소고우(維歲次 乙未 八月 壬辰朔 十三日 甲辰 孝子 某 敢昭告于) 이 글은 을미년 음력 8월 초하루의 일진이 임진이고, 13일의 일진이 갑진이라 한다.

세차 월건 및 간지 기시법(紀時法)에서 년의 간지를 세차(歲次) 월(月)의 간지를 월건(月建)이라 했다. 세차는 간지기년법(干支紀年法), 월건은 간지기월법(干支紀月法)을 밝히고 간지 기시법은 매일의 시각을 간지로 나타내는 방법이라 했다. 이와 같이 년에 간지(干支)를 배차(配次)하는 것을 간지기년법(干支紀年法)이라 하고 이때의 간지를 세차(歲次)라 한다.

역에 관한 간지는 오행(五行)에서 나왔다고 보는 것으로 월건은 간지인 간십이지(干十二支)를 음력 매월에 배치하여 쓰는 것으로 달마다 십이지(十二支)를 고정 배치한 예로서 정월은 인월(寅月), 11월이 자월(子月), 12월을 축월(丑月)이라 한다.

○ 삭(朔)과 망(望)에 대하여

달은 매일매일 그 위상이 변한다. 달의 위상변화는 합삭과 망을 가져오고 일식과 월식이 나타나기도 한다. 특히 합삭(合朔) 시각이던 날을 음력 초하루라 정하였다.

부모의 복중에 있는 가정에서는 삭망전(朔望奠)이니, 삭망차례니 하며 음력 매월 초하루와 보름날 아침에 제물을 차려놓고 곡을 하면서 제사를 지낸다. 삭망전에서 삭은 음력으로 무조건 초하룻날에 행한다. 합삭(合朔)이란 달과 태양이 궤도상(황경)에서 겹치는 때를 말하는데, 이때 태양은 달의 뒤쪽을 비춰주고 지구에서는 달의 그늘진 부분만 보게 되므로 달의 모습을 볼 수 없다. 이후 계속 변하여 보름 그믐으로 초승 등으로 순환한다.

달은 1삭망월 동안에 합삭 → 상현 → 망 → 하현 → 합삭의 순서로 월상이 반복하여 변한다.

달의 원구상의 궤도를 백도(白道)라 하며, 1회 운행하는 동안에 29.53일을 주기로 변한다. 이것은 1태음월(太陰月) 또는 1삭망월(朔望月)이라 한다.

조선왕조실록 연대기에 역일(歷日)을 적지 않고 일진만 기록한 예로 일진이 더 확실성이 높다는 견해로 기제 축문에 삭일을 쓴 점과 세차 월건 간지 기시법에서 기년기월기시(紀年紀月紀時)에 천간지지(天干地支)를 순차 배당 순차 배당하며 편의상 사용됐다는 설명이고, 삭(朔)과 망(望)에서 삭은 해와 달이 궤도상에서 겹치는 때를 말하며 이때를 반드시 삭으로 정했다는 설명과 달이 1삭망월 동안에 변하는 현상을 합삭→ 상현 → 망 → 하현 → 합삭의 순으로 월상이 순환 반복하는데 합삭하는 시기를 삭이라 하였으니 삭은 월건(月建)과 다른 것임을 확인케 된다.

이 문제를 좀 더 쉽게 부연 결론 지우자면 월건 자리에 초하루 일진이 들어가고, 그날의 당해 일진과 중복되는 사유를 이해하지 않으면 안 된다. 음력의 달은 삭망(朔望)이 매우 중요한 기준이 된다. 이는 역법(歷法)에 의한 것으로 그달의 초하루가 그달의 모든 기준이 됨으로 과거 왕조실록에도 사건의 날짜를 생략하는 반면 그날의 일진을 쓰는 경우가 허다하였으며, 월건은 정월(正月) 인월(寅月)로 시작하여 12월 축월(丑月)로 끝나며 매년 12지(支)가 고정되어 있을 뿐만 아니라, 윤달(潤月)이 있는 해의 윤달은 월건 간지를 배당받지 못함으로 월건간지가 있을 수 없다. 고로 축문상 월건은 아무 의의(意義)가 없다. 따라서 축문 서식상 삭(朔)자는 초하루 일진이 분명하다.

참고로, 1972년 공주에서 발굴된 무령왕릉 묘지석(墓誌石)문의 일부를 소개하면 "백제 사마왕년 62세 계묘년 오월 병술삭 칠일임진붕(百濟斯麻王年 六十二歲 癸卯年(서기523년) 五月 丙戌朔 七日壬辰崩)"이라 명기됨을 보아도 옛날인 백제시대에도 삭의 개념이 활용되었음을 확인할 수 있었다.

(成均館 釋奠教育院長, 重要無形文化財第85號 釋奠大祭藝能保有者)

1) 追加

● 『退溪』曰 古人重朔 朔差 則日皆差 故必表出而書之耳

월건을 쓰지 않고 초하루 간지를 쓰는 까닭은 초하루 일진을 바르게 쓰게 되면 祭日의 간지도 바르게 쓰이는 까닭에서입니다.

● 『四禮便覽』(陶庵) 墓祭親盡祖墓祭祝文式 維年號幾年歲次干支[十月朔日干支] 幾代孫某官某敢昭告于

(十月(朔) 초하루 간지가 이달 월건이며 (日干支) 제삿날 간지가 일진이다. 몇 대손 ○○이 감히 고하나이다.)

2) 月內區分 名稱

朔 : 초하루 삭 (朔) (月一日)

旬 : 열흘 순　(旬) (十日)

望 : 보름달 망 (望) (十五日) (弦-月體)

念 : 스물 념　(念) (二十日)

晦 : 그믐 회　(晦) (月終-昧也)

※ 祝文을 쓰거나 예서(禮書)를 읽을 때 사용함.

□ 사람의 죽음 구분

◎ 죽음의 명칭

황제의 죽음 : 붕어(崩御)[붕서(崩逝), 상빈(上賓), 안가(晏駕), 빈천(賓天), 용어(龍馭), 조락(殂落), 천붕(天崩)]

왕의 죽음 : 훙어(薨御)[승하(昇遐), 등하(登遐), 예척(禮陟), 척방(陟方)]

士庶의 죽음 : 졸거(卒去)[사람의 도리(行道)를 다하며 살다가 죽는 것, 서거(逝去), 운명(殞命), 별세(別世), 영면(永眠), 유명(幽冥), 돌아가시다, 저승 가는 것.]

賤民의 죽음 : 死亡[높여서 死去, 肉身만 유지하며 살다 가는 것.]

聖人의 죽음 : 역책(易簀)[孔子의 죽음을 말함.]

神父의 죽음 : 선종(善終)[사제(司祭), 김수환 추기경, 선생(善生), 복종(福終), 정로(正路)]

스님의 죽음 : 열반(涅槃)[(입적(入寂), 타계(他界), 멸도(滅道), 입멸(入滅), 입열반(入涅槃) 천화(遷化)[이승의 교화를 마치고 저승의 교화로 들어감.]

개신교 죽음 : 소천(召天)

천도교의 죽음 ; 환원(還元)[별세(別世)라는 뜻의 천도교 용어.]

◎ 죽음 뒤에 가는 곳[肉身은 혼(魂)과 백(魄)의 結合인데 죽음과 동시에 나누어짐.]

魂은 하늘로 가고(昇天)

魄은 땅으로 가야 하는데(至地)

◎ 그 精神이 가는 곳

기독교인은 天堂(하늘나라)로 가시고

불교신자는 極樂으로 가시고

유교신자는 저승[황천(黃泉), 유명(幽冥), 음부(陰府)]로 가시고,

◎ 그 魄을 묻은 무덤의 이름(名稱)

황제와 황후의 무덤을 陵이라 하고,

왕과 왕후(제후) 무덤을 陵이라 하고,

왕의 私親, 왕세자, 빈의 무덤을 원(園)이라 하고,

士庶와 백성의 무덤을 墓또는 幽宅이라 하고,

賤民과 아이의 무덤을 총(塚)[묘, 주인을 모르는 무덤은 古塚],

스님의 무덤을 부도(浮屠)라 하고,

火葬 후 魄을 모신 곳을 숭조원(崇祖苑), 납골당(納骨堂), 납골묘(納骨墓), 수목장

지(樹木葬地)라 하고,

◎ 그 죽음의 肉身을 棺에 넣은 名稱은
　황제가 죽은 후 棺에 넣으면 재궁(梓宮)이라 하고,
　왕이 죽어서 棺에 넣으면 재실(梓室)이라 하고,
　백성이 죽어서 棺에 넣으면 지구(之柩)라 하고,
　죽음을 화장하여 函에 넣으면 지혼(之魄)이라 한다.

◎ 春秋筆法의 죽음의 구분 : 皇帝는 붕(崩), 王은 훙(薨), 君子는 종(終), 士는 암
　(亡), 小人은 사(死)라 한다.

◎ 작고(作古) : 죽어서 옛날 사람이 되다(중국과 공동 사용)
　물고(物故) : 더 할 일이 없게 되다.

◎ 죽음에 이른 상황에 따라 구분하면
　병사(病死), 익사(溺死), 동사(凍死), 횡사(橫死), 아사(餓死), 객사(客死), 분사(焚
　死), 분사(憤死), 소사(燒死), 역사(轢死), 갈사(暍死), 존엄사(尊嚴死), 안락사(安樂
　死) 등

◎ 사람 삶의 음양의 원리
　○ 산 사람과 죽은 사람은 말도 다르다.
　○ 사람은 '이승(陽)'에서 살다가 죽어서는 '저승(陰)'으로 간다.
　　살아서는 '父母', 죽어서는 '고비(考妣)'라 한다.
　　살아서는 '父東母西', 죽어서는 '考西妣東'이다.
　　살아서는 '밥과 국', 죽어서는 '메(飯)와 갱(羹)'이다.
　　살아서는 '잡수시고', 죽어서는 '흠향(歆饗)하신다'고 한다.

□ 四籩 四豆란 무엇인가?

1) 사변(四籩) 사두(四豆)란 무엇인가?

籩·豆란 제수를 구분하는 용어로, 籩은 물기가 없는 마른 제수를 가리키는 것이며(陽也), 『爾雅』에는 대나무 그릇을 변이라고 한다(竹豆謂之籩). 그리고 注에 "籩은 祭祀나 손님 접대의 예기(禮器)이다. 소(疏)에 籩은 대나무로 입구를 만들고 형태를 만든 것이 豆와 같다. 4升을 담는다. 대추, 밤, 마름, 가시연밥 등을 담는 그릇이다."라고 하였다.

豆는 물기가 있는 젖은 제수를 가리키는 것이며(陰也), 이아(爾雅)에 나무 그릇을 豆라고 한다(木豆謂之豆)라 하고, 그 注에 "豆는 祭祀나 손님 접대의 禮器이다. 그리고 疏에 4升을 담는다."하였다.

『周禮』 천관총재(天官冢宰)에 해인(醢人)은 나무로 만든 4가지 祭器를 채우는 일을 관장한다. 맑은 첫새벽에 지내는 祭祀 때 豆에 부추절임, 육장, 창포김치, 노루장조림, 부추김치, 사슴장조림, 순채김치, 순록장조림 등을 채운다고 하였다.

이에 대한 禮書의 처음 기록은 『禮記』 郊特牲 第11編에 있다.

【원문】鼎俎奇而籩豆偶 陰陽之義也 籩豆之實 水土之品也 不敢用褻味而貴多品 所以交於神明之義也.

【해설】제사 지낼 때 '정조(鼎俎)의 數는 기수(奇數)'이며, '籩豆의 數는 우수(偶數)'인 것은 陰陽의 이치에 根據를 둔 것이다. 籩豆에 담은 물건은 물과 흙에서 난 것들이어야 하므로 감히 설미(褻味, 사람의 힘으로 가공해서 조리한 음식)를 쓰지 못한다. 그러므로 서원, 향교의 향사에 생식 제수를 사용한다. 그리고 많은 제물을 바치는 것은 귀히 여기는 것은 神明과 交際하는 것이기 때문이다.

2) 변사(辨祀) (『國朝續五禮儀』 序禮 卷1)

◉ 제사의 규모에 따라

大祀, 中祀, 小祀, 祈告, 俗節祭로 구분한다.

또 제사의 용어에 있어서 天神에게는 祀라 하고, 地祇에게는 祭라 하고, 인귀(人鬼)에게는 享이라 하고, 文宣王에게는 석존(釋奠)이라 한다.(이러한 변별한 제목을 변사(辨祀)라 한다.)

◉ 『經國大典』 禮典 祭禮條에(『大典會通』 같음)

大祀 : 社稷大祭, 宗廟大祭, 釋奠大祭(國家祭禮 - 生食祭禮)

中祀 : 鄕校釋奠, 書院享祀(國家祭禮 – 生食祭禮)

小祀 : 士大夫, 庶民, 忌祭, 墓祭, 俗節祭, 其他(私祀祭禮 – 火食祭禮)

＊ 小祀(家庭儀禮)는 朱子家禮에 根據하여 진행됨.

- 鄕校, 書院의 享祀는 魂을 청하여 追慕의 禮를 올리므로 生食祭禮이며
- 火食祭祀와는 구별하여 魄에게 아뢰는 삼제모사(三祭茅沙)의 뇌주(酹酒)와 侑食禮 순서가 없다.
- 大祀, 中祀에는 '樂'이 있고, 小祀에는 '樂'이 없다.
- 마시는 것은 陽氣를 기르므로 聲樂이 있고, 먹는 것은 陰氣를 기르므로 聲樂이 없다. 무릇 성악은 양기에 속한다.
- 文宣王에게 올리는 삭망전(朔望奠)은 지금 폐지하고 다만 분향(焚香)만 한다. 朔望焚香(『國朝五禮儀考異』 卷1, 序禮考異) 朔望奠文宣王 今罷只焚香(『大典會通』)

3) 籩 豆의 陳設에 대한 區分(현재의 성균관, 鄕校, 書院을 基準으로)

○ 成均館 – 正位(5聖位) : 12籩 12豆

　　　　　從享位(宋朝6賢, 孔門10哲) : 2籩 2豆

　　　　　從享位(東國18賢) : 2籩 2豆

○ 鄕校 – 正位(5聖位) : 8籩 8豆

　　　　從享位 : 2籩 2豆

○ 書院 – 正位 : 4籩 4豆 ～ 6籩 6豆

　　　　配享位 : 4籩 4豆 ～ 2籩 2豆

□ 書院과 祠

1) 서원

書院이란 강학(講學)의 기능(機能)과 享祀의 機能을 함께 갖추고 儒學을 공부하며 일상생활 德目으로 실천(實踐)하는 地方의 私學 機關을 말한다. 1542년(중종 37년) 白雲洞書院의 創建을 시작으로 發展하기 시작하였다. 시설의 규모로는 주로 전학후묘(前學後廟) 形態로 앞에는 講學의 空間인 堂과 숙식(宿食)의 空間인 齋를 두고, 뒤에는 제향(祭享)의 空間인 祠(廟)를 두고 있다. 또 사액서원과 일반서원으로 구분 된다.

2) 祠(宇, 廟)

祠宇 또는 廟는 書院內에서 配享人物의 位牌(神位)를 모신 건물을 말한다.
例) 紹修書院 : 文成公廟(文成祠)
　　　자운서원(紫雲書院) : 文成祠
　　　도산서원(陶山書院) : 尙德祠
　　　둔암서원(遯巖書院) : 崇禮祠

◎ 서원 외 祠, 宇, 廟의 경우

享祀의 기능만 수행하고 講學의 기능을 하지 않는 곳이다. 사액(賜額)을 받은 곳도 있으나 사액되지 않은 곳이 대부분이다. 書院보다는 격이 낮은 곳으로 분류된다. 祠도 儒林의 發議로 設立하고 儒林이 享祀한다. 또 後孫이 設立하고 後孫이 향사(享祀)하는 곳을 세덕사(世德祠)라 한다.

◎ 書院이란 享祀의 기능과 講學의 기능을 수행하는 곳으로, 현재는 강학의 기능은 거의 다 소멸되고 향사의 기능만 겨우 유지되고 있는 실정이다.(利川 雪峰書院은 현재도 교육을 하고 있음.)

◎ 서원을 구분하면 사액서원(賜額書院)과 一般書院 또는 世德祠로 대별되며, 配享과 從享은 功德의 大小에 따라 구분된다.(『禮記』祭法)

學文과 德行을 追慕하는 서원과 忠節과 절의(節義)를 추모(追慕)하는 서원으로 구분할 수 있다.

書院의 享祀는 魂을 청하여 追慕의 禮를 올리므로 生食祭禮이며, 火食祭祀와는 구별하여 魄에게 아뢰는 三祭茅沙의 뇌주(酹酒)와 유식례(侑食禮) 순서가 없다.

◎ 생식향사는 작을 헌관 앞에 놓고[歆饗追慕], 화식제사는 작을 신위 앞에 놓는다[魂魄尙饗].

서원이면 모두가 같은 서원이 아니고 學文과 德行을 追慕하는 서원과 忠節과 節義를 追慕]하는 서원으로 구별되며, 忠節書院은 정려(旌閭)를 받은 분들이 配享되며 제수품의 격이 구분된다는 것이다.(주로 6籩 6豆)

또 祭需의 構成은 반(飯), 조(俎)(腥), 변(籩), 두(豆), 폐(幣), 촉(燭), 점(坫)과 주향(主享), 배향(配享), 종향(從享)의 균형(均衡)이 맞아야 한다는 것이다.

서원향사는 일반적으로 4변 4두로 알고 있는데, 서원의 격에 따라 제수가 8변 8두를 초과하지 아니하면 가능하다는 것도 이번 기회에 배우고 알았다.

書院에 모신 神位는 위패(位牌)라 하고, 祠堂에 모신 神位는 神主라 한다.

◉ 제사(忌祭, 墓祭)를 모실 때 진설도(小祀)

● 『주자가례』 진설도(朱子家禮陳設圖)(單設)

一行　반(飯)　잔(盞)　시(匙)　초(醋)　갱(羹)

二行　면(麵)　육(肉)　적(炙)　어(魚)　병(餠)

三行　포해(脯醢)　소채(蔬菜)　포해(脯醢)　소채(蔬菜)　포해(脯醢)　소채(蔬菜)

四行　과(果)　과(果)　과(果)　과(果)　과(果)　과(果)

● 『가례집람』 진설도(家禮輯覽陳設圖)(單設)

一行　반(飯)　잔(盞)　시(匙)　초(醋)　갱(羹)

二行　면(麵)　육(肉)　적(炙)　어(魚)　병(餠)

三行　포(脯)　숙채(熟菜)　청장(淸醬)　해(醢)　침채(沈菜)

四行　과(果)　과(果)　과(果)　과(果)　과(果)　과(果)

● 『격몽요결』 진설도(擊蒙要訣陳設圖)(單設)

一行　시(匙)　반(飯)　잔(盞)　갱(羹)　초(醋)

二行　면(麵)　육(肉)　적(炙)　어(魚)　병(餠)

三行　탕(湯)　탕(湯)　탕(湯)　탕(湯)　탕(湯)

四行　포(脯)　숙채(熟菜)　청장(淸醬)　해(醢)　침채(沈菜)

五行　과(果)　과(果)　과(果)　과(果)　과(果)

● 『性理大全』四時祭具饌條
每位果六品　蔬菜及脯醢各三品
肉魚饅頭糕各一盤 羹飯各一椀
肝各一串六各二串(사시제)
　- 又禰祭具饌條 : 如時祭之儀二分(니제)
　- 又忌祭具饌條 : 如祭禰之饌一分(기제)
　- 又墓祭具饌條 : 墓上每分如時祭之品(묘제)

○ 기타 神位를 모시고 祭祀하는 곳의 名稱
　　전(殿), 묘(廟), 영당(影堂), 영각(影閣), 재(齋), 당(堂), 서당(書堂), 서사(書祠),
정사(精舍), 정(亭), 려(閭), 정각(旌閣), 각(閣), 단(壇), 사(社), 소(所), 문(門).

○ 建物의 8等級(건축물도 계급이 있다)
　　전(殿), 당(堂), 합(閤), 각(閣), 재(齋), 헌(軒), 루(樓), 정(亭).

□ 현충일과 망종절기 고사

【二十四節氣와 俗節】

顯忠日은 매년 6월 6일이 [현충일]이고

2016년, <丙申년>은 [芒種日] 다음날이 [현충일]이다.

○현충일은 나라를 지키다가 산화(散華)하신 [호국영령(護國英靈)님께 제사 드리는 날이다]

○현충일은 1956년 4월 14일 제39차 국무회의 의결로 제정(6월 6일)되었다.

망종과 현충일이 항상 겹치는 것은 아니며 상, 하 1~2일의 차이가 나기도 하나 겹치는 해가 많다.

○현충일의 유래는 그해에 가장 먼저 수확하는 곡식(밀, 보리)으로 호국신께 제사를 올리는 망종날 의 옛 풍속에서 유래 하였다 하기도 하고 고려사에 근거하였다 하기도 한다. 또 한국동란이 일어난 6월을 잊지 않기 위하여 6월6일로 정하였다는 설도 있다

○[高麗王朝史]에 8代顯宗, 5年 6月 庚申日條에 조서(詔書)를 내리기를 군인으로 국경을 지키러 갔다가 도중에서 죽은 자는 관(官)에서 염구(殮具)를 주어 그 유골(遺骨)을 본가에 역마(驛馬)로 보내게 하라.

【原文】庚申敎曰 防戌軍道死者 給殮具函 其骨驛送于(高麗崇義會編에서)

◎ 설립 경위

조국의 광복과 더불어 군이 창설되어 국토방위의 임무를 수행하여 오던 중 북한 인민군의 국지적 도발과 여수/순천 사건 및 각 지구의 공비토벌작전으로 전사한 장병들을 서울 [장충사]에 안치하였다.

그러나 전사자의 수가 점차 증가함에 따라 육군에서 묘지 설치 문제가 논의되어 1949년 말 육군본부 인사참모부에서 서울근교에 묘지 후보지를 물색하던 중 6.25 전쟁으로 묘지 설치문제는 중단되었고, 각 지구 전선에서 전사한 전몰장병의 영현은 부산의 [금정사]와 [범어사]에 ≪순국 전몰장병 영현 안치소≫를 설치, 봉안하여 <육군병참단 묘지등록 중대>에서 관리하였다.

계속되는 격전으로 전사자의 수가 점차 증가하여 육군에서는 다시 육군묘지 설치 문제가 논의되고 육군본부 인사참모부 주관 하에 묘지 후보지 답사반을 구성하여 제1차로 대구지방, 제2차로 경주지구 일대를 답사한 결과 경주시 형산강 지류인 천 북대안 일대를 육군묘지 후보지로 선정하고 추진하던 중, 군 고위층에서 현지를 답

사하여 검토한 결과 지역적으로 편재되어 있고, 침수의 우려가 많을 것을 고려하여 타 지역으로 후보지를 재선정하는 것이 좋겠다는 결론이 내려져 일단 중지하게 되었다.

1952. 5. 6 국방부 국장급 회의에서 육군묘지 설치 문제에 대하여 논의한 결과, **육군묘지를** 설치하게 되면 타군에서도 각기 군 묘지를 만들어 관리상 많은 예산과 인원이 소요되고, 영현관리의 통일성을 기할 수 없는 등 여러 가지 폐단이 생길 것을 우려하여 육군묘지 설치문제는 일단 보류하도록 지시하고, 3군 종합묘지 설치를 추진하되, 묘지의 명칭은 **[국군묘지]**로 칭할 것을 결의하였다.

1952. 5. 26 국방부 주관으로 국군묘지 후보지 선정을 위하여 3군 합동 답사반을 편성하고, 동년 11. 3. 군묘지설치위원회를 구성한 후 '52. 11월부터' 53. 9월까지 11개월 동안 7차에 걸쳐 10개 지역을 답사하였다. 답사 결과 동작동 현 위치를 국군묘지 후보지로 선정하여 '1953. 9. 29 이승만 대통령의 재가를 받아 국군묘지 부지로 확정하고' 1954. 3. 1 정지공사를 착공한 이래 3년에 걸쳐 묘역 238.017㎡을 조성하고, 그 후 연차적으로 68년 말까지 광장 99.174㎡, 임야 912.400㎡ 및 공원행정지역 178.513㎡을 조성하였다. 1955. 7. 15 군 묘지 업무를 관장할 [국군묘지관리소]가 발족되고, 이어서 1956. 4. 13 대통령령으로 [군묘지령]이 제정되어 군묘지 운영 및 관리를 위한 제도적 기틀이 마련되어 전사 또는 순직한 군인, 군무원이 안장되고 덧붙여 순국선열 및 국가유공자는 국무회의 의결을 거쳐 안장이 이루어지게 되었다. 한편, 6.25 전쟁으로 발생한 많은 전사 장병 처리를 위해 지금까지 군인 위주로 이루어져 왔던 군 묘지 안장업무가 1965. 3. 30 [국립묘지령]으로 재정립되어 [애국지사], [경찰관] 및 [향토예비군]까지 대상이 확대됨으로써 국가와 민족을 위해 고귀한 삶을 희생하고 아울러 국가발전에 커다란 발자취를 남긴 분들을 국민의 이름으로 모시게 되어 그 충의와 위훈을 후손들에게 영구히 보존, 계승시킬 수 있는 겨레의 성역으로서 국립묘지 위상을 갖추게 되었다. 또한, 2005. 7. 29 국회에서 의원입법으로 제정 공포된 **"국립묘지의 설치 및 운영에 관한 법률 : 제7649호, 시행 2006. 1. 30"**에 의거 동작동 국립묘지의 명칭이 **"국립서울현충원"으로 변경되고 소방공무원과 의사상자도 안장대상자에 포함되었다.**

◎ 지형지세

국립서울현충원은 한강과 과천 사이 넓은 벌판에 우뚝 솟은 관악산 공작봉(孔雀峰)기슭에 위치해 있다. 공작봉은 관악산을 중심으로 양쪽으로 뻗어내려 불끈 솟아 올랐다가는 엎드리는 듯 줄기와 봉우리가 만나고 헤어지면서 늠름한 군사들이 여러 겹으로 호위하는 모양으로 기운이 뭉쳐 있다.

　사방의 산은 군인들이 모여 아침 조회를 하는 것처럼 보이고 지하의 여러 갈래 물줄기가 교류하여 생기가 넘치는 명당자리라고 볼 수 있다.

또한 전체의 형국은 공작이 아름다운 날개를 쭉 펴고 있는 모습(孔作張)이며, <u>장군이 군사를 거느리고 있는 듯한 ≪**장군대좌형(將軍對座形)**≫이다.</u>

　즉, 좌청룡(左靑龍)의 형세는 웅장한 산맥의 흐름이 용이 머리를 들어 꿈틀거리는 듯 한강을 감싸 호위하는 형상이고, 우백호(右白虎)의 형세는 힘이 센 호랑이가 엎드려 머리를 조아리는 듯하며 전후좌우로 솟은 사방의 봉우리와 산허리는 천군만마(千軍萬馬)가 줄지어 서 있는 형상과 같다.

　정면 앞산을 바라보면 주객이 다정하게 마주앉은 모양이고, 멀리 보이는 산은 마치 물소 뿔 모양이며, 한강물은 동쪽에서 나와 서쪽으로 흘러들어 마치 명주 폭이 바람에 나부끼듯 하늘거리며 공작봉을 감싸 흘러 내려가고 있다.

　이와 같이 국립서울현충원이 위치한 공작봉은 산수의 기본이 유정(有情)하고 산세가 전후좌우에 펼쳐져 흐르는 듯하여 하나의 산봉우리, 한 방울의 물도 서로 조화를 이루지 않은 곳이 없으며 마치 목마른 코끼리가 물을 마시는 듯한 형상(渴形象)으로 <u>그야말로 **"명당 중의 명당"**이라 할 수 있다.</u>

　◎ **현충일의 의미와 제정유래**

현충일은 조국광복을 위해 헌신하신 순국선열과 국토방위의 참여하여 산화한 전몰장병의 영령에 대하여 생전의 위훈을 추모하고 명복을 기원하는 한편, 그 유가족에게 심심한 조의를 표하고 조국통일 성업에 대한 온 국민의 결의를 다지는 날이다.

<u>**[현충일]**은 지난 1956년 4월 19일 대통령령 제1145호(국방부령27호)를 근거로 제정되었으며,</u> 이 날을 기해 호국영령의 명복을 빌고 순국선열 및 전몰장병의 숭고한 애국정신과 위훈을 추모하는 정부주관의 현충일 중앙 추념식과 전국 각지에서 민간 추모행사를 동시에 거행하고 있다.

○**<u>6월 6일을 특별히 현충일로 제정하게 된 이유는 분명치는 않으며, 다만 다음과 같은 역사적 사실이 참고가 될 만하다.</u>**

○6월은 많은 장병이 호국의 수호신으로 산화한 6·25전쟁이 들어 있을 뿐만 아니라 **<u>6일은 1년 24절기 중에 9번째 절기인 芒種日이다. <망종일에는 제사를 지내는> 옛 풍습이 지금까지 전해져 오고 있다.</u>**

○옛 기록을 보면, 고려 현종 5년 6월 6일에는 조정에서 장병의 **뼈**를 집으로 봉송

하여 제사를 지내도록 하였다. 농경사회에서는 보리가 익고 새롭게 이양이 시작되는 망종일이 가장 좋은 날이었음을 짐작하게 된다.

○그동안 현충일 추념식의 성격이 6·25전몰용사를 추모하는 행사로 일반에 잘못 인식되어 왔었으나 1991년 행사부터는 모든 순국선열 및 호국영령을 추모하는 개념으로 전환시켜 시행하고 있다.

(자료 제공 = 안동보훈지청 제공 - 연천향교 박동일 辛卯孟夏 謹記)

- (終) -

(丁酉年 孟春 天摩山下寓居에서, 度坪 朴東一(元雨) 謹書)

□ 홍살문[紅箭門]

태조왕릉 홍살문

동구릉입구 홍살문

숭의전 홍살문과 하마비(고려(宗廟) 태조 왕건 사당)

능(陵), 원(園), 묘(廟), 궁전(宮殿), 관아(官衙), 향교(鄕校), 서원(書院), 정려각(旌閭閣) 등의 정면(正面) 입구에 세우는 붉은 칠을 한 문(門)으로, 정려(旌閭), 정문(旌門), 작설(綽楔), 도설(棹楔), 홍문(紅門)이라고도 한다. 여기서부터는 신성한 성역임을 알리는 역할을 한다. 홍살문 옆에는 하마비(下馬碑)가 세워지며, '대소인원개하마(大小人員皆下馬)'란 글자가 새겨져 있으며, 모든 사람은 여기서부터 말에서 내려 존경의 뜻으로 걸어가야 한다.

홍살문 형태는 문(門)자를 형상화 하였으며 화살의 표시는 나쁜 잡귀나 무례한 귀신이나 불순한 사람이 침입할 때는 활로 쏘아 버릴 것이라는 상징적 의미이다. 가운데 태극문양은 천도(天道)에 기초한 음양(陰陽)의 원리를 표현한 것이며, 붉은 칠을 한 것은 벽사(辟邪)의 의미이다. 좌대(座臺)는 팔각인데, 이는 여덟 방위(子午卯酉 艮坤乾巽)를 뜻한다.

홍살문이란 말이 처음 쓰인 곳은 중국의 『주례(周禮)』로서 임금이 행차 시에 임시로 머무는 곳이다. 바깥에서 제사를 지내는 곳, 또는 빈객을 만나는 곳을 나타내던 기(旗)나 문(門)의 표시를 말하는 것이었다. 또한 『三國志』에도 '紅門' 관련 이야기가 있는데, 長史 董昭의 건유로 曹操가 魏公의 칭호와 九錫을 더하여 功德을 表彰받을 때 거처하는 집 대문을 홍문(紅門)으로 꾸미고 집에는 붉은 칠을 한 부호(朱戶)의 禮遇를 받았다고 한다. 이러한 홍문이 후대에 와서는 충신이나 효자, 열녀를 표창하여 집이나 마을의 입구에 세우는 붉은색 문의 표시로 그 의미가 바뀌었다.

우리나라 홍살문은 『삼국사기(三國史記)』에 나와 있는 향덕(向德)의 기록을 보면 "신라 웅천주 판적향(板積鄕) 사람이다. 신라 경덕왕 14년(755) 흉년으로 그 부모가 굶주림과 병이 들자 자기의 넓적다리의 살을 베어내어 이를 아버지에게 먹여 병이 낫게 하였다. 이러한 효행이 알려져 왕은 벼 3백석과 집 한 채와 구분전(口分田)을 하사하고 유사(有司)에게 명하여 돌에 이 사실을 새겨 이 뜻을 표하였는데, 지금까지 사람들이 그 고을을 효가리(孝家里)라고 부른다."고 하였다. 이 기록은 『삼국유사(三國遺事)』에도 나와 있는데, 거기에는 이름이 향득사지(向得舍知)로 되어 있고 간단한 효행사실과 아울러 벼 5백석을 하사하였다고만 기록되어 있다. 비록 정려(旌閭, 홍살문)라고 직접 표현하지는 않았지만 그 기능으로는 우리나라 최초의 홍살문이 될 것이다.

이렇게 홍살문은 신라 때부터 발생하여 고려에 들어와서 적지 않게 건립되었다. 특히 성종이 유교를 정치이념으로 삼으면서 정려[홍살문] 또한 많이 건립이 되었다. 고려시대에는 화살 창살이 없는 '홍문'이었다. 조선 태조에서 정종, 태종, 세종 1년까지 조선왕조실록에는 홍문(紅門)이라는 이름으로 기록되었다. 1399년 10월 8일 정종 때에는 "전명(殿名)을 세우지 않고, 궁문(宮門) 밖에 홍문(紅門)을 설치하지 않아서, 평범한 사람의 거실(居室)과 다를 것이 없으니, 존엄을 보이는 소이(所以)가 아닙니다."고 하여 홍문으로 기록되어 있다. 그리고 1418년(세종 즉위) 9월에는 "장전 앞에는 홍문(紅門)을 세워 오색 비단으로 꾸민다."는 기록도 있다.

그러나 세종 4년에 홍살문이라는 단어가 조선왕조실록에 처음 등장한다. 이때에 "임금이 백관을 거느리고 유사는 우주를 받들어 떠나게 되는데, 임금은 도보로 홍살문 밖에 이르러 소연(素輦)을 타고, 백관들은 홍살문 밖에서 백 보쯤 나와 말에 올라 따르게 되고, 서울에 남아 있던 여러 신하들은 흥인문(興仁門) 밖에서 맞아들인다."고 하였고, 세종 7년에 "홍살문[紅門]을 장전의 북쪽에 세우되, 채붕(綵棚)을 맨다."고 하거나, 세종 15년에 "문묘의 세 방향을 바깥담으로 두르고, 남쪽에는 홍살문[欞星門]을 짓고 동쪽에 문 하나를 짓기로 하였다."고 하였다.

그러나 무엇보다 성리학적 이념을 바탕으로 하는 조선왕조에서는 전국적으로 많은 수가 세워졌다. 홍살문은 대개 효행을 중심으로 많이 포상의 형식으로 주어졌으며 조선조에는 의부(義夫), 절부(節婦, 열녀) 등에게도 내려져 효행과 여성의 절개를 중시하는 정책의 일환으로 사용하기도 하였다. 서원 또한 많이 건립이 되고 유명 서원에서는 유학 선현들의 위폐를 모시는 경우가 많아 홍살문 또한 많이 세워지게 되었다.

홍살문은 홍전문(紅箭門)이라고도 하는데, 당시 백성들이 화살 '전(箭)'자를 '살'로 발음하여 지금 홍살문이 되었다고 전해진다. 홍살의 수는 홍살문마다 똑같지 않지만, 3가지(9개, 11개, 13개) 유형이 주로 많이 쓰였다. 중앙에는 홍살 2개가 태극 모양 있는 곳을 지나면서 꼬여서 위에는 3개의 삼지창 모양이 된다. 그러나 갯수에서는 둥근 태극 안에 든 것 1개만 유효하다. 동구릉 입구 홍살 19개, 건원릉 홍살 9개, 목릉 홍살 9개, 서오릉의 익릉 홍살 11개, 파주의 장릉 홍살 13개, 연천향교 홍살 11개, 연천 숭의전 홍살 11개 등 홍살문 중에 홍살의 수가 9개인 것이 가장 많은데, 그 이유는 9가 완성된 수라 하여 우리나라 사람들이 좋아하는 숫자인 것 같다.

홍살 중앙에 홍살 2개가 꼬인 부분에는 둥그런 태극이 걸려 있다. 태극 문양은 3태극으로, 3태극은 하늘, 땅, 사람을 의미한다고 한다. 또 2태극도 있다. 太極은 陰陽 二元前의 宇宙 誕生의 최고 원리로서 繫辭傳의 내용을 간단히 요약하면 兩義(陰陽)가 生하고, 兩義에서 四象이 生하고, 四象에서 八卦가 生하야 宇宙萬物의 생함이라 이를 주염계가 太極圖說에서 음양오행을 조합하여 만물의 생성 과정을 설명하였고, 朱子는 이를 性理學의 근본인 理라 해석하였다. -終-

(丁酉年 孟春 天摩山下寓居에서, 度坪 朴東一(元雨) 謹書)

열하 답사 기념

노강서원향사 집례

시월시제분정기(十月時祭分定記)

시월묘제(十月墓祭)

24절기와 속절

초판 인쇄 : 2018년 9월 20일
초판 발행 : 2018년 9월 28일

지은이 | 박동일
발행자 | 김동구
발행처 | 명문당(1923. 10. 1 창립)
주　소 | 서울시 종로구 윤보선길 61(안국동)
　　　　　우체국 010579-01-000682
전　화 | 02)733-3039, 734-4798(영), 733-4748(편)
팩　스 | 02)734-9209
Homepage | www.myungmundang.net
E-mail | mmdbook1@hanmail.net
등　록 | 1977. 11. 19. 제1~148호

ISBN 979-11-88020-67-6 (03380)
25,000원

낙장 및 파본은 교환해 드립니다
불허복제